Renascimentos

FUNDAÇÃO EDITORA DA UNESP

Presidente do Conselho Curador
Herman Jacobus Cornelis Voorwald

Diretor-Presidente
José Castilho Marques Neto

Editor-Executivo
Jézio Hernani Bomfim Gutierre

Conselho Editorial Acadêmico
Alberto Tsuyoshi Ikeda
Célia Aparecida Ferreira Tolentino
Eda Maria Góes
Elisabeth Criscuolo Urbinati
Ildeberto Muniz de Almeida
Luiz Gonzaga Marchezan
Nilson Ghirardello
Paulo César Corrêa Borges
Sérgio Vicente Motta
Vicente Pleitez

Editores-Assistentes
Anderson Nobara
Henrique Zanardi
Jorge Pereira Filho

Jack Goody

Renascimentos
um ou muitos?

Tradução de
Magda Lopes

editora
unesp

© 2010 Jack Goody
© 2011 da tradução brasileira
Título original: *Renaissances*

Fundação Editora da Unesp (FEU)
Praça da Sé, 108
01001-900 – São Paulo – SP
Tel.: (0xx11) 3242-7171
Fax: (0xx11) 3242-7172
www.editoraunesp.com.br
www.livrariaunesp.com.br
feu@editora.unesp.br

CIP – Brasil. Catalogação na fonte
Sindicato Nacional dos Editores de Livros, RJ

G663r

    Goody, Jack, 1919-
        Renascimentos: um ou muitos? / Jack Goody; tradução de Magda Lopes. – São Paulo: Editora Unesp, 2011.

        384 p.: il.
        Tradução de: Renaissances
        ISBN 978-85-393-0141-6

        1. Eurocentrismo. 2. Renascença. 3. Europa – Civilização – Influência estrangeira. 4. Antropologia. 5. Cultura. 6. Desenvolvimento I. Título.

11-3402.   CDD: 901
                                                      CDU: 930.1

Editora afiliada:

A Eric Hobsbawm, historiador extraordinário,
por seu nonagésimo aniversário.

No meu fim está o meu princípio.
T. S. Eliot

Sumário

Agradecimentos   1
Introdução   3

A ideia de um renascimento   11
Montpellier e a medicina na Europa   53
A religião e o secular   75
Renascimento no Islã   111
   com S. Fennell
Emancipação e florescência no judaísmo   167
Continuidade cultural na Índia   185
   com S. Fennell
Renascimento na China   235
   com S. Fennell
As renascenças foram apenas europeias?   283

Apêndices
1. Cronologias do Islã, da Índia e da China   321
   Dinastias do Islã   322
   Eventos da história islâmica, 633-1334   324
   Períodos da história indiana   325
   Dinastias chinesas   328

2. Quatro homens sábios   331
3. O Bagre   333

Referências bibliográficas   335
Índice remissivo   353

Agradecimentos

Sou extremamente grato ao prof. Khaled El-Rouayheb, da Universidade de Harvard, ao prof. Amrit Srinivasan, do Departamento de Humanidades e Ciências Sociais do Instituto Indiano de Tecnologia, em Délhi, e ao dr. Joseph McDermott, do St John's College, em Cambridge, pela leitura e pelos comentários dos capítulos 4, 6 e 7, respectivamente. A ajuda do dr. McDermott foi especialmente útil no que se refere às ilustrações. Agradeço ao dr. Sudeshna Guha pela leitura do Capítulo 6 e aos demais leitores, que foram tão úteis ao editor. Devo agradecer a Peter Burke e Ulinka Rublack, especialistas no Renascimento europeu e na Reforma; a John Kerrigan e Sukanta Chaudhuri; a Juliet Mitchell, cujos comentários foram sempre muito proveitosos; aos meus colegas do St John's College, onde realizei a maior parte do trabalho; à minha família, pelo encorajamento; ao meu colaborador Stephen Fennell; e a Mark Offord, Melanie Hale, Sue Mansfield, Manuela Wedgwood e outros, que ajudaram a preparar o manuscrito. Sou particularmente grato à Leverhulme Foundation, pela subvenção que me permitiu terminar este fantástico empreendimento, e ao College, por administrá-la.

Introdução

Encaro este livro como o ápice de uma série de esforços realizados nos últimos anos. Tentei investigar a hipótese de que o Ocidente teve uma vantagem inicial para chegar ao capitalismo, à modernidade, à industrialização e até mesmo à imprensa, o que conduziu ao tipo de divisão entre sociedades com que o antropólogo trabalha tradicionalmente e aquelas que o sociólogo e o historiador elegeram estudar.[1] Mas antes devo explicar como cheguei a isso.

O corte entre sociedades tradicionais e modernas estava presente nos trabalhos que Dumont realizou sobre a Índia, em contraste com o Ocidente cristão,[2] e também na concepção de Durkheim e de Lévi-Strauss da China como sociedade primitiva, em comparação com a Europa: o primeiro, em relação à religião (em especial no ensaio escrito com Mauss, *Primitive Classification*)[3] e o segundo, a respeito das relações familiares (em *Elementary Forms*).[4] De maneira que, perguntei a mim mesmo, se esse "primitivismo" poderia se conciliar com a avaliação que Joseph Needham faz da ciência chinesa como muito mais avançada que a do Ocidente até o surgimento do

---

1 Sobre a relação entre o capitalismo, a modernidade e a industrialização, ver Goody, *Capitalism and Modernity*.
2 Dumont, *Essais sur l'individualisme: une perspective anthropologique sur l'idéologie moderne*.
3 Durkheim; Mauss, *Primitive Classification*.
4 Lévi-Strauss, *As estruturas elementares do parentesco*.

Renascimento, ou com a afirmação de vários sinólogos de que, até o início do século XIX, a China era a principal economia do mundo, uma exportadora de produtos manufaturados (cerâmica e seda, mas também laca e chá, que eram transformadas, quando não manufaturadas)? Havia algo errado, e Watt e eu certamente contribuímos[5] para esse equívoco quando destacamos o papel positivo do alfabeto fonético nas conquistas da Grécia Antiga (em vez de atribuí-las à genialidade dos gregos) e o comparamos com o papel supostamente complicado que os escritos logográficos tiveram na China, no Antigo Egito e na Mesopotâmia. Por conseguinte, tornou-se importante mostrar em *Domesticação do pensamento selvagem* que a "grande transformação" que ocorreu em todas as sociedades letradas era resultado da invenção da escrita, não apenas do alfabeto, mas de todos os escritos, naquilo que Gordon Childe chamou de Revolução Urbana da Idade do Bronze,[6] e que isso foi extremamente importante no que diz respeito à cultura e à organização social.

Alguns objetaram que, em vez da divisão binária entre sociedades selvagens (*sauvage*) e domesticadas, por exemplo, eu estava introduzindo uma divisão similar entre sociedades orais e letradas. Mas essa distinção não era binária, já que levava em conta outras mudanças nos meios e no modo de comunicação: a invenção humana da linguagem em primeiro lugar, o papel das diferentes formas de escrita (símbolos da escrita) e das mudanças no material de escrita (tábua, papiro, pergaminho, papel) e nos instrumentos de notação (cana, pincel, pena); em relação ao papel, havia a questão do rolo ou livro, o advento da impressão em blocos de madeira, do tipo móvel, da prensa tipográfica, da prensa rotativa, dos meios eletrônicos e, por fim, da internet. Tudo isso alterou as potencialidades de "uma sociedade do conhecimento". Além disso, havia o uso que se fazia deles. Portanto, era importante considerar esses fatores para representar o curso geral da história do mundo levando em conta tanto o modo de comunicação quanto o modo de produção e de destruição (coerção). Em vez de considerar apenas o aspecto negativo da escrita logográfica, era essencial analisar seu lado positivo. Essa forma de escrita não fonética significava que a China podia exportar sua cultura para diferentes áreas linguísticas, o que constituía um mercado interno enorme, não apenas no que diz respeito aos bens materiais, mas também à circulação de informações escritas. Na verdade, eu diria que essa forma de escrita não é

---

5 Goody; Watt, The Consequences of Literacy, *Comparative Studies in Society and History*, n.5, p.304-45.
6 Childe, *What Happened in History*.

Introdução

um impedimento ao desenvolvimento, mas, ao contrário, pode representar o caminho para o futuro da civilização mundial.[7]

Acompanhei esse trabalho sobre os efeitos sociais do conhecimento da leitura e da escrita com dois outros estudos de aspectos particulares da atividade cultural, ou seja, o preparo da comida[8] e o cultivo de flores.[9] Tentei mostrar outras similaridades, além da escrita, entre as principais culturas do Oriente e do Ocidente do continente eurasiano e, ao mesmo tempo, contrastar com as da África subsaariana, que permaneceram amplamente orais. Nesses dois campos, o Oriente teve uma cultura no mínimo tão elaborada quanto o Ocidente: a alta culinária da China (com a da Índia e a do Islã) compara-se com as da França e da Itália, e o uso das flores na Índia, na Pérsia, na China e no Japão (de onde vieram muitas das variedades de nossas plantas domésticas, em especial as frutíferas) compara-se com o uso que fazemos dos motivos florais em nossa arte e em nossas vidas. Como a escrita, esses dois aspectos complexos tiveram a ver com os avanços que o uso do metal (além do arado e da roda) introduziu na agricultura e na economia, em geral, durante as várias mudanças que ocorreram na Idade do Bronze. Essas mudanças produziram uma agricultura e uma vida urbana complexas e avançadas, levando à diferenciação das classes econômicas e das formas de preparação da comida consumida, aos tipos de culinária, à domesticação e ao uso de plantas "estéticas", tanto para celebração pessoal quanto para fins rituais. Na África subsaariana não havia nem alta culinária nem plantas domésticas (exceto marginalmente), e a escrita não chegou ao continente durante a Idade do Bronze (isso só ocorreu mais tarde, na Idade do Ferro), embora formas complexas de cultura se apresentassem ali de outras maneiras. Examinei as diferenças devidas à influência da escrita sobre vários aspectos da organização social: a religião, a economia, a política, o direito[10] e, em outra publicação, as relações familiares, embora essa diferença seja resultado mais da economia associada do que da comunicação em si.[11]

Esses estudos conduziram a um estudo mais geral, em que reconsiderei as diferenças que os sociólogos encontraram entre o Oriente e o Ocidente em termos de racionalidade e sistemas contábeis (especialmente Max Weber), e em termos de modos de produção (na obra de Marx e de muitos outros),

---

7 Goody, *Towards a Knowledge Society*.
8 Id., *Cooking, Class and Cuisine*.
9 Id., *The Culture of Flowers*.
10 Id., *A lógica da escrita e a organização da sociedade*.
11 Id., *Production and Reproduction*.

tomando essas sugestões como questionáveis, pelo menos no período até o Renascimento ou a Revolução Industrial. Para isso, tive de examinar a tese de que, desde a Idade do Bronze, houve uma separação de caminhos entre o Oriente e o Ocidente: este teria sido conduzido à Antiguidade, ao feudalismo e ao capitalismo, e aquele à exceção asiática, marcada pelo despotismo e pela agricultura irrigada (não mais apenas pela chuva), distanciando-se do florescimento nas artes e nas ciências que o Ocidente experimentou, não apenas no Renascimento, mas também antes do período que viu a ascensão da burguesia e do capitalismo financeiro. Todos esses aspectos foram considerados inter-relacionados. Em meu estudo *O roubo da História*, examinei o trabalho de vários autores com o intuito de mostrar que as realizações do mundo antigo – notáveis de vários pontos de vista – não eram tão singulares quanto exigia a teoria sobre as origens do capitalismo e da modernização no Ocidente, e que o feudalismo representou o colapso da civilização urbana da Idade do Bronze, e não uma fase inevitável no caminho rumo ao capitalismo. Em outras palavras, a hipotética divergência entre o Oriente e o Ocidente era muito menos óbvia do que exigia a historiografia etnocêntrica e teleológica europeia, que se cristalizou em meados do século XIX, numa época em que o Ocidente obteve uma vantagem importante na economia e na sociedade da informação em sentido amplo. Mas nem tudo era marxismo; Marx e Weber foram representantes de um conjunto de concepções muito mais amplo, nesse sentido comum à maioria dos europeanistas. Houve muito mais que um desenvolvimento paralelo no continente eurasiano, baseado numa economia de troca. Nesta, produtos e conhecimento foram transferidos no longo prazo. Nenhuma parte dessa vasta área detinha um monopólio, e o equilíbrio de vantagens entre as partes mudou com o tempo. Ambas apresentavam formas iniciais de capitalismo mercantil, como apontaram Braudel e outros. E se, posteriormente, o Ocidente desenvolveu formas financeiras mais complexas, em conexão com a Revolução Industrial, isso foi um acréscimo da atividade anterior e não implicou invenção de algo totalmente novo, o chamado "capitalismo" *tout court*, mas uma reelaboração de técnicas e procedimentos já existentes.[12] Do mesmo modo, o conceito de processo civilizador de Elias e o de ciência moderna de Needham pareciam privilegiar um movimento ocidental rumo à modernização, em vez de considerar um processo mais amplo de desenvolvimento social.

---

12 Id., *Capitalism and Modernity*.

Introdução

O historiador Perry Anderson viu a concatenação da Antiguidade e do feudalismo no Renascimento como o fator crítico que diferenciou o Ocidente durante a ascensão do capitalismo (que, como sugeri, pode-se considerar que "surgiu" muito mais amplamente na Eurásia); e escritores como Marx, Weber, Wallenstein e muitos outros consideraram que o período do Renascimento foi decisivo. Obviamente, isso foi para a Europa uma atualização, evocando a Antiguidade que a Idade Média tornou necessária. Mas esses períodos de evocação do passado me pareciam uma característica das sociedades letradas em sentido amplo, de onde quer que fossem. Também houve explosões de progresso (eras douradas) nessas circunstâncias. A diferença da Europa – e aqui me baseei até certo ponto em meu trabalho sobre a história das representações[13] – é que, para realizar esses avanços, no caso das artes, por exemplo, a cultura tinha de libertar-se parcialmente das restrições impostas por uma religião hegemônica e monoteísta (o cristianismo) e abrir-se para o mundo mais amplo da Grécia e da Roma clássicas, que eram "pagãs" ou politeístas. O mesmo recurso a um pensamento mais secular contribuiu para a nova ciência (ou ciência "moderna") e para o desenvolvimento de um conhecimento não teológico nas instituições de educação superior, nas universidades do Ocidente. Foi o desejo não de abolir ou negligenciar, mas de modificar a ideia da singularidade europeia, quer na Antiguidade, quer no Renascimento, que conduziu este estudo – não para negar à Europa a vantagem indubitável que tinha nos séculos XIX e XX, mas para situar essa vantagem em seu contexto histórico e cultural como um fenômeno temporário, como se vê claramente pelos acontecimentos recentes na China, na Índia e em outros lugares.

Se enfatizei as realizações culturais das civilizações orientais é porque os estudos europeus dão muita ênfase ao "atraso" delas, o que parece ser uma visão muito particular do Ocidente industrializado do século XIX. Hoje, esse "atraso" parece nitidamente temporário, assim como o atraso da Europa no início da Idade Média. O papel negativo das religiões abraâmicas em determinadas épocas me parece crucial no que se refere ao impacto do Renascimento e da emancipação judaica, como também a abordagem frequentemente conservadora do conhecimento do Islã. No entanto, ao chamar a atenção para esse ponto, posso ter destacado as realizações de um em detrimento do outro.

---

13 Id., A Kernel of Doubt: Agnosticism in Cross-Cultural Perspective, *Journal of the Royal Anthropological Institute*, n.2, 667-81. Não apenas a adoração das imagens, mas também sua criação. Mas, como disse anteriormente, sempre houve um impulso para a iconoclastia, como o que apareceu na Igreja Católica e foi posteriormente rejeitado pelo calvinismo.

Nesse caso, é preciso fazer uma correção, em vista das tendências de grande parte da ciência social, não só ocidental.

Este livro, portanto, é a continuação de uma obra anterior. Além do trabalho que realizo na África, há muito tempo estou interessado em analisar a história e a sociologia europeias de uma maneira comparativa (como convém a um antropólogo). Este estudo tenta fazer o mesmo em relação ao Renascimento italiano, essa instituição tão europeia que todos conhecemos. Como disse, alguns afirmam que todas as sociedades letradas têm períodos de evocação do passado, quando às vezes o antigo é restabelecido como uma renovada explosão de energia e leva a um florescimento da cultura. Essas sociedades também têm períodos em que o elemento religioso perde importância, produzindo episódios humanistas que proporcionam mais liberdade ao homem, tanto nas ciências quanto nas artes. Nessas áreas, a suspensão da crença teve sua importância e a evocação dos clássicos pagãos certamente facilitou o caminho.

No Capítulo 1, discuto o problema geral do Renascimento a partir de uma perspectiva comparativa. No Capítulo 2, examino um aspecto do renascimento do conhecimento na Europa, isto é, a fundação do que é frequentemente chamado de "primeira faculdade de medicina" da Europa, na Universidade de Montpellier, para mostrar a contribuição de outras culturas (árabe e judaica) para o renascimento do conhecimento no continente, conhecimento este que veio de outras culturas letradas. O Capítulo 3 retorna ao tema dos renascimentos comparativos e considera a importância do crescimento do conhecimento secular e da conceitualização do religioso. Esse movimento parece ser intrínseco ao Renascimento italiano, ao Renascimento Song na China e a outras florescências culturais no Islã. O Capítulo 4 fala com algum detalhe da história cultural do Islã; o mesmo acontece nos capítulos 5, 6 e 7 em relação ao judaísmo, à Índia e à China. O Capítulo 8 tenta resumir a discussão.

No texto tentei evitar sinais diacríticos no texto, por isso adotei o *pin-yin*[14] (sem diacríticos) para os termos chineses; baseei-me em Romila Thapar – *A History of India* – para ortografar as palavras indianas e em F. Robinson – *Cambridge History of Islam* – para as palavras árabes. As traduções do francês foram feitas por mim.

Gostaria de fazer algumas considerações a respeito das ilustrações. Seria impensável produzir um livro sobre o Renascimento ocidental sem dar alguma ideia de suas realizações nas artes visuais. Mas isso representa apenas parte

---

14 Método de romanização mais utilizado atualmente na China. (N. T.)

da atividade. Como demonstrar visualmente as conquistas do Renascimento naquilo que chamamos de "ciência moderna"? Pela figura de um "buraco negro", pelo desenho de uma pipeta? Paralelamente, não conseguimos encontrar nenhuma representação visual adequada das realizações abássidas na ciência (e na tradução), numa época em que o campo visual era dominado pela proibição abraâmica que pesava sobre as representações figurativas. O que mostro aqui sobre o Islã vem sobretudo do Irã e do Afeganistão, ou dos mogóis, e todos são muito influenciados pela pintura chinesa. O Islã ocidental era mais anicônico; teve seu próprio Renascimento nas atividades intelectuais, especialmente em torno da biblioteca de Córdoba e, mais tarde, do palácio da Alhambra, mas a pintura estava virtualmente ausente. A Índia tinha uma tradição visual forte, mas raramente individualizada. Há, no entanto, exemplos importantes dos períodos produtivos. A China, é claro, foi a mais simples, pois não só teve uma tradição florescente em pintura, como as obras são individualmente reconhecidas, em alguns casos como verdadeiras obras-primas.

A ideia de um renascimento

Iniciando com as "primeiras luzes" (*primi lumi*) do século XIV, o Renascimento italiano é visto com frequência como o momento decisivo no desenvolvimento da "modernidade", em relação não apenas às artes e às ciências, mas também, do ponto de vista do desenvolvimento econômico, em relação ao advento do capitalismo. Não há dúvida de que esse foi um momento importante na história mundial. Mas quão singular ele foi em geral? Existe aqui tanto um problema histórico específico quanto um problema sociológico geral. Todas as sociedades estagnadas requerem algum tipo de renascimento para voltarem a se mover, e isso pode implicar um olhar retrospectivo sobre épocas anteriores (a Antiguidade, no caso da Europa) ou outro tipo de florescência.

Esse é o meu polêmico pano de fundo. Não vejo o Renascimento italiano como a chave para a modernidade e para o capitalismo. Isso me parece uma afirmação de europeus com tendências teleológicas. Em minha opinião, as origens da modernidade e do capitalismo são mais amplas e encontram-se não apenas no conhecimento árabe, mas também nos influentes empréstimos da Índia e da China. O que chamamos de capitalismo tem suas raízes numa cultura letrada eurasiana mais ampla, que se desenvolveu rapidamente desde a Idade do Bronze, com troca de produtos e informações. O conhecimento da leitura e da escrita foi importante porque permitiu o crescimento tanto do conhecimento quanto da economia, que depois proporcionaria a troca de produtos. Ao contrário da comunicação puramente oral, o conhecimento da leitura e da escrita tornou a linguagem visível, transformou-a em objeto material, que podia ser repassado entre culturas e existia da mesma forma no correr do tempo. Consequentemente, todas as culturas escritas poderiam às vezes olhar para trás e reviver o conhecimento passado, como foi o caso dos humanistas europeus, e possivelmente levar a uma florescência cultural, isto é, a uma nítida explosão de progresso. Especialmente nas questões religiosas, essa evocação do passado pode ter um caráter mais conservador do que libertador para as artes ou as ciências. Ou pode acontecer, é claro, de a libertação cultural não envolver evocação alguma. Mas, num número significativo de casos, isso está ligado e são esses eventos paralelos em outras culturas letradas que quero investigar, não para negar a singularidade das realizações ocidentais, mas para contextualizá-las e explicá-las.

Quais foram as principais características do Renascimento italiano de um ponto de vista comparativo?[1] Em primeiro lugar, houve uma revivificação do conhecimento clássico, como na obra dos humanistas, que durante muito tempo foi desprezado por uma religião hegemônica. A noção de um renascimento transmitia uma sensação semelhante àquela de um *revenant*, algo que retornava do mundo dos mortos, como disse Toynbee. Foi isso que aconteceu no Renascimento italiano, que foi uma ressurreição, uma revivificação de uma literatura que estava "morta" (os clássicos) e foi "trazida de volta à vida", e não um retorno do mundo dos mortos (da Idade das Trevas).

Em sua obra de muitos volumes *Um estudo da história*, Toynbee considerava um renascimento como "uma ocorrência particular de um fenômeno recorrente".[2] A característica principal desse gênero era "a evocação de uma cultura morta pela representação viva de uma civilização que ainda desperta interesse".[3] Não estamos preocupados aqui apenas com em olhar para trás, mas também com uma explosão de progresso, com o florescimento. Toynbee declara que houve renascimentos em outras partes do mundo, especialmente na China. No entanto, a ideia de uma explosão de progresso permanece implícita e ele não vincula o evento ao conhecimento da leitura e da escrita

---

1 Embora o nome que se deu ao período (Renascimento) não seja o nome original, desde os tempos de Petrarca entendia-se que havia ocorrido um rompimento com o que foi conhecido como Idade Média.

2 Toynbee, *A Study of History*, p.4.

3 Ibid.

nem à secularização do conhecimento.[4] Nessa obra extraordinária, ele faz uma abordagem mais comparativa do Renascimento, porém mais fragmentada, na medida em que trata separadamente os "renascimentos das ideias políticas, dos ideais e das instituições", os "renascimentos dos sistemas legais", os "renascimentos das filosofias", os "renascimentos da linguagem e da literatura" e os "renascimentos das artes visuais". Meu próprio estudo admite a amplitude da abordagem de Toynbee, mas tenta tratar do problema de maneira mais holística.

Toynbee vê o Renascimento no cristianismo e no período Song como sendo cristão e budista sob uma "máscara" helenística e confuciana, respectivamente.[5] É verdade que alguns aspectos dessas tradições foram incorporados, mas outros, sobretudo as conclamações hegemônicas da verdade, foram necessariamente rejeitados. Isso não significa que esses movimentos recuperaram doutrinas anteriores: eles inventaram uma abordagem que não representava nem uma nem outra, mas um novo florescimento. Toynbee, com sua persistente metáfora do *revenant*, não aprecia devidamente a importância teórica de um novo nascimento, de um florescimento, intrínseco à ideia de renascimento. O problema de Toynbee, assim como de Spengler ou Collingwood,[6] tem a ver com o "espírito", com as ideias, e não com os outros aspectos do período, como, por exemplo, a atividade comercial. Ele concebe esse espírito em termos do "gênio nativo", seja lá o que isso signifique, e defende a posição de Bury, que fala em extinguir "a ingenuidade e a superstição medievais, assumindo uma atitude mais livre em relação à autoridade teológica", e invoca "o espírito do Mundo Antigo para exorcizar os fantasmas da Idade das Trevas".[7] Pouco a pouco, o mundo antigo foi substituído pelo "modernismo" ao longo do Iluminismo.[8]

Em segundo lugar, houve uma secularização parcial, uma restrição do escopo intelectual da religião, imposta pela evocação de um passado pré-cristão.

---

4 O uso que faço da metáfora do *revenant*, que atravessa toda a obra de Toynbee, é totalmente independente. O uso mais extremo dessa metáfora fantasmagórica pode ser encontrado no volume 9, p.128-9, em que praticamente sai fora de controle.

5 Toynbee, op. cit., p.166.

6 Toynbee, op. cit., p.56.

7 Bury, *The Idea of Progress*, p.48; Toynbee, op. cit., p.67.

8 Ver a discussão de Toynbee (op. cit., p.68-9) a respeito dos antigos e dos modernos em Fontenelle, Une digression sur les ancients et les moderns. In: *Poësies pastorales, avec un traité sur la nature de l'eclogue et une digression sur les ancients et les moderns*; Wotton, *Reflections upon Ancient and Modern Learning*; Swift, *A Tale of a Tub: Written for the Universal Improvement of Mankind*; e Bayle, *Dictionnaire historique et critique* (um antecessor da *Encyclopédie*, de Diderot).

Não tanto, diga-se de passagem, um abandono da vida religiosa, mas uma reconsideração da apropriação de longo prazo da religião abraâmica a fim de controlar a ciência e as artes.[9] Houve revolução nas duas áreas envolvidas na iniciativa florentina e na revolução científica.[10] Essa revolução significou deixar de lado as restrições religiosas anteriores às artes e ao conhecimento "científico" sobre o mundo, de certo modo desmistificando o conhecimento e a vida em geral.

Em terceiro lugar, houve, a partir da Itália, uma transformação econômica e social da Europa que foi fundamental para as realizações do Renascimento[11] e, segundo Marx e Weber, conduziu à sociedade "moderna".

Na Europa, os atores achavam essa mudança importante, mas ainda não se referiam a ela como Renascimento. Os humanistas estabeleceram uma era dourada evocando a Antiguidade. Evidentemente, nem tudo mudou. O gótico persistia, apesar do advento tardio de um novo estilo, inspirado na arquitetura romana. Na política, prosseguia a luta entre os príncipes, a Igreja e a plebe. A economia crescia. As artes e as ciências se renovaram. Segundo Fontenelle, a "leitura dos antigos iluminou a ignorância e a barbárie dos séculos precedentes... De repente tivemos ideia da Verdade e da Beleza que demoramos tanto para alcançar".[12]

É improvável que encontremos todas essas características juntas em algum lugar, mas cada característica pode ter paralelos em outras partes do mundo. Os historiadores falam de outras renascenças na Europa, como a dos carolíngios no final do século XVIII e no século XIX e a que abriu caminho para os escolásticos no século XII. Alguns veem "Renascimento" na obra de Beda de Jarrow (673-735 d.C.) e de Alcuíno de York (735-804 d.C.), mas ambos fizeram parte do Renascimento carolíngio (o inglês Alcuíno era amigo de Carlos Magno). Mesmo antes, Bolgar escreve sobre a restauração dos estudos clássicos nos antigos mosteiros irlandeses (a partir de 458 d.C.), mas o que houve foi essencialmente uma recuperação do ensino do latim para falantes

---

9 A respeito da continuidade e até mesmo da expansão de outras áreas da atividade religiosa ver Crouzet-Pavan, *Renaissances italiennes*, para a Itália; e Rublack, *Reformation Europe*, para a Reforma.

10 A primeira foi objeto de estudo de historiadores da arte, como Berenson, *Italian Painters of the Renaissance*; e a segunda, de historiadores da ciência, como Needham, *Science and Civilisation in China*.

11 Jardine, *Worldly Goods: A New History of the Renaissance*.

12 Fontenelle, Une digression sur les ancients et les moderns. In: *Poësies pastorales, avec un traité sur la nature de l'eclogue et une digression sur les ancients et les modernes*, p.147.

de línguas célticas e germânicas e uma consequente retomada dos clássicos, cujo conteúdo era perigoso. Como disse são Gregório ao bispo Desidério, "os mesmos lábios não podem cantar louvores a Júpiter e a Cristo". Não se deve "desperdiçar tempo com as loucuras da literatura secular".[13] A obra dos autores pagãos foi condenada por Alcuíno, Hraban e são Galo.[14] No entanto, alguns ensinamentos clássicos inevitavelmente retornaram à cultura cristã. Outros historiadores estenderam o conceito ao estrangeiro, onde períodos de florescência (não necessariamente envolvendo uma nova origem, mas de florescimento) às vezes foram caracterizados como eras douradas. Queremos examinar essas outras épocas nas culturas letradas da Eurásia às quais o termo específico foi aplicado, assim como os períodos de mudança dramática que parecem oferecer paralelos, e então dar prosseguimento à questão das características comuns.

Os primeiros humanistas italianos dos séculos XIV e XV, como Petrarca, que foi educado em Bolonha, evocavam constantemente uma "era dourada" das letras nos tempos antigos; *"les temps revient"*,[15] levando à procura de manuscritos antigos. Estes lhes mostrariam não apenas a maneira apropriada para escrever em latim, ou de representar, mas também a maneira correta de viver, não rejeitando o mundo, mas fazendo parte dele: vida ativa (da cidade), em vez da vida contemplativa (do mosteiro). Esse movimento não significou que os homens da Igreja não estivessem envolvidos no "humanismo"; alguns estavam. Mas a florescência foi além da simples evocação da Antiguidade. Afirmou-se que Petrarca fundou o conceito de indivíduo e que este representou o nascimento do "homem moderno".[16] Veneza era *la nuova Constantinopoli*, sobretudo por sua íntima ligação com o Oriente Médio, que um historiador descreve como a "parte antiga de um império oriental [Bizâncio] no Ocidente".[17] Enquanto isso, Florença era a segunda Roma.

Antes de tudo, vamos examinar brevemente o impacto do Renascimento italiano na Europa. A ideia de um renascimento, como vimos, é fundamental para a história europeia da era moderna. Ela não só serviu para caracterizar uma revitalização da atividade artística e científica, mas assinalou a decolagem para a prosperidade econômica, o "capitalismo", a conquista mundial e

---

13 Bolgar, *The Classical Heritage and its Beneficiaries*, p.96.
14 Ibid., p.127.
15 Do francês: "o tempo voltou". (N. E.)
16 Crouzet-Pavan, *Renaissances italiennes*, p.57.
17 Ibid., p.86.

a "modernização", todos intimamente inter-relacionados. O Renascimento é definido como "o berço do modernismo secular".[18]

Para os europeus, essa foi uma fase específica do início da história moderna, singular para o continente, e sem a qual a "modernização" não teria acontecido. Se o Renascimento parece um período tão dramático para os europeus, é por causa do crepúsculo que o precedeu. No que diz respeito às artes dramáticas e às ciências, foi um início necessário, mas ainda muito vinculado à relativa obscuridade do período anterior, quando todos esses campos eram dominados por uma religião hegemônica. A revivificação da cultura clássica não significou uma menor atividade religiosa para a maioria das pessoas, mas envolveu um elemento pagão e secular na arte que retratava a existência de deuses clássicos míticos, como nas pinturas de Botticelli. No início, a pintura não abdicou de imediato dos temas religiosos, mas ampliou seu conteúdo para incluir retratos, mitos clássicos, cenas palacianas, a representação de paisagens e até mesmo a vida comum, como nos óleos holandeses, tornando-se cada vez mais secularizada. Ao mesmo tempo, o teatro emergiu de um longo sono após o período greco-romano. O drama popular se mantinha vivo, mas não havia nada comparável à "alta cultura". Acima de tudo, essa revivificação assistiu ao surgimento de peças exclusivamente religiosas, na forma de mistérios ou milagres e, por fim, de peças seculares, baseadas em temas clássicos ou históricos. Na escultura já havia alguma figuração em relevo na arte gótica, mas a representação tridimensional restringia-se em grande parte aos temas religiosos. Nenhuma pessoa ou tema eram incluídos.

Esse despertar gradual sucedeu a uma Idade das Trevas, uma ideia que foi questionada, mas, em minha opinião, de maneira ineficaz. Para haver renascimento, é preciso que antes haja uma morte, nesse caso a morte da civilização clássica, hoje considerada tão fundamental para a cultura europeia. Essa morte ocorreu com a queda do Império Romano e causou, em parte, o declínio da economia urbana europeia e da vida cultural que existia ali. Mas a vida cultural também sofreu com a disseminação das religiões abraâmicas, que proibiam não só formas de representação como o teatro e as artes visuais (exceto no cristianismo católico, para propósitos religiosos), como também, até certo ponto, a música, a dança e outras formas de diversão, como os jogos de cartas, encorajando geralmente a atividade puritana, por exemplo, em torno do sexo. Para Agostinho (354-430 d.C.), o homem nascia em pecado e

---

18 Eckstein, Study of Italian Rennaissance Society in Australia: The State of Play, *Bulletin of the Society for Renaissance Studies*, v.22, n.2, p.6-7.

A ideia de um renascimento

precisava de um governante para guiá-lo. Além disso, a religião inibia a investigação científica do mundo natural, insistindo em que Deus era onisciente e onipotente. Em todas essas esferas, o cristianismo exigia uma literatura própria, não a dos pagãos gregos e romanos. O intuito dessa literatura não era tanto ampliar a mente, mas confirmar as crenças. Segundo Agostinho:

> Realmente não há homem de verdade que não conheça e não adore Deus. Para que são necessários todos esses sumários, códigos, conselhos e advertências? [...] Sereis maiores que Platão ou Pitágoras com todos os seus trabalhos e números, que Aristóteles com todas as suas idiossincrasias e silogismos.[19]

Inicialmente, todas as três religiões excluíram do ensino grande parte da atividade e do conhecimento científicos; a educação estava sobretudo nas mãos de clérigos e confinados à religião, mas é óbvio que alguma coisa escapou. No Islã, como veremos, as ciências naturais surgiram mais tarde em períodos liberais (humanistas), especialmente nas cortes, nas bibliotecas e nas faculdades de medicina. Estas últimas eram um caso à parte, pois curar o doente era um aspecto permanente da existência humana que a medicina sempre procurava melhorar. E essa melhoria implicava procurar maneiras melhores de tratar uma doença; de certo modo, era uma questão aberta qualquer que fosse a ideologia. Nas sociedades letradas, outro aspecto que deu origem a uma educação separada foi o direito, mas nesse caso, evidentemente, não se tratava de algo aberto como a medicina, ainda que exigisse a aplicação de princípios gerais a casos particulares.

O papel das religiões monoteístas de refrear o conhecimento é interessante, já que frequentemente se assumiam como a vanguarda da civilização, sobretudo porque vinham da Europa e do Oriente Médio. Precisamos ter em mente, como dizia o classicista Vernant,[20] que não há regra universal que faça as religiões progredirem ou se desenvolverem do politeísmo para o monoteísmo. Os gregos – tão "racionais" – eram politeístas, assim como os chineses; alguns diziam que os católicos também haviam se tornado politeístas. Em alguns aspectos, as diferenças não são tão grandes. Em geral,

---

19 Agostinho, *The City of God*, v.1, p.426; ele também escreveu: "Existe na alma [...] uma cobiça que não se encanta com os prazeres carnais, mas com as percepções adquiridas por meio da carne. É uma inquisição em vão dignificada com o título de conhecimento e ciência [...] Para satisfazer [...] esse anseio doentio [...] as pessoas estudam as operações da natureza, que estão bem além de nossa percepção quando não há vantagem em saber e os investigadores simplesmente desejam o conhecimento por si só" (id., *Confessions*, 10:35, p.210-2).

20 Vernant, *Religions, Histoires, Raisons*.

as religiões politeístas também têm a noção de um deus criador, um ser supremo; daí a possibilidade de o monoteísmo estar encerrado nas crenças politeístas, como mostra a história da religião egípcia.[21] Embora não fosse a forma mais "racional" de religião, os monoteístas eram na prática os mais hegemônicos e davam pouco espaço para versões alternativas da "verdade" ou investigações independentes e, nas religiões abraâmicas, para o desenvolvimento das artes da representação. Isso não aconteceu na China ou na Grécia, onde as tradições científicas e artísticas eram fortes. O monoteísmo podia significar certa coerência, com um fim de universalismo, mas era uma coerência religiosa, uma coerência do "irracional", que em muitos sentidos prejudicou o desenvolvimento das ciências e das artes.

Como dissemos anteriormente, no período pós-clássico as artes representativas e as ciências sofreram com a situação. A representação naturalista era restrita, especialmente a figurativa. O papel do Deus abraâmico como criador era monopolista; por conseguinte, as artes criativas sofreram. Evocar o período pagão na história europeia significava libertar a mente. Devemos traçar uma linha clara entre as realizações artísticas do Renascimento e as das ciências, em sentido amplo. Nas artes, podemos remontar à arquitetura, à escultura e ao teatro grego e romano. Mas houve uma descontinuidade radical, com pequena contribuição de outras culturas. O mesmo aconteceu com a música, com a ficção e, em menor extensão, com a poesia. O "complexo puritano" significou o abandono dessas atividades. As culturas religiosas próximas eram igualmente ambivalentes. No entanto, houve certa continuidade nas "indústrias" do conhecimento, em parte pela conexão com os árabes, cujos conteúdos alimentaram o Ocidente em vários momentos, apesar das muitas objeções levantadas ao que não tinha base transcendental.

Essa liberdade nem sempre é como o progresso da arte tem sido retratado. Berenson, um crítico de arte, escreveu que "os mil anos que transcorreram entre o triunfo do cristianismo e meados do século XIV não foram inapropriadamente comparados aos primeiros quinze ou dezesseis anos de vida de um indivíduo".[22] Essa afirmação supõe que a Europa se desenvolveu continuamente a partir do advento do cristianismo, o momento do "triunfo". Mas o cristianismo significou a introdução da noção semítica de iconofobia e só mais tarde, com a Igreja Católica Romana e com o ícone bizantino, permitiu o desenvolvimento da arte, desde que se limitasse aos temas religiosos. No

---

21 Assman, *The Search for God in Ancient Egypt*.
22 Berenson, *Italian Painters of the Renaissance*, p.4.

início dos períodos clássicos grego e romano a questão era outra; em Pompeia, por exemplo, houve estímulo a uma arte secular em que o sexo era o tema predominante, algo praticamente impossível na maioria dos períodos da cristandade, sobretudo com seu sacerdócio celibatário e sua ideologia puritana. É claro que, com o tempo, a arte religiosa incluiu cada vez mais um pano de fundo secular (como o sexo na literatura de Chaucer e Boccaccio), mas apenas no Renascimento a pintura plenamente secular foi legitimada. Isso se deveu, em parte, às mudanças ideológicas, mas há também a questão do patronato, que passou a ser exercido não mais pela Igreja ou pela corte, mas pela burguesia, e envolveu uma revitalização da cidade e da vida urbana. O resultado é claro na atenção que se dá à natureza. A maioria dos "pintores do início do Renascimento tinha uma consciência dos elementos da paisagem totalmente desconhecida dos pintores do passado gótico, quando esta era retratada simbolicamente".[23] Evidentemente, durante muito tempo, a paisagem constituiu um aspecto essencial da pintura chinesa. Na Europa, isso aconteceu muito mais tarde; foi Dürer quem introduziu o autorretrato[24] e enfatizou aspectos visuais das pequenas criaturas. Logo depois, nas décadas de 1510 e 1520, os artistas da escola do Danúbio, em especial Albrecht Altdorfer e Wolf Huber, "começaram, pela primeira vez na Europa, a realizar estudos de paisagens sem figuras humanas em painel ou papel como uma especialidade independente".[25] O Renascimento rompeu com o passado.

> Embora as representações e os temas cristãos com a Madona e o Menino, sempre populares e onipresentes, ainda dominassem o interesse dos pintores renascentistas, houve uma proliferação da arte puramente leiga e de temas às vezes pagãos.[26]

Só foi possível para historiadores da arte, como Berenson, traçarem uma linha contínua de desenvolvimento desde o início, porque consideraram o "triunfo" do cristianismo o início de tudo, e assim seguiram até o Renascimento. Na verdade, a continuidade jamais existiu; por isso, o problema precisa ser reexaminado, de um modo comparativo.

Neste contexto havia também a questão do *status* do pintor. Na Idade Média, ele era um artesão que obedecia às instruções do patrão como melhor

---

23 Beck, *Italian Renaissance Painting*, p.10.
24 Outros italianos já haviam feito isso.
25 Bell, *Mirror of the World: A New History of Art*, p.186.
26 Beck, op. cit., p.7.

lhe permitiam suas habilidades; a arte não requeria invenção independente. No Renascimento, pouco a pouco emergiu um mercado de arte em que cada príncipe ou república queria para si o melhor artista. Com a laicização crescente do tema, mais espaço foi dado à imaginação e à inovação. Esse mercado alcançou seu auge nos Países Baixos, onde o aburguesamento do patronato foi maior; na Itália, a aristocracia da cidade sempre se envolveu no processo, mesmo nas repúblicas, como Florença ou Veneza. Se a demanda fosse suficiente, o artesão podia ter um *atelier*, uma oficina, onde podia praticar, empregar aprendizes e supervisionar o trabalho deles. O pintor era livre para escolher seu tema, como na pintura de gênero, sem ter, como o artesão, uma posição preestabelecida como membro de uma *famiglia*. Mas, ainda hoje, grande parte da pintura de retratos remete a uma encomenda.

A pintura de retratos foi parte importante da visão do Renascimento como pai do modernismo, da noção de que ele representa o início do individualismo. Esse traço é visto como característico do capitalismo (via o empresário) e é especialmente evidente na pintura, sobretudo nos retratos (e esculturas) de indivíduos, em particular de leigos. Essa visão foi fundamental para a obra ainda influente do historiador Jacob Burckhardt; em *The Civilization of the Renaissance in Italy* [A civilização do Renascimento na Itália],[27] ele diz que Florença "rasgou o véu que envolvia as mentes medievais com um tecido de fé e preconceitos" e permitiu ao homem ser um indivíduo espiritual. Supostamente, este foi um dos principais temas do Renascimento italiano: "o desenvolvimento do indivíduo".[28] E sua expressão foi o desenvolvimento da pintura de retratos (realista) e da autobiografia. Mas, deixando de lado por alguns instantes o desenvolvimento da autobiografia, esse cenário, tão caro aos historiadores europeus, é em grande parte a-histórico. Já existiam retratos na Antiguidade, nas pinturas budistas e em outros tipos de pinturas na China; não há nada de novo (moderno) no retrato renascentista, exceto quando é visto em contraste com as restrições da arte medieval cristã, que em certos aspectos ainda estava presa à tradição iconoclasta das religiões abraâmicas.

No Islã, essa tradição se conservou e, como mostramos no Capítulo 4, alguns miniaturistas turcos ficaram horrorizados com a ideia de um deles ter sido contratado para pintar um retrato em tamanho grande do sultão Mehmet que fosse realista e fiel e pudesse ser pendurado numa parede, onde até poderia ser adorado. Era precisamente isso que acontecia no Renascimento

---

27 Burckhardt, *The Civilisation of the Renaissance in Italy*, p.63.
28 Crouzet-Pavan, *Renaissances italiennes*, p.346.

italiano. O objetivo era o realismo e a individualidade, e ambos apareciam até em retratos de grupos e cenas religiosas. Pouco a pouco, a arte tornou-se mais realista (como nas paisagens) e introduziu figuras grandes (com os doadores de pinturas religiosas incluídos ao lado). Surgiram as cenas religiosas (mitológicas e palacianas) em que indivíduos bastante conhecidos aparecem na multidão, depois os retratos de homens reconhecidos e, por fim, na Holanda, cenas do cotidiano e retratos de pessoas comuns. Mas o "realismo" e a "individualidade" não estavam ligados ao "modernismo" porque ambos existiam nas sociedades precedentes. Na arte, obviamente, foram desprezados pelas religiões abraâmicas. A individualidade não foi uma invenção repentina; o antropólogo Evans-Pritchard descobriu-a entre os Nuer do sul do Sudão.[29] Na pintura, é um aspecto muito característico do "renascimento", da revitalização, e foi estimulado pelo retorno ao paganismo clássico e pela rejeição do antagonismo abraâmico à representação, em especial à representação realista do secular.

Na escultura houve um movimento distinto para ressuscitar a tradição grega (e romana). Na arquitetura, os modelos clássicos tiveram grande influência até quase os dias de hoje. Isso não aconteceu com as representações literárias, exceto pelo fato de ter havido mais ênfase no épico: Virgílio foi o guia de Dante no outro mundo, Ariosto escreveu *Orlando furioso* e outros. Os temas clássicos eram constantemente utilizados por Shakespeare, na Inglaterra, e Racine, na França, assim como as referências à mitologia clássica na poesia de Spenser e muitos outros. Mas, na pintura, a influência ficou mais limitada aos temas clássicos, que certamente atingiram maior prevalência após o aprisionamento da pintura nos temas cristãos durante mil anos. Esse movimento conduziu a uma secularização da pintura (e de outras artes, como a música) e refletiu um processo de secularização que já vinha acontecendo em toda a sociedade.

A figuração na escultura e na pintura secular opunha-se fortemente a essa nova religião. Um busto pagão podia ser transformado em efígie cristã, como aconteceu em Conques, na Auvergne: a cabeça de um imperador desconhecido tornou-se a Santa Fé.[30] Mas até a escultura e a pintura religiosas foram rejeitadas inicialmente, sem dúvida em parte por suas origens "pagãs". O mesmo aconteceu com outra joia do mundo clássico, o teatro, cuja representação havia sido novamente proibida. Na Europa cristã, a grande

---

29 Evans-Pritchard, *The Nuer*.
30 Goody, *Representations and Contradictions*, p.75.

tradição teatral dos gregos e dos romanos fora rejeitada e eliminada. As peças não eram mais apresentadas e os teatros caíram em desuso, legando ruínas espetaculares ao futuro, embora alguns tenham sido desfigurados ou simplesmente destruídos. Há referências sobre a leitura de peças de Terêncio nas escolas religiosas para ajudar a aprendizagem do latim, mas não sobre qualquer representação. O teatro do povo continuou, mas era condenado pela Igreja, tachado de "pantomima" e "mascarada", pagão, deturpador da humanidade. Podemos ver as peças de mistério encenadas no fim do período medieval apresentadas pelas companhias locais em Chester e em outros lugares como indicações de um movimento de representação dramática por uma população urbana, mas o conteúdo era evidentemente a história bíblica, uma reelaboração de alegorias que, segundo o historiador literário Chambers, surgiu no serviço da Igreja.[31] No século X, no norte da França, uma espécie de drama de caráter mais ou menos secular apareceu na forma de "peça de clérigo" conectadas com as irmandades de são Nicolau, cujos feitos elas celebravam. Mas temos de esperar o Renascimento italiano, após um hiato de mil anos, para assistir à emergência do teatro propriamente dito, com um repertório de dramas seculares.

Os humanistas do Renascimento se debruçaram sobre os escritos antigos que haviam sido rejeitados pelo cristianismo. Evidentemente, a ressurreição de uma cultura escrita pode ser feita de uma maneira que seria impossível se ela fosse puramente oral. Diz-se com frequência que as composições orais foram rigidamente preservadas ao longo dos séculos, por exemplo: as obras védicas na Índia ou masdeístas no Irã. Mas que prova temos ou podemos ter disso? Por definição, a fixidez da composição oral não pode ser conhecida antes do advento da escrita; qualquer hipótese alternativa é pura suposição. Onde há evidência de composições orais recentes, registradas ao longo do tempo, ficamos impressionados com sua capacidade de mudar, exceto, é claro, quando as recitações são muito curtas. Isso chamou violentamente minha atenção quando registrei o longo mito do Bagre ("o primeiro Bagre") dos LoDagaa do norte de Gana, que eu supunha ser uma peça já fixada, como muito frequentemente me asseguraram. Um aspecto central do primeiro registro do Bagre Preto se desenvolvia em torno da ascensão ao Céu que um dos dois homens originais empreendeu com a ajuda de uma aranha e de sua teia, que fez as vezes de escada. Uma vez no Céu, Deus mostrou a ele e a uma mulher que ele havia conhecido lá (a "garota magra") como criar uma

---

31 Chambers, *The Medieval Stage*.

criança; a partir daí, eles começaram a brigar por sua posse. A visita ao Céu[32] parecia tão essencial ao mito que fiquei impressionado quando, alguns anos depois, registrei outra versão ("o segundo Bagre"), em que se fazia apenas uma breve referência à jornada e o papel criativo não era de Deus (o Deus Supremo, *Na-angmin*), mas do próprio homem e dos seres da floresta (*kontome*). Ninguém conseguiria reconstituir os detalhes da viagem ao Céu a partir das poucas referências que existiam (nem jamais o havia feito até então, pelo que eu sei), exceto eu, simplesmente porque pus no papel a primeira recitação oral. Feito isso, ela se tornou minha versão "autorizada" e pode ser ressuscitada a qualquer momento.[33] Essa era a diferença nos meios de comunicação, o escrito e o oral.

Exceto num plano muito geral ("mítico"), uma ressurreição específica do passado só é virtualmente possível em culturas escritas, e isso ocorreu com frequência na Europa e na Ásia a partir da Idade do Bronze. Inerentemente conservadora nas culturas escritas, a religião teve seu próprio papel a desempenhar nessa recuperação dos textos antigos. Argumento que, em muitos aspectos, ela se tornou mais conservadora que a atividade religiosa das culturas orais, muito mais eclética, inventiva e não restrita a um texto. Nem sempre nos lembramos de que os primeiros textos eram escritos com frequência para serem lidos em voz alta, ou seja, talvez fossem apenas lembretes ou resumos, em vez de manuscritos literários completamente desenvolvidos. No cristianismo, a procura da "verdade" implicava um reexame dos textos antigos para encontrar a fé real. Outros já haviam feito isso: os cátaros, Wycliffe, Huss; com a Reforma de Lutero e o Renascimento, o processo se intensificou. Para os cristãos, a tentativa de reconstituir as palavras de Deus ou de Cristo era o objetivo principal da sabedoria do "renascimento". Essa recuperação do texto podia assumir a forma de uma "reforma" ou, em outras religiões, de "fundamentalismo". Voltou-se, por exemplo, ao Antigo Testamento e descobriu-se que Deus permitia a "poliginia", daí ela ter sido institucionalizada na Igreja Mórmon. O mesmo acontece com o aniconismo, pois Deus proibia a fabricação de imagens de criaturas vivas. Mas olhar para trás também significa olhar para frente e dispor as coisas de outro modo no presente. Foi certamente isso que aconteceu com a Contrarreforma, quando a Igreja Católica tentou combater o protestantismo e retornou aos textos. Isso representou uma renovação da religião.

---

32 Goody, *The Myth of the Bagre*, 230f, linha 477.
33 Sobre o Bagre, ver Apêndice 3.

Em termos religiosos, o olhar para trás assume a forma de "reforma" ou talvez simplesmente de referência ao que o divino pôs por escrito. É reforma quando o olhar para trás implica um processo de eliminação do refugo. A recuperação era vista como um estímulo ou justificativa para um novo começo; na verdade, todos esses movimentos implicam necessariamente tanto a inovação quanto a recuperação de textos ou conhecimento anteriores. Isso vale também para outros campos seculares, como a Filosofia. As obras de Platão reapareceram no Ocidente e deram origem a novas formas de pensamento neoplatônico. Esse processo não ficou confinado ao Ocidente. O mesmo aconteceu na China, com Confúcio. O que foi característico na Europa foi a dimensão do colapso do conhecimento anterior, o que em parte teve a ver com a chegada de uma religião hegemônica, monoteísta, e com a extraordinária quantidade de áreas da herança antiga que estavam prontas para renascer quando a fé afrouxou o controle, ou seja, quando houve certa secularização. Nunca houve a continuidade do mundo clássico presumida muito mais tarde pela intelectualidade acadêmica. O acadêmico austríaco Kristeller começa um ensaio sobre o humanismo do Renascimento com as seguintes palavras: "Na tradição ocidental isso começou com a Antiguidade clássica e continuou durante a Idade Média até os tempos modernos; o período comumente chamado de Renascimento ocupa um lugar próprio e tem características peculiares".[34] Mas essa continuidade é ficcional, ela foi significativamente interrompida.

Evidências de civilizações anteriores nunca desapareceram por completo, nem aqui nem no Oriente Médio. A mudança na Europa também implicou conter a religião. Em alguns aspectos, esse processo buscava o Iluminismo; na verdade, o Renascimento já havia encorajado certo anticlericalismo ou mesmo um ateísmo.[35] Não que a religião fosse menos ativa: as fraternidades floresceram, inclusive as que praticavam a flagelação; as doações e os legados à ou pela Igreja se multiplicaram; as ordens leigas floresceram em toda a cristandade; a Igreja foi reformada. É claro que, no caso dos judeus, a emancipação significou sair do gueto; mas ali não era apenas o lugar onde os cristãos encerraram os judeus da diáspora: era também um refúgio, onde eles podiam praticar sua religião.

---

34 Kristeller, *Renaissance Thought and the Arts: Collected Essays*, p.20.

35 Crouzet-Pavan, *Renaissances italiennes*, p.511, 532; Gilli, Les forms de l'anticléricalisme humaniste: antimonarchisme, antipontificalisme ou antichristianisme? In: *Humanisme et église en Italie et en France méridionale (XV siècle – milieu du XVIe siècle)*.

A ideia de um renascimento

Uma renascença ou reforma como a que a Europa experimentou (que eu distingo como Renascimento ou Reforma) é em princípio possível em qualquer sociedade letrada, porque, desde a Revolução Urbana da Idade do Bronze, a escrita permite evocar e reconstruir a "fala visível" oriunda de épocas anteriores. As renascenças não se restringiram à Europa Ocidental. Houve algumas revivificações anteriores. No século V, a Grécia recuperou a obra de Homero; do mesmo modo, os alexandrinos voltaram às obras do século V e produziram "imitações dos gêneros existentes", a literatura tornou-se "um instrumento da educação".[36] E isso continuou em Roma. É claro que muito mais coisas aconteceram fora do universo dos livros, tanto na época helenística (com o trabalho científico) quanto em Roma (com a criação das cidades); mas a educação – a educação literária – sempre implicou um olhar retrospectivo. Na Idade Média, a educação foi ainda mais conservadora, pois era conduzida em línguas "mortas". Na época dos Pais da Igreja havia certa ambiguidade com relação à herança "pagã" da Grécia e de Roma. Todos suspeitavam das coisas pagãs, mas alguns, como Jerônimo, consideravam o estudo dos clássicos proveitoso. Outros, como Agostinho, estavam menos convencidos disso e outros ainda, como Gregório, o Grande, dois séculos mais tarde, consideravam que o estudo dos clássicos estava totalmente "obsoleto". Bolgar vê esse extremismo como uma visão de uma "minoria pequena e extremamente articulada", que defendia "premissas bem fundamentadas na crença cristã de que o mundo em geral era mau [...], que a satisfação das necessidades corporais [...] não tem importância real aos olhos de um Deus ciumento" e que o verdadeiro objetivo do homem era a contemplação numa cela vazia.[37] Contudo, mesmo sendo uma minoria, eles passaram a ser "os guardiães da consciência cristã" e dominaram a educação e o conhecimento. Alguns autores pensavam de maneira diferente. Clemente de Alexandria, ao estudar a tradição oriental, viu a literatura grega remontar às fontes judaicas e, portanto, contribuir para a tradição dos textos religiosos.[38]

Como mostra o historiador Peter Burke, houve também "renascimento" do conhecimento clássico em Bizâncio, mas também houve colapsos.[39] No Oriente, Focas fechou a Universidade de Constantinopla no início do século VII, e o novo centro de alto conhecimento fundado no reinado seguinte "era

---

36 Bolgar, *The Classical Heritage and its Beneficiaries*, p.20.
37 Ibid., p.48.
38 Ibid., p.49.
39 Burke, *The European Renaissance: Centres and Peripheries*.

controlado pela Igreja".[40] Mas, no século VIII, a ascensão do movimento iconoclástico causou "desastre tanto para o cristianismo quanto para o helenismo": a universidade foi fechada e seus livros foram queimados.[41] Bolgar fala de um renascimento no século XI e de um período de "helenismo eclesiástico" após o período iconoclasta, quando foi fundada uma universidade em Bardas, em 863, que consta ter tido um programa de ensino que parece se comparar ao que transformou a Europa no século XVII; não havia um "capitalismo ascendente" e novas ideias eram desencorajadas. No século XI houve um culto deliberado da antiga Grécia e do que foi chamado de "revitalização nacionalista". Foi a revitalização comeniana. Vieram em seguida o contra-ataque da Igreja e da invasão desastrosa do Ocidente e o "Renascimento Paleólogo", quando houve um retorno mais sério à cultura grega e uma reforma no ensino. A Igreja continuava a fugir da revitalização intelectual que animava o conhecimento secular. Pléton foi "o platonista mais influente de sua época",[42] humanista exilado pela Igreja e um de uma série de estudiosos que participou do Concílio de Florença; consta que, dentre eles, Argyropoulos foi "de todas as maneiras igual, se não superior, aos humanistas italianos entre os quais trabalhava".[43] Bizâncio não seguiu o mesmo rumo do Ocidente: por um lado, estava muito envolvida na guerra contra os turcos e, por outro, a Igreja "estava ali para circunscrever a ação dos estudos seculares que, seguidos de modo adequado, certamente encheriam as cabeças dos homens com ideias pagãs".[44]

No Islã também houve renascenças que recorreram em um sentido secular aos clássicos gregos, bem como reformas religiosas que voltaram ao *Alcorão*. Suas próprias realizações também alimentaram o Renascimento italiano. No Islã, não foram raros os períodos de estagnação, com domínio do religioso, seguidos de períodos de movimento, em muitos casos com tendência mais secular. Um dos motivos por que os períodos de florescimento no Islã, e talvez em outros lugares, pareçam menos importantes, ou menos influentes na história, é o fato de que as passagens de uma abordagem religiosa para outra mais secular, de um período de relativo conservadorismo e até de regressão para outro de efervescência, eram mais regulares e menos absolutos em meios culturais não europeus; além disso, tinham caráter de oscilação entre opostos, ao contrário do Renascimento europeu, que nos parece um

---

40 Bolgar, op. cit., p.62.
41 Id.
42 Ibid., p.86.
43 Id.
44 Ibid., p.89.

A ideia de um renascimento

rompimento final em circunstâncias restritivas. O ensino institucionalizado, em particular no nível superior, propiciou pouca continuidade da atividade secular após o Renascimento italiano.

Como vimos, houve muitas áreas em que, nas sociedades letradas, a recuperação dos textos antigos foi importante tanto para a ciência quanto para o contexto religioso. Os textos eram transmitidos pelas escolas, que era onde se aprendia a ler e escrever. As sociedades letradas sempre tiveram escolas que retornavam constantemente ao que havia sido escrito no passado. Além disso, embora essas sociedades praticassem o que chamei (talvez de maneira questionável) de "letramento restrito", isto é, leitura e escrita frequentemente restringidas pela religião com a qual o conhecimento tem uma dívida, as oportunidades de ler para abrir a mente (como fez o humanismo num ensino em grande parte religioso) estavam sempre presentes, em certo sentido. Mas esse processo era intermitente, e até mesmo perigoso, como nos lembra o caso de Aristóteles nos tempos medievais, cuja obra foi proibida em Paris, no século XIII. Obviamente, a possibilidade de reviver qualquer obra do passado – os clássicos, por exemplo – depende de seu estado de preservação e de sua localização, em geral escondida em alguma biblioteca monástica. É claro que havia probabilidade diferencial de determinado tipo de obra escrita ser preservada. Na Inglaterra medieval, era mais provável que isso acontecesse em bibliotecas de mosteiros, mas a maioria das bibliotecas era pequena e amplamente formada por obras religiosas. Algumas coleções de livros, como a do conde de Warwick, são mais representativas do romance secular leigo, em geral em francês. Na verdade, muitos escritos não sobreviveram. Poemas curtos se perdiam com facilidade; quando eram registrados – o que nem sempre acontecia –, era em materiais vulneráveis, como placas de cera ou folhas de guarda de um livro maior.

O Islã estava particularmente bem situado em relação à conservação, já que possuía grandes bibliotecas – embora às vezes o acesso fosse limitado, pois com frequência estavam subordinadas a uma corte. Avicena (Ibn Sina, 950-1037) consultou a imensa coleção de Bagdá, onde encontrou muitos livros que declarou nunca ter visto antes ou depois. Mas não só os indivíduos tinham acesso a essas coleções. No século X, as bibliotecas eram locais de encontro para os homens de letras e ciências da corte, como em Alepo, Xiraz e Cairo.

Essas bibliotecas eram muitas vezes enormes, sobretudo para a época. No século X, a biblioteca de Al-Hakim II, em Córdoba, reunia 400 mil "livros", segundo Almaqqari,[45] ou 600 mil, segundo o monge libanês

---

45 Almaqqari, *Analectes sur l'histoire et la littérature des Arabes d'Espagne*, p.256.

Casiri.[46] E isso numa época em que se dizia que a maior biblioteca da Europa cristã era a do Mosteiro de São Galo, na Suíça, que possuía oitocentos livros. O secretário de Chaucer tinha uma "grande" biblioteca de trinta livros. Mas é claro que é importante saber que um "livro" poderia ser constituído por algumas folhas ou ser um grosso volume. Seja como for, a diferença de tamanho entre as coleções do Islã e da Europa é extraordinária. E isso se deve em parte ao fato de que o leste do Mediterrâneo e, mais em geral, o Oriente Médio nunca experimentaram o grande declínio do conhecimento que ocorreu no Ocidente; na Inglaterra, por exemplo, sugeriu-se que, depois dos romanos, o letramento aparentemente desapareceu, assim como o próprio cristianismo e muitas artes úteis. Quando retornou, o cristianismo excluiu o conhecimento "pagão", mas manteve o latim como língua da Igreja no oeste da Europa; isso propiciou uma espécie de abertura para o passado. No Oriente (não na Europa Ocidental após o cisma), o grego continuou a ser usado em Bizâncio. Isso preservou muitas obras de aprendizagem, algumas das quais foram traduzidas para o árabe nos séculos IX e X, na corte de Bagdá, e, finalmente, constituíram parte do conhecimento do Renascimento europeu.

Evidentemente, o Islã não era a única fonte de conhecimento, por mais importante que fosse. No Renascimento, o conhecimento clássico de Aristóteles e outros escritores veio não apenas dos muçulmanos, mas também dos gregos de Bizâncio – apesar do "antagonismo mútuo" entre as duas Igrejas. É o caso, por exemplo, das traduções que William de Brabant fez por volta de 1273 na Grécia, para onde foi enviado provavelmente para aprender grego.[47]

No Islã, um fator importante que deu impulso à quantidade de livros e à circulação de informações foi não só o uso comum da língua sagrada (o árabe), mas também o advento do papel, que fez uso de refugo (trapo) e de material vegetal encontrado em qualquer parte – ao contrário do pergaminho, feito de pele, ou do papiro, importado. O papel vinha originalmente da China e foi então assimilado pelos árabes depois do século X. Os europeus o conheceram pela primeira vez em Constantinopla e, por isso, o chamavam de *pergomena graeca*, apesar de todo o papel utilizado ali ter origem muçulmana.[48] A fabricação do papel começou na Espanha islâmica, depois foi para a Catalunha, quando Jaime conquistou Valência, em 1238, e para Játiva, e em

---

46 Hariz, *La part de la médecine árabe dans l'évolution de la médecine française*, p.110.
47 Toynbee, *A Study of History*, p.134-5.
48 Spufford, *Power and Profit: The Merchant in Medieval Europe*, p.255.

seguida para a Itália,[49] onde prosperou em razão da abundância de água. No norte da Itália, no século XIII, a fabricação do papel se disseminou e se aperfeiçoou. A força das velozes corredeiras dos Apeninos podia ser controlada para mover os martelos de madeira usados para esmagar o linho e os trapos. O processo era similar ao pisoamento e ao esmagamento de uma combinação de minerais e era muito mais eficiente que o pilão, e a almofariz se fazia no Oriente Médio e na Espanha, cujo papel logo foi substituído pela variedade italiana.[50] A fabricação de papel no resto da Europa demorou a se estabelecer; na Inglaterra, só começou a ser produzido no fim do século XV, após o surgimento da imprensa, mas mesmo assim era de qualidade grosseira. O papel branco na Inglaterra precisou esperar a chegada dos refugiados huguenotes franceses, após a revogação do Édito de Nantes, em 1685.

Fosse com papel ou pergaminho, criou-se uma cultura de manuscrito em que a escrita se tornou uma forma de arte (como a caligrafia) e um modo de comunicação. Mas a primeira influenciou a segunda. Quer na Borgonha, quer em Istambul, os livros ilustrados demandavam um tempo extraordinário, além de enorme habilidade. A "edição" de livros era com frequência uma cópia dos clássicos, o que limitava a circulação das informações ao que já havia sido escrito, em vez de ampliá-la para obras novas. Com o advento da imprensa, porém, estas últimas aumentaram.

Foi também na China que a imprensa foi inventada. A difusão da palavra escrita por meios mecânicos significava uma possibilidade de crescimento ainda maior da circulação de conhecimentos, portanto de acúmulo de conhecimentos. Na China, a impressão com blocos de madeira surgiu no início do século VIII.[51] Na era Song (960-1279 d.C.), o reconhecimento da triagem feita pelas autoridades estimulou a demanda por livros relevantes e, nos séculos XI ou XII, tirou das prateleiras cópias feitas à mão. Do contrário, só muito lentamente a impressão substituiria o manuscrito como principal meio de transmissão da cultura escrita. O período turbulento que se estende de meados da era Tang (618-907 d.C.) ao início da era Song assistiu à perda de vários livros antigos; no século XI, o governo foi compelido a imprimir um grande número de textos médicos, clássicos confucianos (o cânone budista),

---

49 Em estado não refinado em Gênova, em 1235; ver Burns, The Paper Revolution in Europe: Valencia's Paper Industry: A Technological and Behavioural Breakthrough, *Pacific Historical Review*, v.50, 1981, p.1-30.

50 Spufford, op. cit., p.357.

51 McDermott, *A Social History of the Chinese Book: Books and Literati Culture in Late Imperial China*, p.43.

éditos imperiais, almanaques, contratos e páginas efêmeras sobre resultados de exames. No fim do século XII, a imprensa estava florescendo no norte de Fujian, centro da impressão popular barata.[52] Isso não acontecia em outros lugares necessariamente; no baixo Yangtzé, por exemplo, a imprensa só se tornou dominante no século XVI (com exceção dos clássicos confucianos, para os quais havia demanda constante). Em meados da era Ming, questões comerciais, como o uso de tipos móveis, tornaram a imprensa muito mais competitiva e, por isso, houve uma expansão significativa. Mas os manuscritos continuaram a ser usados em certas esferas da comunicação; a transição foi gradual. Embora a impressão tenha sido inventada na China, não parece ter tido o efeito súbito e revolucionário que teve na Europa, onde foi combinada à prensa.[53] Ou seja, quando a impressão veio para o Ocidente, o uso do manuscrito desapareceu rapidamente na maioria dos casos, inclusive quando se refere aos livros; no caso dos chineses, as duas modalidades coexistiram durante um longo período. Não parece ter havido a rápida florescência da palavra escrita que acompanhou a chegada da máquina de impressão no Ocidente. Lá, essa transformação não teve a ver apenas com o uso de tipos de metal e papel, que os chineses já dominavam, mas com o uso da escrita alfabética e da imprensa, que eles não possuíam. Combinada com o avanço revolucionário do conhecimento e das artes seculares, a máquina de impressão ocupou o centro do Renascimento italiano e a restauração do conhecimento clássico.

A impressão no Ocidente, assim como o alfabeto, era vista por alguns como desenvolvimentos exclusivamente europeus, que contribuíram para o desenvolvimento do ensino, do conhecimento, da liberdade e até mesmo da democracia. Os que fizeram essas afirmações basearam suas conclusões em grande parte no estudo de sua própria herança literária. Pode-se dizer o mesmo do argumento apresentado pelo crítico Ian Watt e por mim mesmo,[54] em relação ao letramento na Grécia antiga (e daí à subsequente tradição europeia), de que o uso de um método simples de escrita alfabética contribuiu muito para essa civilização. Nossa afirmação subestimou a origem asiática da escrita alfabética consonantal da Fenícia, que se disseminou para as culturas ocidentais, e as grandes realizações que poderiam ter sido alcançadas com outras formas de escrita (como a escrita logográfica da China). O crítico lite-

---

52 Ibid., p.48.
53 Eisenstein, *The Printing Press as an Agent of Change*.
54 Goody; Watt, The Consequences of Literacy, *Comparative Studies in Society and History*, v.5, 1963, p.304-45.

rário Marshall McLuhan[55] e a historiadora Elizabeth Eisenstein, em seu belo estudo, limitaram suas pesquisas à imprensa e ao impacto revolucionário que ela teve sobre um continente e sobre essa mudança particular nos meios de comunicação. Esse trabalho corre o risco de superestimar a Europa e a impressão, embora a adição da prensa tenha sido única. Encontramos o mesmo problema nos amplos estudos do historiador literário Walter Ong a respeito das mudanças que ocorrem na educação após o surgimento da imprensa.[56] Essas inovações não foram puramente europeias e devem ser vistas sob uma luz comparativa, assim como o próprio Renascimento italiano.

A ressurreição de aspectos da civilização clássica europeia viu-se resumida na coroação de Petrarca numa cerimônia em Roma[57] e, pouco tempo depois, foi estimulada pela circulação de textos impressos do autor. Nessa época houve abertura para novas possibilidades; as máquinas de impressão estimularam não apenas uma circulação muito mais ampla das obras anteriores, mas também de novas, como as do teatro elisabetano. Embora de início essa mudança nos meios de comunicação fosse com frequência empregada simplesmente para reproduzir os clássicos, também deu uma circulação muito mais ampla às novas ideias, tanto nas artes quanto nas ciências. O movimento acelerado das informações significou que esses desenvolvimentos tiveram uma audiência mais ampla e mais imediata em toda a Europa, conduzindo no devido tempo a reações e correções mais rápidas, e, assim, ao acúmulo de proposições testadas sobre o mundo natural. Esse movimento foi fundamental para o historiador da ciência Joseph Needham e outros se referirem a esse período como o nascimento da "ciência moderna", quando as realizações europeias nessa área começaram a superar as dos chineses. Como disse o presidente norte-americano Jefferson no século XVIII, as impressoras nunca nos deixariam parados e as casas de impressão – o lar coletivo daqueles que trabalhavam com o metal, tão distinto do trabalho mais solitário dos copistas ou mesmo daqueles que entalhavam madeira – eram o centro da discussão e também da reprodução.[58]

A "inquietação" não se restringiu à impressão e afetou tanto as ciências quanto as artes. Embora a pintura renascentista tenha comandado a atenção visual, muita coisa aconteceu em outros campos intelectuais. O período liga-

---

55 McLuhan, *The Gutenberg Galaxy: The Making of Typographic Man.*
56 Ong, *Ramus, Method and the Decay of Dialogue.*
57 A coroa do poeta foi concedida a Mussato 26 anos antes.
58 Apud Innis, *The Bias of Communication*, p.24.

-se intimamente à Revolução Científica, e os homens do Renascimento, como Leonardo da Vinci e John Donne com sua poesia, atuaram nesses dois campos. Entretanto, em termos comparativos, as artes e as ciências necessitam de tratamentos distintos. As artes são essencialmente locais (ou localizadas), dificilmente podem ser consideradas fora de um contexto cultural específico, por exemplo, a cristandade europeia ou a China budista. Mas as ciências são mais universais: os sistemas de contagem espalharam-se da Índia para o Islã e daí para a Europa, como os algarismos "arábicos" e os dados astronômicos coletados em Pequim e empregados na Espanha. Devemos observar, em referência à nossa discussão sobre as formas de escrita, que a maioria dos escritos alfabéticos é local e os hieroglíficos (icônicos), que não são ligados a fonemas, são por isso mesmo linguisticamente universais. A diferença entre as artes e as ciências afetou não apenas a produção, mas também a demanda. Os árabes não traduziam a literatura grega, mas queriam a ciência grega, o que, de maneira mais geral, era consistente com as "outras culturas". Não obstante, apesar da relativa universalidade das ciências, os europeus viam seu continente como um trampolim para a "ciência moderna", como J. D. Bernal em seu *Science in History*,[59] que não dá nenhuma atenção à ciência chinesa (não moderna!) e concentra-se apenas na Europa (acenando para o Islã).

De modo geral, essa "inquietação" significou que a ressurreição dos textos clássicos, tanto na época quanto depois, conduziu à frequente referência à religião clássica e pagã, além do cristianismo. A *Divina comédia*, de Dante, e, após o Renascimento, o *Paraíso perdido*, de Milton, fizeram muito uso da "mitologia clássica", assim como de temas cristãos; a primeira foi composta antes da imprensa e a segunda, depois, mas ambas estão sujeitas a influências humanistas. Considerando os clássicos, os autores entenderam que trabalhavam com "mitos", isto é, com o que não era literalmente verdade, mas não usariam o termo "mito" da história do Antigo Testamento: aquilo era "verdade" em outro nível. O ressurgimento da mitologia clássica, que os primeiros cristãos entenderam como um aspecto da religião anterior (pagã), não era totalmente novo. Em primeiro lugar, continuava a ser um elemento no cômputo do tempo, não apenas do cômputo diário na forma do dia de Saturno, mas também dos meses, como dezembro, o décimo mês. Em segundo lugar, a Europa continuava cercada pelo material remanescente da cultura clássica. Em terceiro lugar, a literatura clássica continuava a ser lida, porque o latim foi não apenas a base das línguas românicas, mas também a

---

59 Bernal, *Science in History*.

linguagem da comunicação e da adoração da Igreja ocidental, assim como o grego na Igreja oriental.

Porém, essa referência ao passado cresceu enormemente com as várias renascenças e sua procura por textos, e isso levou a uma grande restauração do interesse pela mitologia antiga e por todas as coisas clássicas. O Islã também tinha uma língua, uma língua falada (o árabe), que era em grande parte destinada à religião e com a qual esta era identificada. A língua de Deus era a língua do Livro; o *Alcorão* não poderia ter sido escrito em nenhuma outra língua. Mas o que o leitor tinha para encontrar na Arábia pré-islâmica era alguma poesia e pouca coisa mais (além das obras gregas estudadas no Levante). O mesmo aconteceu com o judaísmo, que insistiu no uso do hebraico para fins religiosos – e, afinal, para a nova nação de Israel –, substituindo o iídiche, o ladino e, em parte, o árabe no uso diário. Mas o cristianismo não tinha um equivalente local ao Oriente Médio como *lingua franca*. Embora muitas das primeiras Escrituras tenham sido escritas em aramaico, o Novo Testamento foi logo traduzido para o grego e o latim – até certo ponto, as duas línguas oriundas das conquistas pagãs, que trouxeram com elas toda a sua bagagem clássica. Os Pais da Igreja, conscientes do perigo, tentaram compor e substituir sua literatura nessas línguas pelo clássico, em parte para o ensino nas escolas que sobreviveram ou, mais provavelmente, que foram recuperadas pela Igreja.

À parte esse olhar para trás, o próprio Renascimento italiano foi seguido por uma florescência da cultura em muitos níveis: nas artes, é claro, mas também no renascimento da pintura e do teatro secular (e do teatro em geral), como aconteceu com o conhecimento do mundo, por exemplo com a Revolução Científica. Os dois não foram totalmente independentes, pois o olhar retrospectivo se dirigia a um período mais secular, "pagão", em que a investigação material e as artes eram mais livres. Além disso, em todos esses campos, o florescimento trazido por esse Renascimento estava obviamente relacionado com a revitalização econômica do comércio e da manufatura europeus, iniciada muito antes, não apenas na Europa, mas especialmente no comércio com o Oriente, em que a Itália teve um papel preponderante. A queda do Império Romano, como resultado de problemas internos e externos, e, mais tarde, as conquistas árabes conduziram a um drástico colapso do comércio na Europa Ocidental e ao declínio da vida urbana. Uma indicação óbvia do colapso que ocorreu posterior ao Império foi o que aconteceu com as famosas estradas construídas pelos romanos. Alguns desses caminhos pavimentados se transformaram em trilhas rurais, próprias apenas para animais de carga. As pontes de pedra só foram reformadas quando finalmente as ordens eclesiásticas começaram a se interessar por elas, no século XII, com a revitalização do comércio. Obviamente, os mercadores itinerantes passaram por maus bocados até que essa reconstrução se iniciasse e levasse ao que no norte da Itália foi chamado de "revolução da estrada", no século XIII.

De início, o colapso da economia urbana impediu o crescimento das cidades e da burguesia. A economia baseava-se mais na atividade rural que no comércio urbano. Evidentemente, o desenvolvimento dessa economia, e em particular o uso da tração animal e do arado, foi parte das realizações da Idade do Bronze. Com a retração na economia de troca no Ocidente após o fim do Império Romano, o "excedente" da produção rural foi desviado pelos proprietários de terras para a construção de mansões e a criação de vastas cortes, que se tornaram centros de consumo de produtos de luxo. Parte desses produtos vinha do Oriente, em troca de barras de prata e de outros metais, ou de matéria-prima, como madeira, dos quais o Oriente necessitava tanto naquela época quanto hoje. Em geral, o crescimento das cortes permanentes, ao contrário das cortes circulantes tão comuns no início da Idade Média, significou o desenvolvimento de cidades, com trabalhadores especializados, artesãos e comerciantes que não só abasteciam as populações urbanas e rurais, mas também praticavam o comércio de produtos de luxo para a nobreza e seus parasitas. As cortes, em seu papel de governo, retinham partes cada vez maiores do excedente para gastos com guerras ou construções, em especial de grandes palácios para residência e governo, e enormes igrejas e capelas para adoração e agradecimento a Deus por sua generosidade. Na capital, a corte do rei atraía com frequência pequenos nobres, que estabeleciam suas próprias cortes nas proximidades e faziam crescer a demanda por produtos de luxo. No século XIII, bispos mandavam construir mansões na capital e de lá administravam seus domínios, como o bispo de Winchester em Southwark ou o arcebispo de Canterbury em Lambeth. No entanto, as cidades eram pequenas, sobretudo se comparadas com o mundo oriental, como a China.

> Desde a Antiguidade clássica até o fim do século XII e início do século XIII, nenhuma cidade da Europa Ocidental, nem mesmo a lombarda Milão, excedeu os 30 mil habitantes. As novas oportunidades para os governantes e sua nobreza para viverem de rendas em espécie distantes de suas propriedades rurais possibilitou de novo o crescimento das cidades no Ocidente, pela primeira vez em três quartos de milênio.[60]

---

60 Spufford, *Power and Profit: The Merchant in Medieval Europe*, p.93.

A ideia de um renascimento

O comércio já começava a reviver no século VIII quando Veneza restabeleceu as relações mercantis com os mundos bizantino e islâmico, que não haviam sofrido o mesmo declínio que o Ocidente. Havia certa comunicação entre a Europa e a Ásia pela estrada que ia do norte para o leste via o Báltico, mas sem grande importância comercial. Com o comércio de Veneza, o Mediterrâneo reabriu: produtos manufaturados preciosos, como sedas, perfumes, porcelanas e especiarias, eram importados do Oriente e produtos brutos, como metais, barras de ouro e de prata e lã, eram exportados.[61] Na segunda metade do século XII, roupas de lã eram comercializadas em grande quantidade a partir de Champagne, da Inglaterra e de Flandres para os países do Mediterrâneo. Mas as roupas de Flandres eram de melhor qualidade e tiraram as outras do mercado em meados do século XIII; dois anos depois, as roupas da Inglaterra se recuperaram. Um historiador fala das "fortunas fabulosas"[62] ligadas a esse sucesso comercial. Pouco a pouco, o comércio como um todo reviveu, assim como a manufatura italiana, que adotou a produção de papel e de seda do Oriente e exportava roupas de lã mais refinadas.

O estudo de Peter Spufford sobre o fim do período medieval deixa clara a importância do comércio para o Renascimento. O comércio e os negócios desenvolveram-se na Itália, seu primeiro lar, com a abertura do comércio interno na Europa, em especial para as cortes, mas também para o Mediterrâneo oriental, com o crescimento do intercâmbio entre o Oriente e o Ocidente. A produção e a atividade comercial espalharam-se por outras cidades italianas, como Gênova, Florença, Bolonha e a costa de Amalfi; estas, por sua vez, colonizaram parte das costas do Mar Egeu e do Mar Negro. Foram as grandes cidades comerciais do norte e do centro da Itália que lideraram o que foi chamado de "revolução comercial" do século XIII e criaram a "notável prosperidade dos grupos metropolitanos".

> Foi esse punhado de homens muito ricos do recém-ampliado Estado florentino, os Pazzi, os Pitti, os Strozzi, os Ruccellai e, acima de tudo, os próprios criptopríncipes Medici, que estava entre os primeiros a patrocinar humanistas, pintores e escultores e, é claro, a construir – ou reconstruir – seus *palazzi* na nova moda "antiga" do início do Renascimento.[63]

---

61 A importância do luxo é enfatizada na obra de Sombart (*The Jews and Modern Capitalism*) e de Veblen (*The Theory of the Leisure Class: An Economic Study in the Evolution of Institutions*).

62 Crouzet-Pavan, *Renaissances italiennes*, p.315.

63 Spufford, *Power and Profit: The Merchant in Medieval Europe*, p.82.

Em todas essas atividades, Veneza exerceu particular liderança, envolvida tanto no comércio mediterrâneo quanto na colonização do Oriente. Na verdade, a partir do século XII, quando o comércio cresceu enormemente, agentes de Veneza, Pisa e Gênova estabeleceram colônias em Constantinopla, Alexandria e Acre.[64] O cálculo de lucros e perdas era realizado com algarismos arábicos, que os italianos conheceram pelo *Liber abbaci* (1228), de Fibonacci, e que tornaram muitas formas de cálculo mais fáceis.[65] A alfabetização possibilitou a difusão de novas técnicas. Na verdade, o *crédit bancaire* estava obviamente relacionado ao uso da escrita e, por fim, da palavra impressa. E com a restauração do comércio veio a florescência das artes e do conhecimento, o que também aconteceu em outros lugares. Ambos requeriam o apoio – na forma de patronato ou venda – das cortes, dos proprietários de terras, da Igreja ou dos comerciantes, que tanto contribuíram para o conhecimento do período. De início, toda arte requeria patronos. Se não eram as pinturas religiosas para a Igreja ou para alguns políticos, eram as encomendas da corte ou, na Holanda, da burguesia. A arte estava inevitavelmente onde estava o dinheiro, isto é, na Igreja, na corte e depois na classe em expansão dos comerciantes e dos fabricantes. Na Europa, a maior parte da atividade destes últimos era o comércio de têxteis, como os Medici em Florença, onde a arte floresceu. O historiador Peter Spufford pergunta se

> é mais do que coincidência que tenha sido nessas duas décadas otimistas do início do século XV que surgiu o patronato que ajudou a iniciar a transição do estilo do gótico tardio para o precoce Renascimento?[66]

Os próprios italianos se espalharam não só pelo Oriente, mas também pelos maiores centros da Europa: Londres, em 1250, e Bruges, um pouco mais tarde. Em ambos, juntaram-se ao comércio hanseático menor da região báltica, onde a Liga distribuía produtos asiáticos e produtos de luxo. Em Londres, os italianos incluíram quatro grupos: venezianos, genoveses, florentinos e luquenses. Eles estavam envolvidos não só no comércio de lã e nas atividades bancárias, mas também com os produtos do Oriente; as galés venezianas levavam pimenta asiática para o norte.

O declínio do comércio também teve efeito oposto na estagnação relativa do Oriente Médio após o século XV. O comércio turco e egípcio com o Extre-

---

64 Ibid., p.19.
65 Ibid., p.29.
66 Ibid., p.489.

mo Oriente foi afetado negativamente pela navegação de potências atlânticas pelo Cabo da Boa Esperança; embora o comércio não tenha parado totalmente com a abertura dessa rota marítima direta, as novas viagens prejudicaram de modo considerável o comércio de especiarias e produtos de algodão. Além disso, algumas das exportações que eram o coração desse comércio agora se moviam cada vez mais para oeste, pelo Mediterrâneo, e para as Américas. Em particular, dois *cultígenos*[67] indianos, o açúcar e o algodão, foram para o Novo Mundo, assim como o café etíope; a manufatura de têxteis de seda e algodão e a manufatura de papel, por sua vez, tornaram-se fatores primordiais nas novas indústrias europeias. Tudo isso significou uma mudança dramática nas condições econômicas do Oriente Médio islâmico, repercutindo também nas artes e nas indústrias do conhecimento.

É claro que a atividade comercial significava que havia grande demanda por letramento no Ocidente, por conta do envio de cartas entre os vários estabelecimentos e da realização da contabilidade de transações mais complexas. A pressão por educação vinha agora tanto dos mercadores leigos quanto dos que trabalhavam para o Estado e a Igreja. Exigia-se pessoal alfabetizado.[68] Por exemplo, as listas de preços eram parte importante das informações comerciais, que, por sua vez, conduziam a folhetos informativos. Portanto, partiu dos comerciantes a pressão para que seus filhos lessem, escrevessem e calculassem, e eles empregavam tutores para esse fim. Encontramos um professor leigo de meninos em Florença em 1275. A profissão do ensino floresceu no mundo secular e a educação se expandiu para levar em conta a natureza das transações comerciais. A obra de Fibonacci, *Liber abbaci*, já mencionada, foi especialmente valiosa; publicada no início do século X, após uma viagem de Fibonacci ao mundo árabe, apresentou aos italianos os números indianos, que permitiam operações matemáticas bem mais complexas. O fim do século assistiu à invenção da contabilidade de "partidas dobradas" [*double entry bookkeeping*] em Gênova ou Toscana, difundida pela *Summa de arithmetica*, de Pacioli, impressa em Veneza em 1494. Como observa Spufford, "a educação secular e vernácula estava bem estabelecida no início do século XIV".[69] A comuna de Lucca, por exemplo, lar da primeira produção em larga escala de roupas de seda no Ocidente cristão, com máquinas oriundas provavelmente

---

67 Espécies domesticadas que são assim designadas por não se ter registro de seu ancestral silvestre. (N. E.)

68 Spufford, op. cit., p.28.

69 Ibid., p.29.

da China, financiou em meados do século XIV um professor de escrita e leitura, um de aritmética e outros para manter a infraestrutura educacional (a seda era, evidentemente, produzida na Sicília islâmica e na Andaluzia). Nessas cidades comerciais do norte da Itália, a maioria dos artesãos era alfabetizada. "As cidades que mais promoveram a educação, como Lucca no século XIV, tiveram um ganho comercial proporcional."[70]

É evidente que esse comércio estimulou a demanda, que, por sua vez, estimulou a produção.

> Assim como havia uma demanda por melhores habitações, alimentos, bebidas e roupas, havia também, em cada capital, uma demanda prodigiosa pela exibição ostensiva de ouro e prata, bronze e esmalte do vale do Meuse, da Renânia e de Limoges, pérolas do Golfo Pérsico ou diamantes, rubis e gemas da Índia.[71]

Grande parte das roupas de luxo vinha da Itália, que era uma enorme oficina e também o centro da arte. Mas ela também importava roupas e outros produtos valiosos do Oriente. Todos os campos eram dominados pelos italianos, e por isso esse comércio estava intimamente ligado ao Renascimento. Na verdade, de certo ponto de vista, a arte era apenas mais um produto procurado por ricos, aristocratas ou membros da Igreja. E a maior parte da atividade girava em torno das cortes, grandes e pequenas, que, por sua vez, necessitavam de uma burguesia para abastecê-las. O comércio de produtos estimulou a troca de informações por toda a Europa. Em 1471, o matemático Johannes Müller escreveu: "é mais fácil para mim manter contato com os homens ilustrados de todos os países, porque Nuremberg, graças às eternas viagens de seus comerciantes, pode ser considerada o centro da Europa".[72] "A tecnologia ocidental de impressão de livros disseminou-se na Europa ao longo das rotas de comércio, assim como os próprios livros impressos se tornaram itens de comércio em todo o continente."[73] O mesmo aconteceu com muitas ideias religiosas, no início a heresia dos cátaros, depois a peste e a própria arte; todos se tornaram itens de troca, como outros aspectos do próprio Renascimento.

Spufford nos apresenta um relato útil a respeito do comerciante europeu nos tempos medievais, que foi fundamental para esse comércio, mas sua obra

---

70 Ibid., p.410.
71 Ibid., p.119.
72 Ibid., p.390.
73 Ibid., p.411.

é sobre a Europa e dá poucas indicações de relações comerciais que tenha se estendido indiretamente para além do continente.[74] Mas a troca tanto de produtos quanto de informações entre o Oriente e o Ocidente era enorme, especialmente após o estabelecimento de colônias comerciais em Istambul e em Alexandria no século X. Ainda que restringir a análise das atividades comerciais à Europa seja absolutamente compreensível, o leitor fica com a impressão de que o Ocidente liderou o processo, como no caso da imprensa e do alfabeto, mas não foi isso que aconteceu.

Para a Europa havia outra vantagem no contato com o Oriente; a restauração do comércio europeu e de outras relações significou uma mescla com uma cultura não cristã, como explicaram num livro recente os historiadores Jardine e Botton em relação à Turquia; assim como o retorno às obras dos antigos, isso significou um maior interesse pelo que outras culturas e outras religiões tinham a dizer. Os árabes e os judeus vinham experimentando isso havia muito tempo, na Índia e na China. Além de um ceticismo mais geral,[75] o contato com outras religiões produziu certa secularização, o que foi benéfico tanto para o avanço da ciência quanto para a libertação das artes. Mas a secularização em si não necessitava de revitalização, uma vez que esta havia ocorrido com a redescoberta da cultura clássica. Mais liberdade de manobra poderia vir do afrouxamento dos vínculos dentro de uma religião hegemônica. Com o estímulo de fora, esse afrouxamento aconteceu também em outros setores, como, por exemplo, na emancipação dos judeus no norte da Europa (no sul já havia certa liberdade), onde não houve ressurreição, mas florescência. Como apontou o historiador Eric Hobsbawm, a emancipação no norte ocorreu apenas no início do século XIX – e, em alguns casos, muito depois – e, quando aconteceu, foi "como tirar a tampa de uma panela de pressão".[76] Os judeus assumiram de repente um papel vigoroso no teatro, nas artes visuais, assim como na ciência, campos antes fechados a eles. Como aconteceu no bem conhecido Renascimento italiano, o controle religioso das artes, que levou a certa iconofobia, foi posto de lado e, nesse último caso, se desdobrou em um "Renascimento judaico" por toda a extensão das artes visuais. Numa extraordinária transformação, a iconofobia foi substituída pela iconofilia. A florescência não foi uma ressurreição, um retorno a glórias anteriores, porque não havia tradição de representação figurativa a que se reportar (com exce-

---

74 Ibid., p.2002.
75 Goody, *Food and Love*, cap. 11.
76 Hobsbawm, Benefits of Diaspora, *London Review of Books*, 20 out. 2005, p.16-9.

ção de alguns casos marginais). A pintura e as artes visuais, como a ciência natural, foram importadas. O Ocidente, por outro lado, olhou para trás.

Outro ponto tem a ver com o estabelecimento de instituições que são hoje tão importantes para a modernidade e cristalizaram a abordagem secular das artes e das ciências. Muito se escreveu sobre o início das universidades na Europa no século XII, a partir das escolas catedrais (mais que monásticas), em Salerno, Montpellier, Bolonha, Pádua, Paris e, no século XIII, em Oxford e Cambridge. Esse desenvolvimento é considerado um grande motivo de orgulho europeu, a criação de uma instituição de todos os *scholars* locais, e não de um escopo universal (como universidades podem acarretar). Esse foi certamente um ponto de crescimento importante, porém, mais uma vez, não foi o único; isso só foi assim considerado na Europa Ocidental por conta do colapso anterior do conhecimento, sobretudo do alto conhecimento, e da ignorância das outras sociedades. Evidentemente, entre os gregos e os romanos, o alto conhecimento existiu, no Liceu e na Academia. No leste do Mediterrâneo, mesmo depois da queda de Roma, essas escolas continuaram a funcionar e ensinou-se Filosofia em Alexandria até o século IV, quando Justiniano a baniu por ser pagã, ali e em toda a parte. Mas a grande biblioteca de Alexandria, em parte destruída pelos romanos, existiu até o período muçulmano. Como acontecia com outras religiões letradas, a primeira preocupação dos árabes quando ocupavam uma cidade era construir uma mesquita, um hospital e uma escola, um centro para ensinar o conhecimento, em grande parte religioso, e isso exigia uma biblioteca. Em Córdoba, Abderramão III (*regnabat* 912-961), pai de Al-Hakam II, fez tudo isso, mas também construiu bibliotecas públicas nas principais cidades; na capital, as reuniões de intelectuais e poetas eram realizadas nas "academias", quer no palácio, quer na casa dos homens *scholars* (entre eles, mulheres de alta estirpe). Havia academias de medicina, matemática, história e poesia em Córdoba.[77] A educação superior não se interrompeu com o Islã, mas continuou em cortes como a de Al-Mamun, em Bagdá, e sua escola de tradutores do grego. Mais tarde surgiram madraçais – como o de Al-Azhar, fundado no século X no Cairo –, que iniciaram uma tradição de instrução religiosa similar às das posteriores universidades europeias e budistas. Os madraçais, que surgiram no Irã no século XI, eram escolas privadas subvencionadas, independentes das mesquitas, e centradas no conhecimento islâmico. Entretanto, as "ciências estrangeiras" continuavam por toda parte, de maneira mais informal que

---

77 Hariz, *La part de la médecine árabe dans l'évolution de la médecine française*, p.19.

institucional, exceto talvez no caso da medicina, cujos hospitais (*maristan*) também eram independentes. Em Córdoba, por exemplo, encontramos no Alcázar uma biblioteca que, como vimos, possuía uma coleção muito maior que qualquer biblioteca do norte da Europa. A imensa biblioteca monástica imaginada por Umberto Eco em *O nome da rosa* na verdade não reflete a realidade do norte da Europa naquela época. Quando de sua fundação, a biblioteca da Universidade de Cambridge era minúscula em comparação à de Córdoba. No século XV reunia apenas algumas centenas de livros e, mesmo para a época, abrangia um conhecimento humano que estava longe de ser universal. Esse conhecimento era principalmente religioso, destinado à formação de padres letrados. Alguns consideram o crescimento das universidades na Europa como a principal variável do nascimento do que Needham chama de "ciência moderna" do Renascimento, da própria modernidade. Mas, em uma perspectiva mundial, essas universidades não tinham nada de extraordinário e seu ensino estava intimamente ligado à religião dominante. Também elas tinham de fugir dos estudos seculares. A influência da Igreja continuava forte, embora limitada intelectualmente. Mesmo no século XIX, os professores das faculdades de Oxford e Cambridge eram automaticamente qualificados para atuar como sacerdotes. Trata-se de requisito para a cátedra lucasiana – cujo segundo ocupante foi Isaac Newton – que o candidato não exerça atividades na Igreja.

As universidades não eram exclusivas do Ocidente ou do Islã, exceto pelo nome. Há referências de universidades em Nalanda e outras regiões da Índia budista, possivelmente do período Gupta (século III ao século VI);[78] mas havia muitas outras. O sinólogo Mark Elvin encontra "analogias com universidades na China"; a mais conhecida era a "Grande Escola", dirigida pelo governo durante a dinastia Song e organizada em torno de pesquisas em Matemática e Medicina. Podemos ser céticos em relação à educação superior ser dirigida pelo governo, associada a mesquitas ou comportar pessoas ligadas às cortes e a suas bibliotecas, como em Córdoba. Mas não há razão para acreditar que eram intelectualmente menos livres que as primeiras universidades da Europa, intimamente vinculadas à Igreja e à preparação de sacerdotes e administradores.

Depois do declínio de Roma, a educação superior foi gravemente interrompida no Ocidente, mas prosseguiu relativamente sem problemas em partes do Oriente. No entanto, não quero deixar uma impressão de total

---

78 Thapar, *The Penguin History of Early India, from the Origins to AD 1300*, p.306.

descontinuidade no Ocidente, em contraste com a continuidade no Oriente. Constantinopla, no Levante, sofreu invasões nômades que provocaram certa interrupção. A grande biblioteca de Bagdá foi destruída pelos conquistadores mongóis e, segundo consta, eles usaram os livros para construir uma trilha elevada sobre o Tigre. Também houve ataques ideológicos. Em muitos casos, o surgimento de uma biblioteca foi seguido de sua destruição ativa – como na China, no Islã e em outros lugares. Não se tratava apenas de dano colateral de uma guerra ou um "ato de Deus", mas de política deliberada do invasor (como o tratamento que se deu à biblioteca de Bagdá) ou de rejeição ao tipo de conhecimento que continham (como o califa Omar e a biblioteca de Alexandria, sob domínio dos árabes). Omar achava que os livros que não estivessem em conformidade com a palavra de Deus, como *Alcorão* a apresentava, deviam ser destruídos. Essa atitude não era essencialmente diferente da de santo Agostinho e outros apologistas do cristianismo, como Justiniano, que extinguiu o ensino da Filosofia pagã em Atenas e em outros lugares por razões similares. Até o nazismo, aparentemente o Ocidente não registrou exemplos paralelos de queima de livros, mas estes com frequência eram excluídos do cânone, as bibliotecas eram muito menores, as coleções monásticas da Inglaterra foram dispersadas após a Reforma (para serem controladas pelo arcebispo Parker em Corpus Christi, em Cambridge) e sempre existiu o *Index* católico. Na verdade, o desaparecimento dos livros foi um fenômeno recorrente em toda a história da palavra escrita, tanto na China quanto na Europa, quer pela destruição das bibliotecas, quer pela censura de determinados livros ou quer por sua queima deliberada. Mas, na restauração das culturas escritas, o Renascimento levou também à recuperação de certo conhecimento passado, de antigas realizações; é um aspecto da alfabetização e da escrita que essa recuperação tenha sido possível.

Digo durante toda a história da palavra escrita porque aqui estamos na presença de um fenômeno difundido. No entanto, parece que, mais ou menos desde o Renascimento, atingimos aquilo que Rostow considerava, para a economia, o início do crescimento autossustentado contínuo.[79] Há alguns abalos no sistema de conhecimento; poderíamos considerar como um deles os esforços dos religiosos para redirecionar o ensino da evolução; já o controle dos regimes políticos entra em outra categoria. Os sistemas de produção e troca sempre evoluíram, e a tecnologia avançou com regularidade, embora ocasionalmente Estado e religião tenham tentado detê-la. Contudo, os sis-

---

79 Rostow, The Stages of Economic Growth, *Economic History Review*, v.1, p.1-16.

A ideia de um renascimento

temas de conhecimento têm sido objeto de restrições definidas, não apenas internas ao campo, mas também por aquelas devido a interferência externa. O que vemos hoje na Europa é um crescimento autossustentado, não apenas na economia, mas também nos sistemas de conhecimento, pelo menos nos "científicos". Evidentemente há um processo vetorial em outras civilizações, mas também há abalos, períodos de estagnação ou rejeição. Esses períodos de interrupção talvez não sejam mais possíveis (dada, em especial, a comunicação mundial via internet), pelo menos em larga escala. Não há dúvida de que o crescimento das informações e o crescimento da economia estão sem dúvida conectados; as novas universidades da Europa podem estar proporcionando um ambiente institucional distinto e independente para o conhecimento, e a tecnologia pode ter alcançado um estágio em que é impossível negar o ritmo acentuado de realização, quer desta, quer da ciência. É possível que os sistemas de conhecimento também tenham atingido um ponto de não retorno. A ideia de "crescimento autossustentado" como característica do "moderno" não está totalmente errada. As sociedades modernas parecem ter embarcado em um curso diferente. Mas não de todo. A mudança é característica das sociedades antigas e o crescimento moderno tem seus reveses, suas pausas temporárias. Mais significativamente, o crescimento de uma unidade cultural particular pode estimular outra; o intercurso é global, assim como os meios de comunicação e de transporte se ampliaram e se tornaram mais rápidos.

O desenvolvimento de um crescimento intelectual mais ou menos contínuo pode ter caracterizado a universidade europeia desde o Renascimento, em parte pela secularização do conhecimento, em parte pela dominação do mundo e em parte pelo desenvolvimento econômico e científico. Mas seria errado encarar esse desenvolvimento como resultado apenas do resgate de nosso próprio passado cultural, da revivificação da Antiguidade. Em primeiro lugar, os campos não devem ser tratados todos da mesma maneira: as artes tiveram uma trajetória diferente das ciências. O estudo da ciência, sob o controle de todas as religiões, porém mais agudamente das religiões abraâmicas, colocou a religião em certo desacordo com investigações sobre questões em que se considerava que Deus ou o sobrenatural haviam falado. Para mudar essa situação, era preciso haver alguma secularização; isso ocorreu também em outras culturas em que não havia dúvida de que o sobrenatural inibira o reino da pesquisa no mundo natural, proporcionando respostas divinas a questões que a ciência exigia que estivessem abertas à investigação. Mas também houve períodos em que um pensamento e uma ação mais livres foram

43

estimulados por toda parte. O historiador judeu Zafrani descreveu esses períodos no Islã como "humanistas"; eles envolveram uma negligência limitada da religião e, por conseguinte, certo grau de liberdade de pensamento. Max Weber chamou isso de "desmistificação" e o historiador Keith Thomas, de "declínio da mágica", um processo que aconteceu de maneira segmentada em outras esferas. No direito, por exemplo, a justiça do rei sempre foi separada da dos tribunais eclesiásticos, mas assumiu cada vez mais a jurisdição. Esse processo de libertação do controle religioso foi mais evidente nas artes visuais e dramáticas, que até o Renascimento haviam sido objeto de pesados tabus na Europa: apenas temas religiosos eram permitidos.

É preciso considerar também a contribuição da cultura muçulmana para o Renascimento italiano – não tanto da religião islâmica, embora como alternativa ao relato cristão sua presença tenha estimulado a investigação de crenças específicas e, portanto, possa ter promovido o secular. Evidentemente, a influência muçulmana foi menor nas artes figurativas, uma vez que desde a controvérsia iconoclasta o cristianismo havia descartado certos tabus contra a representação que o islamismo e o judaísmo ainda mantinham até recentemente. No Renascimento, já permitindo a arte religiosa, o cristianismo voltou aos modelos clássicos, enquanto o islamismo e o judaísmo proibiam as imagens esculpidas. Portanto, as outras religiões abraâmicas tiveram pouca ou nenhuma influência sobre as artes visuais, apesar de o islamismo ter influenciado o desenho abstrato e a arquitetura, sobretudo em cidades como Veneza.[80] Na literatura, a influência não foi clara. Por exemplo, consta que a grande obra de Dante foi influenciada pelas narrativas islâmicas das viagens noturnas de Maomé.

A ressurreição de outro gênero literário, a ficção, que havia virtualmente desaparecido da Europa após a queda do Império Romano, pode também ter sido influenciada pelas tradições islâmica e indiana de narração de histórias. Algumas formas de poesia italiana, como o soneto e o *canzoniere*, parecem ter se originado no sul da Itália e sofrido influência da corte altamente islamizada da normanda Sicília. Mais significativamente, no século XII, os trovadores do Languedoc, celebrados como os criadores da poesia de amor na Europa, devem quase certamente muito de seu estilo, conteúdo e prosódia às realizações islâmicas na Espanha e em outros lugares. A poesia de amor (*gazel*) era uma categoria especial da tradição, composta pelos poetas

---

80 Howard, *Venice and the East: The Impact of the Islamic World on European Architecture 1100-1500*.

A ideia de um renascimento

abássidas de 750 d.C. O islamista H. A. R. Gibb considera que eles foram "os verdadeiros humanistas do Islã".[81]

Alguns campos, como, por exemplo, a filosofia, parecem dever pouco diretamente ao Islã. Como disse o filósofo Richard Rorty,[82] a filosofia como a conhecemos é produto da linha Antiguidade-Renascimento do pensamento ocidental. Na verdade, tanto os europeus quanto os árabes resgataram o conhecimento grego, resgataram Platão e Aristóteles. Nos períodos humanistas, o Islã distinguiu a filosofia da teologia e contribuiu para esse campo. Mas a tradição europeia posterior dificilmente incluiu a filosofia árabe de Averróis (apesar de ter sido descrito como o pai do pensamento secular na Europa) ou a filosofia judaica de Maimônides, ao menos não de maneira explícita, embora esses escritores tenham tido influência de ambos.[83] Nas Ciências Sociais, a obra do historiador Ibn Khaldun (†1406), autor do *Muqaddimah* [Introdução], que com frequência se remete a Aristóteles, foi totalmente negligenciada até o presente século e, mesmo no Islã, foi pouco seguida. Ao fim e ao cabo, o maior débito da Europa com o Islã e o Oriente está nas ciências duras [*hard sciences*], e não na religião ou nas artes.

É importante reconhecer a dívida que temos com o Islã nesses outros campos para nos redimirmos um pouco desse elemento autocongratulatório e etnocêntrico que tanto marca nosso pensamento sobre o papel do Renascimento italiano na situação mundial presente e passada. Do contrário, é provável que interpretemos mal a natureza dos avanços na ciência. Por exemplo, a atitude eurocêntrica parece distorcer o lugar de Salerno ou Montpellier na discussão sobre a história da medicina, como veremos no Capítulo 2. O problema é que, na Europa, nós frequentemente traçamos uma linha reta desde a Antiguidade até o Renascimento e a ressurreição da Antiguidade, passando pelo feudalismo, que não só excluímos a contribuição dos outros, como negligenciamos o fato de que, no que se refere a muitos dos aspectos do conhecimento, estávamos tão preocupados que a linha direta entre o mundo clássico e o mundo do Renascimento tivesse sido interrompida com o colapso da educação secular e sua eventual substituição por escolas religiosas, como também prestamos pouca ou nenhuma atenção às maneiras alternativas de pensar e agir. É claro que o Oriente Médio também não escapou dos efeitos da ideologia religiosa na educação e no conhecimento. Mas o efeito deletério

---

81 Gibb, *Islamic Society and the West*.
82 Zhang, *Heidegger, Rorty and the Eastern Thinkers: A Hermeneutics of Cross-Cultural Understanding*.
83 Khalidi, *Medieval Islamic Philosophical Writings*.

na ciência parece ter sido menos forte sob o controle do Islã, talvez em parte pela herança literária dos gregos,[84] mas sobretudo pela persistência da cultura urbana. Essa persistência significou a continuação do comércio e das escolas.

A noção de alternativa (das sociedades e também nessas sociedades) é essencial, porque reconhece a natureza não intrínseca da supremacia cultural, ou seja, não atribui vantagem ou atraso a uma qualidade permanente da cultura, como o gênio, o espírito ou a mentalidade, mas a fatores que podem mudar com o tempo. A história raramente é escrita a partir desse ponto de vista, mas com frequência é essencialista em sua abordagem, com frequência etnocêntrica.

Meu próprio interesse pelo estudo comparativo do Renascimento tem evidentemente uma dimensão política. Os líderes contemporâneos referem-se continuamente às contribuições das civilizações judaico-cristãs ao mundo moderno. O Islã é deixado de lado – embora pertença muito consistentemente à tríade de religiões que se baseiam nos mesmos textos sagrados, remetem-se ao conhecimento clássico e tenham muitos dos mesmos valores. Mas não é só o Islã que é excluído da história do Renascimento: a Índia e a China também são, embora algumas de suas realizações tenham atingido a Europa por intermédio de um Islã que se estendia do sul da Espanha ao Extremo Oriente. E essas realizações foram muito consideráveis. No caso da China, Joseph Needham declarou que, até o século XVI, a ciência chinesa estava à frente da Europa em muitos aspectos. E, na esfera econômica, a antropóloga Francesca Bray descreveu o país como o maior exportador de produtos manufaturados do mundo antes do século XIX; só então, segundo o sinólogo Kenneth Pomeranz,[85] ocorreu a Grande Divergência. A Índia também estava à frente da Europa em alguns aspectos, por exemplo, no uso e na produção de algodão antes da Revolução Industrial e, intelectualmente, com seus algarismos "arábicos" e a matemática. Essas culturas não estavam simplesmente de braços cruzados à espera de serem superadas por uma Europa renascente. Elas deram sua própria contribuição a um avanço científico, tecnológico, econômico e, com isso, contribuíram nesse processo para o Renascimento europeu. Mas o resultado de traçar e enfatizar uma linha exclusiva entre a Antiguidade e o Renascimento foi excluir as culturas não europeias do crescimento da

---

84 Aristóteles era conhecido por muitos como o "primeiro grande professor". Ver Robinson, Knowledge, its Transmission and the Making of Muslim Societies. In: *The Cambridge Illustrated History of the Islamic World*.

85 Pomeranz, *The Great Divergence: China, Europe and the Making of the Modern World Economy*.

civilização. Não vou tratar das implicações políticas, exceto para dizer que, às vezes, essa exclusão, pensada ou impensada, estimula uma superioridade falaciosa quase racista em relação ao resto do mundo. Esse sentimento se justifica desde o século XIX – ou desde o Renascimento, diriam alguns. O Islã e outras sociedades podem alegar superioridade moral, mas no século XIX o Ocidente superou todas em poder econômico e militar e em educação. O que é totalmente ilegítimo, e leva ao epíteto "racista", é projetar essa superioridade, em bases quase genéticas, para períodos anteriores, apesar de faltar evidências para isso.

O problema da história etnocêntrica não começou com o Renascimento nem com as civilizações clássicas. A Antiguidade foi concebida num período diferente da Idade do Bronze ou mesmo da Idade do Ferro, muito distintivamente europeu e separado da Ásia, um período que colocou a Europa no caminho da modernização. Ninguém teve uma Antiguidade, ninguém teve democracia (a Grécia a inventou!), só nós, europeus. Mas isso é verdade, de fato? Em Tiro, os fenícios tinham um sistema democrático e inventaram nosso alfabeto. Também tinham Cartago, uma colônia de Tiro. Mas Cartago, rival mediterrâneo da Grécia e de Roma, é omitida em grande parte dos escritos sobre a Antiguidade. Não pretendo seguir até o fim a tese do historiador cultural Martin Bernal de uma Atenas negra, mas a maneira como os falantes do semítico foram excluídos da história ocidental parece ter paralelos com o tratamento que se deu à contribuição árabe para o Renascimento. A contribuição asiática para a comunicação na forma do alfabeto semítico (consonantal) foi desconsiderada (ainda que, com essa "alfabetização", tenha proporcionado à Europa cristã suas escrituras), assim como a democracia em Tiro, Cartago e outros lugares. Todo o peso do conhecimento clássico e humanista foi concentrado nas sociedades gregas e romanas, que criaram a Antiguidade, a Antiguidade europeia, como forma de civilização que tinha de ser diferenciada das culturas da Idade do Bronze do Oriente Médio e da Ásia por seus desenvolvimentos, e que foi revivida no Renascimento.

É evidente que essas contribuições foram diferentes das do Egito e do Oriente Médio, mas a tentativa de eliminá-las radicalmente, como fazem com frequência os europeanistas, tem sido combatida por intelectuais como Bernal e, na verdade, pela própria tradição judaico-cristã, embora seja reforçada pela inclusão contemporânea de Israel na Europa por muitos propósitos.

Seria mais correto ver um florescimento da Idade do Bronze em todo o mundo antigo do Mediterrâneo, inclusive no Oriente Médio, florescimento este que sofreu um drástico revés com a queda do Império Romano e, em certos aspectos, com o surgimento das religiões abraâmicas, embora tanto os aspectos negativos quanto os positivos tenham de ser equilibrados. O Mediterrâneo oriental sempre manteve vínculos comerciais e intelectuais com o Oriente e a Ásia Central. Além disso, a própria Europa ressurgiu economicamente após o contato com o Levante, que nunca perdeu a cultura urbana, o comércio com a Ásia e a tradição de conhecimento da mesma maneira, embora também tenha sofrido muitos reveses. Parte de nosso estudo sobre o Renascimento significa examinar essas outras tradições do desenvolvimento.

Devemos considerar, então, que o Renascimento europeu é parte de uma revitalização mais ampla da cultura e do conhecimento que, a partir do século IX, abrangeu também o mundo islâmico, quando os árabes traduziam textos gregos em Bagdá, produziam papel e fundavam uma grande biblioteca na cidade que hoje é palco de tantos conflitos civis e militares? Como enfatizou Fernand Braudel, o Mediterrâneo, o mar interior, tornou a ser mais uma vez um canal de comunicação após a ressurreição de Veneza, no século VIII. Os restos mortais de são Marcos foram adquiridos de Alexandria no século IX, os cavalos de bronze que decoram a igreja de São Marcos vieram do hipódromo de Constantinopla, quando foi devastada pela Quarta Cruzada, em 1204. Mas o comércio significava tanto troca de conhecimento, de "cultura", quanto de mercadorias (e, às vezes, de produtos roubados, como no caso da igreja de São Marcos). A transferência dos restos mortais de são Marcos para Veneza

> representou um grande impulso para a capacidade da cidade de expandir seu comércio no leste e no sul do Mediterrâneo, tornar-se um ponto de partida importante para a peregrinação à Terra Santa e para se estabelecer como [...] a "articulação" entre a Europa e o Oriente.[86]

É certo que temos de encarar o Mediterrâneo como um lago, como disse o historiador Braudel. Suas margens se intercomunicavam mesmo nos tempos antigos. O problema não é se uma característica específica ou se um objeto particular vinha do Egito para a Grécia, de uma parte para outra da costa, mas, com povos navegadores em suas margens, o que era impossível? Grãos, azeite, cerâmica vermelha da África, tudo era comercializado. Os campos do sul abasteciam as cidades do norte. Por que as mesmas sociedades não trocariam

---

86 Carboni, Moments of Vision: Venice and the Islamic World, 828-1797. In: *Venice and the Islamic World, 828-1797*, p.15.

A ideia de um renascimento

informações? A Grécia europeia não foi arrancada do que atualmente é hoje a Turquia asiática. Na verdade, a Grécia possuía muitas cidades importantes na costa jônica, como Mileto, Éfeso, Halicarnasso e outras, e exerceu muita influência na Pérsia, na Ásia Central e no norte da Índia. Essas cidades se comunicavam com o que hoje são cidades da Síria e do sul do Líbano, então habitadas por fenícios falantes do semítico cujas colônias se estendiam de Ugarit a Tiro e, mais para o sul, Canaã, Israel, Egito e as atuais Tunísia e Espanha. Não é raro pensarmos na Grécia e na Fenícia como unidades culturais. Em certo sentido, elas eram uma unidade, mas de maneira alguma confinadas em si mesmas. Os gregos e os fenícios eram povos marinheiros, cujas costas se voltavam para as montanhas e cujo movimento natural era, em geral, sobre a água. O comércio estava em seu sangue. Eles queriam metais, metais europeus, que ainda eram importantes para o Oriente, assim como para todas as sociedades após a Idade do Cobre e do Bronze. Por isso viajavam muito e tinham ciência das instituições um do outro, tanto que o conhecimento dos modos particulares de governo e representação era um interesse comum. Portanto, devemos considerar a distribuição dos tipos particulares de governo democrático em torno do Mediterrâneo como parte de um sistema interagente de mercadorias, instituições e ideias.

Mas o próprio Mediterrâneo era claramente aberto. Não havia fronteiras com o Oriente Médio, o Iraque e a Pérsia. E a religião islâmica estendia-se pela Ásia Central até a China, assim como a China comercializava com o Oriente Médio e fundava colônias pelo caminho. E, é claro, havia também comunidades cristãs (nestorianas) e judaicas ao longo de toda a Rota da Seda, que depois foi usada pelos comerciantes italianos. Assim, a cultura chinesa chegou ao Mediterrâneo de várias maneiras. Os próprios muçulmanos reconheceram a importância desse vínculo tanto para o conhecimento quanto para o comércio. O Hadith tem um ditado que diz: "Busque o conhecimento [*ilm*] do berço ao túmulo, mesmo tão longe quanto na China". Os chineses tinham seu próprio quarteirão comercial em Bagdá, e o fundador da cidade, Al-Mansur, também trocou embaixadas no Ocidente com Carlos Magno. Havia outros vínculos do Oriente Médio com a Índia, tanto por via terrestre (pelo Irã) quanto por mar (pelo Egito, pela Etiópia e pela Arábia). Logo nos lembramos do marinheiro indiano que naufragou no Egito – cuja história Ghosh recuperou de documentos de geniza e contou em seu livro *In an Antique Land* [Em uma terra antiga] – e das comunidades romanas em Arikamedu e Musaris, no sul da Índia, ligadas ao comércio de especiarias. Depois, do Mediterrâneo, houve a chegada dos falantes do semítico, e todos negociavam gado com os cristãos monofisistas liderados por São Tomás,[87] com os muçulmanos que se estabeleceram na costa oeste, com os judeus que moravam em Cochin e mais ao norte, cujas atividades são tão vivamente descritas nos documentos encontrados no Cairo.[88]

Portanto, embora redes mais amplas afetem as trocas culturais, a esfera muçulmana estendia-se da Espanha até o Cantão e as fronteiras do norte da China, transportando papel, porcelana, pólvora, seda e outras mercadorias – assim como informações (em astronomia, por exemplo) – e pelo Oceano Índico, por onde difundiam pimenta, especiarias, produtos algodoeiros e conhecimento (como os algarismos indianos, ou "arábicos", que Needham acredita terem se originado na China, se não todos, ao menos o conceito do zero). A noção de um Renascimento puramente europeu foi recentemente criticada por Brotton em *The Renaissance Bazaar* [O bazar do Renascimento]; diz ele que "quando começamos a entender o impacto das culturas orientais no continente europeu (ca.1400-1600), o entendimento tradicional do Renascimento europeu cai por terra".[89] Suas pesquisas se concentraram especificamente na contribuição do Oriente Médio para os acontecimentos na Europa, um ponto já bem aceito. Mas a questão não é apenas a contribuição *deles* para o *nosso* Renascimento, mas se renascimentos similares ocorreram em outros lugares.

Com a comunicação e o fluxo de mercadorias e ideias entre redes de culturas intercambiáveis, houve, é claro, desenvolvimentos paralelos, como, por exemplo, a *commenda*, um método pelo qual os comerciantes compartilhavam riscos e lucros; alguns surgiram de elaborações internas de diferentes sociedades mercantis, uma vez que se distanciavam da corte e das hierarquias religiosas. Particularmente intrigantes são os paralelos com a sociedade burguesa que surgiram na discussão de Cluna sobre o material escrito relativo à *expertise* na China, que apareceu mais ou menos na mesma época em que essa atividade estava se desenvolvendo na Europa, sem dúvida de maneira independente. Algo similar aconteceu com o teatro secular, que ressurgiu na Grã-Bretanha no início da Era Tudor, pouco antes de o teatro *kabuki* emergir entre os comerciantes japoneses no século XVII (tanto o teatro *no* japonês quanto o teatro clássico de Kalidasa na Índia foram certamente anteriores).

---

87 Os cristãos do sul da Índia eram nestorianos, foram condenados por heresia no século V e podem ter fugido para a Índia no início do século VI.

88 Goitein, Letters and Documents on the India Trade in Medieval Times, *Islamic Culture*, n.37, 1963, p.96.

89 Brotton, *The Renaissance Bazaar*, p.3.

A ideia de um renascimento

Uma alta culinária e um elaborado cultivo de flores foram encontrados na China antes de desenvolvimentos similares na Europa e no Oriente Médio; não foram movimentos emprestados, mas antes manifestações de uma cultura de elite e, em seguida, de uma burguesia formada em grande parte por comerciantes nas duas áreas. Sociologicamente, essas práticas tiveram origem em condições similares.

O Renascimento e a Reforma são eventos claramente europeus, e receberam *status* icônico no desenvolvimento da sociedade moderna. Meu interesse não é negar sua importância para a Europa, ou propor que suas origens estão, parcialmente, além-mar (embora alguns elementos certamente estejam), mas investigar sua singularidade e, portanto, o lugar que lhes foi dado na história do mundo, distinta da história europeia. A singularidade da Reforma é um tema sem importância para os meus propósitos. Aqui, é o Renascimento que está no centro de minhas preocupações, e quero restringir minhas atenções às atividades similares fora da Europa, à negligência comparativa e ao que isso implicou para a historiografia europeia. Passo agora a considerar um dos aspectos da contribuição não europeia para o Renascimento na Europa.

Montpellier e a medicina na Europa

Começo com a Europa do início do Renascimento, e com um foco particular no sul, em grande parte para mostrar os vínculos com as outras culturas, sobretudo a muçulmana, a judaica e, por intermédio delas, com a Índia e a China. Essa transmissão é relativamente bem conhecida, mas nem sempre suficientemente enfatizada nos estudos europeanistas sobre o Renascimento ou o desenvolvimento do conhecimento no Ocidente, que, ao contrário do que muitos sugerem, não foi tão diferente da história de outros lugares. A "revolução" foi resultado de nosso "atraso" pós-romano. Mostrarei isso no campo da medicina; consta que a primeira escola desse tipo na Europa, e um dos primeiros institutos de ensino superior, foi a Faculdade de Montpellier, embora Salerno dispute a primazia. É importante que tenha ocorrido essa realização no campo do conhecimento científico ou técnico, pois se dá muita ênfase à contribuição artística do Renascimento italiano. É preciso, no entanto, considerar também as ciências, além das artes; estamos muito acostumados às pinturas gloriosas, à música, ao teatro, à ficção e a todas as atividades que ressurgiram na forma secular após um hiato considerável. O mesmo aconteceu na ciência.

A discussão sobre a continuidade pan-europeia desde a Idade do Bronze até o Renascimento e a importância das contribuições não europeias para este último – portanto para a sociedade moderna – é mais clara nas ciências que nas artes, porque houve uma progressão mensurável ao longo dos séculos. As tecnologias evoluíram em eficiência, desde a cura e a medição do tempo até os mísseis de destruição em massa. Por outro lado, no âmbito teórico, nosso conhecimento sempre se apoiou nas religiões, e estas sempre reivindicaram autoridade soberana sobre ele. Mas se considerarmos a situação do ponto de vista da história da ciência europeia, a teoria avançou a passos largos, e muitas culturas letradas contribuíram para isso. Joseph Needham mostrou os avanços da China antes da emergência do que ele chama de "ciência moderna" no Ocidente pós-Renascimento. A Índia também fez descobertas importantes, especialmente com relação aos números e à medicina. Assim como em outros ramos do conhecimento, o cristianismo mostrou certa resistência à medicina porque alguns apologistas consideravam as doenças um castigo divino pelas más ações cometidas; para alguns, até hoje isso permanece verdadeiro. As outras religiões abraâmicas tiveram atitudes mais positivas em relação à saúde pública e privada. O Islã criou a instituição do hospital (*maristan*), onde eram realizados tratamentos e pesquisas médicas. Esses hospitais serviram de modelo para os europeus.[1] Eles fizeram uso da pesquisa clássica de Galeno e de outras aplicadas pelos médicos cristãos nestorianos em Gondeshapur, cidade iraniana conquistada pelos árabes e onde as tradições helenísticas se conservaram. Médicos árabes começaram a praticar a medicina aí, assim como os judeus que viviam entre eles. É, sem dúvida, verdade que, no período medieval, o conhecimento dos árabes nesse campo era bem mais avançado que na Europa: eles aprenderam não só de fontes gregas, mas também de indianas e chinesas. Além disso, os médicos muçulmanos fizeram muitas contribuições pessoais, inclusive com manuais de ensino que constituíram a base do aprendizado médico na Europa durante vários séculos. Aliás, nas primeiras escolas médicas, o árabe era uma segunda língua obrigatória, assim como o latim em outras universidades da Europa.

Em nenhum outro campo a negligência com a contribuição árabe é tão clara como na história da medicina. Com exceção dos especialistas, os historiadores culturais procuraram traçar uma linha direta da Antiguidade até a nossa prática atual, e tenderam a excluir outras contribuições para esse domínio. A questão de traçar a genealogia europeia diretamente ao mundo clássico ou de permitir o fato de uma contribuição distinta ter sido feita de fora está bem ilustrada na história da medicina em Montpellier. Começo com o relato

---

1 Elgood, *A Medical History of Persia and the Eastern Caliphate from the Earliest Times until the Year AD 1932*, p.153.

da origem da escola de medicina de Montpellier, escrita por um de seus ex-estudantes, o médico libanês chamado Hariz. O livro, publicado em 1922, discute as várias versões dos primórdios da escola, formalmente fundada em 1230 e que se tornou uma instituição fundamental para o desenvolvimento da medicina europeia. A ascensão da grande escola médica era vista como um desenvolvimento puramente local (resultado do "gênio" europeu) ou uma escola construída mais amplamente sobre a prática e o conhecimento clássicos (também europeus, é claro). O autor do livro apresenta uma visão alternativa. Ele era um cristão libanês, mas obviamente falava árabe e insistia no fato de que tanto Montpellier (cidade próxima da Espanha muçulmana) quanto Salerno (outra escola de medicina europeia pioneira na Europa, próxima do regime então muçulmano da Sicília) foram fortemente influenciadas pelos escritos e pela prática de médicos árabes.

No período romano, o Mediterrâneo constituía uma rede de vias de comunicação entre o norte e o sul. O norte da África fazia parte do Império e fornecia grande parte de seus cereais e de seu azeite, sem contar os produtos artesanais e o ouro que vinha de todos os cantos do Saara. A famosa *annona*, que fornecia cereais para os principais centros urbanos da Grécia e de Roma, vinha do planalto costeiro do que seria mais tarde o Magrebe, de Túnis (África) e da Tripolitânia. E onde havia comércio, havia também troca de informações, artes e ofícios, além dos maravilhosos mosaicos vindos do sul. Antes de Roma, essa área evidentemente tinha uma civilização própria, inclusive com escritos que vinham do leste do Mediterrâneo, da cidade de Cartago. No período pós-romano, esse interesse pelo norte se manteve com os ostrogodos, que atravessaram a Itália e conquistaram a planície africana (os visigodos também tentaram tomá-la, mas sem sucesso), sobretudo por sua fertilidade. O Estreito de Gibraltar não representava uma barreira real. Semitas, tanto judeus quanto cartagineses, eram encontrados nas cidades portuárias dos dois lados do Mediterrâneo e comercializavam entre si. Mais tarde, em 711, o exército árabe-berbere de Uqba ibn Nafi atravessou o Estreito a pedido da população judaica, que era perseguida pelos governantes visigodos católicos e também por visigodos descontentes. Como sempre, os povos semíticos continuaram a se comunicar dos dois lados do Mediterrâneo e, em alguns casos, em meio a divisões religiosas. Assim, as práticas médicas não permaneceram confinadas no sul, mas disseminaram-se para o norte, quando a ideia de que a doença tinha origem no "pecado original" perdeu força.

Nos primeiros anos da era cristã, as comunidades judaicas se espalharam de um lado e outro do Mediterrâneo (ambos parte do Império Romano) e também mais ao norte. Bordeaux, por exemplo, era conhecida por suas importações, e sinais delas foram encontrados em lares "orientais" (judeus, sírios e gregos).[2] No século VI, a cerâmica, o azeite e os vinhos de Gaza eram importados por Marselha, antes do grande declínio agrícola do mesmo período. Evidentemente, houve um comércio importante em todo o Mediterrâneo até os vândalos aparecerem no século V. Havia grupos semíticos em todas essas regiões, inclusive na Espanha, então controlada pelos visigodos. No entanto, quando esse reino ariano foi convertido ao catolicismo, em 589, após a conversão de Recaredo, em Toledo, graves medidas antissemitas foram tomadas, provocando a imigração dos judeus para a França e recepções calorosas do conquistador muçulmano de ambos os lados do Estreito de Gibraltar.[3]

Em sua discussão sobre a medicina em Montpellier, no decorrer de um livro sobre *Les juifs du Midi* [Os judeus do Midi], os historiadores locais D. e C. Iancu estabelecem o início formal da escola médica de Montpellier em 1181 (antes do que afirma Hariz), ao decreto de Guilherme VIII que deu liberdade de ensino à região. Montpellier tornou-se o centro do conhecimento trazido por mestres de toda parte do mundo mediterrâneo. A ciência antiga e a ciência dos árabes foram difundidas na prática e traduzidas, em grande parte, por médicos judeus, sobretudo de Toledo e da Andaluzia, que fugiram para a cidade languedociana de Lunel no século XII.[4] Na segunda metade do século XIII, por exemplo, Moisés ibn Tibbon traduziu para o hebraico quase uma dúzia de obras médicas de autoria de Maimônides, Al-Razi, Avicena e outros. É claro que o desenvolvimento da medicina no sul da França foi apenas parte do processo que incluiu a preservação no Iraque e a recepção na Europa da filosofia aristotélica. Mas a criação de uma escola em Montpellier era importante porque envolvia uma mudança na Europa. Finalmente, os estudiosos europeus tiveram acesso direto ao conhecimento galênico, mas foi o mundo islâmico que preservou a maior parte desse material. As novas universidades, que no início rejeitaram o conhecimento aristotélico, agora o aceitavam, o que em si era uma medida de secularização.

Lunel era uma cidade antiga, situada a mais ou menos 30 quilômetros de Montpellier, fundada provavelmente por refugiados judeus vindos da Palestina após o saque de Jericó por Vespasiano, em 68 a.C., e se estabeleceram

---

2 A ligação era particularmente forte no comércio de estanho; a cidade estava ligada a Narbonne e a Marselha, no Mediterrâneo, e também à Britânia (Etienne, *Histoire de Bourdeaux*).

3 Labouysse, *Les wisigoths*.

4 Iancu, D.; Iancu, C., *Les juifs du Midi*, p.57.

em Villa Portus, um porto galo-romano na costa do lago Maggio. Mas houve outras razões para os judeus deixarem a Palestina nos dois séculos seguintes. Eles podem ter chegado antes, com a atividade comercial fenícia que ocorria no sul da França desde o século VIII a.C., pois no século IX houve um tratado entre o rei de Tiro e os governantes de Israel e Judá (será que vislumbravam atividades conjuntas com suas comunidades no estrangeiro, finalmente unindo-se, como sugere Bernal?).[5] Ou podem ter chegado com os povoados romanos, como o de Colônia, fundado no século I a.C., ou de Pompeia, na Itália. Seja como for, quer pelo exílio, quer pelo comércio, os judeus encontravam-se dispersos por todo o Mediterrâneo, ao norte e ao sul. E havia uma comunicação contínua entre os povoados. Como Brotons escreveu muito mais tarde sobre Samuel ibn Tibbon, ele nasceu em Lunel, mas "viveu também em Marselha, Toledo, Barcelona e até em Alexandria".[6] Esse ir e vir era bom não só para o comércio, mas também para a troca de informações e a manutenção de uma religião distinta. E quando isso não era feito pessoalmente, havia comunicação por carta.

Segundo Josefo, havia judeus em todos os portos comerciais do Mediterrâneo. Ele escreveu sobre a disseminação de comunidades no Oriente durante o período romano e sua proximidade com os fenícios. Os judeus faziam parte daqueles povos levantinos que eram grandes viajantes, não tanto para difundir o monoteísmo (ainda que isso tenha acontecido), mas por razões comerciais. Buscavam metais no Mediterrâneo, mas também estabeleceram colônias comerciais na Índia e na China. É claro que persas, armênios e, mais tarde, muçulmanos fizeram o mesmo. O próprio mar interior, como disse Braudel, era um grande lago com comunicação assídua entre os dois lados, com grãos e azeite chegando às cidades portuárias do lado norte, produtos e materiais manufaturados indo para o sul. A *sigillata* [cerâmica romana] exportada de Arezzo, Graufesenque (Millau) e Lyon (Lugdunum) por Narbonne era apenas um desses produtos; mais tarde a direção se inverteu com as cerâmicas produzidas no norte da África. Havia marinheiros semíticos em todos esses portos: cartagineses, sírios e judeus misturavam-se, e era para esses centros que iam os refugiados do Oriente quando eram atacados. Assim, é muito provável que, de uma dessas maneiras, os judeus tenham chegado a Lunel muito antes da fundação da escola de medicina na cidade vizinha de Montpellier.

---

5 Bernal, comunicação privada e no prelo.
6 Brotons, *L'histoire de Lunel, de ses juifs et de sa Grande École*, parte 1, p.199.

Foi ali que eles se reuniram a partir do século X ou XI – e em Lunel, desde o início da era cristã. "Montpellier não deve esquecer que deve a Lunel, em grande parte, o início de sua Faculdade de Medicina."[7] Havia escolas judaicas importantes em Narbonne e Lunel, nas quais, segundo Brotons, ensinavam-se as artes liberais como na Escola de Alexandria. Isso parece duvidoso, dada a história inconstante dessa escola. Mas, por outro lado, a instrução não estava restrita à religião e à Cabala, como vemos pelos comentários de Benjamin de Tudela, que a visitou em 1160. Esses primeiros judeus exerciam atividades econômicas como o pisoamento de tecidos, mas tais atividades se expandiram com a chegada dos primeiros exilados como resultado das políticas antissemitas do rei visigodo, recém-convertido ao catolicismo em Toledo, em 672; outros refugiados chegaram à Espanha, em 1034, oriundos de terras muçulmanas. Não há dúvida de que foi esse segundo contingente, afetado pelo renascimento mouro na Andaluzia, que trouxe para Lunel o sopro de ressurreição do conhecimento que conduziu aos eventos subsequentes em Montpellier. Aparentemente, tanto Narbonne quanto Lunel já haviam ensinado medicina antes, mas com certeza foram estimulados pelos refugiados da Andaluzia. Na segunda cidade, eles formaram a Havora de Lunel (uma fraternidade), também chamada de universidade ou academia.[8] Lá, como resultado da afluência da Espanha muçulmana, os acadêmicos traduziam do árabe para o hebraico, enquanto em Toledo se traduzia do árabe para o latim. Essas traduções incluíram muitas obras judaicas, além de obras sobre medicina e filosofia. Por exemplo, em 1212, Samuel, da célebre família de Ibn Tibbon exilada da Espanha que teve tanto tradutores quanto rabinos, produziu um pequeno cânone de Galeno, com comentários em árabe, assim como traduziu a *Meteorologia*, de Aristóteles e a *História de Alexandre da Macedônia*, de Ptolomeu, sem falar das obras do filósofo Maimônides, que escrevia em árabe. As traduções de seu filho, Moisés, incluíram a obra médica de Averróis, os *Princípios* de Al-Farabi, os *Elementos* de Euclides, o *Almagesto* de Ptolomeu, os *Aforismos* de Hipócrates, uma obra de Al-Razi e uma introdução à medicina de Hunain ibn Ishaq. É provável que algumas dessas traduções tenham sido encomendadas[9] por membros ricos da comunidade (com frequência médicos), mas seu pai, Samuel, também escreveu muitas obras originais, de caráter religioso. Na verdade, a religião nunca esteve distante dos pensamentos da

---

7 Ibid., parte 2, p.183.
8 Ibid., parte 1, p.189.
9 *"sur leur demande"*, Ibid., p.205.

família. Por exemplo, houve as cartas de Abba Mari para Ben-Addereth, rabino de Barcelona, queixando-se da decadência dos estudos judaicos, da preferência pela filosofia e pela interpretação alegórica da *Bíblia*. Ben-Addereth queria excomungar todos aqueles que se ocupavam com essa filosofia. Aqui, mais uma vez, a religião encorajou a medicina, mas desencorajou outras formas de conhecimento. No entanto, os judeus foram decisivos quando trouxeram para Montpellier o conhecimento acumulado pelo Islã andaluz, especialmente em medicina, estimulando assim o Renascimento ao norte dos Pireneus.

Houve muitos médicos importantes no Islã que não só se basearam nos textos clássicos, como utilizaram outras fontes e ainda introduziram seu próprio trabalho. Na Pérsia, Al-Razi (865-925) escreveu 56 tratados médicos (alguns originais), dos quais alguns foram traduzidos para o hebraico pela família Ibn Tibbon em Lunel, no século XIII. Al-Razi fez uma distinção diagnóstica entre o sarampo e a varíola que conduziu a distintos tratamentos. A vacina contra a varíola foi um feito importante da medicina árabe e foi evidentemente levada da Turquia para a Inglaterra no século XVIII; também cruzou o Saara e instalou-se na África Ocidental antes da chegada da medicina europeia.[10] No Islã ocidental, tivemos na Espanha Abulcassis (Abu al-Qasim, 936-ca.1013), descrito como o maior cirurgião do Islã. Foi ele quem introduziu a "cirurgia racional" na Europa, uma vez que a prática da dissecação estava em desuso desde a época de Alexandre; ao combinar o conhecimento oriental ao clássico, ele moldou a prática médica europeia antes do Renascimento. Como médico da corte (pois a corte era um importante centro de patronato da medicina), ele escreveu *Al-Tasrif* [O método], baseado na obra de Paulo de Égina, estudioso bizantino do século VII, e em suas próprias observações. No século XII, o livro foi traduzido por Gerardo de Cremona na Toledo reconquistada e durante quinhentos anos foi o principal tratado de cirurgia na Europa, superando em preferência a obra de Galeno.

Os praticantes de medicina nas terras árabes eram tanto cristãos como judeus. Apesar da ideia de que Deus era responsável por todas as doenças, os cristãos seguiram um treinamento, pois, acima de tudo, havia um dever de aliviar a dor e as doenças. Como consequência, podiam praticar a arte da cura com mais facilidade que as outras ciências. A medicina também foi fonte de subsistência para rabinos, monges, filósofos e outros. A saúde era uma preocupação em todos os regimes (sobretudo a saúde pública), por

---

10 Achebe, *Religion and Politics in Igboland from the 18th century to 1930: Earth, God, and Power*.

isso a medicina continuou avançando – mesmo sob sistemas religiosos que desencorajavam outras formas de conhecimento natural por considerá-las desnecessárias à luz da onisciência de Deus. No judaísmo, por exemplo, a medicina era "o campo intelectual em que os judeus pré-emancipação já estavam estabelecidos no mundo mais amplo".[11] Em Damasco e em Bagdá, esses médicos eram chamados à corte para tratar dos governantes, em função de sua perícia e não de suas crenças. Mas muitos trabalhavam também nos *maristans*, curando tanto pobres quanto ricos, e essas instituições serviam amplamente de modelo em outros lugares.

Antes da fundação da Faculdade de Montpellier, a medicina na Europa era com frequência limitada em escopo e praticada em estabelecimentos religiosos, como hospitais monásticos.[12] Embora às vezes houvesse conflito com as doutrinas teológicas, especialistas médicos eram sempre necessários. Assim, havia escolas importantes ligadas às sinagogas de Béziers, Lunel e Narbonne e, em cada uma delas, a medicina era ensinada e praticada.[13] Essas escolas ficavam em locais de adoração e educação e tinham relação estreita com o conhecimento árabe na Espanha. Assim, a partir do século XII, a cidade de Montpellier começou a atrair médicos "hispano-árabes" por sua considerável ligação comercial com a Espanha e com o mundo mediterrâneo em geral.

Montpellier situava-se na região então conhecida como Septimania, às margens do Mediterrâneo francês, que se estendia de Marselha a Perpignan e esteve antes sob os regimes visigótico e, depois, o ariano. Durante mais de quarenta anos (de 725 a 767) permaneceu sob domínio muçulmano, até que as forças árabes que conquistaram a Espanha visigótica, então católica, invadiram Poitiers e foram repelidas por Carlos Martelo e sua cavalaria, em 732. Sob domínio árabe no século VIII (embora tenha sido reconquistada entre 760 e 768), havia uma área ocupada e aparentemente dominada por judeus que mantinham seus correligionários em Bagdá.[14] O Islã era mais hospitaleiro (tolerante) com as outras religiões do Livro que o cristianismo, a julgar pela presença contínua de comunidades cristãs e judaicas sob domínio árabe até hoje. E se hoje não existem tradicionais comunidades islamitas distintas na Europa cristã – com exceção dos Bálcãs, onde permaneceram remanescentes da Turquia –, há em grande quantidade, é claro, novas populações de imi-

---

11 Hobsbawm, Benefits of Diaspora, *London Review of Books*, 20 out. 2005, p.16.

12 No reino visigodo de Toledo, os comandantes escolhiam os médicos e os professores (Labouysse, *Les wisigoths*, p.32).

13 Hariz, *La part de la médecine árabe dans l'évolution de la médecine française*, p.91.

14 Zuckerman, *Jewish Princedom in Feudal France, 768-900*.

grantes vindas de terras muçulmanas, que gozam de certa tolerância e de uma autonomia muito limitada.

Os judeus da Septimania faziam parte de uma comunidade estabelecida havia muito tempo. As cidades onde se concentravam eram abertas aos outros, uma vez que a ideia de segregação chegou em 1084, vinda do norte da Europa.[15] Após visitar essas comunidades, Benjamin de Tudela fala da prosperidade das cidades onde os habitantes haviam criado escolas, em grande parte com fins religiosos. Diz que em Montpellier viviam os principais mestres judeus da época, assim como muitos que estudavam o Talmude. Mais tarde, porém, o viajante posterior, Kalonymos ben Kalonymos de Arles, relatou que o elemento intelectual consistia de pseudomestres e dos chamados "médicos ou astrônomos",[16] talvez porque não fossem suficientemente ortodoxos. O sul estimulava um judaísmo mais integrado e cultivado do que o norte: as rígidas normas estabelecidas pelo Vaticano e pelo Concílio de Latrão (1215) eram frequentemente desrespeitadas, em parte porque a medicina era muito importante para os judeus da Idade Média, mas em parte também porque eles tinham uma abordagem mais aberta. Béziers, por exemplo, onde havia uma grande comunidade judaica e uma sinagoga própria, recebeu bem os cátaros – e, antes deles, os trovadores. Na verdade, havia um espírito de laicismo, ou mesmo de anticlericalismo, em grande parte do Midi nessa época. Em parte por causa de sua reputação, a cidade foi invadida pelos cruzados albigenses, sob o comando de Simão de Monfort (1209), a população foi massacrada e a realeza francesa instalou-se na região.[17] Havia alguma hostilidade no norte, sob domínio católico; mais tarde, o Concílio de Béziers (1246) decretou a excomunhão dos cristãos que recorressem a um médico judeu ("porque era melhor morrer que dever sua vida a um judeu").[18] O problema era mais religioso que étnico, mas, mesmo assim, sabia-se que os mosteiros e os bispos apelavam para os médicos judeus. Como a Espanha, o Midi foi sempre mais hospitaleiro com os judeus, sobretudo com os médicos, que eram em geral líderes e representantes de suas comunidades, tanto intelectuais quanto comerciais; pois a prática da medicina era uma maneira de um rabino ou outro personagem religioso poder ganhar a vida. Em Montpellier, médicos tanto judeus quanto árabes trabalhavam nas proximidades da escola e, mais tarde,

---

15 Iancu, D.; Iancu, C., *Les juifs du Midi*, p.30.

16 Ibid., p.24.

17 Bourain, Le massacre de 1209. In: Sagnes (ed.), *Histoire de Béziers*, p.96.

18 Iancu, D.; Iancu, C., op. cit., p.57.

na própria escola, antes e depois de sua fundação. Embora tivessem suas próprias tradições, os médicos judeus aprenderam muito com os árabes, no Oriente Médio, no norte da África e na Espanha. Mais tarde, os livros que traduziram para o latim e para o vernáculo, especialmente em Toledo, após a reconquista pelo mundo cristão, eram usados nas escolas de medicina da França e da Itália (em Pádua, em particular).

A medicina não foi a única esfera em que a influência árabe teve um papel decisivo, estimulando a revitalização da investigação e da prática científicas na Europa. Os desenvolvimentos que ocorreram posteriormente na direção do que chamamos de modernidade não seriam possíveis sem os fundamentos dos mestres árabes, que procuravam estruturas que unificassem o conhecimento derivado dos modelos antigos à doutrina religiosa posterior (Apêndice 2).[19]

Os professores que mencionamos no Apêndice estavam preocupados com o problema da relação entre a fé e a razão, entre uma religião hegemônica e uma investigação mais livre do mundo, assim como com a reconciliação entre a teologia e a racionalidade, ou mesmo a ciência, pois não se podia rejeitar a primeira, exceto no sofrimento da morte. Mas uma oposição entre as duas esteve presente ali desde o início, embora a religião continuasse a ser importante, até para alguns contabilistas e outros profissionais. O que estava em jogo não era a rejeição da religião, mas uma ampliação da esfera da "racionalidade" e a extensão do papel da investigação; isso representou uma secularização parcial do conhecimento, que levou ao seu crescimento e, portanto, ao da ciência, assim como à expansão das artes.

Retornando à medicina, a igualmente famosa escola médica de Salerno, no sul da Itália, teve uma história de certo modo similar à de Montpellier. Essa cidade originalmente romana já era conhecida como centro médico – e continuou a funcionar sob o domínio dos bizantinos. Ficava perto da Sicília árabe e foi duas vezes atacada por forças islâmicas, embora tenha resistido em ambas as vezes. Não obstante, a influência da medicina árabe era considerável ali. A própria escola já era conhecida no século X e, talvez, no século anterior.[20] Na época, um mestre judeu conhecido em geral por Donnolo, e que havia sido prisioneiro dos sarracenos, escreveu tratados médicos em italiano para a escola.[21] A instituição tornou-se particularmente famosa na época de Constantino, o Africano, que nasceu em Cartago de pais judeus ou árabes (é

---

19 Ver p.331.

20 Hariz, *La part de la médecine árabe dans l'évolution de la médecine française*, p.28.

21 Segundo Clot (*L'Espagne musulmane*, p.270), ele escreveu um texto em hebraico.

possível que fosse descendente de um dos cartagineses que, segundo Bernal, teriam se convertido ao judaísmo). Ele viajou por todo o Oriente, adquirindo conhecimento médico onde quer que fosse. Quando retornou ao Mediterrâneo, foi bem recebido na Sicília, então governada pelo duque normando Roberto Guiscardo, e, em 1068, chegou a Salerno, onde a medicina árabe já era bastante conhecida, em parte em razão do papado do matemático Silvestre II (que, como Gerbert de Aurillac, estudou essas fontes perto de Barcelona) e em parte pela proximidade com a Sicília, que, como dissemos, foi ocupada pelos árabes antes de ser reconquistada pelos normandos (entre 1061 e 1091). Como resultado dessas viagens, Constantino, que era agora um cristão, estava bem familiarizado com a medicina árabe e, quando finalmente entrou para o mosteiro de Monte Cassino, traduziu muitas obras que inspirariam um "renascimento medieval" na Europa.[22] Algumas dessas obras (com frequência oferecidas sem reconhecimento e, portanto sugerindo erroneamente uma origem cristã ou europeia) foram usadas nas escolas de Montpellier e de Paris durante vários séculos e, por isso, Constantino foi chamado de "restaurador da literatura médica no Ocidente".[23] Na segunda metade do século XIII, o conhecimento do sul da Itália difundiu-se: após conflitos internos entre guelfos e gibelinos, entre partidários do imperador e do papa, vários professores imigraram para outras partes da Europa, inclusive para a França; entre eles, estava Ruggiero de Palma, de Salerno. Levaram com eles as obras do século X de Abulcassis sobre sua "cirurgia racional", baseada na dissecação de cadáveres humanos. Esse tema encontrou dificuldades para ampliar-se numa região dominada pelas religiões abraâmicas, que tinha grande respeito pelo ser humano preservado em sua inteireza; ainda hoje é raro enterrar um cadáver incompleto em Israel. Assim, as duas grandes escolas, a de Salerno e a de Montpellier, eram os grandes repositórios do conhecimento mediterrâneo. E não foi apenas a medicina que se disseminou a partir do sul da Itália. O prato nacional, o macarrão, parece também ter raízes sicilianas,[24] assim como a tecelagem da seda. Esta nasceu em Palermo, onde foi estimulada por Frederico II, e foi para Lucca (e depois para Bolonha, para o norte da Itália e Lyon).[25] Na verdade, esse território islâmico, e posteriormente normando, foi mais importante pelo que ainda estava por vir.

---

22 Hariz, op. cit., p.30.

23 Ibid., p.38.

24 Toaff, *Mangiare alla Giudia: la cucina ebraica in Italia dal Rinascimento*.

25 Blazy, *Guide des collections: Musée des tissus de Lyons*.

Na verdade, foi na Sicília que essas práticas racionais de governo, que durante o Renascimento constituiriam o corolário necessário para o desenvolvimento capitalista, surgiram pela primeira vez com pleno potencial.

A Sicília foi chamada de "o primeiro Estado moderno. Não tinha objetivos sobrenaturais".[26] Infelizmente, isso é visto como "uma expressão do caráter íntimo da sociedade que eles serviam", na qual as relações feudais e a Igreja medieval tinham apenas "importância episódica".[27] A descrição é correta; o raciocínio é inadmissivelmente essencialista e, na verdade, exclui a influência do Islã; a Sicília medieval não era menos europeia em espírito que o Renascimento porque a alternância foi construída aqui e em outros lugares.

Na história que escreveu sobre a Faculdade de Medicina de Montpellier,[28] Bonnet reconheceu o papel inicial dos médicos árabes e judeus (estes últimos pertenciam ao que ele chama de Universidade de Lunel) no tratamento prestado. No sul da França, haviam introduzido entre os godos uma medicina adequada. Nessa região de comerciantes, os médicos eram conhecidos como *médecine-épiciers* (médicos quitandeiros), pois combinavam os dois papéis. Isso foi antes da fundação de uma faculdade por decreto do cardeal Conrad de Urach, legado papal, em 1220. Na verdade, esse decreto pode ter se originado do desejo da Igreja cristã, em tempos intensamente católicos, de manter a prática e o ensino da medicina, com frequência dominados por estrangeiros, sob o controle do bispo de Maguelone, que indicava o reitor da universidade. Conrad havia combatido anteriormente o movimento dos cátaros no sul da França. Mas, antes disso, houve o decreto de Guilherme VIII, conde de Montpellier, que queria proteger os interesses dos médicos cristãos; algumas referências à atividade médica já são encontradas no século XII. Mas, embora reconheça a importância do ensino inicial, Bonnet considera a civilização árabe incapaz de inovar e "sustentar aquisições substanciais na medicina", sobretudo por sua falta de autonomia.[29] Assim, em seu próprio relato, Montpellier teria recorrido à Grécia, ao mítico fundador da cidade, Hércules, que teria profetizado uma cidade de negociantes; por isso, foi fundada sobre princípios gregos. Como diz o ditado: *"Olim Cous, nunc Monspeliensis Hippocrates"* (Hipócrates, eras de Cós, agora és de Montpellier).

---

26 Bolgar, *The Classical Heritage and its Beneficiarie*, p.243.

27 Ibid.

28 Bonnet, *La Faculté de Médecine de Montpellier: huit siècles d'histoire et d'éclat*.

29 Ibid., p.27.

Essa tese sobre o desenvolvimento da medicina na Europa nos dá um exemplo da história etnocêntrica, teleológica. Na época em que essas obras históricas foram escritas, nos séculos XIX e XX, a medicina na Europa estava sem dúvida em ascensão, mas essa superioridade era agora vista como algo profundamente enraizado, um desenvolvimento direto da herança grega e romana. Essa ideia exibia algumas das características daquilo que não é inteiramente errado descrever como pensamento racista.

Essa concepção era característica da maneira como os europeus abordavam muitas de suas inquestionáveis realizações durante o Renascimento e em épocas posteriores, quando a versão aceita era a de que o movimento se baseou num retorno à tradição clássica – e em sua adoção –, negligenciando aqueles elementos importantes, como a contribuição dos árabes e de outras tradições de conhecimento, especialmente dos indianos e dos chineses. Transformar o Renascimento num evento puramente europeu, enxergando-o como um fenômeno único e definitivo, é uma demonstração de arrogância (e historicismo) que exibe menosprezo pelas contribuições dessas outras culturas (todas amplamente letradas). Esse menosprezo conduz a uma interpretação errada não apenas do passado, mas do caminho futuro da história cultural. Grande parte do quadro é que *todas* as culturas escritas tiveram fases de renascimento (renascença) ou mudança (reforma), e esse processo ainda não terminou.

Depois da expansão árabe, a medicina islâmica se desenvolveu, em especial em Gondeshapur, cidade do sudoeste persa famosa por seus hospitais e por seus médicos, alguns oriundos da Índia ou de todo o Oriente Médio. Na verdade, a Pérsia tinha ligação com a China (pela Rota da Seda) e com a Índia. Houve um grande afluxo de médicos para esse canto da Pérsia, então governada pelo rei sassânida Cosroes I, depois que os decretos de Justiniano, que fecharam Atenas em nome da ortodoxia, conduziram à fuga dos cristãos nestorianos para a Pérsia e o Iraque. Os seguidores de Nestor foram condenados pelos Concílios de Éfeso (431) e Calcedônia (451) porque defendiam que as naturezas divina e humana de Cristo eram distintas, não unas (embora aceitassem que ele fosse uma pessoa). Sua influência se espalhou ao longo da estrada para a China (até a época de Timur, o Turco), onde fundaram igrejas e conquistaram o reconhecimento dos árabes, a cuja cultura deram contribuições substanciais com seus textos clássicos, embora fossem escritos em siríaco. Na verdade, os nestorianos sempre receberam bem seus conquistadores, preferindo-os aos gregos de Bizâncio, que rejeitavam o conhecimento da antiga Grécia. Quando os árabes invadiram Gondeshapur, em

638, ali se ensinavam as ciências exatas e a medicina – e os médicos nestorianos seguiam os ensinamentos de Galeno e Hipócrates. Eles misturaram medicina grega com aiurvédica, já que mantinham comunicação constante com a Índia. Cosroes enviou seus médicos ao sul para que trouxessem de volta as obras da medicina indiana, o Livro das Fábulas (*Panchatantra*) e o jogo de xadrez. A partir do século V, os nestorianos começaram a traduzir os vários textos gregos que recebiam das escolas de Antioquia e Edessa. No século VIII, começaram a traduzir escrituras sagradas e outros textos para o árabe, que absorvia rapidamente os dialetos locais, sobretudo por ser a língua do Livro sagrado no Islã. Os árabes aprenderam muito com os residentes locais, que chamados para tratar governantes, como o califa abássida Al-Mamun, em Bagdá; na verdade, os nestorianos foram médicos dos califas por mais de seis gerações.[30] Al-Mamun tentou encorajar os muçulmanos a abraçar e aprender a profissão, sobretudo com os gregos; incumbiu Hunayn ibn Ishaq, que nasceu em 809 numa tribo de cristãos nestorianos e era conhecido em latim como Johannitius, e outros de coletar manuscritos para serem traduzidos. Ibn Ishaq passou a vida traduzindo Platão e Aristóteles, além de Galeno, Hipócrates e Dioscórides. Outros fizeram o mesmo, sobretudo cristãos. Na verdade, como médicos, os nestorianos continuaram em Bagdá, onde havia também "academias" judaicas, e trabalharam na Síria até o fim do século IX. Então começaram a escrever diretamente em árabe, como o próprio Hunayn e o cristão melquita Ibn Luqa. Estabeleceram em Bagdá uma "verdadeira escola de medicina"[31] que existiu até o século XII, quando, com o declínio do califado abássida, outras escolas foram fundadas na Síria, em Trípoli, Damasco e Karak, sobretudo com médicos gregos cristãos. O fim da própria escola de medicina de Bagdá aconteceu com a invasão dos mongóis, em 1258.[32] Por meio dessa escola, o Islã teria sua própria renascença do conhecimento clássico, especialmente na medicina, quando os textos gregos foram traduzidos para o siríaco ou para o árabe, línguas em que Hunayn fez uma lista comentada de quase 129 obras de Galeno. No século XI, algumas dessas obras foram traduzidas para o latim, um processo que deu início a outra renovação (renascença) da tradição galênica. Outras foram traduzidas para o hebraico mais ou menos na mesma época, em Lunel.

---

30 Troupeau, *Études sur le christianisme arabe au Moyen Âge*, p.228.

31 Ibid., p.230.

32 Ibid., para um relato a respeito dessa escola.

É claro que a medicina continuou avançando em vários ramos, como a farmacopeia autóctone e alóctone, saúde pública e muitos outros. Mas a ascensão da cirurgia na Europa medieval (e em outros lugares) foi particularmente interessante, porque implicou mudança ou rejeição de tabus religiosos sobre o corpo e, portanto, certa "secularização". Até o Renascimento, os textos médicos baseavam-se sobretudo no conhecimento anatômico estabelecido por Galeno no século II. Ele teve de trabalhar com primatas porque, por razões religiosas, pessoas não podiam ser dissecadas. Como vimos, sua obra foi traduzida do grego para o árabe em Bagdá e chegou à Europa Ocidental por intermédio do mundo islâmico. O ensino da anatomia em Salerno, onde aparentemente foram realizadas as primeiras dissecações de seres humanos, ocorreu por causa da retomada dos estudos de Galeno com os primatas (via Bagdá) e desenvolveu-se com os estudos de Abulcassis com seres humanos. Mas, como vimos, as raízes dessa escola são mais antigas, embora certamente tenha sofrido uma forte influência da medicina árabe em todas as esferas. Nos séculos seguintes, a universidade italiana que mais se associou à dissecação e mais contribuiu para a anatomia e a cirurgia foi a Universidade de Pádua, fundada por dissidentes da Universidade de Bolonha (que ensinava Direito Romano) e foi muito influenciada pela medicina árabe. É lá que encontramos o nome de Mondino de Liuzzi (1275-1326), professor de Medicina. Embora outros disputem a primazia, acredita-se que foi ele quem reintroduziu na Europa a prática alexandrina da dissecação (associada ao nome de Herófilo, ca.375-280 a.C.), realizando uma série de demonstrações públicas; mesmo assim, enquanto um barbeiro-cirurgião realizava a dissecação, ele lia um texto (de Galeno ou de um comentarista). Em 1315, publicou *De anatome*, que foi usado nas escolas de medicina nos trezentos anos seguintes. Pádua construiu um anfiteatro de anatomia em 1490 e muitos médicos foram para lá para estudar, entre eles William Harvey, o inglês que descobriu a circulação do sangue.

O caso da medicina mostra o tamanho da dívida da Europa com seus vizinhos islâmicos no que diz respeito à ressuscitação da investigação científica. No entanto, uma vez iniciada a mudança, o ímpeto gerado conduziu a um avanço consistente e independente, em parte porque a institucionalização do conhecimento por meio das universidades, dos hospitais e das academias resultou no "crescimento autossustentado" que depois caracterizaria a economia. Houve, além do contato e do intercâmbio com o mundo externo, uma dimensão de desenvolvimento interno, de "evolução social" nas questões técnicas. Em outras palavras, uma cultura alcança um estado particular de produção de conhecimento médico, por exemplo, ou de produção de ferro, se formos mais além, e, a partir daí, tende a desenvolver-se e a mover-se para um nível seguinte de complexidade, mas na Europa isso só se institucionalizou realmente a partir do Renascimento. Mas, mesmo nas sociedades anteriores, esse processo produz um desenvolvimento paralelo, como o que ocorreu na Mesoamérica, onde a civilização urbana e a escrita surgiram sem nenhum intercâmbio direto com o resto do mundo.[33] Na Europa, durante esse período, a teoria e a prática da medicina conheceram avanços nas consultas, nos hospitais e nas bibliotecas, onde o processo foi estimulado externamente pelo conhecimento dos árabes, dos judeus e de outros povos orientais; porém, internamente, a cristalização do conhecimento científico ocorreu não apenas com o trabalho das enfermarias dos conventos, com o desejo onipresente de curar, mas também com o advento da imprensa no Ocidente, que garantiu a rápida difusão tanto de textos quanto de diagramas. Estes contribuíram de modo significativo para o trabalho de Vessálio (1514-1564), que tinha origem flamenga e estudou *Humanae Litterae* em Louvain, em 1529. De lá, ele foi para a escola de medicina da Universidade de Paris (1533-1536) e aprendeu a dissecação. Por causa da guerra, voltou para Louvain, onde a influência da medicina árabe ainda predominava. Seguindo o costume da época, publicou uma dissertação que era uma paráfrase da obra do médico persa Al-Razi, do século IX. Em seguida, frequentou a Universidade de Pádua, que, como vimos, tinha grande tradição em dissecação anatômica, talvez por influência de Salerno. Em janeiro de 1540, assim como fizeram antes dele Abulcassis e Liuzzi, Vessálio rompeu com Galeno e mostrou abertamente seu método (ele próprio realizava as dissecações, aprendendo anatomia com o estudo dos cadáveres e analisando criticamente os textos antigos), que então foi difundido por meio da imprensa. Segundo ele, Galeno era limitado, porque, como era proibido cortar o corpo humano, ele trabalhou apenas com animais. Vessálio publicou então seu *Fabrica*, ou os Sete Livros, sobre a estrutura do corpo humano. Ele próprio supervisionou os desenhos realizados em 1542, em Veneza, cidade já aberta ao novo conhecimento; em 1543, levou os blocos de madeira e o manuscrito para serem impressos em Basileia. Sua obra foi descrita como "a culminação da restauração humanista do conhecimento antigo", mas não se tratava apenas de conhecimento antigo em sentido clássico: sua formação se baseou na tradição árabe e em observações próprias, cujos resultados ele divulgou amplamente por meio de obras impressas. O que se torna claro no

---

33 Adams, *The Evolution of Urban Society: Early Mesopotamia and Pre-Hispanic Mexico.*

caso de Vessálio é o papel que as mudanças nos modos de comunicação desempenharam nos avanços da medicina. Aqui, foi a prensa móvel que permitiu a ampla circulação das percepções e observações de Vessálio, mas a escrita em si já era de suma importância, por exemplo, para a circulação de estudos de caso. Na China, material médico era coletado em jornais e enviavam-se avisos impressos sobre a disseminação de doenças para as províncias.

As escolas de medicina de Montpellier e Salerno não estavam simplesmente ressuscitando as obras de Galeno e Hipócrates (e avançando a partir daí). Em primeiro lugar, esses textos estavam sendo redescobertos em parte por causa dos árabes. Em segundo lugar, os árabes fizeram muitas contribuições ao conhecimento médico e também aceitaram o conhecimento oriundo do Extremo Oriente. Em terceiro lugar, o grande lapso que houve entre os autores clássicos e o renascimento do conhecimento deveu-se em parte ao surgimento de uma religião hegemônica que, assim como as outras religiões abraâmicas, proibia que os corpos humanos (feitos "à imagem de Deus") fossem cortados e promovia a atribuição moral da doença à agência divina. A medicina acadêmica só voltou a florescer quando Deus foi posto numa esfera de interesse mais estrito.

Em geral, os intelectuais europeus discutem o Renascimento como se se tratasse de uma restauração direta do conhecimento clássico, como se, dadas as condições externas favoráveis, a semente do conhecimento estivesse pronta para germinar; no entanto, essa restauração foi fortemente mediada pelo Islã e estimulada por obras escritas em árabe, como as do persa Al-Razi na medicina, e pelos comentários de Averróis (Ibn Ruschd) sobre Aristóteles e Platão, além de contribuições próprias importantes e outras de países do Extremo Oriente. Mas, no paradigma dominante, o Renascimento é visto como uma ressurreição europeia da Europa; esse era o pensamento dos humanistas em relação à revitalização dos clássicos, e esse foi o pensamento que prevaleceu não apenas entre o público em geral, mas entre muitos estudiosos da História e das Ciências Sociais. No que se refere à Europa, o que é peculiar é essa necessidade de uma revitalização que resulta de uma importante descontinuidade com relação à Antiguidade na medicina e em outras ciências, uma descontinuidade criada pelo colapso, pela conversão e, por fim, pelo feudalismo. No entanto, os europeus construíram uma continuidade histórica de desenvolvimento a partir da Antiguidade até o Renascimento, olhando para o passado e revivendo essa Antiguidade. Mas essa trajetória sofreu, de fato, uma interrupção radical. O caminho entre o passado e o presente foi distintamente irregular, como evidencia a história da medicina.

É fácil perceber por que os europeus fizeram a revitalização da medicina, e da cultura de modo mais geral, remontar aos antigos, a uma cultura que consideravam o ponto inicial de uma linha que conduzia diretamente ao mundo moderno do capitalismo industrial. Em primeiro lugar, os próprios árabes deviam muito aos gregos – e por isso foi relativamente fácil "rebaixá-los" ao *status* de simples transmissores de informação de um lugar para outro. Em segundo lugar, a Europa medieval estava cercada de reminiscências físicas do período clássico; o grego e o latim sobreviveram como línguas eclesiásticas e foram encapsuladas em nosso cálculo do tempo. Parecia lógico querer reviver as glórias passadas que haviam desaparecido sob pressão dos invasores do norte, das contradições internas e, acima de tudo, da conversão para uma religião que controlava rigidamente as visões de mundo e em breve teria um vasto e grandioso patrimônio.[34] Contudo, traçar uma linha direta até a Antiguidade clássica significava estabelecer uma genealogia do conhecimento e da cultura em geral genuinamente europeia, ou seja, excluir a contribuição do Islã e, por intermédio dele, da Índia (de onde Gerbert d'Aurillac nos trouxe os algarismos "arábicos") ou da China. Quando eram incluídas, era como apêndice à tradição clássica.

O caso de Gerbert (945-1003) mostra o erro de maneira muito clara, pois foi ele que introduziu esse sistema numérico absolutamente essencial para os cálculos e para a ciência do mundo moderno, que nos veio pelos árabes, mas foi desenvolvido no Extremo Oriente. Em 967, o jovem e promissor estudioso Gerbert foi enviado de Aurillac, na Auvérnia, para o mosteiro de Vic, perto de Barcelona, pelo conde Borrell; passou três anos ali, lendo em sua bela biblioteca. Estudou o ábaco, os numerais indo-arábicos, o astrolábio e, na geometria, tentou completar o fragmentado Euclides que era tudo o que se tinha no Ocidente. Nesse estágio inicial, ele funcionou como um canal de transmissão para o conhecimento árabe que havia sido levado para a Catalunha pelos imigrantes moçárabes da Espanha muçulmana e acolhido pela Igreja latina. Mais tarde, tornou-se professor na Alemanha, em Chartres e em Reims, "preparando-se para o renascimento religioso, literário e científico do século XI".[35] O papel do conhecimento árabe na série de assuntos que ele estudou é claro. Seus estudos levaram à adoção do sistema numérico "arábico" como alternativa ao canhestro e ineficiente sistema romano, de modo que a matemática e os cálculos básicos necessários à "ciência moderna"

---

34 Goody, *The Development of Marriage and the Family in Europe.*
35 Hariz, *La part de la médecine árabe dans l'évolution de la médecine française*, p.24.

tornaram-se muito mais fáceis. Mais tarde, como o papa Silvestre II, estava em posição privilegiada para divulgar seu uso.

O lugar onde ele estudou era importante. Barcelona estava sob domínio islâmico e tinha contato com o conhecimento islâmico, em especial pela imigração de moçárabes. Um fator importante da superioridade patente da medicina e da ciência islâmicas nessa época era a circulação do conhecimento sob o domínio islâmico, que era mais amplo e mais rápido em grande parte por causa do uso do papel. As bibliotecas eram ricas e, em geral, acessíveis aos estudiosos. Em Bagdá, Al-Mamun fundou a Casa da Sabedoria [*bayt al hikmah*] em 832; em Basra, havia uma Casa dos Livros; em Mossul, fornecia-se papel aos estudantes; no Cairo, a biblioteca da corte tinha 18 mil livros de "ciências estrangeiras". A Dar Al-Hikma [Casa da Sabedoria], fundada pelo califa Al-Hakim em Córdoba, em 1005, tinha salas de leitura e bibliotecários e pagava pensões aos estudantes. No norte da Espanha, Gerbert beneficiou-se da profundidade dessa cultura escrita.

Essa rede de bibliotecas assegurou a transmissão de parte do conhecimento clássico, em medicina e em outros campos, e a própria contribuição dos árabes, que teve de passar por um processo de tradução. Hunayn já havia traduzido as obras de Galeno no século IX; para a Europa, elas tiveram de ser traduzidas novamente. As obras de Constantino, o Africano, que eram principalmente em árabe, foram versadas para o latim. O mesmo ocorreu com outro grande período de traduções em Toledo, no século XII, quando a cidade foi reconquistada pelos muçulmanos e vários estudiosos aproveitaram para produzir versões em latim de obras árabes. Gerardo de Cremona, por exemplo, foi para Toledo para aprender árabe e poder ler o *Almagesto* de Ptolomeu (escrito em Alexandria no século II), um texto que tratava de matemática e economia e não estava disponível em latim. Gerardo passou o resto de sua vida em Toledo, então um centro de conhecimento muçulmano. Lá verteu cerca de oitenta obras, inclusive algumas de Aristóteles, Euclides e Galeno.

A tradução foi importante não apenas para a difusão de clássicos como Galeno, mas também para a transmissão do conhecimento que foi acumulado e desenvolvido por outras culturas, outras tradições (por exemplo, a obra de Al-Razi). A tradução tem um efeito cultural interessante. Ela eleva o conhecimento acima de qualquer tradição religiosa ou cultural particular; seculariza e generaliza o conhecimento. A troca de informações por meio da tradução é como uma troca de mercadorias entre comerciantes. Não há preocupação com o sistema de crença do parceiro comercial, mas sim com sua capacidade de negociar e até com sua capacidade de conseguir crédito. Esses comerciantes percorriam culturas e transferiam tanto mercadorias quanto conhecimento. Havia mercadores muçulmanos nos canais de Veneza e cristãos nas ruas de Alexandria. Na verdade, em cada cidade, os comerciantes estrangeiros encontravam alojamentos próprios (*fonduq*, em árabe). Era inevitável que trocassem informações sobre produtos, técnicas, culturas e ideias em geral. Portanto, havia uma transferência não apenas de mercadorias, mas também de informações. Cristãos negociavam com muçulmanos, muçulmanos com hindus, hindus com budistas ou confucianos. Os resultados adicionais da transação dependiam da qualidade das informações – nesse caso, do conhecimento médico.

Foi esse nível de intercâmbio que ajudou a produzir muitos padrões paralelos de conhecimento e desempenho no continente eurasiano, em geral por meio da rápida "circulação" de informações que o uso do papel e da imprensa garantia. Esses intercâmbios tendem a ser excluídos de muitos relatos, não só a respeito do Renascimento, mas também de todo o caminho até a modernização. Isso aconteceu em particular com as mudanças nos meios de comunicação, consideradas essenciais para o mundo moderno. Acreditava-se que a imprensa havia surgido com Gutenberg e, muito antes disso, dizia-se que a Europa havia desenvolvido um sistema alfabético singular. Discussões europeias anteriores sobre a Antiguidade atribuíram o alfabeto à Grécia, mas teria sido desenvolvido em grande parte pelos fenícios. O classicista Havelock, eu mesmo e Watt atribuímos as realizações dos gregos ao uso do alfabeto, mais do que a sua "genialidade",[36] sem dúvida um refinamento, mas não levamos totalmente em conta as notáveis possibilidades do alfabeto consonantal semítico que produziu a *Bíblia* judaica (e a cristã e a islâmica). Finley apresenta mais ou menos o mesmo problema com relação à democracia, que ele atribui a Atenas, mas que existia também em cidades fenícias no continente asiático e em outros lugares. A imprensa evidentemente foi inventada pelos chineses, muito antes de chegar à Europa, e utilizava tipos de metal móveis (mas não a prensa). Na verdade, essa mecanização inicial da escrita foi uma de suas vantagens para desenvolver a ciência natural. Assim como aconteceu com os números, o sistema romano clássico foi abandonado em favor do sistema arábico (indiano), que se mostrou mais eficiente e, ao tornar os cálculos mais fáceis, estabeleceu a base para a "modernidade".

---

36 Havelock, *Preface to Plato*; Goody; Watt, The Consequences of Literacy, *Comparative Studies in Society and History*, v.5, p.304-45.

A história da Faculdade de Medicina de Montpellier é um epítome desse aspecto dos estudos europeus, não só da ciência da natureza nos séculos XI, XII e XIII, mas do que posso desconfortadamente chamar de euro-humanismo em sentido mais amplo. Recuando às obras de Galeno e Hipócrates, podemos construir uma tradição europeia que conduz cronologicamente às notáveis realizações intelectuais e técnicas dos séculos XIX e XX, como se uma linha direta corresse do clássico ao moderno, passando pelo renascimento dos séculos XIV a XVI (o Renascimento italiano). Mas isso significa ignorar três pontos. Em primeiro lugar, a perda drástica de muito conhecimento na Europa Ocidental na Idade das Trevas e, mais tarde, em parte resultado das restrições religiosas. Em segundo lugar, o papel da tradição muçulmana no Renascimento, que não apenas tornou acessíveis traduções de textos gregos perdidos, mas contribuiu com muito conhecimento próprio. E, em terceiro lugar, as realizações de outras tradições, a indiana e a chinesa, não só na esfera da medicina, mas em muitos outros campos das ciências e também das artes, no que deve ser considerado, de vários pontos de vista, um empreendimento conjunto das sociedades letradas da Eurásia.[37]

No fim, o pensamento que está por trás dessa suposta singularidade europeia baseia-se em parte num modelo de choque e contraste de culturas, civilizações e religiões: a cristandade (o Ocidente) contra o Islã (o Oriente). Esse modelo não explica muita coisa. É claro que houve conflitos entre muçulmanos e cristãos, assim como entre muçulmanos e hindus, católicos e protestantes, sunitas e xiitas. E houve tanto problemas em pequena escala como ataques maiores, mesmo depois do estabelecimento de um sistema político europeu e internacional. O mesmo acontece no nível individual e cultural. Essas visões de mundo são consideradas inconciliáveis. Mas existe um intercâmbio consistente entre as culturas humanas e entre os seres humanos, especialmente em condições, de mercado ou não, em que um indivíduo ou grupo está envolvido em intercâmbios com outro. Mais que ao conflito, isso levou à cooperação, à transferência internacional ou intercultural de conhecimento. O que precisamos para esse aspecto da cultura não é uma metáfora de confronto, mas um fluxograma, e, nesse sentido, o estudo da "reprise" da medicina europeia parece ser paradigmático.

---

37 Este capítulo deve muito aos doutores Paul e Hélène Bras, de Bouziques, bem como ao doutor Gilbert Lewis, de Barnes, e, pela visita a Salerno, à professora Vanessa Maher, de Verona.

A religião e o secular

Um aspecto importante do retorno ao conhecimento clássico foi que ele burlou o predomínio de uma religião hegemônica e conduziu a certa secularização, recuperando em parte os tempos pré-cristãos e a mitologia pagã. Não que nessa época a veneração no cristianismo tenha diminuído, mas o mundo tornou-se mais plural, mais segmentado; e, no mundo clássico, havia, é claro, uma tradição não transcendental.

Sempre houve uma contradição no cristianismo desde que se constituiu como rejeição a grande parte do mundo romano e de seus deuses. Mas tal herança não pode ser totalmente evitada. Assim como a língua continuou, em especial na Igreja, o conhecimento dos deuses clássicos não desapareceu da sociedade, pois estava sacralizado não apenas no cômputo do tempo e na geografia do céu, onde Vênus se impunha no céu da noite, mas na própria literatura. Ainda que o teatro não fosse encenado por conta das proibições impostas à representação, as peças latinas, como as de Terêncio, continuavam a ser lidas para melhorar o próprio domínio da língua, que foi conservada para propósitos eclesiásticos até em terras germânicas, onde não havia herança românica. Terêncio era estudado nas escolas de "gramática" mesmo no norte, onde o latim era parte da tradição dos invasores do sul. Na poesia, também nessa língua (língua padrão do discurso religioso), em que era lida e composta, os deuses sobreviveram. É verdade que havia um movimento entre cristãos, como Santo Agostinho de Hipona e, mais uma vez, são Jerônimo, cujo intuito era rejeitar a literatura pagã e substituí-la por uma poesia e uma prosa puramente cristãs.[1] No entanto, apesar dessa tendência, o letramento na Igreja e, sobretudo, fora dela significava alfabetização em latim, de modo que os textos pagãos anteriores continuavam disponíveis para os *clerici*. Na verdade, um elemento importante na continuação da história do livro na Europa é a história da preservação e da redescoberta da literatura clássica, que em grande parte havia sido posta de lado até a época do próprio Renascimento italiano – um processo muito bem registrado,[2] que começou ainda nos tempos clássicos, quando colecionadores começaram a reunir manuscritos antigos. Evidentemente, essa coleção não envolveu rejeição da religião, como aconteceu até certo ponto na Europa mais tarde, mas foi resultado de uma preocupação bibliográfica elitista com as realizações passadas, possibilitada pelo fato do conhecimento da leitura e da escrita. Contudo, no período cristão o problema da recuperação agravou-se porque a literatura clássica era menos apreciada e, por isso, menos conservada. Apesar disso, algumas bibliotecas – não tanto as dos ricos, mas as dos mosteiros – ainda guardavam manuscritos clássicos. Houve alguns colecionadores notáveis, a começar por Cassiodoro, que fundou um mosteiro em Vivaro, na Calábria, no século VI d.C. Depois, no período carolíngio, com a difusão do ensino e do conhecimento em âmbito mais geral, o interesse ressurgiu com mais vigor. Assim, como resultado do letramento, do conhecimento dos deuses clássicos e da literatura clássica ocorreu uma espécie de meia-vida na Idade Média, que se renovou, reviveu e estendeu-se a toda renascença, até chegarmos ao próprio Renascimento italiano.

Então, em parte pelo uso do latim como língua de comunicação e em parte pela presença das ruínas romanas em meio a isso, o mundo clássico nunca esteve distante dos olhos e dos ouvidos das pessoas. Esse mundo era pagão e secular e, por isso, seus produtos deveriam ser desprezados pelos fiéis. Mas a existência de textos escritos significava que esse mundo não podia ser inteiramente desprezado, por isso o conhecimento clássico foi um tema secundário durante toda a Idade Média e das Trevas na Europa, surgindo de tempos em tempos em picos de atividade, como na renascença carolíngia ou

---

1 Agostinho cita os Coríntios, "o conhecimento infla, mas a caridade edifica" (*The City of God*, v.1, p.269), e comenta que, "para os anjos, o conhecimento de todas as coisas temporais [...] é vil" (ibid., p.270); o conhecimento chega por intermédio de Deus e é criação sua, não dos homens. Esse não é um modelo potencial para uma sociedade ilustrada.

2 Reynolds; Wilson, *Scribes and Scholars*.

A religião e o secular

na renascença do século XII, estimulada pela Andaluzia. Essas explosões "duravam" pouco e o ímpeto se dissipava. O Renascimento italiano foi diferente: em primeiro lugar, como sugere Burke,[3] por causa da chegada da imprensa à Europa, quando se tornou possível um letramento mais extenso, e, em segundo lugar, por causa da institucionalização do estudo nas universidades.

Na verdade, o Renascimento italiano foi uma revitalização da cultura clássica, um renascer de Roma que se iniciou talvez com Petrarca, na década de 1330 ou 1340, ou talvez antes, uma vez que a geração anterior teve Giotto e Dante, cujos interesses não eram de todo "medievais". Mas nem todos abraçaram esse retorno aos modelos clássicos com entusiasmo igual. Por exemplo, em seu tratado *Lucula noctis* (ca.1405), Dominici, importante cardeal, diplomata e anti-humanista, viu o retorno à cultura clássica como um retorno ao paganismo, uma perspectiva expressa também pelos primeiros cristãos.[4] No entanto, a maioria dos intelectuais e artistas procurava os antigos modelos.

Mas isso aconteceu antes. No início do cristianismo, a tradição clássica foi rejeitada; em Bizâncio, por exemplo, houve uma "idade das trevas" que teve um efeito devastador sobre a cultura clássica. A partir de meados do século VII, o interesse pela produção de literatura secular desapareceu completamente[5] e não se copiou nenhum manuscrito secular durante a controvérsia iconoclasta. Na virada do século IX houve uma emergência gradual da atividade intelectual nesse campo, durante o chamado "primeiro humanismo bizantino". O segundo foi chamado de "renascimento paleólogo". Meu uso do secular se aplica aqui à esfera da ação humana, não necessariamente a uma perspectiva que rejeite qualquer referência transcendental. A maioria dos indivíduos move-se entre ambas, mesmo nas sociedades mais simples. Hoje, a abordagem segmental é com frequência negligenciada nos debates, que tendem a universalizar uma ou outra.[6]

O Renascimento italiano estimulou certo secularismo e especulação. Segundo Bousma,[7] isso aconteceu (em Pádua) na geração anterior a Petrarca, com o apoio da corte papal em Avignon, e "a maior contribuição [de Petrarca]

---

3 Burke, *The European Renaissance: Centres and Peripheries*, p.60.

4 Ibid., p.31.

5 Gutas, *Greek Thought, Arabic Culture: The Graeco-Arabic Translation Movement in Baghdad and Early 'Abbasid Society (2nd-4th/8th-10th Centuries)*, p.177.

6 Ver Bakhle, Music as the Sound of the Secular, *Comparative Studies in Society and History*, v.50, p.256-84.

7 Bousma, *The Waning of the Renaissance, 1550-1640*.

foi cristianizar o que antes era um movimento secular".[8] Essa contribuição permitiu que o humanismo prosperasse, mas diminuiu o apelo por cidades--Estado italianas. "Em sua tentativa de recuperar e dominar a língua e a literatura clássicas, os humanistas inevitavelmente começaram a construir as fundações de uma cultura secular autônoma."[9] Eles distanciaram-se das instituições de ensino superior, cuja maioria era associada à Igreja, e "privilegiaram antes a experiência que a teologia".[10] E até adotaram os políticos republicanos como modelo, um modelo que alguns acreditam ter chegado à Guerra Civil Inglesa.[11] De fato, a Universidade de Bolonha foi fundada para ensinar Direito Romano não canônico, sobretudo para a administração urbana e para o comércio, e não para o clero. E Pádua, por sua vez, foi fundada por Bolonha, uma cidade comercial importante, que seguia mais o regime imperial (gibelino) que o eclesiástico (guelfos).[12]

Antes do advento do credo abraâmico monoteísta, a atividade religiosa ("paganismo") que o precedeu não era monopolista como o cristianismo, mas politeísta. A maneira como se conceitua em geral o politeísmo, assim como o paganismo, pode ser enganosa com relação a um aspecto importante: os nomes sugerem uma consistência e uma fixidez no panteão das respectivas culturas que estão longe de refletir o estado de coisas – como se tivessem sido experimentadas internamente. Não há dúvida de que havia pontos de referência fixos, no entanto o sobrenatural pagão era um campo de invenção, em que cultos novos tropeçavam em antigos, e em que as visões de mundo permitiam outras perspectivas. Isso contrasta fortemente com as religiões monoteístas escritas e sua rígida adesão a um regime estabelecido.

A diferença entre os dois se deve em parte às tendências das religiões letradas. Quando examinamos os "escritos", ficamos presos ao retorno aos textos. Isso gera um problema que tem a ver com meu argumento de que a escrita tende a nos obrigar a uma escolha binária. Para tomarmos um exemplo do cotidiano, consideremos a preparação de uma lista de frutas e legumes; na

---

8 Jurdjevich, Hedgehogs and Foxes: The Present and Future of Italian Renaissance Intellectual History, *Past and Present*, v.195, p.249.

9 Ibid., p.251.

10 Ibid.

11 Skinner, *The Foundations of Modern Political Thought: The Renaissance*.

12 É claro que o Direito era ensinado e praticado por profissionais antes de Bolonha, mas era transmitido não em escolas de Direito, mas em estabelecimentos de ensino e aprendizado privados (como nas primeiras bancas de advogados). Ver Bolgar, *The Classical Heritage and its Beneficiaries*, p.143.

lista escrita, devemos classificar o tomate como um ou outro, enquanto na fala ele pode ser legume num contexto e fruta em outro. O mesmo acontece com conceitos mais abstratos, em que as ideologias escritas tendem para um lado ou outro por motivos de "consistência", como, por exemplo, no caso de ideias mais amplas tende-se para a evolução ou para a criação. As culturas orais não promovem divisões binárias desse tipo. A sociedade contemporânea tem duas maneiras muito distintas e mutuamente exclusivas de explicar o aparecimento do homem no mundo – evolução ou criação; já nas narrativas orais, como a do Bagre do norte de Gana, uma versão pode enfatizar a criação do mundo por Deus e outra, a contribuição dada pelo próprio homem.[13] A consistência no decorrer do tempo não chega a ser um problema, porque não se pode checá-la olhando para trás. A memória oral deturpa.

Dito isso, até mesmo a maior certeza de um texto pode na prática ser qualificada como uma dúvida pelo leitor, uma dúvida que afinal pode levar a uma reformulação de ideias. Na religião, isso pode ser justificado como um retorno ao verdadeiro significado das escrituras. Dúvidas desse tipo são a base do agnosticismo, com relação ao sobrenatural que se encontra em diferentes formas, tanto nas culturas escritas quanto nas orais, embora a escrita produza provavelmente uma ideologia mais definitiva. Assim, mesmo nas religiões hegemônicas, o texto escrito não definirá totalmente a crença; material equívoco, como os livros apócrifos, reflete o fato de que essas ideologias religiosas não conseguem suprimir todo o questionamento sobre o universo. É claro que as religiões romanas e gregas eram letradas, assim como as religiões do Oriente, mas estas eram politeístas e não monopolistas.

Entretanto, qualquer sistema de crenças contém potenciais contradições e lacunas reais que podem conduzir a questionamentos por parte dos membros da congregação, uma vez que todos têm sua própria experiência do "sagrado" e podem acrescentar brilho próprio ao que elas ensinam. Mas, apesar de haver espaço para alternativas surgirem, como, por exemplo, o catarismo, os interesses hegemônicos tendem a dominar o pensamento numa longa série de atividades intelectuais e políticas, sobretudo onde essa dominação é reforçada por uma hierarquia onipresente de sacerdotes poderosos, como no início do cristianismo.

Assim, as civilizações escritas continuam a exibir aspectos tanto de certeza quanto de dúvida, tanto de dinamismo quanto de conservadorismo, e, de época para época, o equilíbrio varia. De certo ponto de vista, o registro

---

13 Goody, *Food and Love*.

escrito do conhecimento facilita a verificação, a reflexão e a modificação, como alguns tipos de listas exaustivas, como o *onamasticon* do Antigo Egito, e as enciclopédias da dinastia Song, na China. As pessoas podem continuar a modificar esses relatos com base em sua experiência. Mas, por outro lado, os escritos também podem dar origem a ideias fixas, que resistem à mudança, sobretudo em textos religiosos que se acredita que foram escritos pela divindade ou tenham ligação estreita com ela. Como consequência, os cristãos de hoje se veem fazendo referência a um texto fixado há cerca de 2 mil anos – e os judeus, há um pouco mais de tempo, e os muçulmanos, há um pouco menos de tempo. Numa cultura puramente oral, a ideologia teria mudado gradualmente com os anos, às vezes acompanhando mais ou menos outros movimentos; nas culturas escritas, ao contrário, as afirmações religiosas com frequência se congelam no tempo e têm de ser deliberadamente abandonadas ou reinterpretadas.

Quando um texto se refere assim aos tempos antigos, é possível que haja uma discrepância entre o que é relatado sobre o passado e o que acontece no presente. Watt e eu afirmamos que isso aconteceu na Grécia Antiga, quando os mitos foram escritos; à medida que o tempo foi passando a lacuna entre o passado e o presente aumentou e o ceticismo surgiu quando os textos antigos foram considerados inapropriados.[14] Ou se considerou que não apenas não eram representativos do presente, como também não apresentavam um relato satisfatório do passado, a menos que fossem interpretados "alegoricamente", e não "literalmente", como pertencendo mais a um "mito" que a uma "história". Essa discrepância é uma variável; é óbvio que a perspectiva, a moral e a visão do mundo de certos sentimentos e narrativas são mais específicos que outros; alguns podem ser mais amplos e gerais, portanto mais universais em sua aplicação.

Podemos não ver esse ceticismo como um movimento rumo à secularização, mas ele é. Esse movimento já havia sido feito pelos antigos. Finley escreve a respeito de Tucídides que

> a história era, num sentido mais fundamental, uma questão fortemente humana, passível de análise e entendimento inteiramente em termos de padrões conhecidos do comportamento humano, sem intervenção do sobrenatural.[15]

---

14 Goody; Watt, The Consequences of Literacy, *Comparative Studies in Society and History*, v.5, p.304-45.

15 Finley, *Introduction to Thucydides, History of the Pelopennesian War*, p.20.

A religião e o secular

Como essa abordagem era diferente daquela da ideia do "Senhor dos Exércitos" ou de um relato dos eventos que conduziu à conversão de Constantino, uma narrativa de uma religião hegemônica que reivindicava uma supremacia unilateral sobre a vida e a morte. Mas, como já comentamos, alguns elementos de ceticismo não estavam totalmente ausentes até mesmo da mais rígida das crenças religiosas.

A questão do ceticismo e do secularismo é especialmente importante nos estudos do mundo natural, em que o conflito entre a ortodoxia religiosa (as palavras da Sagrada Escritura, escritas muitos séculos atrás) e a opinião contemporânea de cientistas e outros não se refere apenas ao passado. O problema é persistente entre a direita cristã nos Estados Unidos, entre muitos muçulmanos e judeus ortodoxos. Nas palavras de Mir-Hosseini e Tapper, a "situação [no Irã] é a última irrupção de duas tensões universais, entre a religiosidade e o secularismo, e entre o despotismo e a democracia".[16] Em parte, a democracia está envolvida com o secular (não inevitavelmente, mas como tendência), porque o governo dos povos implica em geral não um poder transcendental, mas a realidade de um poder secular. Não que os parlamentos não sejam religiosos; alguns, como o da Inglaterra puritana, creem-se guiados por Deus, mas ao tomarem suas decisões, essas assembleias populares podem se desviar da ortodoxia – que necessita de certo grau de autoritarismo, político ou religioso, para se manter. Certo secularismo também é necessário para se poder encontrar uma investigação livre na ciência ou em outras esferas do conhecimento, do mesmo modo como é necessário para se buscar o tipo de governo que uma democracia moderna exige; isso é difícil em áreas em que as crenças religiosas não são compartimentadas, ou seja, onde o mundo não é parcialmente secularizado, como tende a acontecer entre católicos e protestantes na Irlanda do Norte, ou entre sunitas e xiitas no Iraque. Mas é evidente que há menos manifestações violentas de conflito religioso nas sociedades predominantemente seculares, naquelas que com frequência rejeitam a educação em escolas de orientação religiosa.

A teologia deve ser contrastada com a filosofia. Segundo Renan,[17] sempre se promoveu a filosofia no coração do Islã, mas, a partir de 1200, o teológico assumiu o controle. Na Europa, considera-se que a Grécia fundou a filosofia, começando com Tales (624-546/5 a.C.) entre os jônicos (portanto na Ásia), e

16 Mir-Hosseini; Tapper, *Islam and Democracy in Iran: Eshkevari and the Quest for Reform*, p.9.
17 Renan, *Averroès et l'averroïsme*.

Atenas foi "a cidade mãe da filosofia", segundo Diogenes Laertius.[18] A filosofia diferia da teologia, uma vez que representava um conjunto alternativo de crenças seculares, "racionais"; no período medieval, elas entraram em conflito. A filosofia produziu até uma não crença, uma não religião, na forma do cinismo, começando com Diógenes (e talvez com Antístenes, que propagou o ateísmo, a negação das religiões). O cinismo estava interessado em uma vida errante, ascética (o caminho para a felicidade), atacava todos os valores estabelecidos e abrangia um corpo de gêneros literários particularmente bem adaptados à sátira. Na verdade, o imperador Juliano via o cinismo não como uma filosofia, mas como algo que o homem praticava ao longo dos séculos, assim como o secularismo, uma característica permanente da humanidade, um modo de viver.[19] Outros discordam, dizendo que embora o cinismo nunca tenha sido uma escola filosófica em sentido estrito, teve uma série de crenças específicas que compartilharam um início e um fim. No entanto, o argumento parece concordar em parte com Juliano quando considera o catarismo e o anarquismo, fora do período clássico, como manifestações tardias do cinismo. Em outras palavras, ele tem em si os elementos do antiautoritarismo e a rejeição do luxo que caracterizam muitos movimentos de oposição políticos ou religiosos (contracultural) nas sociedades de elite, assim como uma nota de agnosticismo que, juntamente com a religião, está disseminado em toda a vida humana.[20] Nesse sentido, a atitude é ao mesmo tempo pagã e cética, por isso leva a uma abordagem secular que contraria muitas interpretações "espiritualistas" do abraamismo e de outras religiões, embora, diferentemente delas, o cinismo e o agnosticismo raramente tenham predominado.

A relação do secularismo com o materialismo, que parece ter sido iniciado por Tales, é clara, pois, caso ambas prevalecessem, excluiriam uma explicação sobrenatural. Não adianta buscar essas doutrinas nas culturas orais, pois as explicações sobrenaturais são parte da trama. Isso não significa que não haja espaço para esse tipo de pensamentos por parte dos indivíduos, que podem muito bem ser agnósticos; em todo caso, certos campos, como, por exemplo, a produção agrícola, podem estar parcialmente livres disso, pois, como Malinowski[21] mostrou no caso dos trobriandeses, a religião ou a má-

---

18 Diogenes Laertius, *Lives of Eminent Philophers*, 1:14.
19 Dudley, *A History of Cynicism: From Diogenes to the 6th Century AD*.
20 Goody, *Food and Love*.
21 Malinowski, *Coral Gardens and their Magic: A Study of the Methods of Tilling the Soil and of Agricultural Rites in the Trobriand Islands*.

A religião e o secular

gica só se aplicavam a certos aspectos da atividade deles.[22] Entretanto, é só com a escrita que podemos de fato falar dessas doutrinas como sendo filosóficas, talvez porque possam ser lidas como objetos externos, à parte, que se conservam no tempo e no espaço. E em parte também porque a escrita estimula (ou produz) um tipo de reflexão intrínseca à filosofia como disciplina. Seja como for, nesse sentido, é de fato Tales quem está quase sempre olhando para o passado. Charbonnat,[23] num livro recente sobre o materialismo, publicado numa série sobre a história da filosofia, volta a esse escritor, mas cita em seguida a eliminação virtual do tema entre os séculos I e XVII, só reaparecendo debilmente com o Renascimento. Estamos de acordo até aqui, pois o argumento reforça minha opinião sobre a sociedade ocidental nesse período. Mas o problema de Charbonnat, e o da maioria dos filósofos ocidentais, é que ele desconsidera qualquer outra civilização, apesar do fato de existirem livros sobre o *lokayata* (materialismo indiano) e Needham ter apontado a presença dessa doutrina como fundamental para o crescimento da ciência na China. Não se considera que outras sociedades, além da europeia, da pós-grega, tiveram crenças materialistas (ou secularizadas), nem, na verdade, que tiveram "filosofia". Essa parece ser uma visão totalmente etnocêntrica e teleológica diante do desenvolvimento industrial posterior, e é por esse motivo que devemos examinar com cuidado se só no Ocidente houve um renascimento.

Afirma-se às vezes que Tales não só fundou a filosofia, como "inventou a racionalidade", no sentido de que a inteligência humana é suficiente para conhecer o mundo.[24] A primeira parte da afirmação está errada, com toda certeza; a segunda, não necessariamente, uma vez que pôr uma crença ou uma atitude por escrito, como ele fez, é uma maneira de cristalizá-la e universalizá-la. Consta que, pela primeira vez, o conhecimento apareceu de modo independente do mito ou da religião.[25] Charbonnat vincula esse acontecimento à predominância de uma sociedade escrava, que proporcionava à elite tempo livre suficiente para especular. Vejo essa florescência sobretudo como um desenvolvimento a mais de uma cultura mercantil de Estados pequenos, combinada com uma forma ágil de letramento que facilitou enormemente a circulação do conhecimento. Afirma-se que Tales, que ganhou dinheiro

---

22 Ver também Worsley, *Knowledges: What Different Peoples Make of the World*, sobre diferentes tipos de conhecimento.

23 Charbonnat, *Histoire des philosophies matérialistes*.

24 Ibid., p.55.

25 Ibid., p.54.

com o comércio de azeitonas, fez muitas viagens e nelas mesclou comércio e ciência. Mais do que a presença da escravidão como principal motor da economia grega, foi certamente a economia mercantil, baseada no comércio de produtos artesanais e procura de metais, que estimulou a economia no Mar Egeu, assim como em grande parte do Mediterrâneo oriental e na verdade em todo o mar interior. Enfatizar um talvez conduza a negligenciar o outro.[26] Foi esse regime mercantil, concentrado numa cultura de navegação marítima, que resultou em contatos com a Fenícia (daí o alfabeto e muito mais), com colônias foceenses em Marselha e, no século V, a viagem de Fócio dessa cidade para além do Mar do Norte, assim como o incessante movimento na direção da Jônia (Ásia Menor), do Império Persa e do Egito, que os colocou em contato com as ciências e com outros escritos dos grandes impérios do antigo Oriente Médio. Um ímpeto similar levou à colonização fenícia de Cartago, Espanha, Sicília, da Sardenha e ao comércio com Cornwall. Também tinham contato com os fenícios aqueles vizinhos semitas da costa asiática, os judeus, que também se dispersaram pelo Mediterrâneo muito antes da imigração forçada da diáspora e se misturaram às mesmas colônias comerciais que os fenícios. A atividade mercantil não parou. Armadores gregos como Onassis, comerciantes italianos como Marco Polo, exploradores portugueses como Vasco da Gama, navegadores espanhóis como Cristóvão Colombo e viajantes muçulmanos pelo Oceano Índico são todos testemunhas do passado marítimo e comercial do Mediterrâneo. Foi nessa região de pequenas cidades-Estado que nasceram os escritos relativamente independentes dos filósofos, inclusive de "materialistas" como Tales, que desenvolveram aspectos do pensamento cético e agnóstico, os quais já estavam presentes nas culturas orais, mas que exigiam o ato da escrita para surgir como "filosofia".

Entretanto, os próprios gregos não eram tão livres de restrições espirituais à investigação livre quanto supõem certos apologistas modernos. Os cálculos de duração do ano dos babilônios eram mais precisos que de todos os outros, por isso Anaxímenes de Mileto (ca. 545 a.C.) recebeu permissão para construir um relógio de sol na capital espartana. Ao mesmo tempo, seu pupilo Anaxágoras deixou a persa Clazômenas, na Anatólia, e foi para Atenas, ganhando fama como protegido de Péricles.[27] Ensinou ali, mas, quando começou a tratar dos corpos celestes, os "supersticiosos atenienses" levaram-no a julgamento por impiedade em seus ensinamentos sobre o Sol – e por ser

---

26 Finley, *The Ancient Economy*; Goody, *The Theft of History*.
27 Olmstead, *A History of the Persian Empire*, p.328.

pró-persa. Viu-se obrigado a fugir e Péricles o salvou. O estudo da astronomia passou a ser "ilegal" em Atenas, mas "o Oriente continuou a aprimorar seus resultados científicos", por isso Olmstead escreve que a Pérsia possuía uma "ciência sem teologia". Atenas também fazia restrições ao conhecimento, ainda que não tão severas como nas regiões onde predominavam as religiões abraâmicas.

Embora tanto Tales quanto Heráclito estivessem comprometidos com a exploração da natureza sem intermediação do sobrenatural, ambos enfrentavam o problema de explicar o mundo de um ponto de vista monista: um via na água o princípio geral, e o outro, no fogo. Assim, abordaram a natureza de uma maneira que se assemelhava ao mito. A investigação científica exigia abertura para sua realização, mas estabelecer o sobrenatural fazia parte do caminho. É claro que os gregos, apesar de sua "racionalidade", adoravam santuários e deuses, mas nem um, nem outro assumia uma posição hegemônica em relação à natureza, ao contrário do cristianismo medieval. É por isso que o Renascimento italiano foi tão importante na limitação do escopo da religião, tanto nas ciências quanto nas artes. Reencontrar a teoria e a prática clássicas foi de grande importância nesse processo.

Tales foi sucedido por Demócrito de Abdera (460-370 a.C.), que propôs a teoria atômica e, com isso, excluiu o sobrenatural do estudo da natureza, uma vez que o mundo era composto de partículas (*atomon* ou indivisíveis). Logo, a explicação vinha de dentro, e não de fora. Demócrito viajou muito pelo Egito e pela Pérsia no momento em que as realizações atenienses chegaram a seu auge. Foi nessa época que a medicina e a matemática floresceram, ambas largamente emancipadas do sobrenatural, pelo menos no que dizia respeito a suas atividades como disciplinas intelectuais (foi a época da especialização do conhecimento). Isso não significa que as doutrinas transcendentes não existiam, quer como teoria, quer como prática. Na teoria, Sócrates seguiu essa via; na prática, os indivíduos procuravam qualquer fonte de cura que lhes servisse, inclusive os deuses. Mas, apesar disso, a ciência estabeleceu-se de modo parcialmente independente do sobrenatural.

Supõe-se que Demócrito, que declarou que "o homem é aquilo que todos conhecemos", visitou a Babilônia e outros países por interesse na astronomia. "Só os átomos e o vazio existem na realidade", concluiu ele. Foi bem recebido no Oriente como estudioso e absorveu os ensinamentos de Naburiano; mais tarde, introduziu descobertas babilônicas entre seus concidadãos, embora Atenas permanecesse "um solo infértil para os cientistas", pois "o preconceito contra a ciência ainda era forte". Como declarou Demócrito: "Vim para Atenas e ninguém me conhecia".[28] Seu trabalho sobre astronomia prosseguiu com Eudoxo de Cnido, pai da astronomia científica e precursor imediato de Euclides; ele foi um pupilo de Platão, que também passou algum tempo no Egito e ali sofreu influência de matemáticos orientais. Mas o próprio Platão havia sido discípulo do velho Sócrates, que via pouco uso no estudo da astronomia ou de qualquer coisa que Deus não planejasse que o homem conhecesse. Mesmo nas sociedades "pagãs", como a Grécia, onde não havia religião abraâmica, a influência do sobrenatural inibia a investigação do mundo natural. Essa atitude anticientífica era contrária ao pensamento da ciência oriental, que influenciou o Oriente de muitas maneiras. Não há dúvida de que não foi na Europa que tudo começou; a ciência era um produto internacional.

A filosofia atomista e cética de Demócrito foi seguida pelo materialista ateniense Epicuro (342-270/1 a.C.), cuja família imigrou para Samos, na Ásia Menor, onde ele, assim como seu pai, foi diretor de uma escola. Seus ensinamentos se expandiram durante a época romana até o fim do império e o surgimento do cristianismo, em especial com Lucrécio e Filodemo. Seu atomismo o levou a ser um profundo crítico da religião e dos mitos, uma vez que, pela conservação da matéria, os átomos eram traços permanentes do universo e não exigiam a criação de um ser transcendente qualquer. Libertar-se desses seres era libertar-se do medo.

Tudo isso era anátema para o cristianismo, que impôs hegemonicamente sua própria versão do criacionismo; a independência não era mais possível, a filosofia estava a serviço de Deus.[29] Isso aconteceu principalmente nas religiões abraâmicas. Houve poucos pensadores que foram chamados de "heterodoxos", mesmo no mundo muçulmano, como, por exemplo, Omar Khayyam (1040-1123) e, até certo ponto, Averróis (1126-1198). Este último, intérprete fiel da doutrina aristotélica, foi condenado pela ortodoxia muçulmana, mas perdoado pelo sultão. No cristianismo ocidental, houve também uma tentativa limitada de obter alguma liberdade da ortodoxia religiosa, sobretudo na Escola de Chartres, no século XII, onde se tentou divorciar a filosofia da religião. Guilherme de Conches comentou *Timeu* e procurou mostrar a congruência entre Platão e a crença cristã, mais adequada para entender a natureza. Da mesma maneira, Roger Bacon (1212-1290) tentou reconciliar fé e causação natural, obtendo certa "liberdade condicional" para estudar esta última. Ambos se remeteram a Platão. No século XIII, o aristotélico Siger de

---

28 Ibid., p.340.
29 Charbonnat, *Histoire des philosophies matérialistes*, p.142.

Brabante (acusado de "averroísmo") chamou a atenção para as contradições do criacionismo cristão. Outros o seguiram, apelando para fontes gregas numa tentativa de reformar o pensamento da Igreja (e, às vezes, a própria Igreja). Um entre eles, Nicolas d'Autrecourt, que lecionava na Faculdade de Artes de Paris no século XIV, foi chamado a Avignon para defender sua tese, pela qual declarava, de maneira muito próxima ao pensamento de Epicuro, que "nada poderia nascer de nada". Ele ficou preso ali durante seis anos, até que finalmente se retratou e seus livros foram queimados. Assim, a heterodoxia foi extinguida pelo poder da Igreja ortodoxa.

A ciência está inserida nas doutrinas ou, pelo menos, no método do materialismo. Diz-se que a ciência é materialista e que o materialismo é a única filosofia compatível com o programa científico. Trata-se de um aspecto necessário da emancipação das ciências experimentais em relação à teologia – no Ocidente moderno, com o método naturalista do século XVII. Isso conduziu ao igualitarismo no direito, num momento em que a desigualdade já não era mais protegida por uma visão transcendente do mundo. No entanto, não descartou totalmente o deísmo nem mesmo o panteísmo, embora pudesse ser consistente com o ateísmo, nem era hostil à moralidade, como se supôs com frequência. Na verdade, é aqui que o "humanismo" contemporâneo afirma preencher a lacuna. Apesar do "Projeto Inteligente" e das injunções implícitas de muitos escritores, a religião não é um aspecto necessário de toda ação humana. Na verdade, a história do materialismo foi marcada por torturas de pensadores, execuções, exílios, carreiras abortadas, negação de sustento e supressão da oposição por parte de uma religião hegemônica, uma luta que com frequência tem se concentrado no controle de escolas e universidades, instituições fundamentais para a produção do pensamento (escrito) e das gerações seguintes.

A posição do Islã oferece um viés interessante a respeito de um regime religioso de tipo caracteristicamente hegemônico e de seus conflitos com o secular na formação do político. Sempre houve certo grau de oposição entre a religião islâmica dominante e os poderes políticos (por exemplo, no califado sunita), uma vez que estes últimos tinham de tomar decisões pragmáticas que nem sempre correspondiam aos princípios daquela. Esse tipo de oposição podia acontecer sob qualquer sistema religioso, o que explica a frequência com que surgem regimes políticos seculares, mesmo em países onde há uma religião hegemônica. Na verdade, regimes que não fazem distinção entre esses dois aspectos são poucos e surgem de tempos em tempos. Isso não quer dizer que esses regimes tenham se tornado completamente seculares;

eles ainda observam alguns princípios importantes da religião, mas traçam uma distinção entre a lei eclesiástica e a lei civil, como aconteceu com cada vez mais frequência em toda a Europa cristã, apesar de as demandas da vida religiosa sugerirem que não deveria haver essa distinção. Como a religião era hegemônica, queria governar tudo. Enquanto a noção de representação (na democracia, por exemplo) significa que a lei – portanto, em teoria, a conduta das pessoas – pode ser mudada por decisão da assembleia popular, mais em resposta a situações particulares que a princípios divinos. Mas essa distinção é similar nos regimes autoritários, em que política e demandas sobrenaturais divergem. É claro que há oposição também em religiões não hegemônicas: na Índia, por exemplo, há frequentemente um nítido conflito entre o *artha* (economia política) e o *dharma* (pureza religiosa), ou entre os *xátria* (guerreiros, governantes) e os brâmanes (sacerdotes, representantes do divino). Há uma cisão entre os governantes seculares e os representantes do divino, mas nunca com a mesma intensidade com que houve no monoteísmo prescritivo.

Após o Renascimento, o Ocidente resolveu em parte esse problema "humanizando" a religião e restringindo seu escopo – por exemplo, ao serviço dominical nas igrejas. Essa não foi uma solução que atraiu os muçulmanos. A maior parte do conhecimento islâmico foi diretamente desafiada pela filosofia secular do Ocidente, que seguiu o Iluminismo e ameaçou a dimensão da crença em Deus definida pela civilização muçulmana. Mas o Ocidente não abandonou sua crença em Deus (se bem que 30% dos franceses a tenham abandonado em 2007), mas esta foi racionalizada de tal maneira que sua visibilidade, em grande parte, diminuiu. Esse processo de diminuição não atingiu o Islã da mesma maneira, embora o "modernismo" e, antes dele, certa forma de humanismo tenham feito incursões na esfera científica. Mas o fato de o Ocidente ter secularizado parte da vida tornou-a mais difícil para o Islã. A Índia e a China raramente tentaram definir sua cultura apenas por critérios religiosos, mas o Islã, por suas origens abraâmicas, fez exatamente isso.

Inicialmente, as religiões hegemônicas davam pouco espaço ao secular. Cristo disse: "A César o que é de César", mas o objetivo logo se tornou converter o governante a fim de converter todo o Estado como parte de um Sacro Império Romano, o Reino de Deus. O mesmo aconteceu no Islã. O chefe do país era o califa ("sucessor") ou imã, o líder da fé. Mas na verdade havia com frequência certa tensão entre o líder político (o sultão e os governadores hereditários independentes) e o líder religioso, ainda que o primeiro devesse governar em nome de Deus, como o Defensor da Fé. Esse foi o problema do movimento xiita, que se recusou a aceitar a legitimidade do governo do califado sunita ("ortodoxo"). Para eles, na ausência dos imãs (eles aguardam o décimo segundo, o Mahdi, o "imã do tempo"), nenhum poder terreno é legítimo.[30] Maomé, é claro, foi bem-sucedido tanto como religioso quanto como líder político: iniciou seu reinado como conquistador e profeta não só na Arábia, mas também, timidamente, fora dela. No entanto, a conquista era resultado sobretudo do apoio de Deus ao líder; a religião era essencial para a história terrena, como foi no caso na antiga Israel e para Constantino na Batalha da Ponte Mílvia; na verdade, foi assim desde o princípio da história: Deus era o Deus dos Exércitos, o governante secular precisava do apoio do divino.

Não desejo tentar estabelecer uma relação entre o expansionismo e a conquista na escala praticada pelo cristianismo, pelo Islã (pelo próprio judaísmo, em seus primeiros tempos de glória militar) e pelo monoteísmo militante e hegemônico; no entanto, é inegável que essas crenças tiveram um profundo impacto na vida das comunidades que as abraçaram. Podemos provavelmente ver algo do que aconteceu na África quando o cristianismo ou o Islã assume o comando, hoje, da prática politeísta (e oral) em determinada região. Atualmente, muitas aldeias têm uma igreja imensa, uma mesquita comunitária ou mesmo uma sinagoga, onde (cismas à parte) a congregação inteira se reúne para a adoração, ao contrário dos pequenos grupos de pessoas que frequentavam diferentes santuários em diferentes épocas e por diferentes razões. A igreja eleva-se sobre o resto da comunidade, assim como o padre se situa num nível superior e o bispo e o papa estão em níveis ainda mais altos. As outras religiões abraâmicas não possuíam uma hierarquia como a do cristianismo, mas, apesar disso, eram hegemônicas na maneira como dominavam a vida da congregação, controlando as cerimônias de nascimento, casamento e morte com exclusividade; os judeus tinham de se casar com judeus, mas muçulmanos e cristãos também eram endógamos. Os correligionários recebiam uns aos outros no nascimento de uma criança e despediam-se uns dos outros nos funerais; a religião dominava esses aspectos da vida pessoal. Às vezes nos esquecemos que as religiões eram tão hegemônicas que até os nomes pessoais da próxima geração tinham de ser escolhidos de uma lista limitada extraída do Livro Sagrado, e isso acontecia em todas as religiões abraâmicas.

A Igreja dominou a vida familiar não apenas impondo ritos individuais de passagem, de nascimento, casamento e morte, como também mudando a natureza das relações familiares e maritais. Muitas dessas restrições que ela

---

30 Para uma exposição em linhas gerais da posição no Irã, ver Mir-Hosseini; Tapper, *Islam and Democracy in Iran: Eshkevari and the Quest for Reform*.

impunha tinham a ver especificamente com a igreja,[31] com o casamento entre membros da igreja e, como afirmei, com o desejo de acumular propriedades. Muito mais tarde, os protestantes aboliram algumas dessas proibições baseando-se no fato de que elas não estavam escritas no Livro Sagrado (um retorno à *Bíblia*), como na verdade aconteceu também com outros acréscimos à religião, como os sacramentos, o purgatório, as dispensas e a multidão de santos.

Na Europa, os regimes pouco a pouco se tornaram mais seculares. De início, o bispo tinha grande poder político sobre uma região. Mesmo na França do século XIV, podia estar a cargo de meia cidade, como em Rodez, na Rouergue.[32] A outra metade ficava a cargo do rei e era administrada de maneira totalmente diferente. Mas é claro que mesmo ele governava pela Graça de Deus. Aos poucos, a população das cidades ou comunas impôs-se diante tanto da Igreja, quanto do príncipe, cada qual podia exibir suas características mais ou menos autoritárias e até tirânicas, mas o poder do príncipe abriu caminho para uma "democracia" qualificada e o do clero dirigiu-se para uma secularização seletiva. Em alguns momentos, e em particular durante a Revolução Francesa, o poder de ambos foi anulado, dando lugar não apenas à decapitação da aristocracia, mas também à adoração da Razão em vez daquela do sobrenatural, e à consequente destruição de castelos e igrejas. Isso fez parte de um processo que conduziu à "democracia" e à secularização, pelo menos na forma de uma compartimentação.

No entanto, as religiões hegemônicas são não apenas política (como é o caso hoje em Israel e em muitos países islâmicos) e pessoalmente hegemônicas, mas também no que diz respeito às artes e às ciências, e até ao conhecimento em geral. Isso era muito comum nos primórdios do cristianismo, na época em que as representações figurativas eram no início proibidas e depois permitidas apenas em contextos religiosos. Toda a arte erudita era religiosa, não só porque a Igreja era um patrono importante, mas porque a ideologia presente no Antigo Testamento decretava que assim devia ser. Ou melhor, a fase do aniconismo[33] semítico desapareceu do catolicismo e este permitiu eventualmente que até o próprio Deus Altíssimo fosse retratado, mas a arte erudita só permitia figuração religiosa – é claro que o judaísmo e o Islã não permitiam nenhum tipo de figuração, exceto em circunstâncias especiais e em algumas cortes. Como vimos, na época do Renascimento

---

31 Goody, *The Development of Marriage and the Family in Europe*.

32 Wroe, *A Fool and His Money Are Soon Parted*.

33 Prática de restringir determinadas representações figurativas. (N. E.)

A religião e o secular

houve um enorme impulso na Europa quando se permitiu a representação de cenas clássicas (pagãs). A famosa *Alegoria do bom governo*, de Lorenzetti, foi pintada nas paredes do Salão dos Nove, onde se reuniam os governantes eleitos do Estado de Siena. Spufford escreve que esse é "um dos primeiros exemplos de pintura puramente secular que sobreviveu".[34] Ele se refere, é claro, à alta cultura europeia, uma vez que a pintura secular era evidentemente comum em Roma. A aparência posterior era de *ressurreição*, renascimento, que cada vez mais caracterizou a Europa. Quando a pintura secular retornou, as divindades clássicas assumiram em parte o lugar das figuras cristãs: figuras míticas em paisagens italianas (que já apareciam nas obras religiosas do fim da Idade Média). Então as figuras clássicas desapareceram, deixando uma paisagem italianizada. Enquanto isso, a arte muito mais burguesa do norte deu lugar a retratações de cenas do cotidiano, interiores de casas, feiras ao ar livre, paisagens marinhas e pinturas de gênero. No judaísmo tardio, a emancipação conduziu a um avanço similar. Mas no judaísmo (tal qual no islamismo) não houve mudança de fato na estrutura do espaço religioso: a sinagoga permaneceu impenetrável para a arte não abstrata e o cemitério, fora dos limites dos tributos florais. A emancipação no judaísmo não desafiou o aniconismo nesse campo.

No período medieval, a grande realização da arte cristã está na arquitetura, na construção de catedrais magníficas, que foram mais tarde decoradas com vitrais e esculturas, monumentos altíssimos que alcançavam os céus. Mas eram realizações religiosas e sua construção ilustra as preocupações da sociedade medieval e a enorme concentração de talento e riqueza nas mãos da Igreja. Mas as catedrais não eram a única forma de construção. As guerras medievais exigiam castelos – que inventaram sua própria arquitetura (menos elaborada) – e os governantes leigos necessitavam de palácios e mansões. Mas claramente a igreja superou nobres e palácios, pelo menos até um período muito posterior.

Seguindo a iconofobia do Antigo Testamento, o cristianismo original rejeitava formas de representação, como escultura, pintura e teatro. Pouco a pouco, as representações religiosas começaram a ser permitidas e traços de paisagens e naturezas-mortas surgiram ao fundo. Mas a tradição clássica da pintura secular como aquela encontrada em Pompeia não existia mais. Embora houvesse certa continuidade nas formas de arte do mundo romano cristianizado, e, sem dúvida, a maioria aceitasse os ícones que promoviam a nova fé, houve uma

---

34 Spufford, *Power and Profit: The Merchant in Medieval Europe*, p.88.

importante corrente iconoclasta a que muitas figuras de destaque se juntaram. Para Agostinho, a arte era "incapaz de ser verdadeira"; para Epifânio, bispo de Salamina (†403), a arte era "mentira".[35] Seja como for, apenas a arte religiosa era permitida; o "naturalismo" de Roma foi abandonado e, embora a pintura cultual fosse permitida, houve certa ambivalência intelectual que foi resolvida na iconoclastia protestante. A escultura tridimensional do mundo grego também foi condenada, mas em contextos religiosos algumas figuras e as esculturas em relevo nos prédios, de pedra ou madeira, voltaram com o gótico. Nos dois casos, a pintura secular e a escultura livre só retornaram plenamente no início do Renascimento italiano, com as *primi lumi* do século XIV. A estátua de Davi, de Michelangelo, foi o primeiro nu desde a Antiguidade. O mesmo aconteceu no teatro. Embora toda representação dramática tivesse sido proibida pelo cristianismo, com os teatros clássicos deliberadamente destruídos (como em Verulamium, em St Albans), ela permaneceu no "nível popular", apesar da condenação pela Igreja, e ressurgiu na forma de alegorias litúrgicas, depois como peças de mistério e apresentações de clérigos e só então deu à luz ao teatro secular do Renascimento. Foi a mesma história com a ficção escrita, um gênero que não foi encorajado durante a Idade das Trevas. As narrativas ressurgiram como histórias de vidas de santos, abriram caminho para os romances – em geral, inspirados por épicos antigos e falando de deuses pagãos. Esses romances se tornaram populares no fim do período medieval e eram amplamente difundidos entre as várias classes.

A ressurreição do renascimento secular está relacionada à extensão do letramento. Como observa um editor, no século XIII, Oxford começou a contribuir para "a superprodução de clérigos", que, "rompendo os limites estabelecidos entre os eclesiásticos e os leigos, desempenharam um papel importante na secularização das letras".[36] Foi então que o "romance" se estabeleceu em inglês e a narrativa de histórias popularizou-se, apesar de certos membros do clero terem tachado todos os menestréis de "ministros de Satã". Mas,

> embora tenha havido momentos no século XIV em que a preponderância dos elementos clericais sobre os seculares na literatura pareça maior do que nunca, no fim da Idade Média a tendência do conflito é simples. É a Igreja que fica em desvantagem.[37]

---

35 Elsner, *Imperial Rome and Christian Triumph: The Art of the Roman Empire AD 100-450*, p.248.
36 Sisam, *Fourteenth Century Verse and Prose*, p.ix-x.
37 Ibid., p.xiii.

A religião e o secular

Sob influência da França, a literatura imaginativa finalmente conquista a plena liberdade secular em relação ao latim eclesiástico. Essa liberdade corresponde a uma nova liberdade de forma: a longa linha aliterada da poesia abre caminho para a rima, que se desenvolve nas mãos dos *trouvères* e dos menestréis, embora com o tempo estes tenham cedido lugar aos "homens de letras". Essas mudanças foram sentidas primeiro nos grandes centros e, em seguida, nas zonas rurais, apesar de que no terceiro quarto do século já se assistia à restauração da tradição de aliteração do verso não rimado. Seguiu-se um novo retorno à tradição da cidade grande em Gower e Chaucer, quando, pela primeira vez, "um leigo, trabalhando em inglês com propósitos seculares [...] incluiu-se entre os homens de letras"[38] e obedeceu aos modelos continentais. As peças de milagre e mistério desenvolveram-se em toda a Europa ainda mais cedo, anunciando o retorno do teatro no continente (apesar de ambíguo para a Igreja); pouco a pouco saíram do espaço sagrado e foram assumidas pelas cidades e por suas companhias, mais uma vez dando um sinal de secularidade, embora o tema permanecesse religioso. Mas foi com relutância que as peças foram transformadas em drama inglês, em vez de latino (ou francês). Para a Igreja, no entanto, "a composição literária como arte pura não foi encorajada. A diversão pela diversão era vergonhosa".[39]

A literatura parece ter sido menos dominada pela religião que pelas artes visuais, sobretudo a poesia, mais inclinada a celebrar os velhos deuses. Na Inglaterra, ela foi influenciada pela religião anglo-saxônica, especialmente em *Beowulf* e em *Sir Gawain and the Green Knight* (escrito em inglês antigo), assim como nas sagas, embora as obras de Chaucer tenham temas cristãos (em geral satírico), como o anônimo *Pearl*. Na poesia de amor árabe (*ghazal*) e nas equivalentes judaicas de tradição hispano-magrebina também há elementos fortemente seculares. Na prosa, temos as crônicas anglo-saxônicas. Mas foi só no Renascimento, com o surgimento do humanismo na Europa, que a literatura se emancipou de fato da religião. Tornou-se "fundamentalmente secular" e, em muitas esferas, retornou aos pagãos; segundo Reynolds e Wilson, "a pequena, porém contínua tradição da educação leiga [isto é, clássica] na Itália sem dúvida contribuiu para isso".[40] Na análise que fazem da transmissão do conhecimento clássico, esses autores escrevem sobre uma Itália que já havia desfrutado de uma renascença muito anterior na primeira metade do

---

38 Ibid., p.xx.
39 Ibid., p.xxxi.
40 Reynolds; Wilson, *Scribes and Scholars*, p.110.

século VI e, em seguida, do florescimento da cultura visigoda na Espanha no fim do século VI e início do século VII, com as obras do escritor Isidoro de Sevilha (ca.560-636). Sua *Etymologiae* logo se espalhou por toda a Europa e contribuiu enormemente para a educação medieval. Foi essencialmente em outras esferas que teve de ocorrer um rompimento com o predomínio religioso, mas houve esforços prévios para examinar quais tiveram algumas repercussões humanísticas.

Não só as artes, mas o conhecimento em geral sofreu com as demandas da hegemonia religiosa. Grande parte do que foi acumulado na florescência do período clássico foi condenada a um esquecimento pelo menos parcial. No cristianismo, assim como no islamismo e no judaísmo, as escolas se tornaram escolas da Igreja comprometidas sobretudo com a transmissão dareligião e do conhecimento religioso.

Havia uma diferença na educação e no conhecimento medieval entre as escolas de catedrais e as de mosteiros. As primeiras eram mais humanistas: "[...] nos mosteiros toda poesia pagã [...] acabou sendo vista como [...] pecado".[41] Eram dirigidas por um mestre nomeado pelo bispo, ensinavam o *quadrivium* e formaram a base para as universidades posteriores, como as de Bolonha, Chartres, Paris e Reims (que tinham objetivos mais profissionais que puramente religiosos). Entre os anos 1000 e 1150, houve um forte avanço no conhecimento do material clássico, mas ele veio acompanhado do receio de que a civilização cristã "fosse destruída pela popularidade das ideias pagãs".[42] A reação ocorreu na segunda metade do século XII, e foi seguida pela era da escolástica.

Os efeitos negativos do cristianismo sobre o pensamento científico são enfatizados no século X pelo historiador islâmico Al-Masudi. Ele escreve que:

> que "durante o tempo dos gregos antigos, e por um breve período durante o Império Bizantino [isto é, Romano], as ciências filosóficas continuaram crescendo [...]. Eles desenvolveram suas teorias a respeito da ciência natural [...] até que apareceu a religião da cristandade [...]; então eles apagaram os sinais da filosofia, eliminaram seus vestígios, destruíram seus caminhos, mudaram e corromperam o que os antigos gregos haviam apresentado em exposições claras.[43]

---

41 Bolgar, *The Classical Heritage and its Beneficiaries*, p.191.
42 Ibid., p.201.
43 Gutas, *Greek Thought, Arabic Culture: The Graeco-Arabic Translation Movement in Baghdad and Early 'Abbasid Society (2nd-4th/8th-10th centuries)*, p.89.

Por exemplo, no que diz respeito à cartografia, os mapas cristãos regrediram em relação aos minuciosos mapas gregos e romanos – e, de algum modo, em relação aos mapas islâmicos, como os de Al-Idrisi, no Livro de Rogério (1154), e mais tarde, no século XVI, no norte da Europa, os mapas de Mercator. O mapa cristão do início do século VII ("T-O") foi chamado de "diagrama bastante parco". Ptolomeu teve de ser redescoberto, assim como a maioria das ciências teve de renascer. Esse é outro exemplo de perda de informações sob o cristianismo. Segundo Ibn Gumay (†1198), médico pessoal de Saladino,

> os cristãos consideravam um defeito estudar assuntos intelectuais e seus reis rejeitavam o interesse pela medicina e achavam demasiado tedioso ler Hipócrates e Galeno; assim, ela se desorganizou e piorou.[44]

Em oposição ao Bizâncio cristão, os abássidas muçulmanos olharam para a Grécia e estimularam as traduções para o árabe. O médico alexandrino Oribásio e Paulo de Égina viram que uma instrução limitada continuava em Alexandria; ela foi assumida pelos muçulmanos e desenvolvida pelo califa Al-Mamun. Se não fosse por esse homem,

> todas as ciências dos antigos [...] teriam sido esquecidas, assim como foram esquecidas hoje nas terras em que foram mais especificamente cultivadas, ou seja, Roma, Atenas e as províncias bizantinas.[45]

O trabalho dos médicos alexandrinos influenciou muito o de Al-Razi e, mais tarde, o de Abulcassis. A importância da conservação (ou melhor, da revitalização) do conhecimento grego é revelada no famoso sonho de Al-Mamun, em que ele se encontra com Aristóteles, sugerindo que o califa foi o preservador do modo de pensar didático, racional.

Foi a atitude de Agostinho que o Renascimento inverteu por seu apelo aos antigos. Foram esses escritores antigos que cultivaram mais a filosofia que a religião, que não era hegemônica, mas múltipla. Os humanistas viram isso como um acréscimo ao cristianismo, mas, na verdade, o estudo com frequência orientou-se em direção totalmente diferente.

---

44 Ibid., p.91.
45 Ibn Ridwan, citado em Gutas, op. cit., p.93.

Só na "revolução econômica" dos séculos XIV e XV, com seu rápido crescimento nos intercâmbios comerciais e financeiros (em especial com o Oriente), permitindo a relativa independência das cidades e dos governantes, é que se teve mais liberdade. A preeminência de Roma e da Igreja Católica sobre as coisas intelectuais e políticas não era mais incontestável. Veneza em particular ganhou independência do papado. As universidades e as cortes ofereciam carreiras alternativas à Igreja. Algumas universidades do norte da Itália eram dirigidas por leigos, e não mais por clérigos. As cidades tinham mais recursos, e isso as tornava menos dependentes. Houve ao mesmo tempo uma revivificação intelectual. A observação, mais que a dedução, foi promovida tanto na astronomia quanto na botânica. As universidades italianas formavam muitos médicos e davam cursos de ciências naturais. Copérnico (1473-1543) foi um dos beneficiados. Sua pesquisa teve ampla divulgação com o advento da imprensa, pois a difusão do livro ajudou a romper o monopólio clerical sobre o conhecimento. A queima de livros não tinha mais o mesmo efeito, já que estes eram produzidos em grande quantidade. Os livros também levaram à redescoberta dos autores clássicos, pagãos.[46] Essa emancipação intelectual deu maior peso a um naturalismo que via a ciência e a religião como distintas. A experiência baconiana uniu-se à observação para criar uma nova forma de ciência, que envolvia a naturalização do conhecimento. Mas a Igreja católica ainda se opunha a alguns desses desenvolvimentos e, em 1516, um decreto proibiu a difusão da doutrina do heliocentrismo. Do lado religioso, os livros do protestante Ramus foram proibidos pelos teólogos parisienses; ele foi condenado ao exílio e acabou morto no Massacre de São Bartolomeu, em 1572.

A ortodoxia da crença também não se restringiu ao catolicismo. Embora algumas áreas fossem mais livres, a ortodoxia judaica deu muito trabalho a Spinoza, e os protestantes continuaram a propagar o criacionismo. Com a abertura do comércio pelo Cabo da Boa Esperança e o desenvolvimento da América e do Atlântico, o Mediterrâneo perdeu muito da importância que teve durante o Renascimento italiano. Foi o noroeste da Europa, a Inglaterra, a Holanda e a França que assumiram a liderança, não só no comércio e nas finanças, mas também nas questões intelectuais e na colonização do resto do mundo. Só então houve uma mudança substancial nessas questões. Mas a medicina e a cura da doença tiveram seu próprio momento, assim como a tecnologia em outras esferas. À parte a medicina, o outro campo que a ciência dominou foi o naval.

---

46 Charbonnat, *Histoire des philosophies matérialistes*, p.170.

No desenvolvimento de uma atitude mais secular, Pádua foi importante por várias razões. Witt a considera o lugar onde teve início o humanismo.[47] Como cidade, estava sob domínio de Veneza, cujas atividades comerciais (com o Oriente, em especial) a tornaram quase independente de Roma e, portanto, do controle eclesiástico. Também era rica o bastante para sustentar intelectuais e editores independentes. A maior parte das cidades do norte da Itália acabou por participar dessa riqueza comercial e estabelecer universidades e cidades-Estado.

Uma figura importante da ciência do Renascimento foi Pietro Pomponazzi (1462-1525), que estudou medicina em Pádua e finalmente se tornou professor de Filosofia Natural, depois lecionando em Ferrara e Bolonha. Ele teve problemas com o clero, porque negava a imortalidade da alma e também o caráter sobrenatural dos milagres, temas que tentou explicar com métodos aristotélicos; em 1516, o clero veneziano queimou publicamente um de seus livros. No entanto, ele não era de modo algum materialista; acreditava, como Aristóteles, num mundo sobrenatural separado, que não influenciava o sublunar e possuía suas próprias regras, que eram autodeterminadas e podiam ser examinadas pela espécie humana. Assim, os primeiros naturalistas da época foram além do que podemos descrever como pensadores heterodoxos da Idade Média. Eles buscaram inspiração nos gregos antigos, mas não renunciaram ao criacionismo do cristianismo, apenas acreditavam que o sobrenatural agia fora da esfera humana.

Pomponazzi influenciou muitos outros estudiosos. O mesmo fez a Universidade de Pádua, que seguiu suas investigações recorrendo diretamente aos textos gregos. Em 1497, o Senado veneziano criou uma cátedra de estudos aristotélicos em língua original. Muitas das grandes figuras da ciência europeia passaram por essa universidade: além de Copérnico, Galileu, Giordano Bruno e Vessálio.

No século XIV a medicina se desenvolveu, sobretudo com as demanda dos habitantes das cidades em expansão, que, com sua riqueza, tornavam as universidades mais independentes e livres do controle tanto do clero quanto do Estado, como ocorreu com a Universidade de Bolonha, instituição que fundou a Universidade de Pádua, em relação ao Direito Romano. Foram eles que começaram a realizar dissecação de cadáveres. Assim, a ciência natural começou a se desenvolver e a ganhar autonomia, embora ainda com altos e baixos. Nos campos vizinhos, o intelectual e editor Étienne Dolet foi quei-

---

47 Witt, *In the Footsteps of the Ancients: The Origins of Humanism from Lovato to Bruni.*

mado vivo em 1546 como um herege reincidente, embora também tenha publicado Rabelais e Erasmo. Os escritores ainda precisavam de um patrono ou protetor, que eram mais abundantes nas cidades e nas cortes independentes. Apesar disso, em 1574, o jovem Geoffroy Vallée foi enforcado em Paris por assinar um panfleto deísta. Giordano Bruno viajou de um lugar para outro na Europa, em parte para evitar a Inquisição católica. Tornou-se mais fácil fugir, especialmente residindo entre protestantes, que haviam rompido com a ortodoxia dominante.

Então, aquilo que foi o pensamento heterodoxo na Idade Média tornava-se agora parte de um movimento muito mais amplo, que confinava a Igreja sobretudo às esferas "espirituais". A religião foi parcialmente separada da filosofia. A ciência havia conquistado certa autonomia e convivia com a religião, em especial porque esta se tornava cada vez mais racionalizada.[48] Para a maioria das pessoas, religião e ciência não eram completamente distintas; no entanto, os primeiros naturalistas deixaram a esfera sobrenatural para o clero e preocuparam-se em afastar a religião da natureza.

Mas isso nem sempre funcionou. Antes de ir para Pádua, onde trabalhou com questões científicas, Giulio Cesare Vanini (1585-1619) estudou Direito numa faculdade religiosa em Nápoles. Ele se opôs à interferência de Roma em questões políticas e foi chamado de volta a Nápoles. Em vez de voltar, fugiu para a Inglaterra, onde se converteu ao anglicanismo, mas foi mais tarde preso pelo arcebispo de Canterbury. Escapou e foi a Paris; embora tivesse a aprovação do rei, sua investigação da natureza foi condenada pela Sorbonne, e então passou a trabalhar como médico em Toulouse. No entanto, acabou condenado pela Igreja e queimado. Filosoficamente, aproximava-se de Giordano Bruno, que teve o mesmo destino. Isso mostra, mais uma vez, como o Renascimento e, a seguir, o Iluminismo foram necessários para a libertação do conhecimento.

A supressão de visões alternativas continuou durante todo o século XVIII. Na França, Diderot (1713-1784), organizador da *Enciclopédia*, foi preso em Vincennes e sofreu frequentemente com a censura. No fim, foi protegido por Catarina da Rússia, mas de resto desfrutou de pouca segurança. O barão de Holbach (1723-1789), um modelo para Franklin, Priestley e muitos outros intelectuais da época, publicava anonimamente, mesmo às vésperas da Revolução Francesa, e a edição inglesa de seu *Sistema social* (1773) entrou para o Índex e foi proibida pela polícia em Londres. Outros livros foram publica-

---

48 Charbonnat, *Histoire des philosophies matérialistes*, p.174.

mente queimados. Quando chegou a Revolução Francesa assumiu-se uma postura anticlerical, de adoração da razão. A ciência e o conhecimento foram libertados da religião. No século XIX, a prisão e a censura não ameaçavam mais os não crentes, embora o Índex tenha continuado a existir nos regimes católicos e, em geral, as leis da blasfêmia (raramente invocadas) fossem aplicadas a quem atacasse a religião. No Oriente Médio, os ataques ao islamismo ou ao judaísmo eram rebatidos em geral por meios legais. As religiões abraâmicas relutaram em abandonar o monopólio da verdade, apegando-se à infalibilidade, apesar da velocidade dos desenvolvimentos intelectuais que ocorriam no século XIX. Charbonnat observa que o declínio da influência da Igreja estava associado ao domínio das instituições de conhecimento que ocupavam o centro da vida intelectual.[49] Assim, na obra de Marx e Engels, a filosofia das ciências naturais não só pôs de lado a intervenção divina, como se voltou para a época pré-cristã, para as filosofias da persuasão imanentista, como Epicuro e Demócrito, sobre as quais o jovem Marx escreveu uma tese.

O judaísmo pré-emancipação não teve a possibilidade de recorrer a uma tradição quase secular, fora da medicina; embora os judeus tivessem participado da tradução dos clássicos gregos, não possuíam um passado próprio equivalente ao qual recorrer, com a ressalva de que mais tarde alguns aderiram ao pensamento do Renascimento islâmico ou italiano e, um pouco depois, do Iluminismo. Esse movimento exigiu que eles rejeitassem algumas de suas restrições religiosas; na verdade, às vezes significou a conversão para outro credo e, possivelmente, até o ateísmo. O filósofo polonês Maimon, um investigador de todos os tipos de conhecimento, escreveu sobre a mão de ferro dos rabinos na Galícia sobre qualquer conhecimento escrito no início do século XIX. No norte da Europa, o contato com a vida pós-Renascimento da Europa cristã, ou melhor, com a Europa católica, visto que de início o Renascimento italiano causou pouca impressão na Rússia ortodoxa, ofereceu aos judeus a oportunidade de acesso às artes e às ciências.[50] Como no islamismo anicônico, não só as artes representativas eram em sua maioria tabu, mas, em certos períodos de predomínio religioso, as "ciências antigas" do período clássico (e de outros lugares) foram proibidas. O califa Omar teria afirmado que devia ser queimado tudo o que fosse contra o Livro Sagrado. Mas houve outros períodos "humanistas" no Islã. Estes se alternaram com o domínio do relato religioso quando o conhecimento das ciências antigas ou

---

49 Ibid., p.406.
50 Hobsbawm, Benefits of Diaspora, *London Review of Books*, 20 out. 2005, p.16-9.

"estrangeiras" foi revivido e se desenvolveu, já que esse conhecimento era essencialmente secular e atacado com frequência pela opinião ortodoxa.

Essa crítica ao secular, característica da religião hegemônica, não era tão diferente da atitude ambivalente de santo Agostinho em relação aos textos clássicos. Por outro lado, houve governantes muçulmanos, em Bagdá e Córdoba, por exemplo, que reuniram coleções consideráveis de escritos numa época em que as bibliotecas na Europa Ocidental eram muito pequenas. Pela possibilidade de olhar para trás e fazer acréscimos às realizações passadas por intermédio dos livros, que podiam ser assumidas como ressurreição de glórias desprezadas, Zafrani acerta ao localizar períodos de "humanismo" na civilização espanhola-magrebina; na região de Córdoba, no século X, quando Averróis e Maimônides escreveram suas obras, houve uma renovação do interesse por Aristóteles, assim como por questões mais gerais e em outras tradições. Olhar para trás implicava uma abordagem mais ampla e secular. E esse conhecimento mais amplo no Islã estimulou a renascença do século XII na Europa Ocidental.

Justiniano fechou as escolas de filosofia de Atenas em 529 d.C. Mas na Mesopotâmia e na Síria era necessário saber grego para ler a *Bíblia* e os escritos dos Pais da Igreja; portanto, os estudiosos liam tanto ciência quanto filosofia em grego, em especial depois de 363, quando santo Efrém fundou uma escola em Edessa, onde ensinava Aristóteles, Hipócrates e Galeno. Quando a escola fechou, os professores foram para cidades da Síria, inclusive Gondeshapur. De modo que, quando os abássidas surgiram, em 750, todas as obras de ciência já estavam traduzidas, algumas do siríaco, outras diretamente do grego.

Na Europa, o "conflito inevitável" entre a filosofia árabe e a teologia cristã ocorreu no início do século XIII, com a fundação da Universidade de Paris. Em 1200, os mestres e os estudantes da escola da catedral da cidade formaram um corpo e foram reconhecidos pelo rei e pelo papa como uma *universitas*, que já era importante no século anterior e atraia estudantes europeus e cujo ensino era dividido entre estudos religiosos e científicos. Desde os primeiros anos, apareceram traduções de Aristóteles e seus comentaristas árabes, em especial Averróis.[51] Essas traduções logo passaram a ser feitas diretamente dos textos gregos trazidos de Constantinopla, como as de Guilherme de Moerbeke (1215-1286), ainda que no início os ensinamentos de Aristóteles fossem proibidos por seu panteísmo (em Paris, mas não em Toulouse). Mas

---

51 Gilson, *La philosophie au Moyen Âge: des origins patristiques à la fin du XIVeme siècle*, p.386.

A religião e o secular

evitá-los não era fácil, porque sua obra já circulava e sua explicação do mundo físico era um evidente sucesso. Assim, Aristóteles acabou se tornando cada vez mais aceitável, sobretudo para São Tomás de Aquino e os dominicanos. Mas, para a teologia, como em Paris, o que importava era o método, a dialética. A ciência estava sujeita aos interesses superiores da teologia, mas, em Oxford, havia mais liberdade "para pôr a serviço da religião a matemática e a física que a obra dos estudiosos árabes lhes mostrara".[52] Ali, no século XIV, estava-se mais próximo do empirismo de Occam. Mas não havia apenas uma divisão deste tipo, entre Oxford – mais interessado na ciência árabe – e Paris – que tendia a considerar todo estudo das letras (em línguas clássicas) como pagão e, por isso, devia ser evitado.[53] Havia tendências contra essa hegemonia religiosa em Orléans e em Oxford, o estudo do Direito em Bolonha e o da Medicina em Montpellier, que foram revividos e renovados pelos humanistas do Renascimento italiano.

Com frequência, esses períodos de renascimento implicavam certo humanismo e, nesse contexto, certo conhecimento secular, ainda que os humanistas em geral não se considerassem secularistas, mas sim uma ponte entre o cristianismo e os clássicos, um meio de racionalização da religião. Como isso aconteceu? Mais uma vez, por uma das características da palavra escrita. A própria existência das religiões mundiais escritas implicava a existência de escolas para aprender o texto – escolas muçulmanas, judaicas, hindus, cristãs. Embora se concentrassem na religião, essas escolas ensinavam a ler, o que possibilitava a leitura da poesia árabe pré-muçulmana, dos ensinamentos gregos e do *Alcorão*; no caso dos cristãos, esse olhar retrospectivo não poderia excluir os tempos pagãos (clássicos). Em outras religiões, o letramento conduziria para além do Livro. A intenção não era essa. As escolas muçulmanas, assim como as outras, estavam comprometidas com o ensino da religião. Na verdade, com a criação dos madraçais no século XI, as "ciências estrangeiras" ("ciência natural") foram formalmente excluídas; só o conhecimento religioso era ensinado. As ciências naturais eram transmitidas em instituições separadas, como as escolas de medicina, na prática ou então de outra maneira, informal. O mesmo vale para o judaísmo, para o cristianismo e, em grande parte, para o hinduísmo ou o budismo. Exigia-se que as escolas ensinassem a ler as escrituras em que a religião se baseava; as escrituras apresentavam uma visão divina do mundo e, em teoria, não necessitavam de suplementos exter-

---

52 Ibid., p.397.
53 Ibid., p.406.

nos. Por isso, os praticantes religiosos foram os primeiros professores, com a possível exceção da China. Mas ensinar a ler era ensinar a ler não apenas as escrituras, ainda que com frequência tenha havido esforços para limitar a leitura às escrituras e aos textos apropriados. Ensinava-se também a ler (e possivelmente a escrever) materiais que haviam sido compostos com outros objetivos. Isso porque mesmo as primeiras tradições religiosas tiveram seus questionadores: o agnosticismo e o ceticismo estão disseminados e são aspectos universais da sociedade humana.[54] Nesse sentido, o humanismo implica que se lance luz sobre uma abordagem que, do contrário, permaneceria nas trevas. Embora o humanismo europeu fosse cristão, abraçar os clássicos pagãos envolvia um elemento não teísta ou politeísta.[55] A emergência de uma religião mundial influente e dominante não se faz pela supressão de todos os outros quadros alternativos do universo. A história do moleiro italiano, que foi preso por suas crenças não ortodoxas, não nos deixa esquecer disso: ele via o mundo como uma bola de queijo habitada por vermes humanos, que a comiam em busca de uma saída.[56] Essas visões serão atacadas, como o moleiro e os cátaros foram atacados pela Inquisição e declarados hereges, mas o agnosticismo e as crenças alternativas continuaram a existir. A ciência também foi atacada, como ocorreu com o darwinismo no século XIX e acontece ainda hoje, em parte da América e da Turquia; a ciência pode se tornar hegemônica, mas, em princípio, baseia-se em evidências. O resultado dessa tensão é uma luta pelo poder que, nos primeiros tempos, provocou a emergência temporária de uma ou outra, como se fosse um sistema de crenças alternativo. Mas, a longo prazo, o resultado da luta era apenas um: na maioria dos contextos, a visão mais ampla da ciência prevalece e a visão religiosa recua. Hoje, na Europa Ocidental, a religião é extremamente compartimentada, delimitada, e a ciência assumiu seu lugar em muitas questões. Se alguém entendesse o Gênese de modo literal, a doutrina evolucionária seria blasfêmia. Só assumindo o Livro como metáfora é que se pode continuar a reconhecê-lo como "autoridade".

A alternância a que me refiro só terminou com a institucionalização do secular, com a criação daquilo que Oppenheim chamou de "grande organização" das indústrias do conhecimento, na forma de universidades, institutos de pesquisa e associações ligadas ao conhecimento, como o Lyceum e a

---

54 Goody, *Food and Love*, cap. 11.
55 Crouzet-Pavan, *Renaissances italiennes 1380-1500*, p.489.
56 Ginzburg, *The Cheese and the Worms*.

Royal Society.[57] Essa indústria proporcionou uma base permanente para a abordagem secular, científica, equivalente à visão sobrenatural oferecida pela Igreja e por suas escolas, das quais ela pouco a pouco se dissociou. É importante ressaltar que o surgimento das universidades não foi uma conquista súbita e específica da Europa no fim da Idade Média; as escolas eram essenciais para o ensino da leitura e da escrita que marcou a Revolução Urbana da Idade do Bronze, e requeriam uma educação a mais dos professores, conduzindo-os às faculdades de formação e educação superior, embora de início essa formação se limitasse em grande parte ao conhecimento religioso, já que as escolas eram organizadas em geral por sacerdotes, que deviam ler e ensinar as escrituras. Por isso com frequência recebiam certo treinamento. Na Europa do Renascimento, contudo, o religioso e o secular divergiram pouco a pouco: o religioso não foi totalmente afastado (exceto recentemente, em alguns poucos regimes), mas confinado a faculdades de teologia e, em períodos especiais, a escolas do Estado, e isso abriu espaço para uma abordagem que levou à predominância do "humanismo" em áreas importantes da atividade humana.

Posteriormente, os estudos humanistas na Europa foram definidos de modo mais explícito por aqueles professores italianos do início do Renascimento que eram chamados de *humanisti* e ensinavam os *studia humanores*. Esses estudos humanistas implicavam um retorno às obras escritas da Antiguidade, e seu esforço era equivalente, até certo ponto, ao recurso dos escritores religiosos aos textos antigos para corrigir a tradução das escrituras – e reformar a Igreja. No entanto, ainda que os *humanisti* unissem as duas atividades, a clássica e a cristã, a inspiração da primeira era obviamente "pagã" e, por isso, permitia uma exploração mais ampla do mundo material do que admitia a hegemonia eclesiástica; ela não estava mais atrelada à religião estabelecida que durante tanto tempo inibiu a investigação e dava mais atenção à dimensão secular do conhecimento. Como dissemos, havia duas tendências envolvidas aqui: o retorno à literatura anterior (que teve um renascimento, uma renascença) e uma abertura para uma interpretação do mundo mais livre, secular e até mesmo pagã.

Dessa maneira, a questão do "humanismo" estava intimamente associada ao Renascimento. Mas a palavra expandiu seu significado em várias direções, nem todas examinadas aqui.[58] Não que a religião tenha sido posta de lado,

---

57 Oppenheim, *Ancient Mesopotamia*.

58 Para uma discussão mais ampla dos significados do humanismo, ver Southern, *Medieval Humanism and Other Studies*, p.29 et seq.

mas recebeu uma justificação mais "racionalista", mais conforme aos filósofos antigos, com menos ênfase no ritual e no transcendental, uma desmistificação mais em sintonia com a obra dos reformadores protestantes, que também olhavam para o passado à procura da verdadeira religião e dos valores associados a ela. Ainda que a maioria dos humanistas tentasse usar os textos antigos para conciliar o cristianismo com os clássicos, da maneira como os herdamos, era inevitável que o "retorno dos deuses" no Renascimento questionassem as crenças cristãs e conduzissem à discussão do ateísmo.[59] Hoje, humanitário, humano, valores humanitários ou humanistas são aqueles que não exigem uma crença religiosa específica e são essencialmente seculares. Esses valores são ensinados com frequência como universais, mas o que vemos é que eles representam, na verdade, uma disseminação de alguns valores recentes (ocidentalização, "modernização" e até mesmo globalização) no mundo todo, valores como a democracia ocidental, a educação (escola) ocidental, os serviços de saúde ocidentais, a tolerância ocidental e cristã, a ciência ocidental (moderna), o amor e a família ocidentais ou cristãs. Não menosprezo esses valores supostamente europeus, que em geral vemos como "humanitários" e secularizados, mas afirmo que há muito eles não são característicos do Ocidente, exceto talvez numa forma muito particular, e certamente não de uma maneira que justificaria a Europa reivindicar para si o monopólio desses valores – no mínimo porque isso implicaria falta de humanidade com os outros.

Não se trata aqui de assumir uma visão antropológica simplista da relatividade dos valores humanos. Mesmo assim, precisamos examinar mais de perto a situação imediata. Com frequência, isso é problemático, porque, enquanto conquistava o mundo, o Ocidente envolveu-se profundamente na justificação da invasão de terras alheias, proclamando sua missão "civilizatória" e a disseminação da religião cristã, com suas virtudes supostamente únicas de caridade (*caritas*), tolerância,[60] individualismo[61] e "valores humanos" em geral. Com a secularização, esses valores passaram a ser vistos como "direitos humanos", a que todos têm direito (mas se direitos são recíprocos aos deveres, então por quem?). Inclui-se aí o direito de não ser invadido, de não sofrer imposições?

A ideia de missão "civilizatória" tem a ver com a disseminação do cristianismo e com o que os políticos contemporâneos chamam de civilização

---

59 Crouzet-Pavan, *Renaissances italiennes 1380-1500*, p.489.
60 Lewis, *What Went Wrong? Western Impact and Middle Eastern Response*.
61 Dumont, *Essais sur l'individualisme: une perspective anthropologique sur l'idéologie moderne*.

judaico-cristã, negligenciando o fato de que havia três, e não duas, religiões abraâmicas no Oriente Médio, e que estas tinham os mesmo livros sagrados e muitos valores em comum, valores que eram e são compartilhados por outros. Nesse sentido, o cristianismo é visto por alguns de seus praticantes como uma religião particularmente tolerante, embora essa característica só tenha sido observada após a influência do humanismo. Na verdade, como já disse, há um pouco de intolerância e de exclusividade em todas as religiões escritas, em especial nas monoteístas, se comparadas com as crenças orais, que não têm um texto básico para restringi-las e são muito mais maleáveis.[62] No passado, esses credos reprimiram o secular. Mas as religiões escritas certamente diferem entre si. Em linhas gerais, os credos monoteístas eram menos tolerantes e mais hegemônicos que os outros, porque as religiões politeístas são, por definição, mais pluralistas. Entretanto, há diferenças entre as religiões monoteístas. Por causa da diáspora, até pouco tempo atrás, o judaísmo quase nunca esteve em posição de praticar a tolerância em relação aos outros, mas apenas de receber intolerância; agora um Estado de Israel se estabelece como Estado religioso, e exclui os outros de o integrarem. Entre o cristianismo e o islamismo, ambos estiveram em posição dominante em diferentes partes do mundo, mas o último teve uma atitude consistentemente mais tolerante com relação aos outros "povos do Livro" – embora essa situação tenha mudado com a crescente secularização do Ocidente pós-Renascimento. Após a reconquista da Espanha e da Itália, os muçulmanos foram violentamente expulsos ou obrigados a se converter; essa situação mudou, mas há ainda aqueles que querem definir a Europa em termos religiosos. No Islã, ao contrário, as seitas cristãs tinham permissão em geral para praticar abertamente sua fé, como na Turquia, no Egito, na Síria e em outros lugares. Os cristãos pagavam impostos extras, mas tinham permissão para ficar, trabalhar e viver; dessa maneira, o Estado tinha plena consciência das outras seitas. Não sempre, mas em geral.

Muitos assumem automaticamente que, desde o Renascimento, assistimos ao avanço do "processo civilizatório" do humanitarismo, se não do humanismo, de uma versão secular ou "racionalizada" do cristianismo e, com ele, menos crueldade, mais consideração pelos outros, mais tolerância e mais humanidade. Não quero negar ou relativizar essa ideia na totalidade. Ela é a base do trabalho de Norbert Elias,[63] particularmente influente entre os historiadores ocidentais. Segundo ele, a civilização começou no Renas-

---

62 Goody, *The Logic of Writing and the Organisation of Society*.
63 Elias, *O processo civilizador*.

cimento europeu. Com certeza, prestou-se mais atenção ao uso do lenço, que ele destaca como uma marca de civilização; mas, ao mesmo tempo que ocorria esse aparente "progresso", formas terríveis de genocídio foram praticadas durante a conquista colonial, na Alemanha nazista, na ex-Iugoslávia e em outros lugares, os quais (ao menos de início) Elias não tenta abordar. O século passado certamente foi um século de guerras, de guerras mecânicas, o que sugere que o processo panglossiano não foi bem definido. Mas há outros problemas relacionados ao relato de Elias a respeito da modernização e do Renascimento. Em primeiro lugar, ele negligencia a "civilização" não europeia, o que é inadequado diante do que sabemos sobre a China, o Japão, a Índia e o Islã, como veremos a seguir. Em segundo lugar, mesmo com relação à Europa, ele atribui o processo "civilizatório" ao Renascimento, ou seja, ao que aconteceu em Florença no século XVI, na época em que muitos historiadores viram o nascimento do capitalismo e da burguesia, enquanto, em outros aspectos, o movimento se viu de volta à cultura clássica.

Muitos, como Burkhardt e Berenson, consideram que os desenvolvimentos no Renascimento italiano e na Reforma (nos escritos de Max Weber, entre outros) eram intrínsecos ao progresso do mundo ocidental, à modernização, ao "capitalismo" (algo essencialmente europeu). Mas teria sido isso de fato assim? Outras renascenças certamente podem ser encontradas na Europa, ou seja, períodos a que os historiadores aplicaram o conceito, como, por exemplo, a renascença carolíngia, a renascença do século XII, a primeira renascença italiana. Como vimos, estas duas últimas, cada uma a sua maneira, foram estimuladas em parte pelo contato com o conhecimento árabe. A cultura islâmica também teve suas fases "humanistas", em que o conhecimento anterior foi recuperado e trazido à luz. Houve claramente períodos na história das sociedades islâmicas em que os sistemas de conhecimento foram dominados por uma preocupação com as escrituras. Em outros, como na Andaluzia e no Magrebe dos séculos X a XII, isso foi menos verdadeiro: esses períodos envolveram um olhar retrospectivo (entre os "ilustrados", de certo modo) para as realizações anteriores, mais seculares do passado, para os primeiros textos, para a busca de uma nova criatividade. Embora com a criação dos madraçais as escolas sunitas tenham se dedicado apenas ao ensino religioso, houve períodos em que alguns estudiosos não só recorrerem a clássicos de tendência mais secular (por exemplo, a poesia dos escritores pré-islâmicos), mas também às obras dos gregos e de outros, a traduções cujas investigações foram incorporadas à sua própria tradição (elas eram conhecidas como "ciência estrangeira"). Em outras palavras, houve uma longa alternância entre períodos ou posições que enfatizaram a autoridade do Livro e outros que permitiram, convidaram e até encorajaram uma investigação mais ampla.

Nem sempre o impulso para esses períodos mais seculares é puramente interno. Pode muito bem haver influência de fora, como posteriormente aconteceu com a emancipação dos judeus e com o próprio Renascimento italiano. Na Europa cristã, como vimos no caso da escola de medicina em Montpellier, não houve apenas um movimento interno na direção dos clássicos, de novas formas de expressão, distantes da hegemonia da Igreja. Houve também um movimento mais amplo, que envolveu uma influência externa geralmente negligenciada nas discussões a respeito do Renascimento, de modo que a singularidade e a autodeterminação europeias sejam preservadas. Alguns historiadores – em especial os historiadores da ciência e da tecnologia, mas também alguns economistas – levaram em conta o impacto de outras tradições sobre o Renascimento italiano, mas são minoria. Não há dúvida de que a maioria dos europeus se vê como herdeiro de uma tradição continental particular e, em certos campos culturais, como, por exemplo, nas artes figurativas, eles não precisam olhar para fora. Mas, em outros campos, a coisa é bem diferente, como Brotton afirmou recentemente em *The Renaissance Bazaar*,[64] Howard mostrou em relação à arquitetura veneziana[65] e Caskey identificou na Costa Amalfitana.[66] A influência do Oriente foi de grande importância para a recuperação da vida urbana e econômica. Essa influência, de certo modo, nunca diminuiu no Ocidente. Continuou a desenvolver as culturas mesmo nas idades do Bronze e do Ferro, quando o Oriente e o Ocidente seguiram cursos paralelos e desenvolveram suas sociedades mercantis na interação um com o outro. Depois da queda de Roma, a Ásia evitou o "declínio do Ocidente", declínio este que podemos caracterizar como um "excepcionalismo europeu", até que os desenvolvimentos do século XVI o mudaram em muitas esferas. Esses desenvolvimentos levam a uma questão que abordarei mais adiante, ou seja, a dos movimentos internos que não se limitam a uma cultura, mas podem afetar todas as sociedades vagamente semelhantes, nesse caso em amplitude continental: a expansão do comércio e da manufatura, do conhecimento e da vida artística para comunidades que, apesar de distintas, podem influenciar umas às outra, mas que podem também ser parte de mudanças paralelas em lugares muito diferentes.

---

64 Brotton, *The Renaissance Bazaar*.
65 Howard, *Venice and the East: The Impact of the Islamic World on European architecture 1100-1500*.
66 Caskey, *Art as Patronage in the Medieval Mediterranean: Merchant Customs in the Region of Amalfi*.

Mas antes de considerarmos esse problema, precisamos olhar para outras sociedades importantes da Eurásia. Se estou certo quando digo que todas as sociedades letradas são candidatas potenciais a renascenças e reformas, preciso examinar o passado dos regimes islâmico, indiano e chinês. Sugiro que nesse aspecto, como em alguns outros, a Europa não foi tão singular quanto se afirma. No Renascimento italiano, como disse, olhar para o período clássico significava também dar menos espaço ao cristianismo e ao religioso em geral e, portanto, mais espaço ao secular, estimulado por certa tendência para a filosofia e para a visão clássica dominante do mundo, pagão e politeísta. É claro que olhar para trás também significava examinar o texto religioso, que, em princípio, é inalterável; na verdade, as religiões escritas envolvem necessariamente esse retorno ao Livro. Esse retorno poderia conduzir tanto à reforma quanto ao fundamentalismo; ele tem o efeito de romper com o padrão adotado pela religião estabelecida e pode apontar para frente, para novas soluções, ou para trás, para as antigas.

A Renascença italiana teve muitas facetas. Para os humanistas, levou ao renascimento da civilização clássica e ao casamento da filosofia com a religião. Para a ciência, não apenas significou um retorno a uma investigação de tradição mais aberta (em parte com a ajuda dos árabes), mas implicou também uma retomada da investigação da natureza. Nas artes, uma nova era teve início, em parte como resultado da revitalização de uma civilização anterior, mais secular, mas também da criação de uma cultura inovadora. Essa foi uma época que vivenciou não apenas a revivificação do comércio mediterrâneo, mas também a "expansão da Europa" e a conquista tanto do Oriente quanto do Ocidente: colonização, povoamento do Ocidente à custa da população nativa e do consequente recuo do Oriente. No entanto, o que se viu nessa florescência da cultura não foi simplesmente um movimento de mão única na Europa. A atividade mercantil e comercial expandiu-se por toda a Eurásia, nas duas direções. Os primeiros desenvolvimentos do comércio e da ciência chineses foram bem conhecidos e, até certo ponto, o que estava acontecendo internamente no Ocidente também estava acontecendo no Oriente. Por exemplo, no Oriente havia muito que já se conhecia refinamentos do tipo que Elias vê como parte do "processo civilizatório" que emergiu na Europa depois do Renascimento, refinamentos que, nas culturas asiáticas, manifestam-se na elaboração dos alimentos e no uso das flores. Nas artes, houve o desenvolvimento da pintura, da poesia e do romance na China. No Japão, o teatro *kabuki* se estabeleceu no século XVII; embora recorresse a certos temas religiosos, isso se dava num contexto secular, frequentemente

A religião e o secular

direcionado às comunidades comerciais, assim como o teatro elisabetano na Inglaterra.

Comecei este livro afirmando que as renascenças e as reformas ocorreram em todas as culturas escritas em razão da própria natureza dos textos (escritos). Na Europa cristã, o retorno aos textos antigos foi também um retorno aos clássicos pagãos. Isso aconteceu de maneira intermitente também no Islã, onde o conhecimento clássico ressuscitou. Vejo esses períodos alternados em outras civilizações, embora eles tenham sido especialmente importantes nas religiões abraâmicas. Lewis[67] vê a separação do religioso e do secular como uma das vantagens do cristianismo. Isso certamente aconteceu no campo da política, entre guelfos e gibelinos. Mas eu diria que, apesar das palavras de Cristo, essa separação não ocorreu em poucas esferas – até o Renascimento, quando houve uma institucionalização substantiva do conhecimento secular. Mas o governo secular já havia se estabelecido muito tempo antes, assim como a economia laica. Na verdade, desenvolvimentos similares já haviam ocorrido no Antigo Egito e no mundo clássico. Na Europa Ocidental, por causa de sua religião hegemônica, o processo de separação intelectual e artística teve de esperar até a restauração de uma cultura mais complexa por intermédio, de um lado, do comércio e, de outro, de certo secularismo, quando então suas várias renascenças florescentes voltaram ao conhecimento pagão das ciências e das artes. Uma secularização mais prolongada teve início com o Renascimento europeu, quando vários fóruns educacionais institucionalizaram a investigação independente, fora da estrutura religiosa. Mas o estabelecimento desse conhecimento na forma de escolas, universidades, academias e fundações foi um processo lento. Por exemplo, no St John's College, em Cambridge, o primeiro mestre leigo só foi nomeado em 1908 com R. F. Scott;[68] antes dele, todos pertenciam a ordens sagradas. Somente com a dispensa de 1882 é que se deixou de exigir que os membros das universidades fossem ordenados e guardassem o celibato. A fé religiosa se conservou durante um longo tempo, e sua marca é muito evidente, mesmo hoje.

Neste capítulo, abordei o problema do rompimento das restrições de uma religião dominante, o confinamento dessa religião a um campo mais estrito ou outras maneiras de contornar essas limitações. A determinação de limites para a esmagadora influência intelectual e artística de uma religião abraâmica parece ser um fator muito importante nesses desenvolvimentos.

---

67 Lewis, *What Went Wrong? Western Impact and Middle Eastern Response.*
68 Ver Miller, *The Portrait of a College*, p.96.

Renascimento no Islã

com S. Fennell

No mundo islâmico, o processo de olhar para o passado ocorreu não apenas na esfera secular – um renascimento do conhecimento tanto nas artes quanto nas ciências –, mas também na esfera religiosa, em que as pessoas voltavam ao Livro não apenas na adoração diária, mas também como inspiração recorrente para propósitos específicos de reforma. Este capítulo é excepcionalmente longo porque tentamos avaliar aqui a revivificação cultural nos vários países do mundo islâmico. Esse empreendimento envolve a consideração de períodos de declínio e também de florescência, o exame da história cultural do Islã e também de aspectos políticos e religiosos que a afetaram – uma tarefa de vulto, mas da qual não podemos escapar. Examinamos aqui não a contribuição do Islã para o Renascimento italiano, mas para a revitalização dentro do próprio Islã, em especial o movimento de traduções no período abássida, o renascimento da dinastia buáiida e atividades similares no Egito mameluco, na Turquia otomana, na Andaluzia e na Nahda do século XIX.[1]

Após a morte de Maomé, em 632, e desde os anos dos primeiros califados até o século dos governantes omíadas, os árabes conquistaram rapidamente a área adjacente do Oriente Médio que havia sido governada pelos gregos e pelos romanos (inclusive Egito, Síria e Mesopotâmia), os Estados do centro

---

1 Sobre este capítulo, ver em especial a obra de Hodgson, *The Venture of Islam*.

e da costa ocidental do norte da África, a Ásia Central e quase toda a Pérsia, pondo fim ao Império Sassânida fundado em Fars por Ardachir I em 226 d.C. A invasão árabe do Oriente Médio unificou uma área que havia se dividido na luta entre a Pérsia e Bizâncio, uma luta que levou às "guerras desastrosas" de 570-630, "geradas pelas barreiras econômicas erguidas pela divisão em Oriente e Ocidente" e sobretudo pela ausência de livre acesso às principais rotas de comércio.[2] Pela primeira vez desde Alexandre, houve reunificação, mesmo no campo da agricultura, em que o intercâmbio de plantas, frutas, legumes e também de técnicas alimentou a "revolução" abássida e gerou grande parte da riqueza do primeiro Império. Ao mesmo tempo, no campo do conhecimento, introduziu-se o papel oriundo da China. O comércio foi fundamental. A fundação da capital árabe em Bagdá pelos abássidas, em 762, significou que os navios podiam navegar do porto de Siraf, em Basra, no Golfo Pérsico, até a Índia e o sul da China, um comércio de mercadorias de luxo que retornava com sedas, especiarias e porcelanas. A própria expansão do Islã produziu uma linguagem comum de cultura erudita em toda a região Nilo-Óxus, assim como "uma grande florescência cultural";[3] a repentina e espantosa penetração linguística do árabe e dos arabismos, inclusive na esfera iraniana, é evidência da grande influência que tiveram. Existia então um império centralizado, com uma língua oficial e um comércio que substituiu o saque como base fiscal da sociedade. Quando os abássidas (da família hachemita) venceram os omíadas em 750 d.C. – estes últimos iniciaram o governo dos califas (remotamente associados ao Profeta), primeiros descendentes de um dos tios paternos de Maomé –, houve um primeiro olhar retrospectivo tanto para o conhecimento grego clássico quanto para o Islã original.

O comércio espalhava-se por todo o Islã, por terra e mar, ao longo das Rotas da Seda internas e por mar para a Índia, do Sudeste Asiático e da China. Havia moedas em circulação, cheques, cartas de crédito, *commenda* (acordos de comércio cooperativo) e instituições bancárias. O comércio era essencial para qualquer renascença. Em comparação com a Europa, onde a economia de troca havia decaído muito, o comércio no Islã cresceu.[4] No século X, o centro de todo esse comércio deslocou-se do Iraque e da Pérsia para o Egito e o Oceano Índico. Os karimis – "um grupo singular de empresários capitalistas"[5]

---

2 Gutas, *Greek Thought, Arabic Culture: the Graeco-Arabic Translation Movement in Baghdad and Early 'Abbasid Society (2nd-4th/8th-10th centuries)*, p.12.

3 Waldman, The Islamic World, *Encyclopædia Brittanica*, v.22, p.109.

4 Labib, Capitalism in Medieval Islam, *Journal of Economic History*, n.29, p.81.

5 Ibid., p.82.

que, com o apoio de Saladino (que governou de 1174 a 1193), dominou as rotas entre o Oriente e o Ocidente – foram muito importantes nesse processo. Por meio dos *funduqs*, criados ao longo das rotas e que funcionavam como "bolsas de valores virtuais",[6] essa atividade repleta de risco se estendia até Gana, na África Ocidental. Alguns dos comerciantes que cuidavam dos negócios familiares acumularam fortunas tão grandes quanto as dos mais ricos comerciantes da Índia ou da China e fundaram bancos que emprestavam aos sultões. Informações eram trocadas, assim como mercadorias. E estas eram produzidas não apenas em casa, mas também nas primeiras fábricas. Os têxteis eram processados regularmente em "fábricas reais, chamadas *Dar al-tiraz*",[7] instaladas em todo o mundo islâmico, inclusive na Espanha, na Sicília e em especial em Bagdá no século X, com fins reais, mas também particulares. A economia florescia, assim como as atividades intelectuais.

Ao contrário das outras culturas que discutiremos a seguir, o mundo muçulmano viu-se várias vezes numa espécie de renascimento, até mesmo no sentido dado pelo Renascimento italiano, pois havia uma possibilidade real de retornar às "ciências estrangeiras", ou seja, ao conhecimento (mas raramente à literatura criativa), em particular da Grécia e de Roma, e ao que se construiu sobre ele. Os muçulmanos também examinaram os regimes anteriores. Por exemplo, os abássidas (750-1258 d.C.) reforçaram sua legitimidade retornando aos antigos e sublinhando sua posição de herdeiros das primeiras tradições de liderança pré-islâmicas (como fizeram depois os buáiidas, com mais credibilidade), erguendo uma nova capital perto da antiga sassânida Ctesifonte (Kasifiya). A corte tornou-se altamente elaborada, em especial durante o reinado de Harun al-Rashid, contemporâneo de Carlos Magno. Harun recorreu aos judeus e aos cristãos, assim como aos recém-convertidos, como administradores; os barmécidas, antes uma família bactriana de eminentes sacerdotes budistas, foram os primeiros defensores do regime e, posteriormente, durante os governos de Al-Mansur, Al-Mahdi e Harun al-Rashid, tiveram grande poder como vizires. Logo depois de chegar ao poder, os abássidas e seus vizires foram patronos generosos das artes e das ciências, e, como o poder que possibilitou seu governo emanava de Merv (Magiana), no Khorasan, um antigo centro de conhecimento selêucida (persa) e greco-bactriano que permaneceu muito influente durante toda a primeira dinastia abássida, o fluxo de cultura persa e grega foi concomitante à expansão da economia

---

6 Ibid., p.85.
7 Ibid., p.87.

comercial. A "florescência literária"[8] que se seguiu foi facilitada pelo advento do papel chinês, fabricado em moinhos estabelecidos em Samarcanda com ajuda de prisioneiros chineses, após a Batalha de Talas, em 751, e, por instigação dos barmécidas, em meados do ano 790, na própria Bagdá. O papel tomou o lugar do antigo velo (muito caro) e do papiro (muito frágil, com frequência irregular, suscetível ao bolor, pouco durável sob umidade e ainda era importado). Com a consequente proliferação da cultura escrita, houve um desenvolvimento na tradução de obras estrangeiras, que já havia começado em menor escala na capital omíada de Harran. Entre as fontes estavam, em primeiro lugar, as obras em persa, siríaco e, em particular, os gregos clássicos, proporcionando assim um canal pelo qual os escritores mais antigos poderiam ser recuperados e assumidos pela tradição islâmica.

A dinastia anterior, a dos omíadas (661-750), sucedeu ao primeiro califado e instalou-se em Damasco. Foi seguida em Bagdá pela criativa dinastia abássida. O chefe do clã dos abássidas, dotado de um espírito mais cosmopolita, introduziu cristãos, judeus, xiitas e persas no exército árabe, no governo local e na administração central do Império, embora a emancipação dos xiitas não tenha se estendido ao próprio califado. A ampliação cultural e política do recrutamento para a administração imperial foi um ingrediente vital para o sucesso de uma civilização islâmica mais ampla nos séculos seguintes.

Quando Al-Mansur formalizou a transferência da capital de Harran para Bagdá, em 762, ele estava se deslocando na verdade para uma colônia persa já existente de mesmo nome, e os arquitetos que escolheu para planejar a cidade apresentaram não uma adaptação, mas uma continuação da arquitetura sassânida persa do período omíada e das eras pré-islâmicas. A dívida da arquitetura islâmica inicial com as construções zoroástricas é considerável, e o nome da nova capital Bagdá (do médio persa *bhag-dad*, "dado por Deus") implicava o reconhecimento de um deus não abraâmico. Isso representava certo olhar retrospectivo.

No entanto, está claro que, como aconteceu com os clássicos na Europa, a tradução e o estudo de muitas das chamadas "ciências estrangeiras", ainda que fosse um renascimento, enfrentaram repetidamente a resistência tanto dos religiosos quanto do regime político em geral. Na verdade, o convertido zoroastrista Ibn al-Muqaffa (†760), secretário do tio de Al-Mansur (que governou de 754 a 775), sugeriu que o regime devia seguir os modelos pré-islâmicos, porque, sob os auspícios dos *ulama* (os homens instruídos),

---

8 Waldman, The Islamic World. *Encyclopædia Brittanica*, v.22, p.114.

a lei podia destruir a autoridade do califa. A legitimidade de um califa derivava do fato de ele ser o governante espiritual do Islã, e o filho e sucessor de Al-Mansur, Al-Mahdi, declarou que o califa era o Protetor da Fé contra a heresia e tinha o direito de proclamar o que era ortodoxo. Mas o califado e seu aparato estatal não se envolveram diretamente no desenvolvimento da lei sagrada, a *Sharia*; na verdade, houve um conflito entre eles. O resultado é que a *Sharia* nunca foi a única fonte da lei.

O reinado de Al-Mansur marcou uma abertura crescente para o cosmopolitismo artístico persa e Al-Muqaffa ficou conhecido como um brilhante intelectual persa. Ele também traduziu obras escritas em sânscrito sobre a lógica e a razão, assim como o *Kalila* (um livro de histórias de animais). Obras sobre anatomia e matemática foram traduzidas para o árabe no período inicial. Tanto a cultura literária quanto a científica foram fortemente incentivadas.

Embora fossem as cortes administrativas distintas das religiosas até o reinado de Al-Mamun, Al-Mansur e seus sucessores condenaram e perseguiram os maniqueístas por heresia. Na verdade, a ortodoxia islâmica se fortaleceu. Sob os primeiros califas abássidas, o zelo puritano e as ambições legislativas dos estudiosos da teologia uniram-se pouco a pouco e, durante a época de Harun al-Rashid, o califa Al-Shafi (767-820) criou a disciplina de Jurisprudência Islâmica;[9] assim, as quatro principais escolas de Direito sunitas começaram a surgir em torno de mestres de renome. A resistência à "interferência" do califado na lei sagrada tornou-se mais organizada. O califa era visto como o protetor de toda a lei, agora plenamente abrangente, declarada divina e não mais humana. Uma prova de fidelidade teológica (*mihna* ou "provação") era imposta a oficiais, juízes e outros intelectuais; os *ulama*, no entanto, opunham-se, porque Al-Mamun preferia a teologia dos mutazilitas. Influenciados pelas ideias helenísticas, estes acreditavam que o *Alcorão* era uma criação divina.

Durante o fim do século IX, o Islã dividiu-se em diferentes regimes, embora todos se unissem pela aceitação de uma lei baseada na *Sharia* e de uma língua religiosa, assim como pelo intercâmbio contínuo de produtos e ideias na área dominada por ela – e por meio da qual a comunicação melhorou muito. Enquanto a centralização da política se estabelecia lentamente, a religião, a economia e a cultura eram fatores duradouros. Ao mesmo tempo, apesar de sua disseminação, não devemos exagerar quanto à penetração da própria

---

9 Aparentemente ele foi o primeiro a refletir sobre as várias fontes da lei islâmica e a raciocinar sobre o modo de extrair injunções positivas delas.

cultura islâmica entre os povos do Império; entre a população formada por judeus, cristãos e outros povos, dos quais saíram muitos convertidos nos primeiros tempos, e até depois do aumento das conversões entre os reinados de Al-Mansur e Al-Mamun, a proporção de muçulmanos no Império ainda era de menos de um quinto dos habitantes, e menos de 10% em muitas regiões.

No que se refere ao conhecimento religioso, é claro que o Islã procurou no passado não apenas seu próprio cânone, mas também – em parte em razão da autoridade do próprio *Alcorão* – as antigas religiões abraâmicas, o cristianismo e, em particular, o judaísmo, que já estavam presentes na península antes do tempo de Maomé. Com o surgimento do Islã, islamismo e judaísmo se tornaram respeitadas como religiões do Livro; no Antigo Testamento sobretudo, ambas se remetem a Abraão e ao credo monoteísta. Em seus rituais, cada uma dessas religiões revive os eventos da época de seus fundadores. Sendo religiões do Livro, todas as três se voltam a esses escritos em sua adoração diária. Nessas circunstâncias, o potencial para os movimentos de reforma sempre existiu, e esses movimentos se materializaram em momentos e lugares em que havia consenso ao retorno ao Livro, mas num espírito um tanto diferente, com o pretexto de que as pessoas interpretavam mal a leitura ou se calavam diante das injunções judiciais. Na verdade, tanto o cristianismo quanto o Islã podem ser vistos como reações reformistas radicais desse tipo ao judaísmo.[10] No Islã em si, para desfrutar da mercê de Deus, era necessário voltar aos ensinamentos originais. Por isso, a reforma estava sempre à vista, como aconteceu com os berberes almorávidas no extremo noroeste da África e no sul da Espanha, com os príncipes almóadas, que os substituíram, e com os posteriores wahhabis, os reformadores puritanos do deserto cuja fé inspirou os senusis das terras líbias, como o general Kadafi, a Casa Real saudita e, no que se refere à ciência, os talibãs do Afeganistão. Estes últimos atraíram para si a ira de grande parte do mundo ao explodir as estátuas budistas de Bamiyan e, desse modo, reafirmar a fé iconoclasta inicial de seus antepassados, uma crença que também estava incorporada ao judaísmo original, além de ter sido mantida pelos primeiros cristãos e, mais tarde, por muitos protestantes (em especial os calvinistas). Tudo isso representou uma volta às páginas das escrituras e uma rejeição ao que foi considerado acréscimo posterior. Nesse sentido, o que ocorreu foi uma reforma, uma renovação, tanto que as interpretações seguintes foram declaradas inadequadas e até heréticas. Em cada ramo dessas religiões travou-se uma batalha (como ainda hoje, sobretudo

---

10 Ver o *Alcorão*, em especial a sura III.

no Iraque, mas também em Jerusalém e na Irlanda do Norte). No entanto, reformas desse tipo são o oposto de uma renascença, uma vez que busca no passado um texto estabelecido, de origem divina (portanto imutável), e não provoca um salto adiante no conhecimento ou na cultura em geral.

Para o muçulmano, a maior parte do conhecimento é também um ato de adoração; adquirir conhecimento é dever de todo indivíduo. Mas havia uma forte distinção entre o conhecimento religioso, que se concentrava no *Alcorão*, e a "ciência estrangeira", que, como a grega, era secular. Essas "ciências estrangeiras" foram o objeto principal das primeiras traduções abássidas. Constituíram uma revivificação desse conhecimento e mantiveram vivo o teor exato dos tópicos, e dos próprios textos gregos, vivos para que fossem novamente revividos no Renascimento italiano. Até o século XII, nenhuma dessas obras gregas ou árabes chegou à Europa cristã. Mas, na Sicília, obras gregas e latinas traduzidas para o árabe foram usadas durante a ocupação árabe dos séculos IX, X e XI; uma cultura híbrida muito dinâmica continuou a partir de 1091, sob o governo dos reis normandos, mas o clima de tolerância religiosa e cultural que havia se desenvolvido desde a época dos árabes finalmente se rompeu em 1224, com as Cruzadas, quando os últimos muçulmanos foram banidos da ilha. No entanto, esse cosmopolitismo teve consequências, uma vez que os intelectuais italianos entraram mais uma vez em contato com as obras da Antiguidade, como podemos ver em particular com a medicina, que foi adotada pela escola de Salerno.

Uma influência similar foi sentida no Ocidente islâmico, como vimos no capítulo anterior. Assim como as ciências religiosas, outros campos no Islã se desenvolveram e ganharam prestígio, em especial a medicina e outras "ciências estrangeiras" abençoadas pelo Profeta. Para todos os tipos de conhecimento, as cidades foram importantes centros de educação e comércio, e era para lá que os estudantes iam para estudar (ainda que o conhecimento religioso fosse importante nos mosteiros do deserto, como o mosteiro cristão de Santa Catarina). Mais tarde, porém, os madraçais sunitas só muito raramente ensinavam algo além do conhecimento religioso, e os efêmeros observatórios não deram muita continuidade ao avanço científico, embora os hospitais dessem mais segurança à medicina. Em terras centrais árabes, o primeiro madraçal (ou escola superior, defendida como protótipo das universidades europeias) foi fundada pelo vizir seljúcida (turco) Nizam al-Mulk, em 1067. Eram escolas onde se "ensinavam o estudo e a propagação da versão sunita da lei islâmica", que apareceu pela primeira vez no gaznávida Khorasan, mas espalhou-se por todo o Irã e mais a oeste. Tiveram êxito na ampliação do corpo dos *ulama* e a maior parte foi fundada por sultões e outros governantes. Mas, em escopo, eram altamente restritivas em geral.

> Sob o domínio dos tolerantes buáiidas xiitas, individualmente pensadores estudaram a filosofia e a literatura da Antiguidade grega e romana, bem como investigaram linhas especulativas consideradas anti-islâmicas por correligionários de mente mais limitada. O triunfo dos seljúcidas restringiu de fato esse renascimento humanista.[11]

Posteriormente, apesar de seus currículos "de base religiosa e de início muito limitados", os madraçais tornaram-se "centros intelectuais", mas apenas no campo religioso.[12]

Os madraçais, portanto, restringiam-se em grande parte aos textos religiosos, e os *ulama* escreviam comentários sobre os comentários. Havia pouco ou nenhum ensino em ciência, que se confinava em outros centros: nas bibliotecas; para a medicina, nos hospitais; para a astronomia, nos observatórios; e para a tecnologia, em lugares como os arsenais (uma palavra árabe). Exceto nesses últimos casos, a ciência não era institucionalizada e, portanto, era mais vulnerável a vários tipos de ataque. De todo modo, o ensino era conservador e, com frequência, elitista.[13] Mas ao menos os *ulama* eram cosmopolitas e viajavam pelas terras muçulmanas. Isso significou uma troca frequente de informações. Por exemplo, foi notável nos séculos XVII e XVIII a exportação de conhecimento do Irã para a Índia, assim como o movimento posterior do notável saber indiano para o Egito e para a Ásia Ocidental, onde ajudou a revivificar todo o campo do conhecimento.[14] A disseminação do Islã significou que todo o ensino era ministrado em árabe, embora mais tarde o *Alcorão* também estivesse disponível em persa.

Apesar da difusão de muitos manuscritos, a transmissão básica do conhecimento no Islã era pessoal, de mestre para discípulo, como em muitas artes e ofícios manuais na Europa. Uma das principais características do ensino era seu caráter presencial. Um livro, que era escrito à mão evidentemente, devia

---

11 Irwin, The Emergence of the Islamic World System 1000-1500. In: Robinson (ed.), *The Cambridge Illustrated History of the Islamic World*, p.40.

12 É raro que se possa fazer generalizações para todas as épocas e lugares a respeito da civilização islâmica. Na Turquia otomana, na Pérsia safávida e na Índia mogol, algumas ciências racionais eram parte fixa do currículo.

13 Robinson, Knowledge, its Transmission and the Making of Muslim Societies. In: *The Cambridge Illustrated History of the Islamic World*, p.220.

14 Ibid., p.230.

Renascimento no Islã

ser ensinado por um estudioso a um aluno, a quem dava um certificado; o aluno, por sua vez, mantinha uma genealogia do ensino, uma lista de mestres, ou seja, um *isnad*. Essa relação se baseava numa cultura manuscrita e estava ameaçada pelo relativo anonimato da imprensa, que chegou da Europa muito tempo depois, como reconheceram alguns intelectuais importantes no Egito. Outros receberam bem essa nova maneira de difundir o islamismo e democratizar o conhecimento, mas, mesmo assim, a imprensa foi rejeitada de início. Afinal, houve uma adaptação geral à maioria dos novos meios de comunicação. Impressos, os textos religiosos se difundiram; era possível estudá-los longe da autoridade dos madraçais e dos *ulama*, que foram cada vez mais marginalizados pelas mudanças na transmissão do conhecimento.

Os *ulama* e, a partir do século X, os sufistas (*sufiyya*) eram missionários. Estes últimos eram também grandes poetas místicos, como Hafiz † ca.1390), Jami (†1492) e Rumi (†1273), em memória do qual seus seguidores fundaram a Ordem Mevlevi. Havia certa tensão entre os *ulama* e os sufistas. O culto dos sufistas era marcado pelo uso da música e da dança, e havia certo laivo de heresia entre eles: o sufista espanhol Al-Arabi, que pregava a doutrina da unidade do ser, o que incluía Deus, foi acusado de panteísmo. Eles adotavam uma versão do "islamismo popular", em detrimento da *Sharia*.[15] Ambos, porém, revitalizaram o Islã e, com isso, as críticas às "ciências racionais" aumentaram. Os cultos aos santos eram condenados e o puritanismo predominava em certas áreas, em especial na obra de Al-Wahhab (†1787), o reformador cujo ensino da *jihad* se tornou popular no norte da África.[16] A reforma e a "renovação espiritual" eram características constantes do Islã.[17] Houve altos e baixos, sobretudo no que se refere ao conhecimento secular. Na Andaluzia, o reinado do califa Al-Hakam protegeu o ensino e trouxe uma imensa biblioteca para a capital, comparável em quantidade à dos príncipes abássidas em Bagdá. Foi imitado por seu filho caçula e este, pelo primeiro-ministro.

O Islã também tinha uma tradição científica que foi considerada "fundamental para o desenvolvimento da ciência universal nos tempos pré--modernos".[18] Por exemplo, Saliba e outros destacaram as contribuições da

---

15 O sufismo dominante obedecia à lei, mas via nela um significado secreto. Essa foi a síntese deixada por Al-Ghazali e que dominou até o salafismo antissufista.

16 Maomé só usa a palavra no sentido geral de esforço (nesse caso, no interesse da fé), como, por exemplo, na sura IV:19-20.

17 Irwin, The Emergence of the Islamic World System 1000-1500. In: Robinson (ed.), *The Cambridge Illustrated History of the Islamic World*, p.37.

18 Saliba, *Islamic Science and the Making of the European Renaissance*, p.1.

ciência islâmica para o Renascimento europeu. Esse desenvolvimento ocorreu, por exemplo, na perspectiva. Num livro recente, Belting mostra que:

> a medida do espaço fictício em perspectiva não surgiu, como fomos levados a crer, no início do século XV em Florença, com Brunelleschi, Alberti e Ghiberti, mas foi desenvolvida quatro séculos antes pelo astrônomo e matemático árabe Abu Ali al-Hasan Ibn al-Haitham (965-1039), conhecido como Alhazen. O tratado de Alhazen sobre a teoria dos raios visuais, *Kitab al-Manazir* (O livro da óptica), foi publicado pela primeira vez em 1028, no Cairo, e circulou a partir do século XIII pelas universidades ocidentais numa tradução para o latim intitulada *Perspective*. Em ocasião oportuna, o manuscrito foi reintitulado *Thesaurus Opticae*, numa edição publicada em 1572, na Basileia.
>
> Alhazen lançou as bases matemáticas para o cálculo da refração da luz, refutando desse modo a antiga ideia que assumia que os olhos emitem raios. Não só foi o primeiro a realizar experimentos com a câmara escura, como também ensinou que o que vemos tem origem no cérebro. A aceitação desses conceitos pressupunha um modo de pensar racionalista e experimental praticado em algumas cortes árabes, mas que no Ocidente, antes do Renascimento florentino, manifestou-se apenas em casos excepcionais, como, por exemplo, o de Roger Bacon.[19]

Belting sustenta que, até certo ponto, artistas e escritores renascentistas simplesmente tomaram esse conhecimento medieval judaico e árabe sem reconhecer suas fontes ou atribuindo-o a antigas fontes ocidentais. A partir de meados do século XIX, a arrogância colonial de anunciar que a perspectiva era um desenvolvimento ocidental impossibilitou o reconhecimento de suas raízes árabes. A Europa educada alçou o Renascimento e Florença, sua capital, à ficção de uma estética contra os intrusos.

Não teria havido nenhum desenvolvimento se o Islã não tivesse sua própria incorporação do conhecimento grego pelo "movimento de tradução" em Bagdá, na época dos abássidas. Leclerc[20] escreveu que os árabes deram ânimo à assimilação da ciência dos gregos e logo os superaram. "Por cinco ou seis séculos, eles mantiveram o cetro do esclarecimento e da civilização." Eles transmitiram grande parte desse conhecimento ao Ocidente, mas, com a chegada do Renascimento, "a educação deu origem à ingratidão". Este não foi linguisticamente um renascimento, porque a língua grega ainda era falada e usada administrativamente na Síria. Sendo assim, o conhecimento grego foi

---

19 Pokorny, The Arabs Got There First, *The Art Newspaper*, n.201, p.51.
20 Leclerc, *Histoire de la médecine arabe*.

contínuo em muitos centros cristãos e zoroástricos do Ocidente, e poderíamos falar de "tradições científicas vivas".[21] Por outro lado, o conhecimento grego foi rejeitado em grande parte pelos cristãos de Constantinopla e, em consequência, os muçulmanos só o aceitaram parcialmente. Houve um nítido hiato na tradição europeia preenchido em parte pelo Islã.

> No século VII, a elevada cultura de Bizâncio era avessamente indiferente ao conhecimento grego pagão, deixando para trás o estágio de confronto que caracterizou a era dos Pais da Igreja. O helenismo era um inimigo vencido.[22]

Só a promoção agressiva do movimento de tradução dos abássidas, em Bagdá, onde se formou uma nova sociedade "multicultural", renovaria o helenismo como Damasco não conseguiu.

As traduções do grego para o árabe começaram com o segundo califa abássida, Al-Mansur, o construtor de Bagdá. Escreveu o historiador andaluz Said (†1070):

> No início do Islã, os árabes não cultivaram outra ciência além de sua língua e um conhecimento dos regulamentos de sua lei religiosa, com exceção da medicina [...] em razão da necessidade que as pessoas como povo tinham dela.

Deus Todo-Poderoso deu a regra aos abássidas, quando as "ambições das pessoas reviveram da indiferença e suas mentes acordaram de seu sono".[23] O califa mandou traduzir o *Kalila wa Dimna* (histórias de animais cheias de ilustrações, escritas em sânscrito), assim como os textos de Aristóteles sobre lógica, o *Almagesto* de Ptolomeu, os *Elementos* de Euclides e outros.[24] Ele tinha um interesse especial pela história da astrologia, um interesse que vinha dos sassânidas e legitimou seu governo, fazendo dele um líder no campo do conhecimento. Essa ligação reviveu a civilização persa e voltou aos tempos pagãos. Os persas acreditavam que todo conhecimento vinha do Avesta, mas

---

21 Gutas, *Greek Thought, Arabic Culture: the Graeco-Arabic Translation Movement in Baghdad and Early 'Abbasid Society (2nd-4th/8th-10th centuries)*, p.16.
22 Ibid., p.18.
23 Ibid., p.31.
24 Ibid., p.143-4. Houve traduções do sânscrito para o pálavi no período pré-abássida, sobretudo tábuas astronômicas. Mas foi no reinado de Al-Mansur que um membro de uma embaixada indiana trouxe as tábuas que depois seriam traduzidas e publicadas como *Zig al-Sinlhind*. Elas foram usadas por Al-Fazari.

Alexandre o difundiu na Grécia, na Índia e na China. Os sassânidas "reuniram parte desse conhecimento, como os árabes estavam fazendo com seu movimento de tradução". Houve primeiro uma "renovação" sassânida e, em seguida, uma árabe.[25] Ocorreu um renascimento do conhecimento do ponto de vista conceitual e, na realidade, acreditava-se que ele estava "escrito nas estrelas". Essa ideia da recuperação por meio da tradução foi essencial tanto para os sassânidas quanto para seus sucessores abássidas, quando a renascença "recebeu apoio institucional e financeiro" baseado no êxito comercial e imperial.[26]

Grande parte dessas traduções foi realizada pela comunidade cristã do Iraque, já que os nestorianos não precisavam justificar a busca da filosofia dentro da estrutura de um sistema religioso que fundamentalmente era inimigo do pensamento grego.[27] Os judeus de Bagdá – que eram cerca de 40 mil no século XII, quando Benjamin de Tudela visitou a cidade, e incluíam mercadores radanitas de longa distância, assim como muitos banqueiros – destacaram-se na medicina e na astronomia, mas só muito mais tarde, na Espanha, é que tiveram algo a ver com as traduções.

Portanto, o nascimento da ciência no início do islamismo foi também uma renascença, pois o que aconteceu por lá implicou de certa forma uma revitalização dos antigos textos gregos e de outras ciências por meio da tradução. Durante algum tempo antes do advento do islamismo para o Levante, os clássicos gregos foram traduzidos para uma outra língua semítica, isto é, o siríaco, em especial no campo da filosofia e da teologia, mas também na astronomia e na matemática. Nos primeiros anos do século VI, pelo menos 26 obras médicas de Galeno foram traduzidas para o siríaco pelo padre cristão nestoriano Sergius de Resh Ain, que estudou medicina em Alexandria e trabalhou na Mesopotâmia;[28] vários outros nestorianos realizaram trabalho similar.[29] Como muitas dessas versões para o siríaco eram utilizadas na Academia de Gondeshapur, na Pérsia ocidental (para onde muitos nestorianos fugiram, quando começaram as perseguições bizantinas em defesa da ortodoxia papal, algum tempo antes da invasão árabe), parte desse material chegou ao *Alcorão* por intermédio do companheiro e médico de Maomé, Harith ibn Kalada, que estudou na escola de medicina de Gondeshapur na virada do

---

25 Ibid., p.45-6.
26 Ibid., p.54.
27 Kraemer, *Philosophy in the Renaissance of Islam: Abū Sulaymān Al-sijistānī and his Circle*, p.76.
28 Sarton, *Introduction to the History of Science*, p.423-4.
29 Khairallah, *Outline of Arabic Contributions to Medicine*, p.24.

Renascimento no Islã

século VII.[30] Nessa época, a medicina e a astronomia indianas já haviam se espalhado pela Pérsia e pelo Iraque em traduções do sânscrito para o pálavi e o siríaco; e a transmissão do conhecimento científico continuou no século VII, quando intelectuais da cidade de Edessa mais uma vez traduziram parte da obra médica de Galeno. Em 639-642, a conquista dos muçulmanos do Egito levou o conhecimento alexandrino para a órbita do Islã, apesar de grande parte da imensa biblioteca do museu ter desaparecido. Mas havia também vastas coleções privadas, que deram um primeiro impulso à ciência islâmica, em especial na medicina galênica e na filosofia.

Assim, antes da chegada da dinastia abássida, encontramos o ensino de medicina, astronomia, cálculo e medição traduzidos para o siríaco, estimulados pela presença de intelectuais nestorianos. Mais tarde, a arabização gradual da administração sob o Islã foi acompanhada da tradução de várias obras científicas para o árabe. A maioria das traduções era do grego, mas, na matemática, o cálculo devia pouco aos gregos e muito às ciências babilônicas, persas, indianas e possivelmente chinesas, assim como à atividade local; cerca de vinte livros indianos foram particularmente importantes para a astronomia.[31] Grande parte desse trabalho, sobretudo no campo científico, foi traduzida no século IX para o siríaco ou para o árabe em Bagdá, por orientação do califa abássida Al-Mamun; mesmo antes da conquista árabe, a medicina praticada pelos cristãos nestorianos que trabalhavam sob os sassânidas, em Gondeshapur, deu continuidade às tradições helenísticas de Atenas; muitos deles se transferiram depois para Bagdá e tornaram-se médicos reais, engajando-se também na pesquisa médica.[32] Com a chegada dos árabes, que queriam estabelecer a língua "sagrada", os nestorianos e outras comunidades esclarecidas adaptaram-se rapidamente ao árabe e traduziram textos religiosos dele – embora usassem o siríaco para a ciência e o persa fosse sua língua materna. Como vimos, as traduções mais importantes foram obra de Hunayn (809-873), que nasceu numa tribo de cristãos nestorianos e foi enviado pelo

---

30 Siddiqi, *Studies in Arabic and Persian Medical Literature*, p.6-7; Porter (*The Greatest Benefit to Mankind: A Medical History of Humanity*) nega que haja qualquer evidência da existência dessa escola, mas esse comentário parece se equivocar com o significado de "escola"; não há dúvida de que se estudava medicina ali e o imperador sassânida Shapur I mandou construir um grande hospital (*bimaristan*) no século III. A literatura documenta um centro médico importante nos séculos VI e VII. Os *bimaristans* eram hospitais (gratuitos) em que havia especialistas em determinadas doenças e, presumimos, enfermarias de vários tipos.

31 Djebbar, *L'âge d'or des sciences arabes*, p.72.

32 Gutas, *Greek Thought, Arabic Culture: the Graeco-Arabic Translation Movement in Baghdad and Early 'Abbasid Society (2nd-4th/8th-10th centuries)*, p.118.

calafa para reunir manuscritos, inclusive na Constantinopla bizantina. Os cristãos arameus (falantes do caldeu) e alguns judeus foram essenciais nesse processo de tradução; essas traduções eram realizadas sobretudo na Casa da Sabedoria (*Bayt al Hikmah*), a grande biblioteca fundada em Bagdá em 825.[33] Esses grupos estavam amplamente espalhados pela região e traduziam obras de medicina em particular, mas nenhum possuía um Estado e uma corte que construíssem bibliotecas públicas ou telescópios, e dependiam muito do patronato de outros. A florescência do conhecimento grego foi mais evidente nas ciências, sobretudo na astrologia e na medicina, mas também na óptica, na aritmética e na geometria; havia pouco interesse pela literatura. Djebbar e outros trataram da "era dourada" da ciência árabe (não apenas a tradução, mas também a ciência), que mais tarde foi tão importante para a Europa.[34]

Não se tratava simplesmente de propagar as conquistas indianas e helenísticas, mas desenvolver disciplinas até então desconhecidas, especialmente a álgebra. Esses cálculos eram teóricos e ao mesmo tempo dirigidos aos problemas da sociedade contemporânea, como, por exemplo, nas obras dos juristas em relação à herança. Não era incomum que a álgebra fosse ensinada nas escolas de Direito e Teologia, como a Nizamiyya de Bagdá. Outros cientistas eram especialistas em observatórios. A experimentação também estava presente. Muitos argumentam que temos de nos livrar da ideia de que um renascimento no século XVI não teve precedentes, exceto na Grécia. O Islã fez sua contribuição.

A extensão dos contatos comerciais e religiosos significava que as informações fluíam por toda a Ásia. Em meados do século IX, um autor anônimo publicou um livro intitulado *Information on China and India*, em que descrevia as costas do Oceano Índico e do Mar da China, mostrando assim a extensão da atividade islâmica. A contribuição da matemática indiana para as ciências árabes e delas para as europeias é nítida.[35] No início, também em terras árabes como na Índia, os cálculos eram feitos na cinza ou na areia. Conseguiu-se mais durabilidade com o uso de placas de cera e penas, mas o avanço do conhecimento foi ainda maior com a chegada do papel e da tinta da China; essa aquisição precipitou uma revolução genuína na cultura letrada, porque permitiu acumulação, distribuição e armazenamento mais baratos e eficientes.

---

33 Ibid., p.56 et seq. A expressão "casa da sabedoria", no entanto, parece se referir às bibliotecas dos palácios em geral, que já existiam nos tempos pré-islâmicos.
34 Djebbar, *L'âge d'or des sciences arabes*.
35 Jacquart, *L'épopée de la science arabe*, p.56.

Entrementes, até a fragmentação política no Oriente conduziu a mais um período de florescência (870-1041), depois de Al-Rashid e Al-Mamun em Bagdá. As cortes regionais rivalizavam em patronato da cultura com os abássidas no Oriente e entre si em outros lugares. A criatividade cultural é tão perceptível que esse período é chamado com frequência de Renascimento do Islã.[36] O declínio do poder do califa abássida Al-Radi significou que o poder político estava nas mãos do emir, e aquele se tornou o soberano do mundo islâmico. O desmembramento do Império foi seguido da ascensão dos buáiidas, que invadiram Bagdá em 946 (e a governaram até 1055). Os buáiidas xiitas eram mercenários do sul do Mar Cáspio que pouco a pouco fundaram um reino (emirado) próprio – eles foram uma das muitas pequenas dinastias que fizeram isso depois da queda. Depuseram o califa sunita quando tomaram Bagdá, mas depois seu filho foi aclamado e então ocorreu uma "florescência de conhecimento" sob maior influência grega.[37]

Em resumo, a brilhante herança do conhecimento helenístico não foi admirada com menos entusiasmo e abraçada com menos ansiedade no mundo islâmico do que depois no Ocidente. As obras de Aristóteles e Platão, assim como as de seus sucessores e rivais (estoicos, pitagóricos, neoplatônicos), foram devidamente incorporadas à erudição muçulmana e influenciaram profundamente o pensamento islâmico teológico, místico, científico e político. É claro que o mundo hebreu também havia sido influenciado pelos gregos, em especial com as conquistas de Alexandre. De fato, uma das revisões da *Bíblia* foi feita em grego e o filósofo judeu Fílon de Alexandria (20 a.C.-50 d.C.) foi profundamente influenciado pelo platonismo. Em todo o Oriente Médio, o grego tornou-se "a língua da cultura",[38] e até algumas passagens do *Alcorão* estão nessa língua. Mas o que os gregos realizaram nos campos da matemática, da astronomia e da óptica foi reavaliado, sistematizado, elaborado e, em muitos casos, corrigido ou melhorado pelos muçulmanos e outros sob sua hegemonia; ampliações da obra de Euclides e Arquimedes, correções e ajustes em larga escala da obra de Ptolomeu, desenvolvimentos refinados do sistema médico de Galeno estão entre as realizações dessa época.[39] Também houve

---

36 Waldman, The Islamic World, *Encyclopædia Brittanica*, v.22, p.115.
37 Kraemer, *Philosophy in the Renaissance of Islam: Abū Sulaymān Al-sijistānī and his Circle*, p.152; ver também Frye, The New Persian Renaissance in Western Iran. In: Makdisi (ed.), *Arabic and Islamic Studies in Honour of Hamilton A. R. Gibb*.
38 Herrenschmidt, *Les Trois Écritures: langue, nombre, code*, p.179.
39 Robinson, Knowledge, its Transmission and the Making of Muslim Societies. In: *The Cambridge Illustrated History of the Islamic World*, p.xx-xxi.

desenvolvimento na astronomia. No fim do século X, Al-Biruni reconheceu que sua época foi excepcional e prodigiosamente fértil nesse aspecto.[40]

O ímpeto de traduzir não foi propiciado apenas pela corte abássida, mas por comerciantes e altos funcionários desde a época do califa Al-Mahdi (775-785). Esse processo foi auxiliado em parte pelo surgimento de uma importante comunidade científica árabe, mas também pelo advento do papel no século IX, que fez que a informação fosse transmitida mais prontamente, em especial depois da construção de grandes bibliotecas. A fabricação do papel causou uma verdadeira "revolução" na democratização do conhecimento.[41] Tornou a reprodução muito mais fácil e levou a um comércio de livros. Os patronos dessas obras eram não apenas a corte, mas também comerciantes e indivíduos ricos. Na época, esse interesse criou uma demanda por traduções e, em consequência, pelo renascimento do conhecimento antigo, em especial o grego, o que implicou uma busca local por manuscritos antigos.

Mas se os abássidas tiveram um renascimento da literatura científica grega, como se explica que não tenham tido um renascimento da cultura no sentido europeu? Em primeiro lugar, o renascimento foi limitado, circunscrito ao "movimento das traduções", sobretudo a astrologia, a astronomia e a matemática. Não houve a mesma admiração geral pela cultura clássica e a tentativa de retornar a ela no sentido italiano; não houve esforços para ressuscitar as cerimônias (como o laureado), a arquitetura (como Palladio), a escultura (como Donatello) ou a literatura em geral. Isso ficou confinado à ciência e, em certa medida, à filosofia; foi nesses campos limitados que ocorreu uma florescência.[42] Por outro lado, no entanto, a religião islâmica manteve-se inalterada; houve pouca secularização a longo prazo como vimos na Europa. No Islã, o olhar retrospectivo foi mais segmentado, a religião foi menos afetada (embora a dialética aristotélica tenha influenciado algumas regiões) e o conhecimento secular foi menos institucionalizado, em particular após o advento dos madraçais e sua ênfase no conhecimento religioso. Gutas[43] afirmou que não havia incompatibilidade entre a ciência e a religião (na prática ou no *Alcorão*), mas nem todos veem as coisas dessa maneira e, em algumas épocas, o cenário islâmico foi dominado por opiniões

---

40 Jacquart, *L'épopée de la science arabe*, p.102.

41 Djebbar, *L'âge d'or des sciences arabes*, p.32.

42 Gutas, *Greek Thought, Arabic Culture: the Graeco-Arabic Translation Movement in Baghdad and Early 'Abbasid Society (2nd-4th/8th-10th centuries)*, p.151.

43 Ibid., p.166.

contrárias. Além disso, havia em toda parte uma corrente contra alguns desenvolvimentos seculares, como na iconografia (ilustração) e nos meios de comunicação (impressão), e ambos afetaram muito o desenvolvimento da ciência. Em geral, podemos falar, como Zafrani a respeito da Andaluzia, de uma alternância entre períodos de maior "humanismo" e outros de maior religiosidade (chamados em geral de "ortodoxos", mas no Islã há objeções ao uso desse termo).[44] Houve uma alternância similar no cristianismo. A "renascença" em Constantinopla significou o fim da rejeição da tradição grega (pagã). E o "primeiro humanismo bizantino", juntamente com a revivificação das ciências antigas após "os horrores da 'Idade das Trevas'",[45] foi associado à influência do movimento de tradução do grego para o árabe. Mas esses movimentos em direção a um entendimento mais secular foram efêmeros, não houve o deslocamento mais permanente que se vê no Renascimento italiano. A autoridade religiosa se reafirmou. E isso parece se dever ao fato de que, no início do século XIII, algumas universidades europeias ofereciam uma estrutura mais favorável à difusão do conhecimento secular (assim como do religioso). Quando assumiram as escolas dos mosteiros e das catedrais, propiciaram pontos de união a estudantes que vinham de todo o continente e institucionalizaram a mudança.[46]

A partir do século IX, esse esforço resultou em pesquisa, experimentação e publicação continuada nas ciências, como o trabalho de Al-Khwarizmi († ca.848). No campo da matemática, ele combinou conceitos helenísticos (como procedimentos de cancelamento derivados do trabalho de Diofante) e métodos indianos (como a pesquisa de Brahmagupta sobre as equações quadráticas). Seu nome deu origem à palavra *algoritmo*, do termo "restauração" (eliminação de quantidades negativas numa equação), que se encontra no título em latim de sua principal obra: *Al-Kitāb al-Mukhtaṣar fi hisāb al-Jabr wa'l Muqābaça* ("Compêndio do cálculo para restauração e Balanço"). Seu livro sobre o sistema decimal indiano (disponível apenas na tradução em latim) foi sem dúvida um dos principais fatores da transmissão do novo método universal para o Ocidente.

---

44 Ibid., p.168.
45 Ibid., p.186.
46 Jacquart, *L'épopée de la science arabe*, p.89. As escolas atestadas no início do século XIII eram as de Bolonha, Paris, Oxford e Módena. Depois de Cambridge (1209), surgiram várias outras no fim da década de 1220 (Valladolid, Salamanca, Montpellier, Pádua, Nápoles, Toulouse).

Qual foi afinal a importância das grandes realizações das ciências árabes na Europa ou no mundo? Evidentemente, as traduções foram importantes para a preservação do conhecimento grego, mas também a pesquisa estimulada por elas. Muitas das grandes descobertas do Renascimento italiano foram influenciadas por trabalhos realizados no Islã. A circulação pulmonar já havia sido descrita por Ibn al-Nafis e ele pode ter influenciado o médico e teólogo Michael Servetus, que Calvino mandou para a fogueira. Os modelos planetários de Copérnico foram influenciados pela obra de Ibn al-Shatir, de Damasco?[47] Apesar dessa era dourada, Djebbar vê um declínio na ciência a partir do século XII, em parte por fatores socioeconômicos, mas também por restrições ideológicas, como os madraçais, que proibiam a dissecação; nesse caso, porém, o tabu foi mais geral, não estava circunscrito a esse período em particular ou ao Islã.[48] Mas, considerando-se os buáiidas e os trabalhos em astronomia realizados no Afeganistão, mesmo após os mongóis, certamente não houve um desaparecimento completo da atividade científica.

Esse período de instabilidade política no califado de Bagdá, no fim do século IX e início do século X, deveu-se em grande parte às tropas turcas, mas isso não foi empecilho para a atividade cultural; o Iraque passou pelo que foi descrito como um "florescimento cultural"[49] e produziu algumas das figuras mais notáveis do início do Islã, como o historiador e teólogo mazandarani Al-Tabari (ca.839-923), o teólogo Al-Ashari (ca.873-ca.935) e o místico sufista Al-Hallaj (ca.858-922). Com considerável sucesso, a dinastia buáiida do Cáspio tentou manter o brilho da corte de Bagdá, sobretudo no campo do pensamento especulativo. No círculo patrocinado pelos buáiidas (*majlis*) de Al-Sijistani, houve uma expansão poderosa do pensamento filosófico numa ampla série de questões, inspirada numa interpretação da doutrina neoplatônica e aplicada a uma corrente metafisicamente sofisticada do Islã xiita.[50] Isso se deveu em parte, talvez, ao estilo dos vizires e dos príncipes persas, à sua tolerância religiosa e ao patronato liberal da arte, da ciência e da lite-

---

47 Embora a teoria de Copérnico seja heliocêntrica e a de Al-Shatir seja geocêntrica, Roberts e Kennedy afirmam que os detalhes matemáticos são idênticos (*Isis*, 1959, p.227-35).

48 No entanto, ver Saliba, *Islamic Science and the Making of the European Renaissance*. Ibn Masanayh relata como foi proibido por Al-Mamun de dissecar pessoas; embora a dissecação não pareça ser expressamente proibida pela lei islâmica, parece que não foi praticada no período medieval. Existiam restrições similares no judaísmo e no início do cristianismo.

49 Waldman, The Islamic World, *Encyclopædia Brittanica*, v.22, p.117.

50 Kraemer, *Philosophy in the Renaissance of Islam: Abū Sulaymān Al-sijistānī and his Circle*, p. 211 et seq.

ratura, e em parte a uma concepção de Deus que se desenvolveu na escola de Al-Sijistani e em outras escolas e associações importantes da época – a filosofia e o "individualismo humanista" se desenvolveram a um ponto sem precedentes no mundo islâmico.[51] Observando o modo como o pensamento antigo foi adquirido e utilizado no período abássida e, na verdade, em toda a história do Islã, é esse período no fim do século X, sob Adud al-Dawla e seus sucessores, que convida a uma comparação com as atividades renascentistas como as de Ficino ou da Academia Florentina sob a proteção de Lorenzo de Medici. Mas, com exceção dos túmulos dinásticos em Rayy e de construções pouco importantes em Bagdá, o século sob poder dos buáiidas deixou poucos legados gráficos ou arquitetônicos, em oposição ao calibre da atividade intelectual que produziram.

Kraemer, que apresenta o relato mais convincente desse Renascimento buáiida, fala de "uma revivificação clássica e um florescimento cultural no solo da civilização islâmica".[52] Mas esse movimento ocorreu também em Estados vizinhos, como a Síria dos hamdânidas e a Transoxiana persa dos samânidas (cuja capital, Bukhara, tinha uma "biblioteca maravilhosa"), ainda que estes últimos tenham se voltado mais aos tempos sassânidas que aos tempos clássicos. A principal expressão desse renascimento foi um "humanismo filosófico que abraçou a história científica e filosófica da Antiguidade como um ideal cultural e educacional". Além dele, ocorreu um "humanismo" literário que se resumia pela palavra *adab* e era cultivado por poetas e outros. Foi marcado pelo individualismo, pela expressão pessoal e pela criatividade literária de intelectuais cosmopolitas, "unidos pela busca da sabedoria, pelo amor à sabedoria". O ambiente era "permeado de um espírito de ceticismo e secularismo", além de uma "rebelião contra a convenção". Mas, apesar de intelectualmente vivo, esse período foi marcado por um declínio social e econômico. Os buáiidas buscaram na glória da cultura a legitimidade do poder que conquistaram por meios militares.

Paradoxalmente, o "século xiita" conduziu à restauração do Islã sunita, assim como ao surgimento de uma segunda língua da alta cultura, ou seja, o novo persa. Duas dinastias iranianas surgiram: a dos samânidas (819-999) em Bukhara e Samarcanda, e a dos gaznávidas (977-1086), que substituiu a primeira e estendeu-se à Índia, em especial à Punjab. A corte samânida atraiu intelectuais importantes, como Al-Razi, Avicena e o poeta Ferdowsi,

---

51 Ibid., p.13-20.
52 Ibid., p.vii.

cuja obra trouxe a antiga Pérsia para a história islâmica. A corte gaznávida, cujo governante mais famoso deu "um impulso muito generoso ao Renascimento iraniano", foi também o lar de grandes intelectuais, como Al-Biruni (973-1048), que estudou astronomia e física e deixou uma descrição da vida indiana.[53] Esse foi o grande período da arte muçulmana no Irã, que foi muito influenciada pela China e, acima de tudo, limitou-se ao trabalho predominantemente palaciano de ilustrações de livros (e alguns retratos de governantes).

Lopez[54] afirma que o Renascimento europeu, com toda a sua grandeza cultural, foi um período de desastre econômico. Isso foi mais ou menos verdade para o período dos buáiidas xiitas, quando houve um declínio socioeconômico, mas uma grande riqueza cultural. Esse período assistiu à emergência de uma nobreza rica e influente, quando uma sociedade urbana, com sua profusão de cortes, proporcionava uma estrutura para a atividade criativa. Comerciantes e intelectuais iam de um lugar para outro, o comércio se expandiu, as cidades se tornaram mais cosmopolitas. Os príncipes e seus vizires eram patronos das artes e das ciências. A arte destacou-se com as figuras notáveis de Al-Farabi (†950) e Avicena, mas também teve uma série de intelectuais menos importantes, muitos deles humanistas, que se reuniam nas cortes e nas academias e tinham por objetivo reviver o legado filosófico, sobretudo o pensamento aristotélico. Mas o "século xiita" dos buáiidas chegou ao fim com a restauração dos sunitas pelos turcos seljúcidas e sua ênfase no Islã ortodoxo.

A atividade científica não terminou com a diminuição do ritmo das traduções. Na verdade, Gutas fala de um impulso no fim do século X, com a fundação do hospital Adudi em Bagdá, em 982. Isso ocorreu no período buáiida, quando houve, segundo ele, uma "florescência cultural",[55] descrita no livro de Kraemer sobre o *Humanism in the Renaissance of Islam*.[56] Esses humanistas sucederam aos *dictatores* de uma era dominada por secretários.[57] Se o ritmo das traduções diminuiu, é porque já se havia traduzido muito e havia mais demanda por resultados de pesquisas originais, atuais.

---

53 Wiet, *Grandeur d'Islam: de Mahomet à François I*, p.134.

54 Lopez, Hard Times and Investment in Culture. In: Ferguson (ed.), *The Renaissance: Six Essays*.

55 Gutas, *Greek Thought, Arabic Culture: the Graeco-Arabic Translation Movement in Baghdad and Early 'Abbasid Society (2nd-4th/8th-10th centuries)*, p.152.

56 Kraemer, *Humanism in the Renaissance of Islam: The Cultural Revival During the Buyid Age*.

57 Id., *Philosophy in the Renaissance of Islam: Abū Sulaymān Al-sijistānī and his Circle*, p.209.

Nesse aspecto, afirma-se que, na verdade, o Islã teve uma longa era dourada entre os séculos VIII (ou IX) e XVI.[58] A ciência desenvolveu-se fora dos madraçais e, por isso, esse desenvolvimento foi precário, como, por exemplo, no observatório construído em Maragha, no oeste do Irã, e usado por Nasir al-Din Tudi (1201-1274), que criticou certas opiniões de Ptolomeu. Sua obra foi traduzida para o grego pelos bizantinos e chegou a Copérnico e outros, que aplicaram alguns de seus aspectos (e da obra de Al-Shatir) para desenvolver a teoria heliocêntrica.[59] Na medicina, que se concentrava sobretudo nos hospitais, foram importantes as obras de Al-Razi e Ibn Sina. Na matemática, três persas em especial, dois dos quais já mencionamos, realizaram avanços consideráveis: Al-Biruni (da Ásia Central), Al-Khwarizmi e o poeta Omar Khayyam (1048-1131).

Na química, que não se distinguia verbalmente da alquimia (como ocorria com a astrologia e a astronomia), os árabes fizeram experimentações com metais e outros materiais. Eles também foram os primeiros a aperfeiçoar a fabricação do sabão como o conhecemos hoje (lixívia sódica e azeite) e a refinar ainda mais a arte da destilação (inclusive a do perfume) e da produção de vidro (em especial na Síria), que depois foi dominada pela França e por Veneza, respectivamente. A extensão da civilização islâmica significava que, por exemplo, para a história natural, para as plantas, os espécimes disponíveis vinham de toda parte. No compêndio do malaguenho Ibn al-Baitar (†1248), talvez o maior botânico do período medieval, o autor dá os nomes das plantas em árabe, persa, berbere, grego e nas línguas românicas.

A medicina foi outro campo em que o Islã deu importantes contribuições, não apenas pela revivificação do conhecimento grego, mas também por seu próprio trabalho experimental e pela organização de hospitais, que tiveram uma influência importante no Renascimento europeu (o primeiro hospital importante do período islâmico foi o de Damasco). Os hospitais eram locais de pesquisa. No século XII, Ibn Jubayr descreve o que foi construído no Cairo pelo sultão Saladino; para administrador, escolheu um homem instruído e confiou-lhe a farmácia, que permitia a preparação e a prescrição dos remédios segundo sua eficácia.[60] Já falamos de Montpellier, mas Salerno, na Campânia, foi considerada a escola de medicina mais antiga conhecida na Europa: a es-

---

58 Djebbar, *L'âge d'or des sciences arabes*. A afirmação é controversa, porque no século XVII houve um desenvolvimento intelectual importante em várias partes do mundo islâmico.

59 Robinson, Knowledge, its Transmission and the Making of Muslim Societies. In: *The Cambridge Illustrated History of the Islamic World*, p.228.

60 Jacquart, *L'épopée de la science arabe*, p.104.

cola de medicina, que prosperou nas cercanias de Vélia na época de Cícero, transferiu-se para Salerno após a queda de Roma. Como mais tarde fez parte do território bizantino, manteve um vínculo estreito com a medicina grega durante seu apogeu, nos séculos X a XIII. Também foi a medicina grega que o cartaginês Constantino, o Africano, quis restaurar em Monte Cassino, no século XI, mas essa medicina grega foi recuperada por intermédio das obras árabes e deu à Europa Ocidental a primeira visão plena da envergadura de Galeno e Hipócrates.

Os hospitais eram importantes não só porque curavam doentes, mas também, pelo predomínio do letramento, porque permitiam a coleta e a comparação dos casos, o que, por sua vez, conduzia a avanços no conhecimento médico. Esse conhecimento consistia na cura ou no alívio da doença, seja por cirurgia, farmacopeia ou outras rotinas, mas também na prevenção, na higiene, na saúde pública, nas dietas e nos exercícios. Em todas essas esferas, o Islã fez contribuições importantes (assim como o judaísmo e o cristianismo), sobretudo porque muitas mesquitas (como outras casas religiosas em outros lugares) tinham hospitais ligados a elas. Ainda que no início houvesse restrições às cirurgias por causa da dificuldade com a dissecação, no judaísmo ainda se cortavam os animais para determinar se estavam intactos e eram *kosher*. A cirurgia também foi importante para tratar de ferimentos de guerra, assim como os causados por mutilação, amplamente praticada como punição; ambos estimularam o desenvolvimento das técnicas de enxerto.

Embora tenham aspectos problemáticos tanto do ponto de vista político quanto do econômico, os séculos X e XI representaram um período de ebulição cultural sem igual em Bagdá, assim como em todo o mundo islâmico.[61] Esses séculos podem se orgulhar de uma série de filósofos e cientistas muçulmanos notáveis:[62] foi a época de Avicena, do matemático e físico Ibn al--Haytham (†1039) e do pensador religioso Al-Ghazzali (†1111). A perspectiva cosmopolita da época é evidente na largueza de olhar de obras como a de Al-Biruni, que descreve a vida indiana.

No entanto, essas realizações não levaram a um domínio permanente no mundo científico. Havia uma alternância, o "tradicionalismo" em conflito

---

61 Ver Lopez, Hard Times and Investment in Culture. In: Ferguson (ed.), *The Renaissance: Six Essays*, e Kraemer, *Humanism in the Renaissance of Islam: The Cultural Revival during the Buyid Age*, sobre o paradoxo da economia pobre e do esplendor cultural.

62 Crone, The Rise of Islam in the World. In: Robinson (ed.), *The Cambridge Illustrated History of the Islamic World*, p.31.

com a "razão".[63] A era dourada foi seguida de certa estagnação nas ciências islâmicas, que Djebbar atribui à agressividade cristã, aos reveses econômicos no Mediterrâneo e à brutalidade da conquista mongol.[64] Internamente, houve uma diminuição na atividade econômica, assim como, segundo ele, um crescente conservadorismo dos intelectuais, que parece se referir ao predomínio da reflexão religiosa (uma alternância, em outras palavras). No Islã, muitos escritores diagnosticam esse tipo de mudança de longo prazo em termos de tradicionalismo e cosmopolitismo, de sacralidade e secularismo.[65] A chamada estagnação intelectual no Islã foi contemporânea à ascensão da Europa e à aquisição dos europeus de grande parte das realizações árabes. Segundo Jacquart,[66] o apogeu do "Renascimento" europeu no século XII foi a reconquista da cidade de Toledo, na Espanha,[67] onde, sob proteção dos bispos, muitos escritos árabes foram traduzidos, em especial por Gerard de Cremona (1114-1187). No século XII, na Espanha e na Andaluzia, as duas "civilizações" estavam intimamente interligadas, o Oriente contribuindo significativamente para o Ocidente. Grande parte do espírito de tolerância religiosa e cultural (*la convivencia*) que precedeu as reconquistas cristãs nessa região conservou-se por alguns séculos, e a polinização cruzada de interesses artísticos e intelectuais foi um ingrediente vital para a cultura europeia.

Essa florescência não se limitou à ciência e à tradução científica; como na Europa, estendeu-se à literatura em árabe e persa (embora sem muita representação figurativa). Ocorreu também no Khorasan (onde ficou conhecida como "o Renascimento islâmico-iraniano"), sob os reis samânidas (819-999), no Egito, sob os fatímidas (também xiitas), na Espanha, sob Al-Rahman III (†961) e seu filho bibliófilo, e na Síria, sob os hamdânidas (905-1004). Mas, além das cortes (em geral xiitas e, com frequência, "persianizadas"), uma série de vizires ilustrados e outros intelectuais fundaram escolas informais e círculos de intelectuais, patrocinados sobretudo por secretários e altos fun-

---

63 Kraemer, *Philosophy in the Renaissance of Islam: Abū Sulaymān Al-sijistānī and his Circle*, em especial p. 115.

64 Algumas das razões que se dão para esse suposto declínio são puramente "liberais", como a explicação do fato de o "Islã" não ter tido uma "revolução científica". A afirmação é mais controversa do que sugere Djebbar, porque a devastação causada pelas Cruzadas ou pelos mongóis foi menor que aquela causada pela peste negra, em meados do século XIV, que pode ter matado um terço ou metade da população urbana.

65 Kraemer, op. cit.; id., *Humanism in the Renaissance of Islam: The Cultural Revival during the Buyid Age*.

66 Jacquart, *L'épopée de la science arabe*, p.88.

67 Afonso VI de Castela reconquistou Toledo (da qual já vinha extorquindo tributos) em 1085.

cionários do governo. Grande parte dessa atividade cultural, da qual cristãos e judeus participavam com frequência, estava ligada a comerciantes de livros, a estabelecimentos onde eles podiam se reunir, como mais tarde as oficinas de impressão.[68]

Isso vale especialmente para a Andaluzia e para a corte dos omíadas, que foi fundada por um ramo dessa dinastia médio-oriental em Córdoba, em 756, inicialmente como um refúgio, mas acabou se tornando um califado. Mas foi o colapso do governo centralizado dos omíadas (em 1031) e o surgimento de numerosos *taifa* (ou "reis das facções") no sul e no centro da Espanha que levou à mais uma fragmentação e florescência. Na época, a permeabilidade da fronteira espanhola cristã-muçulmana significa que os escritos do prolífico ministro cordobense Ibn Hazm (994-1064) a respeito do amor podem muito bem ter influenciado a poesia dos trovadores do sul da França.[69]

No entanto, as palavras eram diferentes; por causa de uma interpretação estrita da injunção bíblica contra a representação figurativa, as artes gráficas e plásticas experimentaram mais uma repressão que um renascimento. Com exceção da pintura religiosa na principal corrente da cristandade, as religiões abraâmicas permaneceram em grande parte iconofóbicas. Outras (como o hinduísmo) resistiram à representação de seu Deus Supremo; nas monoteístas, porém, não havia nenhuma: todas as representações figurativas do espiritual eram "ídolos", falsos deuses. E mesmo a representação da criação de Deus era uma ameaça à supremacia do Criador único, uma blasfêmia contra seu nome. Só Ele era responsável pela criação do mundo, e qualquer outra investigação era desnecessária. Consequentemente, todas as três religiões abraâmicas obedeceram ao mandamento: "Não farás escultura nem figura alguma". No cristianismo, a controvérsia iconoclasta favoreceu aqueles que

---

68 Kraemer, *Philosophy in the Renaissance of Islam: Abū Sulaymān Al-sijistānī and his Circle*, p.286.

69 Goody, *Food and Love*. Há um grande número de poetas como esses, de todas as classes sociais, cuja obra foi parcialmente preservada e certamente influenciou os versos occitanos e catalães dos séculos XI e XII; a descrição de cavalos, plantas, mulheres, pássaros e outros aspectos da natureza, assim como os conceitos, as figuras, as atitudes e o refinamento poético que encontramos nas obras dos trovadores, não aparecem na poesia latina medieval, mas estão presentes nas obras hispano-árabes, que descendem, em última instância, dos primeiros poetas abássidas, como Abu Nuwas. Alguns conceitos (como o da linguagem das aves) e expressões ainda são encontrados um século depois em Chrétien de Troyes. Os primeiros remanescentes (as canções muito singelas de Guilherme de Aquitânia) são em sua maioria monorrimados (a mesma rima em todo o poema). Mesmo as primeiras *chansons de geste* foram escritas num padrão de monoassonância incomum na poesia latina medieval; já o monorrimo é uma característica comum no verso árabe.

Renascimento no Islã

podiam representar figurativamente santos e pessoas enquanto distintos da divindade de Cristo, mas a pintura tinha propósitos apenas religiosos, como os ícones bizantinos. Entretanto, o judaísmo (até recentemente) e o Islã (em muitos lugares, até hoje) mantiveram a proibição original que se aplicava à arte figurativa, à representação teatral e à ficção secular.

Mas essa proibição não significou que no mundo islâmico não houve períodos de florescência artística. Na poesia, houve uma florescência clara, que retornou com frequência aos modelos originais, pré-islâmicos, aparentemente com pouco pesar. Tanto a prosa quanto a poesia iranianas, como o *Shahnama*, de Ferdowsi, experimentaram o que Miquel chama de "renascimento".[70] Essa obra de Ferdowsi tinha, no mínimo, um espírito de restauração purista, pois tanto na versão em prosa quanto na versificação épica posterior (com parelhas rimadas), o autor evitou as locuções árabes que vinham se acumulando desde a conquista muçulmana, preferindo e documentando extensamente a dicção pálavi que as precedeu.

Foram também as traduções para o árabe de textos indo-persas no século VIII que promoveram a *adab*, uma sofisticada literatura em prosa que incorporou um conjunto de costumes urbanos refinados. De fato, um movimento conhecido como *shu-ubiyya* surgiu como reação ao *status* privilegiado dos árabes na Pérsia e em outras regiões do Império que preferiam textos não árabes.

O período também é citado como a era dourada da música árabe, cuja prática era "obrigatória a todo homem ilustrado".[71] A música foi levada de Bagdá para o Islã ocidental por intermédio do alaúde (cuja forma clássica havia se desenvolvido um século antes, na região árabe-iraniana-bizantina), sob as dinastias omíada e berbere, e em seguida para a Europa Ocidental, onde foi tão importante para o Renascimento. Esse desenvolvimento ocorreu de forma mais notável com o virtuose Ziryab, que imigrou e fundou uma escola na Espanha no século IX (que acabou se tornando um momento definidor para a música muçulmana hispânica). No entanto, ele teve uma influência muito mais ampla nos costumes de alta cultura no Ocidente.

Essa também foi, sem dúvida, a era dourada da literatura árabe, que, como nos outros casos, beneficiou-se da influência de outras culturas elevadas.[72] A

---

70 Miquel, De la foi au pouvoir. In: Chevalier; Miquel (eds.), *Les Arabes du message à l'histoire*, p.177.

71 Schimmel, Islamic Literature, *Encyclopædia Britannica*, v.22, p.67.

72 Essa ideia de era dourada é uma construção do século XIX; os temas (com frequência homoeróticos) e o estilo (altamente ornamental e afetado) não encontraram apoio entre os orientalistas ocidentais e críticos literários ocidentalizados.

literatura foi transmitida pelos "humanistas do Islã", como o arabista Gibb descreveu os poetas que, como o poeta cego Bashar ibn Burd (741-784), de Basra, e o iraquiano Abu al-Atahiyah (748-828), nascido em Hejaz, representavam o "novo estilo". O estilo beduíno clássico de poesia ainda era comum e manteve o prestígio durante boa parte da era abássida, quando foi desenvolvido pelos gramáticos. Mas grande parte dessa poesia era escrita por gente que não seguia a tradição estritamente árabe e uma nova dimensão, um "novo estilo", surgiu tanto na composição do verso quanto na abrangência dos temas, um processo que ganhou força no século IX. Versos como estes de Bashar ibn Burd mostram um espírito francamente secular: "Mas por Alá, ó Abda, eu não tinha senhor/ Até que tua face se tornou o meu Senhor".[73]

Esse secularismo inerente à obra desses poetas de vanguarda era de certo modo uma revisitação de elementos do *qasida* pré-islâmico, mas assumiu novas dimensões no período abássida e tinha seus riscos. Os temas falavam das novas atitudes em relação ao amor e ganharam muitas formas. Entre os poetas árabes da vanguarda (e talvez o maior deles), estava o espirituoso persa Abu Nuwas (750-810), que foi muito protegido em Bagdá e era adepto tanto dos versos laudatórios como dos contemplativos, eróticos, mordazes e cínicos. Ele tinha um domínio prodigioso da língua e um talento franco e versátil para a expressão amorosa, o que fez dele um dos poetas mais influentes do mundo árabe, um modelo tanto para os libertinos quanto para os místicos, embora muitos tradicionalistas naturalmente o desaprovassem. Durante algum tempo foi tutor na corte de Harun al-Rashid, mas passou boa parte de sua vida no exílio ou na prisão por suas composições politicamente impróprias, que envolviam blasfêmia, libertinagem homoerótica e, às vezes, estupro (lembrando um pouco Catulo). Ele nos deixou um retrato poético dos costumes sexuais da época. Mas o lado herético do amor mundano de Abu Nuwas não se perdeu no amplo mundo islâmico; nós o vemos manifestamente no Khorasan do fim do século XII, na obra de Farid al-Din Attar e dos místicos. Essa poesia era altamente secular e punha-se contra a religião ortodoxa.

No contexto puramente secular, alguns escritores desenvolveram uma tradição de celebração do vinho e do amor. Mais tarde, como vimos, os persas também fizeram poesia, em particular dentro do movimento *shu-ubiyya* (demótico e antiarabocêntrico), injetando sangue novo na tradição antiga. Um século após a morte de Daud (†910), sua influência e seu erotismo se espalharam pelo Islã ocidental e eram manifestos na obra de Ibn Hazm (provavelmente

---

73 Bashar ibn Burd, *Baššar et son experience courtoise*, p.13, 15.

Renascimento no Islã

descendente de cristãos convertidos), cujo "Anel da pomba" (*Tauz al-hamamah*) pode ter servido de modelo para a poesia trovadoresca. Embora fosse teólogo e jurista eminente, impregnou-se de tal forma do espírito secularista da época que se opôs, como seu colega andaluz Al-Alma al-Tutili, à poligamia permitida pelo *Alcorão* e comparou sua amada à Kaaba sagrada de Meca.

No período abássida, uma prosa literária sofisticada desenvolveu-se em conjunto com a poesia, mas esse desenvolvimento teve certos riscos culturais. Até então, os árabes haviam cultivado a prosa sobretudo para transmitir o conhecimento religioso, e qualquer novo monumento da prosa estaria de certo modo competindo com o *Alcorão* e com os elementos narrativos do Hadith. As influências seculares triunfaram, mas de maneira perigosa. Ibn al-Muqaffa foi executado porque suas obras em prosa exibiam elementos zoroástricos.

Com o declínio do controle militar dos abássidas no fim do século IX, a formação de novos Estados provocou uma reação contra o domínio árabe e, na Pérsia, o que Miquel chamou de "renascimento das letras iranianas".[74] Em meados do século VIII, ainda no reinado de Al-Mansur, houve um abrandamento da repressão às realizações culturais persas como parte do *shu-ubiyya*. O século seguinte assistiu ao surgimento de várias versões do *Panchatantra*, mas nenhuma sobreviveu integralmente. É claro que a prática da tradução limitou as contribuições criativas nessas obras, mas nessa época havia outras fontes de inovação e inspiração para a prosa árabe. Muitas lendas foram aproveitadas pelos contadores de histórias, mas elas se baseavam cada vez mais em versões escritas do que em "transferência oral ininterrupta".[75] Com frequência, esse material popular trazia elementos grosseiros, e o uso crescente desses elementos na escrita, antes reservada a materiais religiosos e sérios, suplantou pouco a pouco as forças do conservadorismo. Mas a tensão entre as tradições religiosas e seculares estava sempre presente. O gosto pelo entretenimento "parece ter desencadeado uma reação religiosa", que considerava os gracejos incompatíveis com o Islã. Evidentemente, a ambivalência e a contradição estavam presentes, ao menos na sociedade.

A primazia islâmica na representação abstrata (distinta da figurativa, proibida pela religião) na arquitetura e nas artes menores foi importante desde os primeiros tempos; a arte árabe e os arabescos ainda são uma força importante no trânsito estético internacional atual. No entanto, a "era dourada" da arte

---

74 Miquel, De la foi au pouvoir. In: Chevalier; Miquel (eds.), *Les Arabes du message à l'histoire*, p.177.
75 Pellat, Jewellers with Words. In: Lewis (ed.), *The World of Islam: Faith, People, Culture*.

árabe, o período que testemunhou o auge de sua predominância no cenário mundial e de seu dinamismo interno foi, sem dúvida, o período medieval.[76] Um sintoma de sua ascendência sobre o califado de Bagdá nos tempos dos abássidas, nos séculos VIII e IX, foi sua transformação em tema de investigação estética. Mas houve outros períodos "dourados" no Islã, cada qual a sua maneira: o dos buáiidas, o dos omíadas em Córdoba, o dos fatímidas xiitas (séculos X e XI) e também o dos mamelucos no Magrebe e no Egito, o dos tunisianos na Espanha e no norte da África, o dos almóadas (séculos XII e XIII) e o dos mongóis dos impérios estépicos (séculos XIII a XVI).

A partir de 1250, o período mameluco coincidiu com uma poderosa atividade artística na região sírio-egípcia. Em Granada, os omíadas e outros califas construíram palácios fora das cidades, assim como em Samarra, onde as cortes ofereciam "liberdade de ação em relação às proibições religiosas".[77] Lá, encontramos representação figurativa não apenas de animais, mas também de pessoas (até de dançarinas com os seios nus). Nesse contexto, a arte figurativa era possível às vezes, ainda que de modo vulnerável. Encontramos alguma figuração na Pérsia e no Afeganistão por influência da China,[78] e consequentemente na Índia, na corte dos mogóis (em particular em miniaturas) e em outras, mas, até o período colonial, havia pouca figuração no Islã ocidental. A renovação berbere foi movida por uma oposição à figuração e ao luxo. Mesmo hoje, os puritanos, como os talibãs, ainda têm objeções à arte figurativa.[79] Entretanto, com o surgimento da cultura mongol-chinesa, formou-se uma tradição em pintura em Herat, no Afeganistão, como parte de um processo de secularização segmentada. Segundo Pamuk, quando os mongóis chegaram a Bagdá (onde teriam utilizado os livros da biblioteca para construir uma ponte sobre o Tigre),[80] Ibn Shakir, um famoso calígrafo, fugiu na direção de onde tinham vindo os mongóis e tornou-se ilustrador. "Naquela época, ninguém fazia ilustrações porque o *Alcorão* proibia, e os pintores não eram levados a sério."[81]

---

76 Achour, L'invention dans les arts. In: Chevalier; Miquel (eds.), *Les Arabes du message à l'histoire*, p.310.

77 Ibid., p.332.

78 Ou por influência budista indiana ou mesmo hindu: as duas religiões tinham mosteiros espalhados por toda a região.

79 Em geral, o *Alcorão* endossa a Torá judaica (Ex 20:4, Lv 26:1 etc., e em especial Dt 5:8, sobre as imagens feitas pelo homem) e reproduz o ímpeto da maioria dos Mandamentos, mas não deste.

80 Saliba, *Islamic Science and the Making of the European Renaissance*, p.235. Em todo caso, houve uma destruição considerável das bibliotecas e afirma-se que o Tigre ficou da cor da tinta.

81 Pamuk, *My Name Is Red*, p.401. Esse incidente pode ser invenção do autor.

Ibn Shakir pintou o mundo "visto de um minarete", "todas as coisas, de nuvens a insetos, da maneira como os chineses as imaginavam". A partir do fim do século XII, as imagens figurativas tiveram um desenvolvimento efêmero em terras muçulmanas orientais. Em Herat, um dos maiores centros em razão em parte de sua proximidade com a China (via Badakhshan e o corredor de Wakhan), o florescimento final da arte requintada ocorreu no fim do século XV, quando estava em atividade o grande miniaturista persa Kamal al-Din Bihzad (1450-1535). A nova arte concentrava-se na ilustração de livros, ao contrário da pintura europeia, que era em tamanho natural, realista e ficava pendurada nas paredes. Era uma forma de pintura em miniatura produzida em ateliês ligados às cortes, uma arte que podia ignorar com mais facilidade as proibições do Islã (Ilustração 1). Todos os *khans*, xás e sultões, escreve Pamuk,[82] adoram pintura, pelo menos enquanto são jovens; depois, a religião assume o controle. Mas a ambivalência continuava. O xá Tahmasp I (1514-1576) era ele próprio um mestre miniaturista, mas depois não só fechou seu importante ateliê, como, na medida do possível, destruiu todos os livros que produziu. O xeque Muhammed de Isfahan ampliou o escopo da pintura para incluir cenas eróticas, porém mais tarde ficou sob influência de um xeque religioso e foi de cidade em cidade destruindo os manuscritos que havia ilustrado. Ele pôs fogo na grande biblioteca do príncipe Ismail Mirza, que tinha centenas de livros:[83] o profeta havia advertido que, no dia do Juízo Final, Alá puniria os pintores com mais severidade, porque só Ele é o "criador" e outros não podem dar vida ao inanimado,[84] podem apenas fingir.

Foi esse medo de Alá que inspirou os seguidores de Nusret Hoja de Erzurum[85] e levou à morte o pintor Elegant Effendi, um mestre das margens e das bordas em torno do qual gira o romance de Pamuk. Não eram apenas os extremistas que tinham sentimentos ambivalentes em relação à pintura. Esse sentimento surge até mesmo na história dos pintores de miniaturas que tentaram destruir a própria obra, e estão no centro de toda a história. O romance histórico de Pamuk chama-se *Meu nome é Vermelho*. O herói, Vermelho, critica seu tio, Enishte Effendi, que passara algum tempo em Veneza, cidade onde o Oriente e o Ocidente se encontram, e fora chamado pela corte turca para

---

82 Ibid., p.198.

83 Ibid., p.190. Tanto Mohammed de Isfahan quanto o príncipe Ismail Mirza podem ser invenções do autor.

84 Segundo o *hadith* de Al-Bukhari, que escreveu duzentos anos depois (ca.830), há outros *hadiths* menos severos sobre essa questão transmitida por ele.

85 Nusret Hoja foi baseado provavelmente no puritano Mehmed de Birgi (1522-1573).

imitar a maneira como eles pintavam retratos. Os retratos venezianos reproduziam rostos humanos reconhecíveis e, pendurados nas paredes, podiam se tornar objeto de adoração, como uma imagem real, uma representação figurativa, enquanto no estilo de Herat o pintor não fazia mais que "completar uma história".[86] A ilustração ocidental podia se tornar um "ídolo falso"; o espectador crê na pintura. Essa forma de composição significava afastar-se da "perspectiva de Alá"[87] e transformar outra coisa em foco de atenção. Por essa razão, o sultão queria seu retrato "escondido num livro", não aberto ao mundo. Pamuk escreve sobre o personagem

> que as iluminuras que Enishte Effendi foi contratado para pintar foram evoluindo lentamente de simples páginas ornamentadas para ilustrações plenamente desenvolvidas, quadros que, além do mais, traziam a marca da blasfêmia franca, do ateísmo e até da heresia.[88]

Se essas ilustrações fizessem parte de uma história, ou fossem vistas do ponto de vista de Alá e não da "perspectiva" popular, seria diferente. O estilo do miniaturista era algo mais. Ele não desenhava uma figura tirada da vida real, como faziam os venezianos, mas extraía-a da memória e da história.[89] No entanto, há uma conexão entre as miniaturas e outras formas de pintura. "As iluminuras do manuscrito levam à pintura, e a pintura, por sua vez, leva a – que Deus não permita – desafiar Alá."[90] Os muçulmanos têm sempre presente esse problema, ainda que ele nem sempre seja explícito no *Alcorão*.

É evidente que, em todo esse desenvolvimento das artes e das ciências no Islã, as cidades foram importantes como centros de comércio, patronato, escolas e conhecimento. Na visão europeia tradicional, as cidades eram associadas à liberdade de governo e de pensamento. Emanava certa emancipação política da economia para que o comércio pudesse financiar outras atividades; dinheiro e poder nunca se afastavam. Mas as cidades europeias não estavam sozinhas nisso, apesar de Weber;[91] no Islã, as cidades eram onde as coisas aconteciam. Havia uma autonomia considerável nas cidades islâmicas; enquanto os primeiros califas tentaram afirmar sua autoridade sobre a doutrina religiosa, Al-Mamun tentou estabelecer um governo civil e expulsar os *ulama*.

---

86 Pamuk, *My Name Is Red*, p.132.
87 Ibid., p.135.
88 Ibid., p.295.
89 Ibid., p.325.
90 Ibid., p.295.
91 Weber, *The City*.

Foi Al-Mamun quem inventou a figura do *muhtasib*, um funcionário do mercado que também cuidava do que estava certo e errado na cidade (avaliando tanto a probidade comercial quanto a moral), segundo seu entendimento do *Alcorão*.[92] Em relação ao controle social, isso ocorreu de 776 até meados da década de 830, quando o Estado ainda empregava mercenários turcos, mas cada muçulmano tinha o dever de defender a ordem islâmica; o conceito de *hishba*, utilizado a partir de 1050, foi o primeiro a chamar cada indivíduo a preservar o certo e a evitar o errado. Apesar disso, a autoridade sempre se dividiu entre a esfera política e a religiosa.

Em relação ao domínio da religião em assuntos civis, é significativo que, além da escola, até o mercado e o hospital da cidade fossem construídos perto da mesquita; e o mercado dava apoio financeiro a estes e outros complexos. Um agrupamento similar ocorreu no cristianismo, num período em que os abades podiam oferecer serviços hospitalares não só para os monges, mas para o público em geral, além de educação para as crianças. A religião dominava essas atividades de maneira hegemônica. No entanto, no Ocidente a Antiguidade romana parece ter deixado vestígios de um sistema de governo mais secular; já no Islã o inspetor do mercado tinha a função religiosa e civil de zelar para que as prescrições fossem observadas. Mas, tanto no Oriente quanto no Ocidente, as cidades tinham missões similares.

As cidades, é claro, significavam comércio e conhecimento. Afirma-se que as tradições do Islã "refletiam o ambiente mercantil em que foram formadas, em sua preocupação especial com a justiça, a honestidade, o cumprimento dos contratos, a moderação, a lei e a ordem, a responsabilidade e os direitos das pessoas comuns".[93] Essas características são atribuídas por Waldman às religiões da era axial original, mas, na verdade, elas são importantes para qualquer sociedade de troca, sobretudo a lei e a ordem; a instituição da "paz no mercado" era importante até mesmo nas primeiras sociedades não centralizadas da África Ocidental.[94] Mas no Islã elas eram especialmente importantes, porque era imensa a extensão de seu território e de seu comércio. As terras islâmicas iam da Espanha à Índia, e o Oriente constituía "uma enorme zona comercial, contígua, relativamente estável e com baixos impostos",[95] onde havia

---

92 Musallam, The Ordering of Muslim Societies. In: Robinson (ed.), *The Cambridge Illustrated History of the Islamic World*, p.176.

93 Waldman, The Islamic World, *Encyclopædia Brittanica*, v.22, p.104.

94 Goody, *The Social Organisation of the LoWiili*, p.104.

95 Dale, The Islamic World in the Age of European Expansion 1500-1800. In: Robinson (ed.), *The Cambridge Illustrated History of the Islamic World*, p.64.

muita troca não só de mercadorias, mas também de ideias e de pessoas, que viajavam livremente. Como declarou o francês Chardin no fim do século XVII: "No *Oriente*, os comerciantes são pessoas sagradas. É por isso em particular que as estradas são tão seguras na *Ásia*".[96] Como em grande parte da África e em outros lugares, os comerciantes eram protegidos.

Já antes do Islã, os iemenitas tiveram contato com o Oriente e estabeleceram rotas marítimas pela costa leste da África e pelo Oceano Índico, até a Índia. Na verdade, toda a costa afro-asiática e todos os grandes rios parecem ter sido navegados desde os tempos de Harrapan. Depois dos judeus (a partir do século I), os cristãos também estiveram na península indiana (em especial no início do século IV) e foram seguidos pelos sassânidas (no fim do século VI). Com o desenvolvimento dessas rotas comerciais, os árabes entraram numa vasta rede de comunicação nos séculos V e VI, num período de prosperidade em que participaram do comércio que ia do Oriente Médio até Meca, onde a Kaaba, um importante santuário, tornou-se o foco de todas as tribos da península.[97] Mais tarde, o Islã expandiu esse comércio e, com isso, expandiu-se como religião. Sua importância é bem ilustrada não só pelas primeiras colônias no sul da Índia, mas também pelas viagens mais para leste; afirma-se que, no início do século IX, mais de 100 mil comerciantes árabes negociavam no porto de Cantão, no sul da China.

No Oriente Médio, apesar da fragmentação política do Islã e da divisão do califado, houve uma renascença. Uma das primeiras regiões a se independentizar foi a Ásia Central. O sultão Mahmud, de Ghazna, filho de um soldado escravo que, sob os governantes samânidas do Khorasan e da Transoxiana, tornou-se chefe de um pequeno principado independente, expandiu seu reino e tomou a maior parte da Pérsia e da Transoxiana, assim como o Afeganistão e partes da Índia (Punjab, Multan, Sindh, Délhi e Gujarat no fim do século X e início do XI, com escravos milicianos). Ainda que sua legitimidade se apoiasse na defesa da causa do califa abássida (Al-Qadir), Mahmud foi o primeiro a se proclamar sultão; com isso, já assinalava sua relativa independência do califado de Bagdá. Embora a Índia fosse sua maior fonte de riqueza, ele mantinha

---

96 Chardin, *Travels in Persia 1673-1713*. Do mesmo modo, na chamada Pax Mongolica sob Gengis Khan, e depois sob Timur (séculos XIII e XIV), dizia-se que um homem podia andar de um extremo ao outro do Império (da Anatólia ao Mar da China) com uma tigela de ouro na cabeça que não seria roubado.

97 O *status* pré-islâmico de Meca está sujeito a questionamentos. A tribo de Maomé (Banu Quraysh) era responsável pela Kaaba. Ver Crone, The Rise of Islam in the World. In: Robinson (ed.), *The Cambridge Illustrated History of the Islamic World*.

uma corte fortemente "persianizada", reunindo em torno dele um grupo de poetas do qual Ferdowsi fazia parte. Essa "era dourada" da literatura foi em parte uma revivificação da obra de Abu Nuwas e outros. A dinastia sobreviveu até 1186, mas em meados do século XI, sob pressão dos seljúcidas, reduziu-se à região do que é hoje o Paquistão.

Governada durante quatro séculos por outros grupos e indivíduos, além dos califas (e vários sultões), a chamada era abássida acabou definitivamente em 1258, quando os mongóis, liderados por Hulagu Khan, conquistaram Bagdá. Nesse período, os persas tiveram certa ascendência sobre a metrópole, apesar do governo sunita e turco nas terras centrais da Pérsia. Desde as invasões de Gengis Khan (década de 1220) até seu neto Hulagu fundar a dinastia Ilkhan (1255), as invasões mongóis trouxeram destruição para as cidades e para o campo, mas a peste negra pode ter matado um terço ou a metade de toda a população urbana do Oriente Médio em meados do século XIV.[98] Apesar das críticas negativas que receberam de historiadores nacionalistas e de europeus, os mongóis patrocinaram de fato os intelectuais, como o astrônomo e filósofo Nasir al-Din al-Tusi, e estabeleceram um vínculo entre a China e o Ocidente – eles próprios eram fortemente influenciados por essa civilização. Sob Ghazan Khan, na virada do século XIV, a economia da Pérsia foi revitalizada, mas, politicamente, o Império estava mais uma vez dividido entre vários regimes menores. O conquistador turco-mongol Timur dominava quase toda a Pérsia no fim da década de 1300, e ele próprio era grande conhecedor e admirador dessa cultura;[99] a história de que o poeta Hafiz foi dispensado de pagar impostos é, no mínimo, plausível.[100] E assim, durante o quarto de milênio que se seguiu à fundação da dinastia Ilkhan, os principais talentos literários e intelectuais da Pérsia deixaram sua marca no mundo árabe. Na verdade, com exceção de alguns intelectuais notáveis, como o tunisiano Ibn Khaldun (1332-1406), o espanhol Averróis (Ibn Ruschd) e eventualmente alguns árabes, como Al-Kindi, a Pérsia e seus arredores produziram grande parte dos principais talentos do mundo islâmico da época. A língua persa ganhou preponderância como veículo literário após o declínio do árabe e a ascendência cultural dos persas perpetuou-se desde Ferdowsi até Jami (†1492) e Alisher Navai (†1501), passando por

---

98 Ver Dols, *The Black Death in the Middle East.*

99 Chaliand, *Nomadic Empires: From Mongolia to the Danube*, p.75.

100 Fennell, Asian Literature as a Tool for Cultural Identity Creation in Europe: Goethe's Hafiz, *Asia Europe Journal*, v.3, p.237n.

Khayyam, Sadi (1184-1283), Rumi (1207-1273), Hafiz e seus seguidores místicos. Mas acontece que, desde os primeiros anos abássidas, houve uma escassez de figuras importantes, cientistas, artistas ou pensadores, oriundas da própria pátria do Profeta ou do vasto domínio árabe, que incluía a Síria e a Mesopotâmia. Como diria Ibn Khaun alguns séculos depois, ilustrando seu pensamento com muitas das conquistas persas: "É um fato curioso que a maioria dos intelectuais muçulmanos, tanto na ciência da *Sharia* quanto nas ciências intelectuais, tenha sido [persa] não árabe".[101]

Nas principais regiões islâmicas, havia uma ampla distinção entre a cultura da corte e a cultura popular. A corte era o lar da poesia escrita, da música e da dança clássicas, assim como de certo teatro e arte figurativa, embora entre o público em geral essa atividade sofresse da aversão islâmica à representação. Na corte, essas atividades floresceram e declinaram em épocas diferentes. Entre o povo, as artes mantiveram uma tradição contínua, raramente perturbada pelas práticas volúveis das elites. Por isso, nesse caso, não era questão de renascença, era dourada ou qualquer outro tipo de florescimento: esses fenômenos se referem à cultura elevada, ainda que tenham influenciado e sido influenciados pelo populacho. Na corte, a tradição mudava de tempos em tempos, porque a cultura elevada mudava; o aspecto de classe – ou, de certo modo, de consumidor – da sociedade mudava conforme o modo e o meio de produção, o comércio, e também conforme o modo e o meio de comunicação, especialmente após a introdução do papel e, em tempos mais recentes, a impressão. Essas mudanças afetaram mais amplamente a cultura, conduzindo, por exemplo, à democratização e à mecanização da escrita e da imagem. Embora um renascimento ou mesmo uma reforma exijam menos continuidade que rompimento com o passado, no início houve pouco rompimento entre o povo. Muitos costumes têm suas raízes em culturas periféricas ou populares, como afirma Lulis nos *ghazals* de Hafiz. Mas, como na Inglaterra, a cultura popular manteve-se como uma tradição separada da cultura elevada de um Shakespeare, por exemplo, apesar de ele ter utilizado canções folclóricas e apesar da mistura cada vez maior entre as duas hoje em dia.

Com o crescimento do Estado islâmico, a arte tornou-se uma espécie de atividade da corte. A mudança de sistema é perceptível sobretudo no momento que a corte abássida desaparece e dá lugar a várias cortes menores. A cultura das cortes foi imitada pela burguesia e esta apoiou a música e a arte, mesmo as de caráter não islâmico, como, por exemplo, na Ásia Central,

---

101 Muqaddimah iv. 42.

em Ghazna, a sudoeste de Kabul, onde a capital dos gaznávidas (977-1086), influenciada pelo Oriente, tornou-se um centro intelectual e literário. A diferença entre a atividade da corte e a atividade popular é mais clara na dança. Em todo domínio muçulmano, havia uma dança folclórica, uma tradição mais ou menos contínua, mas nos califados, nos sultanatos e nas cortes regionais havia um harém ou apresentações de dançarinas, em especial dançarinas da erótica dança do ventre, que estavam muito mais sujeitas aos costumes e às proibições. Além dessas várias formas, havia a dança religiosa de certas ordens de dervixes, como a Mevlevi, fundada por Al-Rumi no século XIII, que foi desaprovada por alguns, mas encorajada por muitos. A cerimônia Zikr era um ato de adoração que levava ao transe e, consequentemente, à união com Alá.[102] Em relação ao teatro, a atividade era pequena; mesmo hoje não existem teatros nativos na Arábia Saudita. O teatro de bonecos (miniaturas que não eram de fato uma representação) era ativo, mas as figuras eram furadas para mostrar que eram inanimadas.[103] Apesar disso, em regiões xiitas como o Líbano, por exemplo, desenvolveu-se algum teatro religioso entre o povo; no Irã, peças de milagre inspiradas no assassinato dos descendentes de Ali eram apresentadas no quarto mês do ano. As paradas surgiram no século X e, quando os safávidas assumiram o poder e o xiismo institucionalizou-se no Irã, tornaram-se mais elaboradas, conduzindo às composições escritas no século XVI e ao drama no século XVIII. A peça da Paixão de Husayn era muito popular no Irã, um país de língua não árabe com uma longa tradição de teatro, especialmente em peças cômicas, que datava dos tempos pré-islâmicos e estava ligada às tradições da representação. Essa tradição é particularmente marcante no teatro de marionetes, que era comum na Ásia Central. O teatro de sombras, como o turco Karagoz (olho negro) e seu companheiro Hacivat, originário da Índia, eram muito encenados; as peças, de caráter satírico, eram apresentadas por artistas que tinham suas próprias companhias. No entanto, muitas dessas peças, mesmo no nível popular, giravam em torno da religião (ainda que o teatro de sombras otomano fosse tão obsceno e escatológico quanto qualquer peça de Rabelais).[104] Do contrário, afora os espetáculos de fundo histórico produzidos pelas cortes otomanas e imitados pela aristocracia durante todo o Império, havia pouco teatro. No século IX e seguintes, os

---

102 Em árabe, *dhikr* ("lembrança de Alá").

103 Landau, [Islamic] Dance and Theatre, *Encychopædia Britannica*, v.22, p.69.

104 Zeevi, em *Producing Desire: Changing Sexual Discourse in the Ottoman Middle East 1500-1900*, dedica um capítulo ao elemento sexual no teatro de sombras.

turcos financiaram o teatro *ortaoyunu* (no meio do público), que não tinha palco, mas utilizava músicos em espaços abertos ou cafés. No nível popular, também havia apresentações com temas históricos ou eróticos, sobretudo na Anatólia, onde faziam parte da tradição da narração de histórias para um público.

Foi a dinastia fatímida dos xiitas ismaelitas que, após iniciar sua carreira na Tunísia e conquistar a Sicília, recuperou a atividade cultural no Oriente Médio e fundou o Cairo para rivalizar com Bagdá; o governante da cidade adotou o título de califa e construiu a grande mesquita e escola de Al-Azhar, considerada a Sorbonne do Islã.[105] A dinastia criou uma armada para fazer o comércio e a guerra no Mediterrâneo e fortalecer a rota para a Índia. Além de patrocinar as artes, ocupou as cidades sagradas da Arábia e expandiu-se até a Síria, onde em Alepo, em 1004, derrubou a dinastia xiita dos hamdânidas. Esta última viu nascer dois dos mais ilustres escritores do Islã: o poeta Al-Mutanabbi (915-968) e o filósofo Al-Farabi (870-ca.951), que contribuíram para a islamização do pensamento helenístico e tentaram conciliar razão e revelação. Mas esses homens tinham um problema prático e intelectual: a sobrevivência. Era comum que os filósofos (*falasifa*) tivessem de ganhar a vida como médicos, astrólogos ou músicos, e ainda competir com muçulmanos de inclinação mais religiosa. Esse confronto os levava às vezes a questionar a relação entre a revelação e a verdade, ameaçando o domínio da primeira em favor de uma interpretação mais secular.

A florescência da Espanha muçulmana ocorreu paralelamente à do Oriente Médio, mas iniciou-se um pouco depois. Córdoba era o centro da vida cultural, a sede do governo omíada (que havia fugido para lá). O Islã espanhol, escreve Clot, foi uma cultura que contribuiu muito para o desenvolvimento do conhecimento na Europa; mas na astronomia e na matemática foram os abássidas que elevaram a obra de Euclides (e outros), que só atingiu o Ocidente no século XII. A florescência do Islã ocidental atingiu seu apogeu sob o Abd al-Rahman III (912-961). Foi mais ou menos na época da abertura do comércio no Mediterrâneo que, segundo Miquel, essa florescência levou a um renascimento.[106] Este abrangeu não apenas escritores como Ibn Hazm,[107]

---

105 Achour, L'invention dans les arts. In: Chevalier; Miquel (eds.), *Les Arabes du message à l'histoire*, p.337.

106 Miquel, De la foi au pouvoir. In: Chevalier; Miquel (eds.), *Les Arabes du message à l'histoire*, p.165.

107 Ibn Hazm é lembrado no mundo islâmico sobretudo como um religioso da escola de Zahiri e "heresiologista" que também escreveu literatura em prosa.

mas também músicos e filólogos. A filosofia, a medicina e a teologia tiveram grande importância nesse processo e influenciaram a Europa Ocidental, com frequência por intermédio das traduções dos judeus. Na filosofia, tivemos Al-Kindi († ca.870) e em especial Avicena, que trabalhou com medicina, ciências e filosofia, além de ter escrito tratados religiosos. Mas a figura mais importante no reinado almóada foi Averróis (Ibn Ruschd), que foi médico da corte em Marrakesh e o grande comentador de Aristóteles. No Ocidente, a poesia sufista chegou ao auge com a obra de Ibn Arabi (†1240), que moldou o pensamento de grande parte do Islã nos séculos seguintes.

As realizações foram consideráveis. Depois de se proclamar califa, Al-Rahman III construiu a grande mesquita de Córdoba, conhecida como "a Kaaba do Ocidente", uma das quatro maravilhas do mundo muçulmano, e um enorme palácio que foi batizado de Medina al-Zahra, em homenagem a uma de suas concubinas. Ele mandou vir de vários lugares a madeira e as pedras preciosas necessárias para construir o palácio, importou colunas romanas de Cartago, mosaicos de Constantinopla e painéis esculpidos da Jordânia, cerâmicas da Mesopotâmia e motivos de animais e dançarinos típicos de Samara, o palácio onde morava o filho de Harun al-Rashid, construído fora de Bagdá. A Andaluzia estava no auge de seu poder e trocava embaixadores com Bizâncio, cujo governante enviou uma cópia ilustrada da *Materia medica* de Diascórides. Oto I, da Alemanha, enviou um representante à Andaluzia para protestar contra a pirataria no Mediterrâneo, pois o comércio era vital para o regime. A fama do califa era tal que chegou a servir de mediador entre governantes católicos.

Como o reinado de Al-Rahman III, o de seu filho Hakam II (de 961 a 976) foi um período de paz e prosperidade. E foi no reinado do filho que a Andaluzia assistiu ao apogeu da cultura muçulmana na Espanha. Foi ele quem atraiu intelectuais, poetas, mercadores, viajantes e refugiados para sua corte, seguindo o estilo dos governantes abássidas de Bagdá. Era versado em artes e ciências e construiu uma imensa biblioteca no Alcázar de Córdoba, com cerca de 400 mil manuscritos. Na cidade, Hakam criou 27 escolas e seu exemplo foi seguido por outros, que fundaram bibliotecas menores; alguns desses governantes eram também escritores e foram imitados até na Espanha cristã.[108]

Hakam foi sucedido por seu único filho, Hishom. O adolescente caiu sob influência de Mansur, um militar que depois lhe tomou o poder e o confinou no palácio. Numa tentativa de mostrar ao povo que era um verdadeiro mu-

---

108 Clot, *L'Espagne musulmane*, p.137.

çulmano, que não havia sido afetado pelos *falasifa*, Mansur decidiu dispersar a biblioteca e queimar todos os livros relacionados às "ciências antigas", com o apoio dos próprios professores do califa. Esse ato de "imperdoável vandalismo" acabou por retardar o esforço do Islã ocidental para reviver as realizações do Oriente. O estudo das ciências antigas poderia levar à heresia e o *ulama* tinha de se concentrar em estudos legítimos. No entanto, a dispersão dos livros pela Andaluzia renovou o interesse pelas ciências antigas nos pequenos reinos.[109] Ainda assim, Mansur atingiu seu objetivo, que era parecer um bom muçulmano, o que ele reafirmou copiando um *Alcorão* que sempre levava com ele.

Mansur praticou uma política agressiva, que dependia de guerras, dos soldados berberes e de impostos. Seus defensores não foram bem-sucedidos como governantes e o califado chegou pouco a pouco ao fim; o país estava dividido, em parte por pressão dos berberes, e foi dominado pelos *taifas* ou "reis das facções". Essa desintegração significou um grande número de pequenas cortes, mas também levou a um dos mais brilhantes períodos da Espanha muçulmana, quando uma corte rivalizava com outra.[110] Em Sevilha, o reinado de Mohammed II (1069-1090), que foi um desses "reis das facções", foi um período em que as artes e as letras floresceram com um brilho especial. A cidade cumpria seu papel no comércio e era cercada por uma planície fértil, onde se produziam o óleo e os cereais que se tornaram fundamentais para o comércio internacional, em especial com Alexandria. Foi o pai de Mohammed II que foi obrigado por Afonso de Castela a devolver o território aos cristãos; com a perda de Toledo (1085), as conquistas de El Cid e a pressão dos vizinhos, ele pediu ajuda aos puritanos almorávidas do Marrocos e isso retardou a expansão para a Andaluzia.

Enquanto a Espanha passava pela Reconquista, poucos cristãos suspeitavam que esse país pagão "tivesse em suas enormes bibliotecas alguns dos maiores tesouros que a humanidade jamais teve".[111] Um dos motivos para essa falta de interesse por parte da cristandade era que se acreditava que tudo fora dito por Nosso Senhor e não eram necessárias contribuições de fora. No século XII, mesmo antes da tomada de Toledo, isso mudou. O islamismo e o cristianismo se uniram, produzindo um fluxo de conhecimento para o norte. Pela primeira vez, a Europa intelectual pôde conhecer todas as grandes

---

109 Said al-Andalusi, *Kitab Tabaqat al-umam* apud Jacquart, *L'épopée de la science arabe*, p.101-2.
110 Clot, op. cit., p.189.
111 Ibid., p.271.

obras da Antiguidade, em especial Aristóteles. Os intelectuais correram para a Espanha para inteirar seu conhecimento com essas obras – e com aquelas dos autores árabes. A cultura europeia mudou de forma radical.

> Em poucos anos [...] houve uma transformação das mentes, que terminou, se não em rejeitar, ao menos em não mais aceitar a revelação como ponto de partida para tudo. As pessoas inspiravam-se menos nas Escrituras e mais nos filósofos profanos [...] Aristóteles era a base do método e da teoria do conhecimento de Abelardo [...] Tudo isso foi possibilitado pelo encontro com o Islã.[112]

Esse avanço no pensamento secular ocorreu com a tomada de Toledo. Pedro Alfonso, um judeu convertido, foi para a Inglaterra e cultivou um círculo de intelectuais, convencendo Adelardo de Bath a ir para o estrangeiro para estudar as obras árabes, onde ele traduziu as tábuas de Kwarizmi e os *Elementos*, de Euclides. Por influência de Adelardo, desenvolveu-se um espírito de investigação mais científico que, no século XIII, levou às obras de Roger Bacon e Roberto Grosseteste; a tradição inglesa era menos religiosa, menos tomista, que a de Paris. A partir de 1120, o movimento de tradução na Espanha intensificou-se, disseminando-se para Navarra, além de Toledo. Muitos intelectuais estavam envolvidos nesse processo e a rede aumentou em toda a Europa Ocidental. A figura mais importante desse movimento foi Gerard de Cremona, que traduziu cerca de cem obras do árabe para o latim, inclusive o *Almagesto* de Ptolomeu e obras de Avicena, Galeno, Hipócrates, Razi, Aristóteles e Farabi. As traduções que fez de Aristóteles foram particularmente importantes para o desenvolvimento do pensamento europeu.[113]

Aos tempos difíceis dos *taifas* seguiram-se dois séculos de almorávidas e almóadas, dinastias puritanas berberes que produziram os grandes filósofos e cientistas que tiveram grande influência sobre a civilização do Oriente Médio e do Ocidente. Isso foi no século XII, o século de Averróis, cujas obras incluem comentários sobre Aristóteles, uma paráfrase da *República* de Platão e estudos sobre medicina e meteorologia. Várias de suas obras foram traduzidas para o latim, mas os originais árabes foram destruídos com as grandes bibliotecas, quer por cristãos, quer por muçulmanos. A atividade da tradução teve importância particular para a história do Ocidente, porque conservou para a Europa cristã obras de autores gregos, mas também textos de ensinamentos

---

112 Ibid., p.273.

113 Sobre o Renascimento do século XII, ver Southern, *The Making of the Middle Ages*; id., *Medieval Humanism and Other Studies*; e Bolgar, *The Classical Heritage and its Beneficiaries*.

árabes. Uma das obras filosóficas de Averróis intitulava-se *A incoerência da incoerência* e era uma réplica ao sufista Ghazali (1058-1111), que atacou a filosofia num livro chamado *A incoerência dos filósofos*. Na medicina, temos a obra de Albucassis (nascido em 926), que compôs uma enciclopédia de trinta volumes, o *Tasrif*. Ele foi o primeiro a usar a cirurgia, por exemplo, para a cauterização e realizou muitas observações clínicas. Também recomendou o estudo da anatomia e da dissecação. Na geografia, Al-Idrisi (nascido em 1100) trabalhou para Rogério da Sicília e fez um relato do mundo (o Livro de Rogério). E esses foram alguns dos muitos intelectuais notáveis desse período. Mas a história não acaba aí. Nos dois séculos que antecederam a tomada de Granada pelos cristãos, houve "um brilhante florescimento tardio da cultura islâmica, comparável ao da era dourada dos omíadas, cerca de trezentos anos antes. O vestígio mais notável desse florescimento é Alhambra".[114] Miquel observa que, apesar dos muitos avanços do Islã no período posterior, de Ibn al-Nafis na medicina, de Averróis na filosofia e de Ibn Khaldun na história, a continuidade foi limitada; quem prosseguiu com essas inovação, sobretudo, foram os cristãos do Ocidente. Isso se deveu talvez à ausência de uma institucionalização do conhecimento secular como ocorreu nas sociedades ocidentais posteriores.[115]

A história do Islã começou com o movimento de tribos árabes nômades para o Oriente Médio. Esse movimento se repetiu de certo modo com a chegada dos povos altaicos da Ásia Central entre 1041 e 1405: os seljúcidas (1055-1092), os mongóis (1256-1411) e os neomongóis (1369-1405), que se dividiram após a morte de Timur. Os seljúcidas turcos expulsaram os sultões buáiidas xiitas de Bagdá por ordem dos califas abássidas, em 1055, e o governo dos seljúcidas sunitas assistiu ali e em outros lugares à fundação de novos madraçais ortodoxos, cujos estudantes serviriam não apenas às autoridades religiosas, mas também à burocracia. Como sob o domínio dos antigos sultões, essa burocracia abrangia um número significativo de intelectuais persas, alguns deles patronos, por seus próprios méritos. O vizir Nizan al-Mulk escolheu para diretor do madraçal de Bagdá seu conterrâneo do Khorasan, o famoso jurista, teólogo e, mais tarde, músico Al-Ghazali, que criticou de maneira vigorosa a *falasifa* helenizadora (no tratado em árabe já mencionado) e o pensamento ismailita (um ramo do xiismo). Ele foi um

---

114 Irwin, The Emergence of the Islamic World System 1000-1500. In: Robinson (ed.), *The Cambridge Illustrated History of the Islamic World*, p.57.
115 Miquel, De la foi au pouvoir. In: Chevalier; Miquel (eds.), *Les Arabes du message à l'histoire*.

grande defensor da religião e considerado um "renovador" da fé (*mujaddid*), coisa que se esperava em toda virada de século no Islã. Mas, apesar do *Livro dos conselhos*, de Al-Ghazali, e de outras obras semelhantes escritas no apogeu dos primeiros sultanatos seljúcidas, quando seus domínios se estendiam à Mesopotâmia, à Pérsia, à Ásia Central, ao Afeganistão e à Anatólia, seus sucessores não conseguiram evitar a perda de territórios ou resistir às depredações das Cruzadas. A soberania durou três séculos na Anatólia, mas, em outros lugares, mal chegou ao século XI.

Um tipo diferente de renovação veio de fontes externas. Os cruzados invadiram o Oriente Médio, e na verdade grande parte do território intermediário, numa época de grande divisão política no Levante (1096-1099), mas, um século depois, a combinação de desordem com presença de invasores europeus apresentou-se como uma oportunidade para o general Saladino, que era de origem curda. Depois de expulsar o último califa fatímida do Egito para o governo de Damasco, ele tomou a Síria e fundou a dinastia aiúbida, quando os coptas cristãos do Cairo tiveram "um verdadeiro renascimento intelectual".[116] Outros fizeram o mesmo. A arquitetura aiúbida está mais bem preservada na cidade de Alepo, no norte da Síria, onde vemos uma fortificação militar ampla e cuidadosamente modernizada, aliada ao patronato religioso; mesquitas (algumas delas igrejas cristãs reformadas), instituições sufistas e madraçais foram construídas em ritmo acelerado; estes últimos se concentravam em sua maioria no ensino das escolas de Direito, que na época estavam firmemente consolidadas como pilares da tradição islâmica. Os primeiros madraçais do Egito foram introduzidos por Saladino e seus sucessores aiúbidas; foram construídos em estilo sírio, ao lado dos palácios do sultanato e da nobreza de épocas passadas. Desde a época dos fatímidas, a cidade do Cairo foi marcada pela construção de mausoléus: com eles se gastavam cada vez mais os espólios das conquistas. A combinação de um madraçal com uma instituição pia outorgava ao patrono um direito legalmente irremovível sobre as premissas que sustentavam seu mausoléu. Por essa razão, desde os aiúbidas e ainda mais sob os mamelucos, tantos mausoléus se alinham à Qasaba e às ruas centrais da capital egípcia. Em termos de estilo, certo ecletismo foi alimentado por inovações locais e ideias inspiradas nos prédios levantinos e mesopotâmicos de séculos anteriores: a combinação de plano quadrado com domo octogonal, os recessos em forma de favo de mel (*muqarnas*), a geometria dos minaretes, o uso de *iwans* (corredores abobadados, abertos em uma das extremida-

---

116 Ibid., p.85.

des), fontes, pequenos lagos etc. – e até empréstimos ocasionais da arquitetura das catedrais cristãs. O mesmo se aplica aos *objets d'art* menores; os anos sob Saladino são conhecidos por não terem sido muito extravagantes, mas a grande demanda por adornos intrincados, vasos e outros objetos de uso, inclusive uma surpreendente série de dispositivos produzidos pelo engenheiro Al-Jazari e descritos em seu *Tratado sobre os autômatos*,[117] aumentou perto do fim do período aiúbida.

O projeto e o gosto variavam conforme o rumo do comércio, o destino das batalhas e a origem dos vitoriosos, que traziam com eles ideias velhas e novas de onde quer que a guerra, a política e o comércio os levassem. Nesse movimento constante em todo o Islã, não houve exatamente renascença, mas florescência, no sentido de que não houve a recuperação de uma cultura ignorada ou esquecida, mas fluxo e refluxo de uma civilização em constante contato com outras.

A dinastia dos aiúbidas governou até a década de 1250, quando seus territórios egípcios e levantinos foram tomados por seus próprios "escravos", os milicianos recrutados (mamelucos). O recuo para o norte não demorou a tombar diante da invasão da Síria pelos mongóis. Mas o novo Estado mameluco provou ser militarmente superior ao dos novos invasores. Os mongóis seguiam uma religião xamanista, mas no século XIII governavam vastas regiões muçulmanas. Afinados com a cultura letrada das elites muçulmanas, os *khans* patrocinaram todos os tipos de conhecimento, apoiaram intelectuais de lugares distantes como a China e construíram um importante observatório no Azerbaijão. Entretanto, em meados do século XIII, Berke Khan (†1266, neto de Gengis Khan) e a Horda Azul (ocidental), converteram-se ao islamismo e enredaram-se na defesa dos mamelucos na Palestina contra a campanha de Hulagu, primo de Berke, derrotando-o depois no Cáucaso. Durante algum tempo, os sucessores de Hulagu abraçaram o budismo tibetano, mas na virada do século XIV também se converteram ao islamismo e patrocinaram uma série de escritores muçulmanos brilhantes, como o judeu persa convertido Rashid al-Din, médico e autor de uma longa história universal que, para a época, era bem documentada.[118] Rashid al-Din foi vizir e historiador da corte no governo ilkhan de Uljeytu (de 1304 a 1316). Ele escreveu a história mundial provavelmente em Tabriz, em 1307, e esta foi luxuosamente ilustrada

---

117 *Kitāb fī Ma'rifāt al-Hiyal al-Handasiyyah*. Ver Atil, *Rennaissance of Islam: Art of the Mamluks*, p.255 et seq.

118 *Jamī' al-Tawarikh* (Compêndio das crônicas).

alguns anos depois (ilustrações 2 e 3). Os volumes, que começavam com a história dos mongóis, foram produzidos na oficina de Al-Din em Rashidiyya, que se tornou um centro intelectual, artístico, teológico e cultural durante o domínio dos ilkhans da Pérsia. Ele estabeleceu uma renda para apoiar intelectuais e estudantes e capacitar a instituição para produzir duas cópias por ano, uma em árabe e outra em persa, que eram distribuídas para os principais centros de ensino do Estado. Isso atraiu intelectuais da Ásia Central e do Extremo Oriente, assim como da Mesopotâmia e do Irã. No entanto, depois que os ilkhans fracassaram na tentativa de se expandir para a Palestina e o Egito, o poder dos mongóis no Ocidente começou a se esfacelar e outros governantes turcos assumiram o controle; muitos deles eram oriundos da casta militar que se desenvolveu a partir do exército mameluco formado no século IX, sob o califado. Do lado oriental do Islã, o primeiro sultanato de Délhi, que governou grande parte do noroeste da Índia (como os 85 anos de "dinastia escrava" e os 30 anos da dinastia Khilji), também era de origem mameluca, e resistiu repetidas vezes às invasões dos mongóis. O centro do sultanato era "um lugar culturalmente animado, que atraiu várias pessoas bem-sucedidas"[119] e compreendia o Qutb (o maior minarete do mundo islâmico e uma plataforma inacabada oito vezes maior que o usual), construído com restos de construções hindus e jaina ainda maiores (afirma-se que 27 templos foram destruídos). Essas construções são uma lembrança do talento arquitetônico que distinguiu o elemento turco-muçulmano do mongol da diáspora altaica que dominou quase toda a Ásia oriental, ocidental, central, interior e meridional durante esses séculos.

A oeste, no Cairo, o Estado mameluco resistiu com sucesso à invasão dos ilkhans persas e prosperou, apesar da aparente instabilidade política do sistema; no século I, o tempo médio de reinado nessa "dinastia" era de apenas alguns anos. A florescência cultural que ocorreu nessa época contribuiu para a predominância cultural do Egito que teve início sob os aiúbidas.[120] Fazendo coro com as primeiras palavras dos chineses em consideração a Pequim, e sem dúvida pensando sobretudo na capital Cairo, Ibn Khaldun disse sobre o Egito: "Quem não o viu não conhece o poder do Islã".[121] Havia ali uma vida intelectual desenvolvida, da qual fazia parte Ibn al-Navis (1213-

---

119 Waldman, The Islamic World, *Encyclopædia Brittanica*, v.22, p.122.

120 Ibid.

121 Citado em sua autobiografia. Ver Ibn Khaldun, *Al-Ta' rīf bi Ibn Khaldūn wa Rihlatuhu Gharbān wa Sharqān*.

1288), o médico que, como vimos, descobriu a circulação pulmonar trezentos anos antes de os médicos europeus tomarem conhecimento de seus feitos. Mas a atividade religiosa também floresceu. Ibn Taymiyyah, um reformador muçulmano que viveu na Damasco dos mamelucos no fim do século XIII e início do século XIV, escreveu contra os estudos realizados fora do escopo da *Sharia*, argumentando a favor dos fundamentos do islamismo de uma maneira que pôde ser retomada no fim do século XVIII pelo movimento wahhabi. Isso trouxe problemas para ele com as autoridades mamelucas, já que sua posição anti-helenística pode ser vista com clareza em *Ar-Radd ala al-Manti-qiyyin*.[122] Mais uma vez, houve um conflito entre as exigências da religião e as da ciência.

No próprio Egito, a demanda por uma alta cultura vinha mais da classe governante mameluca que dos comerciantes. De fato, Ettinghausen afirma que as condições ali tornavam "impossível a formação de uma burguesia extensa, próspera".[123] Mas ainda que os mamelucos tenham controlado e até inibido o pleno surgimento de outras classes, grande parte da riqueza do Egito vinha da atividade mercantil, que era estimulada pelo governo e estendia-se por toda parte; durante quase três séculos, eles tiveram acesso direto às rotas de navegação tanto do Mediterrâneo quanto do Mar Árabe. Consequentemente, o florescimento da arte no Irã não foi tão excepcional como se diz. O Egito também experimentou uma "renascença" baseada no comércio florescente, mas a clientela era diferente, embora ambas dependessem de uma cultura urbana.

Às vezes esse florescimento ocorria em apenas um setor. Musallam fala de "uma florescência notável" das mulheres na religião nos tempos de Sakhawi (†1497) e de um "renascimento do conhecimento religioso das mulheres".[124] Al-Sakhawi foi um intelectual shafii da Medina cairota nas últimas décadas do período mameluco; sua enciclopédia biográfica, *Al-Daw al-Lami* (cujo último volume é *Kitab al-Nisa'*, o livro das mulheres), relaciona e dá detalhes sobre 1.075 mulheres (do contrário, desconhecidas) que aparentemente eram especialistas na transmissão dos *hadiths* (*muhaddithat*), os feitos pessoais e as palavras do Profeta. Cinquenta anos antes, Ibn Hajar al-Asqalani listou muitas delas.

---

122 Refutação dos lógicos.
123 Ettinghausen, The Flowering of Seljuq Art, *Metropolitan Museum Journal*, v.3, p.131.
124 Musallam, The Ordering of Muslim Societies. In: Robinson (ed.), *The Cambridge Illustrated History of the Islamic World*, p.191.

A dinastia mameluca do Egito começou com o breve sultanato de Qutuz (de 1259 a 1260) e de seu general e depois assassino Baibars (de 1260 a 1277). Este usurpou o que restava do poder aiúbida no Cairo e repeliu tanto a invasão dos ilkhans quanto a ameaça dos cruzados, embora a nobreza cristã tenha oferecido ajuda a Qutuz e só os Templários tenham apoiado os mongóis. Baibars foi sucedido por Qalawun, que derrotou os mongóis mais uma vez e tomou várias fortalezas dos cruzados, apesar dos tratados que tinha com eles. Nessa época, o comércio floresceu e comerciantes da China, da Índia e do Iêmen desembarcavam mercadorias de valor nos portos dos mamelucos e proporcionavam grandes lucros ao Estado.[125] A corte patrocinou as artes e criou um estilo próprio (mameluco). A porcelana foi muito influenciada pelo estilo "azul e branco" (*quing-hua ci*) e outros estilos da China; já a complexidade da geometria e das inscrições dos trabalhos em metal dos mamelucos foi imitada nas artes "vêneto-islâmicas" de Veneza.[126] Comércio e influências vibrantes fluíam nas duas direções, já que os aspectos anicônicos das outras dinastias muçulmanas não eram do agrado dos mamelucos egípcios; a afluência do artesanato da Ásia Oriental e das terras intermediárias introduziram novos motivos decorativos, como flores, folhas e animais fantásticos, inclusive harpias, grifos, *qilins* (criaturas quiméricas da China), fênices e esfinges, de proveniência chinesa, mongol, turca e grega.[127] Se houve receptividade mútua aos estilos artísticos, houve também às técnicas e aos usos; os trabalhos com vidro dos mamelucos egípcios foram recuperados na China, e o Oriente Médio importou a porcelana Ming, cujos desenhos imitavam seu próprio trabalho com metal.[128]

Na arquitetura, uma onda de encomendas teve início já na época de Baibars e Qalawun: mesquitas imponentes, encimadas de domos e minaretes, mausoléus elaborados e madraçais que logo se tornaram marca registrada do Cairo. Mas o ponto alto da arte inicial dos mamelucos ocorreu durante o reinado do filho de Qalawun, Al-Nasir Muhammad.

---

125 Atil, *Rennaissance of Islam: Art of the Mamluks*, p.14; ver também Howard, Venice and the Mamluks. In: Carboni (ed.), *Venice and the Islamic World, 828-1797*.

126 Atil, op. cit., p.55. A cerâmica branca e azul-cobalto tornou-se conhecida na Europa a partir do fim do século XVI, já no fim das dinastias Ming e Qing; foi produzida em massa na província de Jiangxi a partir do fim da dinastia Yuan (início do século XIV), e sua influência no Egito em meados do século XIV mostra como os mamelucos estavam próximos do comércio mundial.

127 Ibid., p.15, 50 et seq.

128 Atil, *Art of the Arab World*; id., *Rennaissance of Islam: Art of the Mamluks*, p.55.

Com os cofres transbordando com os lucros do comércio e os aperfeiçoamentos nos métodos agrícolas, ele se permitiu ser o maior patrono mameluco das artes, encomendando palácios magníficos e cerca de trinta mesquitas, além de objetos espetaculares tanto para uso secular quanto para uso religioso.[129]

Entre as obras que encomendou, estavam a primeira fonte pública do Cairo e o grande aqueduto que ligava o Nilo à cidadela. Mas o patronato não se limitava aos governantes. "Os emires competiam com o sultão [...]. A riqueza do Império Mameluco e o luxo da corte do sultão estimulavam artistas e arquitetos."[130] Ibn Khaldun, que viveu para ver a grandeza do Cairo sob a dinastia bahri, chamou-o de "centro do universo e o jardim do mundo".[131] A competição entre a elite levou a "uma explosão sem precedentes na produção artística", assim como no trabalho dos "homens da pena", como o historiador Siriano e o exegeta alcorânico Abu al-Fida (1301-1373). No decorrer do século XIV, a atividade diplomática dos últimos sultões da dinastia bahri fez uma trégua pouco conhecida com as primeiras dinastias muçulmanas, e estabeleceram-se relações cordiais com os últimos ilkhans, com a Horda Dourada, com vários governantes indianos, balcânicos e abissínios, com o pontífice romano e com os reis da França e de Aragão.

No entanto, os governantes da dinastia bahri foram sucedidos pelos da dinastia burji (1382-1517) e o Estado tornou-se menos próspero. Os novos governantes tentaram competir com as magníficas doações dos sultões passados e construíram suas próprias mesquitas, mas houve certo declínio, sobretudo nas artes associados ao trabalho com metal e vidro, em parte por causa da devastação causada pela peste negra. Então, em meados do século XV, o longo reinado do sultão Qaitbay (1468-1498) assistiu ao que Atil chama de "renascimento da arte dos mamelucos".[132] Houve um aumentou nas atividades comerciais e, ao mesmo tempo, Qaitbay mandou construir mesquitas e "revitalizou" todas as formas de produção artística, inclusive os livros; com a disseminação dos madraçais, a demanda de ornatos qurans cresceu e a arte da ilustração de livros prosperou com liberalidade, embora a maioria de suas glórias seculares tenha se dispersado nos livros populares dos períodos anteriores, como as coleções em prosa satírica *Maqamat*, de Al-Hamdhani e Al-Hariri, escritas por volta de 1000 e 1100, respectivamente, e o *Kalila*

---

129 Id., *Rennaissance of Islam: Art of the Mamluks*, p.15.
130 Ibid., p.15.
131 Ibn Khaldun, *Al-Ta' rīf bi Ibn Khaldūn wa Rihlatuhu Gharbān wa Sharqān*, p.246.
132 Atil, *Rennaissance of Islam: Art of the Mamluks*, p.17.

wa Dimna, de Al-Muqaffa. Dado o foco militar e administrativo do reinado de Saladino (cujas principais obras literárias eram sobretudo epistolares ou biográficas), a relativa curta duração da dinastia aiúbida, o fato de a língua materna do fundador não ser o árabe e de os primeiros mamelucos terem origens escravas e *ethos* guerreiro, houve, talvez, certo eclipse nas obras literárias e científicas árabes nos séculos seguintes às invasões mongóis, embora estes tenham sido pontuados por uma literatura de viagens excepcional, como a de Ibn Jubayr (1145-1217) e Ibn Battutah (1304-1377), e por obras como a de Ibn Khaldun, todas oriundas de muito longe dos territórios mamelucos. Mas isso dependia muito da região. Se voltarmos nossa atenção para o Egito, a vida cultural nos séculos XIII e XIV não foi menos rica que a dos séculos anteriores. Havia muitos intelectuais trabalhando em vários campos, como o lógico e jurista Al-Sharif al-Tilimsani (†1370), que foi um dos professores de Ibn Khaldun, o astrônomo Ibn al-Shatir (†1365) e o beletrista Al-Safadi (†1363). Entretanto, nas artes visuais, na esteira das invasões mongóis, prosperaram apenas as mais visíveis, práticas, decorativas e plásticas, mesmo nos anos dourados de Qaitbay. Nessas artes, porém, seu reinado deixou um legado que "recuperou o esplendor do passado". Esse esplendor incluiu a interpenetração de estilos e motivos do Oriente Médio, da Europa e da China. Isso é evidente pelo fato de que:

> a tarefa mais difícil no estudo das sedas mamelucas é identificar as peças feitas no Egito e na Síria e diferenciá-las dos tecidos produzidos na China para os sultões e das imitações italianas e espanholas dos tecidos dos mamelucos. As sedas chinesas tecidas para a corte dos mamelucos empregavam inscrições em árabe e motivos heráldicos similares àquelas fabricadas pelos artistas locais. Exportadas para o Ocidente, as sedas dos mamelucos tinham uma grande demanda nos Estados mediterrâneos [...] e inspiraram as indústrias têxteis de Granada, Lucca e Veneza.[133]

Os chineses tiveram muita dificuldade para satisfazer seus clientes estrangeiros. Alguns de seus tecidos com inscrições em árabe conseguiram atingir a Europa Ocidental, onde eram especialmente populares nos círculos eclesiásticos. Hoje, podem ser encontrados em várias cidades-catedrais da Europa Central e em museus, como o Victoria and Albert, em Londres, e nos de São Petersburgo e Berlim. Mas, entre o que coube ao Cairo das escavações realizadas em Fustat, também podem ser encontrados muitos tecidos de algo-

---

133 Ibid., p.223.

dão estampados por meio da técnica da xilogravura e com tintas resistentes, provenientes da Índia.[134]

Embora houvesse importações de peças de artesanato chinês, como trabalhos em metal, a cultura do período dos mamelucos foi sobretudo uma continuação da dos aiúbidas e, mais remotamente, dos abássidas, em especial nos artigos da Mesopotâmia. Mais uma vez, houve inovações na arquitetura (carpetes de damasco com inscrições, uso de escudos, uma ou duas características decorativas, mausoléus ligados a outras instituições), mas em grande parte ela deu continuidade à de Bagdá, aos gêneros e características da Síria. Houve uma grande difusão do comércio e da diplomacia, e há algumas evidências de atividade entre literatos e artesãos, mas a ciência não estava muito avançada, enquanto a tradição religiosa continuava a se basear nos elementos já existentes, alguns recentes e outros mais antigos. Apesar da chamada renascença, não houve uma revivificação da cultura como um todo nem um grande salto adiante como no Renascimento italiano. A interação com a China foi um fenômeno notável de atividade mercantil, e os conteúdos trocados eram com frequência decorativos e para consumo comercial.[135] A "renascença" designa um desenvolvimento cultural e econômico repentino, um apogeu em certos trabalhos artísticos e formas mais comerciais de produção criativa, não mais abrangente. A peste, que já havia dizimado a população sob os bahris, em 1348, retornou ao Levante e ao Egito no início do século XVI e contribuiu para o declínio do poder político e cultural. Os mamelucos lutaram sem sucesso contra os otomanos e, finalmente, foram derrotados em 1517.

Houve renascença entre os turcos otomanos que assumiram o poder? Os otomanos formavam seus *ulama* em madraçais especializados para servirem à burocracia; esse aspecto do governo era bem desenvolvido. Sua influência era considerável, mas "desencorajava a especulação científica, filosófica e até mesmo teológica", uma tendência já marcante no fim do século XVI. Em 1580, por exemplo, a suprema autoridade religiosa dos otomanos, o xeque Al-Islam, opôs-se à construção de um novo observatório em Istambul[136] e os janízaros tiveram permissão para destruí-lo. Esse ato demonstra a fragilidade

---

134 Ibid., p.224-5.

135 Como eram usadas nas vestes eclesiásticas, parece pouco provável que as inscrições dos mamelucos fossem lidas, tanto por seus compradores do norte da Europa quanto por seus produtores chineses.

136 Irwin, The Emergence of the Islamic World System 1000-1500. In: Robinson (ed.), *The Cambridge Illustrated History of the Islamic World*, p.69.

do conhecimento que poderia pôr em dúvida a ortodoxia religiosa. Na mesma época, porém, o mogol Rajput, marajá Jai Singh II de Jaipur, construiu observatórios em Jaipur, Ujjain, Benares, Mathura e Délhi. Essa diferença de ênfase, essa alternância era uma questão regional no Islã.

Entretanto, desde a época da invasão dos mongóis, a Arábia como um todo experimentou algo semelhante a uma idade das trevas, uma estagnação cultural e científica que foi ainda mais exacerbada pela dominação otomana e pela preocupação com as questões militares. Na Turquia, os otomanos assistiram ao florescimento da poesia sufista e encorajaram o persa e o turco como línguas literárias, enquanto o árabe era reservado às funções litúrgicas e teológicas. Os reveses políticos e militares durante o século XVII encorajaram a adoção de características da cultura europeia no início do século XVIII, no chamado "Tempo das Tulipas". Mas, mesmo então, características culturais, como a própria tulipa e a vacinação, estavam se dirigindo para o Ocidente.

Portanto, a hegemonia otomana sobre o mundo árabe nem sempre foi favorável à atividade artística. Nesse Império Turco poliglota, o multiculturalismo existiu desde sempre, mas não funcionou a favor de nenhuma das línguas ou literaturas, porque o patronato era dominado pelos dignitários turcos. Para eles, a maioria dessas culturas regionais, inclusive as das terras árabes, carecia de importância. Tanto que, mesmo um poeta como Fuzuli, que nasceu e trabalhou no Iraque, não podia se permitir escrever em árabe; daí grande parte de sua poesia ter sido escrita em persa e turco. Mesmo a poesia persa tornou-se em sua maior parte uma poesia de temas líricos convencionais.

Mas a cultura turca teve sua originalidade e suas realizações culturais, mesmo que seja difícil falar de uma renascença no sentido europeu. No que se refere à literatura, os intelectuais turcos traduziram muito material, inclusive do grego.[137] Muitos manuscritos gregos foram copiados na corte de Mehmet II, o Conquistador (1453-1481), que era famoso por seu "catolicismo culto". Na arquitetura, Istambul é conhecida por sua silhueta atraente. As primeiras realizações em Bizâncio e na Hagia Sophia foram sem dúvida importantes nesse sentido (assim como a arquitetura romana para as primeiras basílicas cristãs). Mas de modo algum a grandiosidade da Mesquita Azul e outras é diminuída por esses vínculos. A série de desenhos da decoração interna dessas construções é tão variada e surpreendente como em qualquer outro lugar do mundo islâmico; e a perfeição e os detalhes, entremeados com relevos e

---

137 Ver Gutas, *Greek Thought, Arabic Culture: the Graeco-Arabic Translation Movement in Baghdad and Early 'Abbasid Society (2ⁿᵈ-4ᵗʰ/8ᵗʰ-10ᵗʰ centuries)*, p.173 et seq.

superfícies mais planas, indicam um patrocínio generoso. Há mosaicos, conglomerados de domos como os de Bukhara, densas misturas de vários tipos de escrita, preferência por medalhões e painéis rosados, talvez um ornato a mais numa coluna, arcos ou pendículos, tanto no palácio de Topkapi Saray e em seus quiosques quanto nas mesquitas de vizires e paxás. Há também os azulejos criados em Iznik, as famosas sedas de Bursa e os muitos tapetes que tanto atraíram os europeus durante o Renascimento (e mais tarde), aparecendo com frequência nas pinturas da época. Hoje, a culinária da Turquia é famosa no mundo todo como uma das altas culinárias. É verdade que sua culinária deve muito à Pérsia, seus azulejos, à China, e sua tecnologia militar, à Europa (ou à China e ao Oriente Médio), mas essa mistura de origens é característica em todas as culturas eurasianas e não diminui sua própria contribuição para o resultado final. O comércio com o Oriente Médio turco foi parte importante na revitalização econômica da Europa, possibilitando o Renascimento italiano.[138] Tudo isso não chega a ser uma "renascença" no sentido que demos ao termo, mas certamente a cultura turca teve seu momento de florescimento.

O Oriente Médio assistiu à luta entre os otomanos, mais particularmente sob Suleyman (1520-1566), e os safávidas sob Abas I (1589-1629), na Pérsia. Este último viu a divisão entre a liderança xiita do *ulama* e a autoridade secular do xá, um título que foi recuperado e que remetia à Pérsia pré-islâmica; os otomanos, por outro lado, tornaram-se mais religiosos, à maneira sunita tradicional. Nos séculos XVI e XVII, o Irã safávida contribuiu para "um maior florescimento cultural" por intermédio da língua persa e das artes visuais.[139] Estimulou-se o desenvolvimento da *falasifa* e do Ishraqi (escola iluminista). O Ishraqi era um grupo de filósofos, fundado por Suhrawardi (†1191), que desejava retornar à sabedoria de Platão e dos sábios pré-socráticos e zoroástricos. O movimento, discutido por Pamuk,[140] foi influenciado pela China e, por sua vez, influenciou as culturas vizinhas, como a Índia.

No século XI, no oeste do Islã, houve movimentos reformistas entre os berberes sunitas do norte da África que foram chamados para ajudar na resistência à reconquista da Espanha. A confederação sanhadja do Saara Ocidental era formada por líderes envolvidos no comércio de caravanas no Saara, esteve durante muito tempo em contato com o Islã e deu origem à chamada

---

138 Goody, *The Theft of History*.
139 Waldman, The Islamic World, *Encyclopædia Brittanica*, v.22, p.127.
140 Pamuk, *My Name Is Red*.

Universidade de Timbuctu. Um desses líderes foi em peregrinação a Meca (como muitos outros) e trouxe de lá o professor Abdallah ibn Yasin para instruir seus seguidores na verdadeira vida religiosa. Foi assim que surgiram os almorávidas, um grupo que mais tarde conquistou o Marrocos, o Saara Ocidental, a Mauritânia, Gibraltar e partes do Senegal, de Mali e da Argélia. Eles se uniram para ajudar os andaluzes em sua luta contra o cristianismo, mas, na década de 1090, a segunda onda de invasões tinha o propósito de depor e substituir os "reis das facções" do sul islâmico que pediram seu auxílio. Nessa luta contra o cristianismo, Valência foi o único acréscimo importante ao domínio muçulmano; e, no caso dos almorávidas, esse domínio foi rígido e reformista e tentou levar o "correto" islamismo da *Sharia* para as pessoas que caíam em erro, quer berberes convertidos do Saara Ocidental, quer insignificantes *maliks* e *amirs* da Espanha. Embora o impacto político, econômico e religioso desses reformadores tenha sido grande, no primeiro quarto do século XII eles tombaram diante de outro movimento importante dos berberes, o dos almóadas.[141]

O movimento foi fundado por Ibn Tumart, nascido na cordilheira do Atlas, *hajji* e aluno do místico persa Al-Ghazali. Os almóadas eram ainda mais severos que seus predecessores: seu fundador, por exemplo, derrubou de um cavalo a irmã do governante porque ela não estava usando véu. Ele pregava a renovação do Islã e defendia o retorno às palavras do *Alcorão*.[142] Em meados do século XII, o movimento dos almóadas substituiu pouco a pouco os almorávidas no Magrebe e na Andaluzia, retardando a reconquista cristã. Apesar de suas crenças puritanas, as cortes atuavam como patronos das artes e das letras e apoiaram um grupo importante de intelectuais, entre eles Ibn al-Arabi, que se dizia sufista, e Averróis (Ibn Ruschd), o grande filósofo aristotélico. Também houve realizações importantes fora da comunidade islâmica: entre os judeus da Andaluzia, tivemos em especial os escritos de Moisés Maimônides, que trabalhou sobretudo no Cairo. Ainda que o poder dos almóadas começasse a declinar, os Estados seguintes foram responsáveis por muitas das grandes realizações entre os muçulmanos andaluzes, inclusive o magnífico palácio de Alhambra, em Granada, rival de qualquer catedral europeia (Ilustração 4). No Magrebe, viu-se o florescimento de escritores, em especial grandes intelectuais como o viajante Ibn Battutah (1304-1368/77) e o historiador Ibn Khaldun (1332-1406), que também era *qadi*. Como his-

---

141 Lopez, Hard Times and Investment in Culture. In: Ferguson (ed.), *The Renaissance: Six Essays*.
142 Os almóadas eram ash'aris estritos, mas os wahhabis os consideravam hereges.

toriador e colaborador de várias ciências humanas modernas, Khaldun era considerado um polímata.

No Leste do Islã, o timúrida Babur estabeleceu seu reino na Índia. Nessa época, muitos intelectuais da Pérsia iam para lá, inclusive poetas que tinham a proteção de ricos patronos. Durante seu reinado, surgiu uma abordagem liberal. O neto de Babur, Akbar (que governou de 1556 a 1605), proibiu a intolerância, aboliu os impostos especiais para não muçulmanos e estimulou uma atitude ecumênica. Nas artes, houve uma mistura de tradições hindus e muçulmanas, o que levou a muitos desenvolvimentos, entre eles a construção do Taj Mahal.

O impacto do regime timúrida ocorreu numa época de luta contra a Europa, que havia iniciado seu período de expansão e colonização. A abertura da rota marítima da Europa para o Oriente, assim como a conquista e a colonização das Américas, foram uma questão sobretudo de força militar e naval, de "armas e velas". A chegada de uma Europa conquistadora provocou dois tipos de reação entre os poderes islâmicos. De um lado, houve uma adoção dos costumes do Ocidente, exemplificada no século XX por Kemal Ataturk e os Jovens Turcos, na Turquia; com isso, ocorreu uma secularização emprestada do Ocidente e também uma espécie de renascença local. De outro, houve uma resistência igualmente forte às coisas do Ocidente e uma determinação de continuar a "modernizar" à maneira islâmica, como defendeu a Irmandade Muçulmana, no Egito. O primeiro movimento foi predominantemente secular e seguiu no caminho do Estado-nação; o segundo adotou a doutrina do pan-Islã e deu forte ênfase à religião, às palavras e aos feitos do Profeta. Mas esse último movimento não foi apenas conservador, já que com frequência procurava renovar em termos religiosos o que havia sido abandonado; o movimento dos wahhabis, por exemplo, retornou ao Livro com o intuito de revitalizar a prática corrente, como fez a Reforma no Ocidente.[143] Como não existia uma Igreja autoritária no Islã, era frequente que indivíduos e grupos convocassem os fiéis a voltar à palavra escrita. Com isso, eles se desviavam do secular, que alguns consideravam não apenas intrínseco à vida moderna, mas essencial de certo modo para todas as formas de governo central. O período recente assistiu a uma exacerbação da divisão entre o secular e o religioso, entre o Estado nacional e a religião internacional e, na Pérsia, entre o xá e o *ulama*. Em algumas regiões, os defensores deste último eram conheci-

---

143 "Wahhabi" é um termo ofensivo, usado por oponentes do movimento. Eles se dizem salafistas.

dos como *salafiyah* (da palavra que significa "ancestrais devotos") e estavam sempre olhando para o passado. Mas isso ocorreu com todas as religiões escritas, assim como com o conhecimento secular que retornou aos tempos helenísticos e chamou a atenção para Aristóteles. Olhar para o passado era uma característica de todas as tradições escritas, e não apenas do Islã, mas na religião o que se buscava não era a palavra do homem, mas a palavra de Deus, o que tendia a tornar esse processo muito mais conservador, talvez mesmo onde estivesse envolvida uma grande reforma.

Visto em mais longo prazo, o islamismo faz parte das religiões monoteístas do Oriente Médio, todas de origem semítica. Essas religiões tentaram intermitentemente reviver as realizações das sociedades clássicas da Grécia e de Roma (os judeus, em grande parte, por intermédio dos muçulmanos), mas todas eram ambivalentes com relação a essas culturas pagãs, distanciando-se intelectualmente, por exemplo, por causa do monoteísmo e do compromisso com a tradição de Abraão – ao menos no início. Um aspecto importante do renascimento cultural nessas três religiões era olhar para a herança clássica grega e romana, que, de seu ponto de vista religioso, era "pagã"; essa referência implicava deslocar-se para um modo de pensamento mais secular, que enfatizava mais a razão que a fé (embora esta última pudesse ser mais ou menos "racional"). O Islã olhou algumas vezes para essas "ciências estrangeiras" (inclusive para a filosofia), mas em alternância com uma abordagem que permitia que outros olhassem para a tradição abraâmica. Ele nunca institucionalizou a visão secular sobre bases duradouras, como aconteceu no Renascimento italiano, embora certa tradição científica fizesse parte da cultura islâmica. Significativamente, renascimentos da prática e do pensamento alheios eram fenômenos temporários, exceto talvez na medicina, em que o papel da cura era evidente e em geral bem-vindo, e na tecnologia, em que o progresso era com frequência (mas nem sempre) manifesto e encorajado. Mas, embora os desenvolvimentos no Islã tenham ocorrido em outras ciências, e, de maneira menos vigorosa, em algumas artes,[144] estas certamente influenciaram o Renascimento italiano, já que no Islã havia menos continuidade e mais resistência que na Europa após 1600. No entanto, ele teve seus períodos de florescência e, de tempos em tempos, exibia um renascimento, um impulso para frente.

---

144 Por exemplo, na arquitetura, o Islã pode ter sido responsável pelo arco gótico. Ver Achour, L'invention dans les arts. In: Chevalier; Miquel (eds.), *Les Arabes du message à l'histoire*, p.337.

A influência sobre o norte da Europa que acabou por levar ao Renascimento italiano nasceu sobretudo das vitórias militares dos muçulmanos no sul do continente. O impacto da ciência árabe irrompeu no mundo europeu no fim do século X, na Catalunha, fez algum progresso no sul da Itália no fim do século XI e explodiu em Toledo e Salerno no início do século XII,[145] literalmente "iluminando" o conhecimento da Europa medieval. Djebbar trata dessa "cultura humana que prefigurou o futuro moderno".[146] Por que uma civilização que realizou tais avanços e contribuiu tanto para a revolução científica do Renascimento da Europa ficou para trás? Essa pergunta tem preocupado muitos estudiosos, que em geral atribuem essa diferença a causas morais ou intelectuais. Mas o essencialismo não pode ser responsável pela alternância. Nem a atribuição a causas religiosas, porque todas as religiões abraâmicas têm muito em comum. Djebbar também aponta causas econômicas, como a perda de controle do Mediterrâneo e o desenvolvimento do comércio italiano com o Oriente, um fator fundamental para o avanço espetacular da península. Ao mesmo tempo, um conservadorismo penetrou na cultura muçulmana secular e religiosa; até recentemente, havia pouca institucionalização do secular nas universidades ou nas academias.

A posição das terras árabes, sobretudo sob domínio otomano, mudou com o século XIX e com a revitalização ou renascença, a chamada Nahda, que se perpetua de várias formas até hoje. Essa revitalização é conhecida comumente como "Renascimento árabe", e foi em parte o comprometimento com formas europeias que desencadeou um ressurgimento contínuo nas artes gráficas e plásticas, como a literatura e outras. Iniciada no Egito e na Síria, mostrou nas primeiras décadas um vínculo muito vivo com a riqueza da tradição árabe antiga (renascimento) e produziu um notável movimento neoclássico na literatura.

Houve uma revivificação relativamente breve do *qasida* e outros tipos de coplas, mas foram considerados muito restritivas num mundo em que os poetas não eram mais cortesãos ou suplicantes e a política tinha poucas semelhanças com as antigas práticas das tribos do deserto. O efeito desta revivificação na prosa foi insignificante. Como era de se esperar, o impulso neoclássico teve uma curta duração, e o que continuou a estimular a revolução no pensamento e na literatura foram menos os elementos do passado que o contato com outras modernidades; em certo sentido, isso começou com os

---

145 Djebbar, *L'âge d'or des sciences arabes*, p.161.
146 Ibid., p.164-5.

próprios novos meios de comunicação (imprensa, fotografia, cinema e representação em geral), que se impuseram cada vez mais na vida dos árabes. No início, a mudança veio quando Napoleão interrompeu a dominação otomana no Egito e surgiu a imprensa; as fontes concentravam-se localmente e, em poucos anos, jornais e obras impressas de tipos diversos proliferaram. O jornal, que exigia, é claro, a imprensa e mais tarde a prensa rotativa, mudou a escala de participação política e alterou a perspectiva de muitos. Foi essa mudança nos meios de comunicação que Eisenstein viu como tão importante no Renascimento italiano.[147]

Por outro lado, embora tenha havido avanço, a modernização não implicou um renascimento profundo de uma cultura anterior. A principal contribuição não foi tanto o renascimento de algo passado, mas o culto do novo; a cultura foi estimulada por influências de fora. Houve um uso pouco criativo do passado; apesar de encontrarmos elementos tradicionais em combinações cada vez mais inovadoras na arquitetura das mesquitas, por exemplo, essa inovação é limitada, porque o objetivo permanece necessariamente o mesmo, isto é, lembrar a fé islâmica em um estado de devoção praticado por seus antepassados. Era importante para o Islã estabelecer uma identidade arquitetônica tradicional, em especial num mundo dominado por ideias e empresas majoritariamente ocidentais.

Como em outros lugares, na China, na Índia ou no Japão, a "modernização" foi resultado em parte do contato desigual com o Ocidente, das discrepâncias do poder militar e econômico e da acumulação de conhecimento. O aspecto da revitalização teve um papel menor, exceto na frente religiosa; secularmente, olhar para a cultura clássica era de pouca importância, exceto talvez para a filosofia. Foi o Ocidente contemporâneo, e não a tradição passada, que ofereceu um modelo relevante, embora o Ocidente tivesse antes emprestado muito do Oriente em seu próprio renascimento e tenha reanimado sua economia pelo contato com o Oriente Médio muçulmano e além dele. Como em outros lugares, muitos aspectos da vida ocidental contemporânea têm se imposto ao mundo islâmico em quase todas as áreas, um processo que faz parte da globalização das culturas do mundo. A Nahda, que foi saudada por muitos e propiciou uma imagem moderna do Islã para gerações recentes

---

147 A ênfase que Eisenstein dá às mudanças que ocorreram a partir da prensa tipográfica é questionada por Adrian Johns (How to Acknowledge a Revolution, *American Historical Review*, v.107, p.106-25), mas, na verdade, nenhum escritor introduziu material comparativo. Eisenstein restringe suas observações à Europa e Johns, à Inglaterra: nenhum dos dois examina a comunicação nas sociedades antes da escrita, ou antes da imprensa.

de muçulmanos, é um aspecto desse processo, e não é tanto um olhar para trás, mas um olhar em volta.

Examinando o Islã mais em geral, vemos nos primórdios uma "revitalização" considerável das culturas gregas e até orientais, em que se produziu uma riqueza de traduções científicas e filosóficas que ajudou a ciência a avançar em muitos campos e, mais tarde, tornou-se importante para o Renascimento europeu. O conhecimento grego foi com frequência revivido e desenvolvido ao longo da história islâmica, e esta alternou períodos de predomínio do religioso e depois do secular, embora ambos sempre tenham estado presentes. O secular, ou melhor, o científico, era característico sobretudo na vida das cortes, que tentaram juntar grandes intelectuais, realizações e bibliotecas. A educação superior desenvolveu-se nas mãos dos professores dos madraçais religiosos, mas o secular e o científico não adquiriram a forma institucional, ilustrada, que tiveram na Europa, onde o religioso ganhou relevância mais restrita na vida intelectual. No Islã, essa cristalização de uma abordagem não transcendental nunca alcançou um contexto contínuo e permanente, como ocorreu no Ocidente: de um lado porque não havia uma educação superior secularizada (ou parcialmente secularizada) e a impressão e a imprensa eram proibidas de difundir o conhecimento; de outro, porque o Oriente Médio deixou de ser um centro de comércio e de atividade econômica, pelo menos até o surgimento do petróleo no cenário mundial. As coisas mudaram um pouco no início do século XIX, com o início da Nahda.[148] De resto, a religião permaneceu hegemônica em geral, como ocorreu com o judaísmo até a emancipação. No entanto, ocorreu algo semelhante a uma renascença (temporária), pelo menos no sentido de um florescimento da cultura, não apenas entre os abássidas, os buáiidas e os mamelucos (e até entre os mogóis na Índia e os turcos), mas também entre os andaluzes nos séculos VIII a X, promovido pela riqueza da região, pelas melhorias na agricultura irrigada, pela introdução do açúcar, da seda e de muitas frutas e legumes vindos do Oriente e pela rápida circulação de informações úteis por meio do papel chinês e da construção (ainda que temporária) de grandes bibliotecas. Durante esse período, os esboços da sociedade de informação moderna começaram a surgir mais claramente.

---

148 A *Nahda* nem sempre é considerada um fenômeno islâmico, porque muitas de suas figuras principais eram árabes cristãos.

Emancipação e florescência no judaísmo

É pouco comum tratar a história cultural judaica em termos de renascimento. Faço isso porque, em primeiro lugar, apesar das restrições das religiões abraâmicas, os judeus estavam extremamente envolvidos com a florescência intelectual da Andaluzia e de outras partes do Islã; em segundo lugar, porque contribuíram para a revitalização da medicina acadêmica em Montpellier e em Salerno (como já discutimos no Capítulo 2 e no Capítulo 4, a respeito do Islã). Acima de tudo, quero discutir aqui o papel dos judeus no Islã ocidental de tradição sefardita e examinar a extraordinária contribuição dos asquenazes às culturas da Europa após o Renascimento, durante o período que foi chamado de Emancipação – uma transformação que envolveu a libertação não só dos limites impostos pela cultura cristã que dominava o norte, como, o que é mais importante, das restrições postas por sua própria religião. Isso exigiu não tanto um olhar para trás, mas um olhar em volta, e a introdução de pensamento secular no corpo do judaísmo, que, é claro, continuou a remontar aos tempos bíblicos.

Havia uma grande divisão na cultura judaica entre judeus sefarditas (ou andaluzes-espanhóis) e asquenazes (ou do ramo franco-germânico). Os primeiros retraçavam sua filiação cultural à Babilônia; os segundos, à Itália e à Palestina. Os judeus das regiões muçulmanas utilizavam o árabe para a prosa e o hebraico para a poesia, mas os asquenazes escreviam quase exclusivamente em hebraico para uso interno. Embora o ramo do sul compusesse poesia e obras científicas inspiradas nos árabes e em suas traduções do grego, a literatura dos judeus do norte era religiosa em sua esmagadora maioria. Os sefarditas também estavam muito mais integrados na sociedade local, e muitos se distinguiram não apenas nas ciências seculares, mas também na administração. Entretanto, suas comunidades quase foram destruídas pela invasão dos reformadores almóadas entre 1147 e 1148; mais fundamentalistas, eles empurraram os judeus para o norte da Espanha e para a Provença e, no caso da família de Maimônides, para o norte da África e para o Egito.[1]

Politicamente, a sociedade judaica no Oriente Médio foi fortemente influenciada pelos gregos e pelos romanos, quando conquistaram a região. Mas, embora alguns judeus fossem helenistas, a maioria se manteve arraigada aos seus costumes e à sua religião e insurgiu-se contra os conquistadores. Berenson fala de "judeu anti-helênico".[2] A influência grega foi sentida mais tarde, em particular por intermédio dos árabes de Bagdá; nesse momento, o olhar para o passado significou que uma "florescência intelectual" estava ocorrendo não apenas no mundo árabe, mas também no mundo judaico dentro dele, em especial por meio do pensamento platônico. Segundo Zafrani, mais tarde, no norte da África,[3] houve uma era dourada nas relações mais amplas entre judeus e muçulmanos, apesar das diferenças notórias – os judeus "suportavam a tolerância e toleravam os compromissos". A própria extensão do califado em todo o Oriente Médio significava que 90% dos judeus viviam então sob domínio muçulmano. Eles já estavam na península árabe quando os muçulmanos assumiram o poder. Foram dispersados pelos romanos, mas antes já haviam sido exilados na Babilônia e em Bagdá estavam duas de suas famosas academias (*yeshivot*), cujos chefes (*gaons*) eram uma referência para o povo judeu no resto do mundo. Maomé eliminou três tribos judaicas de Medina por suspeitar de sua cumplicidade com o inimigo, de Meca. Mas outros tiveram permissão para permanecer como *dhimma*, o povo do Livro.

Os judeus desses territórios eram próximos dos muçulmanos em vários sentidos. Em primeiro lugar, as duas religiões possuíam as mesmas fontes abraâmicas e os mesmos valores e crenças. Em segundo lugar, eram próximos fisicamente, pois compartilhavam o mesmo espaço territorial. Também tinham

---

1 Cohen, Rabbinic Judaism (2nd-18th centuries), *Encyclopaedia Britannica*, v.22, 1997, p.393-9.
2 Ver Berenson, *Aesthetics and History*; Julius, *Idolizing Pictures*, p.4.
3 Zafrani, *Juifs d'Andalusia et du Maghreb*, p.33; id., Les juifs. In: Chevalier; Miquel (eds.), *Les arabes du message à l'histoire*, p.212.

formas de magia[4] e fontes místicas similares, já que a Cabala e o sufismo têm elementos em comum.[5] Como disse um sufista: "Não sou cristão nem judeu nem muçulmano".[6] Os judeus e os árabes tinham muitas ligações entre si e a revitalização da cultura grega uniu-os intelectualmente, por exemplo, com a tradução que conduziu ao primeiro filósofo judeu, Saadya Gaon (882-942), que, "seguindo os filósofos greco-árabes", desenvolveu "um sistema religioso racionalista que abarcava tanto a fé quanto a razão".[7] A junção entre esses dois reinos era um problema para as religiões, e cada uma se relacionou com essa questão de diferentes maneiras. Nem sempre era do agrado de todos, entre os descontentes, por exemplo, estavam muitos estudantes islâmicos tradicionais ou a maioria dos intelectuais asquenazes da Europa. Para eles, a filosofia era o reino da razão e a religião, o reino da fé; já a filosofia descendia dos gregos e, por isso, era um tanto "pagã". Todos esses encontros, dos quais o Iluminismo europeu é um exemplo extremo, estavam longe de ser fáceis, quer entre os asquenazes, quer entre grupos muito fechados de regiões rurais, como, por exemplo, o *shtetl* da Galícia ou o *mellah* de Marrocos, onde a comunidade era próxima e qualquer desvio da lei podia ser reprovado pela vizinhança atenta, assim como pelo rabino; nos casos mais extremos, o indivíduo era condenado à expulsão ou à excomunhão. As cidades eram mais livres, mais anônimas.

No século XI, o centro de gravidade cultural do judaísmo deslocou-se para oeste, do Oriente Médio para a Espanha. Na era dourada da Andaluzia, a síntese judaico-árabe, tanto econômica quanto cultural, "contribuiu para a maior participação da sociedade judaica nas atividades literárias e artísticas, nas ocupações convencionais, tanto sérias quanto frívolas, do florescimento da civilização medieval".[8] Os judeus participavam de todas essas várias atividades, inclusive do lazer (com poesia e canto). A canção andaluza não era como a música do norte da Europa, em que parte dela se restringia à classe superior; ali, todos os elementos da população participavam. No entanto, a proibição talmúdica atingia de tempos em tempos as atividades que envolviam o vinho, e até as diversões mais inocentes eram proibidas, como o canto das escravas, uma prática condenada por Maimônides. Nessa parte do mundo religioso, porém, as restrições eram em geral mais brandas.

---

4 Doutté, *Magie et religion en Afrique du Nord*.

5 Zafrani, *Juifs d'Andalusia et du Maghreb*, p.152.

6 Ibid., p.159.

7 Ibid., p.44. A frase é de Ibn Arabi; há frases semelhantes em Attar, Amir Khusrau (*Kafir-e--ishqam, musalmani Mara darkār nīst*) e vários outros escritores.

8 Zafrani, *Juifs d'Andalusia et du Maghreb*, p.136.

Já havia uma tradição de poesia no judaísmo, que abrangia o *piyyut* da Palestina. No início do século X, quando os principais centros do judaísmo se deslocaram, a produção da poesia foi muito influenciada pelo que estava acontecendo na Andaluzia. Os versos se secularizaram e desenvolveram "progressivamente a tendência de sair do domínio sagrado", primeiro como instrumento de polêmica e mais tarde como "uma literatura de entretenimento profana".[9] A separação ocorreu sobretudo entre a elite, que mais se beneficiava da prosperidade econômica de um país que comerciava com o vasto mundo do Islã, em especial pelo Mediterrâneo – embora o prazer da poesia fosse compartilhado também pelos menos abastados.

O judaísmo não permaneceu imune a alguns dos padrões de representação de suas culturas anfitriãs, como vemos nos ornamentos dos contratos de casamento e até das escrituras na Europa pós-Renascimento, na peça sobre Ester e em todo o papel que tiveram na era dourada da Andaluzia. Mas foi só com a "emancipação" na Europa, no fim do século XVIII e início do século XIX, que os judeus asquenazes assumiram uma posição de destaque nessas atividades no norte, em especial por seu deslocamento para a América e outros lugares; isso implicou um grande comprometimento com as novas formas de comunicação visual, que iam de encontro ao iconoclasmo anterior. E, mesmo assim, só raramente havia, e ainda há, formas de representação no espaço sagrado das sinagogas ou dos cemitérios. Sob a prática anterior, nem o islamismo nem o judaísmo poderiam passar por uma renascença artística na pintura ou nas artes representativas como a que aconteceu em Florença e em outros lugares da Itália, pois não tinham escapatória numa religião restritiva como a da Europa. Eles também não possuíam um passado representativo a que retornar, como a escultura, o teatro e, mais em geral, a atividade artística grega e romana. O judaísmo não tinha quase nada, a não ser uma história anicônica. O Islã, porém, adotou de certo modo a tradição grega e romana, governando as terras que essas sociedades haviam governado antes. Isso levou Al-Mamun, seguindo as tradições sassânida e abássida, a encorajar Hanayn e outros a recolher os manuscritos gregos que depois foram traduzidos na corte e acabaram se tornando elementos importantes do mundo muçulmano. Esses documentos tratavam sobretudo dos campos científico e filosófico. As artes foram pouco afetadas por esse olhar retrospectivo. Na maioria das cortes, o surgimento das artes visuais teve de esperar até o período colonial. Nessa época, a influência do Ocidente trouxe um "renascimento" à atividade árabe

---

9 Ibid., p.126.

Emancipação e florescência no judaísmo

do século XIX que não foi simplesmente uma adoção das maneiras ocidentais, apesar de ter sido estimulado pela intervenção de Napoleão no Egito.[10]

Em torno do Mediterrâneo, o pensamento judaico, assim como o muçulmano, foi mais influenciado pelos gregos do que no oeste e no norte latinos. Originalmente, os judeus rejeitaram o pensamento clássico pelo fato de pertencer ao mundo politeísta, pagão; por outro, eles próprios tinham de defender o monoteísmo. Foi somente com a vitória ampla deste último com o cristianismo e, em especial, com o advento do islamismo, que se tornou aceitável uma visão mais conciliatória da "sabedoria" grega.[11] O pensamento judaico em terras islâmicas helenizou-se. Esse processo levou à emergência de certo elemento secular no judaísmo medieval do sul, estimulando uma filosofia (e um misticismo) "com ressonâncias racionais e religiosas", mas com "seu tom universalista e humanismo dominante".[12] Podemos ver o resultado disso na Toledo reconquistada e no encontro entre o tradicionalista asquenaze Asher Ben Yehiel e seu colega no tribunal rabínico, Israel Ben Yosef Israeli, um representante da cultura hispano-magrebina que defendia as leis da razão contra as da religião. A influência grega era patente nas posições deste, mas não afetou as daquele.

Houve outra "reforma" no pensamento judaico como resultado da expulsão dos muçulmanos e dos judeus da Andaluzia em 1492 (e até antes). Essa mudança afetou profundamente as duas comunidades e produziu "uma efervescência espiritual" entre os judeus, em particular em Safed, na Palestina, levando a um interesse pela Cabala (que foi influenciada pelo sufismo) e por outros campos, todos eles marcados por esse mesmo misticismo. Em essência, o que houve foi uma renovação religiosa a partir da catástrofe do que alguns chamaram de "terceiro exílio", em vez de um desenvolvimento do pensamento religioso e secular como o que marcou a "era dourada" anterior. O primeiro foi resultado da separação, enquanto o segundo foi de certo modo consequência do fato de os judeus terem sido marcados pela sociedade muçulmana e, como os muçulmanos, terem sofrido certa "helenização" ou mesmo certa secularização. Houve então uma relação simbiótica entre as duas comunidades no nível do conhecimento, e os judeus rivalizavam com os muçulmanos nos campos da filosofia, da gramática, da matemática, da

---

10 Miquel, De la foi au pouvoir. In: Chevalier; Miquel (eds.), *Les arabes du message à l'histoire*, p.104.

11 Zafrani, *Juifs d'Andalusia et du Maghreb*, p.259.

12 Ibid., p.81.

medicina e da astronomia, assim como na poesia e na música; em todos estes, os judeus eram muito mais livres do que em outros campos (exceto talvez no que diz respeito à medicina).[13]

Sendo assim, os judeus da Península Ibérica tiveram uma experiência diferente daquela dos asquenazes do norte da Europa. Como estes fizeram com o iídiche, aqueles adotaram a língua da comunidade dominante, o árabe (na Andaluzia) e, a partir do século IX, deixaram de usar o aramaico vernáculo, embora ainda usassem com frequência a escrita hebraica. Saadya Gaon traduziu a *Bíblia* e muitos outros textos para o árabe e, como dissemos, a comunidade os considerava confiáveis. Tudo isso aconteceu numa sociedade que Zafrani descreve como "simbiótica", em que havia "uma grande efervescência de pensamento e literatura",[14] tanto religiosa como filosófica e interessada nas ciências da natureza. Nesse meio cultural, o pensamento grego foi importante tanto para os muçulmanos quanto para os judeus. Em essência, foi com base em Platão que eles desenvolveram a oposição entre a matéria e o espírito. Já no século IX, por influência dos gregos, Saadya apresentava uma visão racionalista da religião que envolvia tanto a fé quanto a razão, e cuja separação era exigida pelo movimento dos fariseus. Era isso que estava no centro do conflito em Toledo, no século XIV, quando houve o desacordo entre os judeus asquenazes e os hispano-magrebinos a que já nos referimos.[15]

Segundo Zafrani, o próprio Islã espanhol já era diferente do Islã de outros lugares: ali, dava-se mais importância às "ciências secundárias", as chamadas ciências especulativas, embora a educação religiosa não tenha sido abandonada, e desenvolveu-se certo "humanismo".[16] Essa liberdade comparativa valia também para os judeus que viviam na região. Zafrani fala dessa competição entre muçulmanos e cristãos "nos domínios da filosofia, medicina, matemática, astronomia etc.".[17] Mas, em vários períodos, a Espanha muçulmana foi governada por indivíduos e dinastias diferentes com diferentes objetivos, e o equilíbrio entre a religião e as ciências seculares era sobretudo uma questão de mudança ao longo do tempo, de alternância.

Essa alternância afetou todas as comunidades e manifestou-se de muitas maneiras. No Islã, houve períodos de rigidez e puritanismo, por exemplo, quando os almóadas berberes invadiram pela segunda vez a Andaluzia e a

---

13 Id., Les juifs. In: Chevalier; Miquel (eds.), *Les arabes du message à l'histoire*, p.275.
14 Ibid., p.246.
15 Ibid., p.247.
16 Id., *Juifs d'Andalusia et du Maghreb*, p.87.
17 Ibid., p.89.

cidade de Córdoba, em 1140. A intransigência dessa dinastia levou à conversão forçada de muitos judeus, inclusive do filósofo e cientista Maimônides. A religião estava agora sob "o domínio implacável dos seguidores de Ibn Tumart", que adotou "o rigor de uma doutrina unitária extrema".[18] A imposição dessa doutrina significou o banimento não apenas de comunidades religiosas minoritárias, mas também das ciências associadas aos gregos, seculares e "heréticas", e dos lugares onde esses cientistas ensinavam ou praticavam. Foi nessa época que Maimônides se transferiu para o Egito, que, sendo fatímida e xiita, era mais tolerante. O responsável por essa intolerância periódica entre os muçulmanos foi a adesão estrita à fé e a sua onisciência, que, em teoria, proibia toda e qualquer investigação da natureza. A ideia do monoteísmo absoluto era mais nociva à sociedade do conhecimento que o politeísmo ou a espiritualidade em geral, porque adorava um ser que sabia tudo e era capaz de tudo, deixando pouca liberdade para a própria humanidade. Em certo nível, "o problema do mal" lançou dúvidas sobre a bondade de Deus e pôs a culpa na incapacidade do "ser humano de se comunicar de maneira adequada com o divino". Entretanto, como vimos, assim como os judeus tiveram períodos sujeitos à alternância, o mesmo aconteceu entre os muçulmanos: houve épocas de humanismo e outras "em que um príncipe decidia aplicar à risca os rigores da lei islâmica".[19]

Em alguns círculos (o de Karl Jaspers, por exemplo), era comum associar o desenvolvimento do judaísmo – e, mais amplamente, do modernismo – no coração do Oriente Médio ao surgimento da Era Axial, que assistiu ao surgimento do monoteísmo e das "religiões confessionais". A tese sustenta que os mandamentos bíblicos "refletiam o ambiente mercantil em que eram encontrados, com sua preocupação especial com a justiça, a honestidade, o cumprimento do compromisso, a moderação, a lei e a ordem, a responsabilidade e os direitos das pessoas comuns".[20] É altamente duvidoso que qualquer uma dessas qualidades estivesse exclusiva ou predominantemente associada às religiões monoteístas, enquanto distintas das remotas sociedades orientais; o conceito de Era Axial parece fazer parte da tentativa de validar a suposta superioridade não apenas do monoteísmo, mas também da cultura judaico-cristã, como algo distinto, que levou inevitavelmente à modernização e ao capitalismo.

---

18 Ibid., p.113.
19 Ibid., p.139.
20 Waldman, The Islamic World, *Encyclopædia Brittanica*, v.22, p.104.

Depois da Diáspora, os judeus da Europa viveram em sociedades gentias; no norte, o judaísmo local foi suplementado pelos refugiados da Espanha e de Portugal, sobretudo após sua expulsão, em 1492. Os judeus que viviam na região mediterrânea foram mais influenciados pela cultura circundante (muçulmana) que os do norte cristão, mais integrados na sociedade local, como testemunha o desenvolvimento da poesia judaica no século XI. Esse processo de integração envolveu com frequência uma emancipação parcial e, às vezes, a conversão. Em geral, essa mudança ocorreu mais cedo no sul, mesmo nas sociedades cristãs. O rabino Leon de Módena (1571-1648), de Veneza, notou a diferença entre os europeus do norte e os judeus italianos, alguns dos quais oriundos da Espanha. Segundo ele, muitos tinham "rascunhos e quadros em suas casas, especialmente se não eram em relevo, e não de corpo inteiro, mas apenas o rosto".[21] Ícones de determinado tipo eram permitidos. Quando surgiu, o Renascimento teve forte influência sobre a vida dos judeus na Itália, em especial sobre os da "corte" e os "comerciantes", como aconteceu antes na Espanha muçulmana. Mais tarde, no Magrebe, muitos retornaram à era dourada de sua civilização antes da expulsão da Espanha, no fim do século XV. Lá, contribuíram para a ciência (sobretudo médica), a filosofia e a poesia, áreas que eram relativamente neutras em termos religiosos. Os judeus do sul não só contribuíram para a ciência, como chegaram a romper com a proibição iconoclasta, optando por embelezar a palavra de Deus e contrariar a rejeição de sua religião à representação. O "embelezamento dos mandamentos" era uma obrigação que assumiu várias formas de imagens, em especial ilustrações de livros e de contratos de casamento. No norte, a mudança ocorreu mais tarde e o fim do século XVIII assistiu ao nascimento do movimento Haskalah. Esse movimento foi progenitor do sionismo e, é claro, foi influenciado pelo Iluminismo europeu, ele próprio herdeiro do Renascimento. Na Alemanha, o Haskalah estava associado ao nome de Moses Mendelssohn (1729-1786) e tinha por objetivo fazer os judeus aprenderem as línguas europeias, abandonarem o iídiche e se "modernizarem" de várias maneiras. Os judeus alemães eram muito mais "modernos", mesmo que os da vizinha Galícia, como podemos ver pela autobiografia do filósofo Maimon, que peregrinou a Berlim para se tornar doutor e ali conheceu Mendelssohn. Em sua busca de conhecimento, ele perdeu a fé restritiva e, em certa ocasião, quase se converteu ao cristianismo.

---

21 Modena, *Historia de gli riti hebraici: dove si há breve, e total relatione di tutta la vita, costumi, riti, et osservanze, de gl'Hebrei di questi tempi*.

Em geral, e em grande parte do norte da Europa, os judeus permaneceram fechados, com exceção de alguns como Spinoza ou Marx, que abandonaram totalmente o judaísmo, e outros como Einstein e Freud, que modificaram radicalmente sua fé. As razões são claras. No fim do século XVIII, Maimon escreveu sobre "o despotismo rabínico [da Galícia] que, pelo poder da superstição, estabeleceu seu trono por muitos séculos".[22] Quando foi para a Alemanha para aprender a "verdade", foi considerado "ateísta" e, de fato, tentou se tornar um cristão descrente. A secularidade era essencial para ele e, por fim, ele abandonou totalmente a fé "para iluminar a nação judaica". Mas teve "educação demais para voltar para a Polônia, passar a minha vida na miséria, sem ocupação ou sociedade racionais, e me afundar na escuridão da superstição e da ignorância, da qual consegui me livrar com tanto esforço".[23] E, de fato, um judeu de Berlim recusou-se a servir refeições a Maimon porque achava que ele havia dado tanta atenção às "ciências" (em particular à filosofia) que havia negligenciado o estudo do Talmude. Na verdade, ele quase foi expulso da cidade porque carregava com ele escritos de seu homônimo, o filósofo espanhol Maimônides.[24] Os ortodoxos encaravam todo estudo das ciências e da filosofia como "algo perigoso para a religião e as boas obras", que estimulava o ceticismo típico de alguns rabinos poloneses e do próprio Maimon.[25]

Quando os judeus imigrantes abandonaram a iconofobia e outras restrições similares, sobretudo perto do fim do século XIX, houve uma explosão de atividades em muitas esferas. De contrários às imagens, eles passaram de repente ao outro extremo. No cinema, praticamente se anteciparam e assumiram Hollywood. Aconteceu o mesmo nos palcos de Nova York. Na pintura e na escultura, fizeram enormes contribuições. Chagall veio da cidadezinha rural de Vitebsk, migrou para a França para se livrar das restrições e se tornar um pintor influente. Ele foi o primeiro pintor judeu importante que foi para Paris para se afastar de sua *shtetl* e seguir sua carreira. Essa mudança de orientação aconteceu de uma geração para outra e representou mais um nascimento que um renascimento. No entanto, teve poucas semelhanças com a grande florescência artística que ocorreu na Itália e em toda a Europa no século XVI e implicou uma libertação parcial das restrições religiosas impostas pela Igreja cristã. A Emancipação significou uma libertação equivalente das restrições judaicas.

---

22 Maimon, *The Autobiography of Solomon Maimon*, p.138.
23 Ibid., p.126.
24 Ibid., p.107-8.
25 Ibid., p.92.

Antes desse período, houve pouca representação na tradição judaica. Segundo Maimônides, o simples fato de imaginar Deus de uma maneira figurativa era errado. Na verdade, mesmo hoje não há figuração em contextos religiosos: nas sinagogas, só há abstrações e, nos cemitérios, não existem flores ou monumentos esculpidos. No museu de Praga há algumas pinturas de judeus, mas isso é raro. Na Europa, o avanço nas artes visuais ocorreu apenas perto do fim do século XIX, em especial por causa da imigração maciça de asquenazes para o Novo Mundo por volta de 1880.

Esse período na vida judaica é chamado às vezes de Emancipação. Mas emancipação de quê? Das restrições impostas aos judeus pela comunidade cristã? Igualmente importante foi a libertação das restrições que faziam parte da religião judaica, como deixa claro a autobiografia de Maimon. Hobsbawm escreve que, quando os judeus viviam em sociedades gentias, cujas línguas e culinária eles adotaram e adaptaram, "só rara e intermitentemente eles puderam e, o que é igualmente importante, se dispuseram a participar da vida cultural e intelectual dessas sociedades mais amplas".[26] Grande parte da educação judaica era religiosa e restritiva, e inibia o contato com os outros e com seu conhecimento, exceto numa frente muito limitada. "A autoridade rabínica baniu a filosofia, a ciência e outros ramos do conhecimento de origem não judaica", com exceção da medicina, e, em parte, até as línguas estrangeiras.[27] Somente a religião era ensinada, mas todos os homens aprendiam a ler. Aprender a ganhar a vida era ensinado não na escola, mas em casa, de modo que normalmente era a profissão do pai que o menino seguia. Havia uma clara oposição entre aprender religião e aprender a viver. A educação escolar não dava vantagens materiais[28] e, por isso, aprendia-se uma profissão na família e no próprio negócio, o que gerava certa imobilidade, sobretudo no que diz respeito ao conhecimento moderno. Era raro que as mulheres fossem incluídas entre os "literati", salvo algumas na Espanha medieval; elas aprendiam a religião e o trabalho no contexto familiar, por imitação. Tinham ocasionalmente uma educação elementar, mas no judaísmo, assim como no islamismo e no início do cristianismo, as mulheres não desempenham em geral um papel importante na vida religiosa e, por isso, não recebiam formação religiosa.

No norte da Europa, a Emancipação ocorreu depois da Revolução Francesa (quando os credos religiosos foram abolidos em favor da adoração da Razão

---

26 Hobsbawm, Benefits of Diaspora, *London Review of Books*, p.16.
27 Ibid.
28 Zafrani, *Juifs d'Andalusia et du Maghreb*, p.315.

e até os cemitérios foram secularizados) e, mais tarde, após a Revolução de 1830. Depois de 1848, os judeus se sobressaíram na política revolucionária, mas isso valia apenas para uma elite e não em toda parte. Entretanto, o conservadorismo rural mudou radicalmente com a migração para as cidades, quando os recém-chegados adotavam os valores urbanos que os cercavam e se livravam da estrutura de sua *shtetl* ou aldeia. Essa migração ocorreu em escala grandiosa. O número de judeus em Viena saltou de menos de 4 mil em 1848 para 175 mil às vésperas da Primeira Guerra Mundial. Urbanização significava emancipação e, quando isso aconteceu, "foi como tirar a tampa de uma panela de pressão".[29] Como se disse a respeito de um imigrante galiciano que foi para Petticoat Lane, em Londres: "[...] eternamente restringido havia séculos pela discriminação e pelo isolamento, ou só capaz de se expressar rabinicamente, a vida de meu avô finalmente explodiu, como reservatórios de óleo comprimidos num poço repentinamente aberto".[30] Antes contra as imagens, os imigrantes de repente passaram ao outro extremo. A mudança foi revolucionária, como no início da cristandade. No entanto, a irrupção de um numeroso grupo étnico/religioso numa sociedade formalmente cristã teve consequências, como o aumenta do antissemitismo nas cidades e nos locais de trabalho. Para alguns, os judeus eram menos "perigosos" antes da Emancipação, porque agora havia uma competição intensiva pelo espaço social.

No Marrocos, as primeiras escolas judaicas destinavam-se ao ensino de um currículo religioso distinto, em vez de um mais comum, secular. Essa divisão caracteriza muitas escolas até hoje. Na época, eram "destinadas essencialmente a dar à criança, em especial aos meninos, os meios para participar da prática do culto",[31] para torná-lo parte da comunidade. O papel do professor era ampliar a educação recebida na família, "ensiná-los a ler a Torá".[32] O objetivo da educação, portanto, não era preparar a criança para a vida, mas treiná-la para a religião. A educação elementar (no *heller*) era universal para os meninos, ao contrário do que ocorria no cristianismo ou no islamismo, onde era mais voluntarista; completava-se com o *bar mitzvah* em torno dos 13 anos de idade, quando o menino tinha de fazer um sermão na sinagoga. Depois disso, alguns alunos passavam para a *yeshivá*, onde tinham uma educação rabínica. Como consequência da formação inicial, nenhum homem era

---

29 Hobsbawm, Benefits of Diaspora, *London Review of Books*, p.16.
30 Miller, *The Earl of Petticoat Lane*, p.112.
31 Zafrani, *Juifs d'Andalusia et du Maghreb*, p.309.
32 Ibid., p.360.

analfabeto; todos tinham uma formação religiosa, que culminava numa cerimônia para introduzi-los no mundo dos adultos e torná-los membros do culto.

Não há dúvida, escreve Hobsbawm, de que, na mente dos emancipadores, duas mudanças eram essenciais no tradicional estado de coisas: certo grau de secularização e educação em língua nacional, ambos de par.[33] Para ele, "secularização" não significa a perda da fé judaica, mas o estabelecimento de uma religião que não era mais "a estrutura contínua, onipresente e totalmente abrangente da vida. Por isso, embora importante, ela se ajustava a apenas uma parte da vida". O mesmo podia ser dito do Renascimento italiano: este não implicou o abandono da religião cristã, mas seu confinamento numa área de existência mais limitada. Ao menos de modo parcial, se não de todo, a educação saiu da jurisdição da Igreja e passou a ser vinculada à cidadania. Um dos resultados da Revolução Francesa foi que, no início, o ensino nas escolas públicas alemãs era universal, mas na Galícia (a maior parte dos judeus europeus vivia na Polônia) aprendia-se a literatura hebraica em estabelecimentos religiosos.

No início, a emancipação ocorreu de maneira fragmentada, segmentada. Como vimos, houve períodos na Espanha e no Magrebe em que os judeus foram muito influenciados pela cultura islâmica, quando retornaram de tempos em tempos ao conhecimento grego e a outras formas de conhecimento. E, por sua vez, influenciaram o Renascimento italiano. Embora seja sabido que o judaísmo não permitia que as mulheres participassem das artes, encontramos na Espanha medieval uma escola de poesia, inclusive poesia de amor, para mulheres, o que foi mais uma vez muito influenciado pela cultura árabe circundante. Normalmente, os judeus da Idade Média, mesmo os homens, não eram poetas em sentido secular. Na Palestina, a *piyyut* fazia parte da liturgia. Mas, a partir do século X, o centro de gravidade do judaísmo deslocou-se do Oriente para o Ocidente e a prática poética transferiu-se para a Espanha, onde foi muito influenciada pelas práticas locais. Por imitação do estilo muçulmano, houve "uma tendência a emergir do domínio do sagrado".[34] A poesia foi usada primeiro para propósitos polêmicos; em seguida, como contrapartida local, tornou-se "uma poesia de prestígio, que expressava o gosto e o amor pela arte, e na qual se podia ver um desejo de competir com a alta sociedade e com as elites intelectuais cristãs e muçulmanas".[35] Assim, por vários

---

33 Hobsbawm, Benefits of Diaspora, *London Review of Books*.
34 Zafrani, *Juifs d'Andalusia et du Maghreb*, p.126.
35 Extraído da obra de Moshe ibn Ezra, *Antologia Poetica*, do século X.

Emancipação e florescência no judaísmo

aspectos, o judaísmo espanhol do século X era muito diferente daquele de seus praticantes em outros lugares.

A Emancipação também afetou outros tipos de representação, tanto na forma de teatro quanto de ficção. O teatro era proibido no judaísmo, assim como no islamismo e no cristianismo. Com o tempo, houve certo afrouxamento em todos os credos. Os cristãos foram os primeiros e, por fim, assistiram a dramas religiosos na forma de peças de mistério; depois disso, o secular foi retomado no Renascimento, começando por Mussato, na Itália. No Líbano, a comunidade shia criou peças religiosas sobre a morte de Ali. Na Europa, os judeus produziram um drama sobre a vida da rainha Ester que era apresentado no festival de Sukhot e foi muito influenciada pelas peças de milagre cristãs. Ainda que houvesse uma atividade teatral mínima tanto no judaísmo quanto no Islã, entre os judeus ocorreu uma mudança real perto do fim do século XIX e formou-se uma tradição do drama iídiche, juntamente, é claro, com dramaturgos, atores e *metteurs en scène*. Como dissemos, Hollywood absorveu esse avanço da atividade judaica, tanto no nível da encenação quanto das finanças, e a nova indústria cinematográfica foi dominada por ela: os judeus comandavam a mídia visual norte-americana, que se espalhou para todo o mundo (embora não tanto para as culturas escritas da Índia ou da China).

Mas essa atividade se deve mais a um nascimento que a um renascimento, pois estava associada à Emancipação; porém, foi mais um rompimento com a religião estrita dos rabinos que com o gueto gentio. Antes disso, fez-se ocasionalmente ilustração da Torá, mas não mais que isso. Essa mudança teve certa semelhança com o Renascimento italiano, porque ali também a secularização significou a libertação e a expansão das artes; os artistas e os dramaturgos da Europa cristã encontraram um meio de contornar as restrições impostas por uma religião hegemônica dominante que, de início, só permitia a atividade artística na esfera sagrada. Na Europa cristã, o principal avanço na direção da representação secular veio com o Renascimento; no judaísmo, isso aconteceu com o advento da Emancipação, perto do fim do século XIX e entre os reformados; e, em partes do Islã, com a colonização e a influência da Europa (e, antes dela, da China).

Algumas "ciências" foram menos influenciadas que outras pelas restrições da religião. Em geral, a filosofia sofreu uma interdição clara porque suas especulações criavam problemas para as religiões, na medida em que substituíam a "racionalidade" pela fé e podiam desafiar a visão clerical do além-mundo. Mas as investigações neste mundo também podiam se contrapor ao que estava estabelecido na *Bíblia* e no *Alcorão*. Os experimentos não eram bem-vindos onde a fé já havia definido qual era a visão correta. Às vezes eram expressamente proibidos, como a cirurgia com corte do corpo humano. Mas havia áreas relativamente livres. A prática da medicina, com demanda em toda parte, fez alguns avanços, sobretudo na farmacêutica, já que o conhecimento das plantas e de suas qualidades tornou-se particularmente amplo. A prática e a pesquisa na medicina eram conduzidas separadamente nos *maristans* do mundo árabe, por muçulmanos, judeus e cristãos, em hospitais e universidades na Europa. Em algumas questões técnicas, como as comunicações (a fabricação do papel, mas não a impressão) e a agricultura (controle da água), o Oriente Médio teve vários desenvolvimentos com pouca interferência das fontes religiosas. Mas o estímulo ao letramento e ao conhecimento deu fama às dinastias e às cortes; e, mais uma vez, houve liberdade em várias esferas, inclusive a das artes. Enquanto a busca do conhecimento religioso se fazia nos madraçais, o trabalho científico se realizava de maneira menos formal nos palácios, nas bibliotecas, nos hospitais, nos observatórios e nas sociedades letradas. Nas ciências, à parte os hospitais e os observatórios, o ensino não era institucionalizado como o conhecimento religioso dos madraçais ou das *yeshivas*, ou o ensino religioso ou secular das universidades que surgiram mais tarde. A tecnologia estava mais ou menos livre para avançar sozinha, fosse na medicina, na navegação, na agricultura ou nas comunicações, salvo pelo fato de que a mecanização da escrita era proibida no Islã, e isso excluía a impressão (vinda da China) e a imprensa (vinda da Europa).

Sob influência de todas as religiões, mas em especial das abraâmicas, a investigação na natureza do mundo viu-se face a face com o transcendental. É disso que se que ocupa a religião. No Islã, as ciências seculares, conhecidas como "ciências estrangeiras" ou "ciências dos antigos", tiveram de se distinguir das ciências muçulmanas, "criadas pela exegese alcorânica". "As relações entre uma e outra eram abertas, restritas ou qualificadas, conforme o lugar, a época e os indivíduos."[36] Essa alternância entre o religioso e o secular (ciências) marcou a história intelectual do Islã e afetou as comunidades incorporadas a ele. Sempre houve indivíduos e movimentos que se concentraram nas escrituras; outros trabalharam nas "ciências seculares", sobretudo na matemática, na astronomia e na medicina. Nesta última, esse trabalho acontecia no contexto dos hospitais, muito desenvolvidos no Islã. A astronomia era praticada nos observatórios e com frequência promovida em partes do Islã como um meio de controlar a época das cerimônias. Em geral,

---

36 Jacquart, *L'épopée de la science arabe*, p.46.

Emancipação e florescência no judaísmo

porém, as ciências antigas não faziam parte da educação islâmica normal, como a que era ensinada nos madraçais. Estas se destinavam esmagadoramente à instrução religiosa. No cristianismo e no judaísmo não era diferente. As escolas das catedrais e dos mosteiros concentravam-se na instrução religiosa; até o humanismo, os textos clássicos não desempenhavam um papel central na educação, embora essas escolas oferecessem uma educação mais ampla. Na *yeshiva* judaica, o que os alunos aprendiam (às vezes de cor) eram as obras religiosas. As "ciências antigas" eram investigadas nos hospitais; como os judeus nunca tiveram um Estado depois da ocupação romana, essa investigação acontecia em hospitais ligados a outros credos. Os rabinos seguiam a carreira médica e transmitiam alguma medicina a outros, além de traduzir textos do grego e do árabe, como em Lunel, perto de Montpellier. Mas em suas escolas o que predominava era a instrução religiosa.

O fato de que os judeus não tinham um Estado próprio e viviam onde outras religiões eram dominantes significou que eles foram necessariamente influenciados pelas políticas e pelas instituições de seus anfitriões. No sul, por exemplo, a medicina judaica foi fortemente afetada pela prática árabe e, é claro, também a afetou por sua vez. Constantino, o Africano, levou muito conhecimento médico do norte da África e do Oriente Médio para a Itália e possivelmente era um judeu originário das comunidades árabes de Cartago. Há muitas evidências de médicos judeus em terras árabes e cristãs. O mesmo vale para outros campos do conhecimento, como a filosofia, por exemplo, na obra de Maimônides. Os intelectuais judeus sempre estiveram muito ligados aos livros e aos textos, já que todos os homens eram alfabetizados desde cedo e, por sua posição intersticial, com frequência eram especialistas na tradução de uma língua para outra, em especial do árabe, que também é uma língua semítica. Assim, eles se familiarizaram com o conhecimento e com a escrita dos outros, e até das artes.

Mas, na comparação global, essas realizações emprestadas dos vizinhos foram um tanto parciais no início; com a Emancipação, houve um avanço repentino. Hobsbawm fala de uma "transformação explosiva desse impacto [dos judeus sobre o mundo lá fora] nos séculos XIX e XX"; ou seja, desde que "a emancipação e a autoemancipação dos judeus começou, no fim do século XVIII".[37] Antes disso, as coisas eram muito diferentes. Se os judeus se restringiam com frequência às ocupações e às atividades em que estavam inseridos, era por causa não apenas de restrições externas, mas também internas.

---

37 Hobsbawm, Benefits of Diaspora, *London Review of Books*, p.16.

E ambas estavam ligadas à religião. Por exemplo, a ausência de artistas judeus na Idade Média europeia deveu-se em parte ao fato de que toda a arte (os dramas, a maior parte da ficção) era cristã (a Igreja e ocasionalmente a corte serviam como patronos ou beneficiários), mas também porque a *Bíblia* fazia proibições à representação figurativa e os judeus e os muçulmanos as respeitavam, ao contrário dos cristãos (pelo menos em relação à arte religiosa). As restrições eram tanto internas quanto externas.

O próprio conhecimento religioso, contudo, não era completamente estático. Aconteciam reformas, como em todas as religiões escritas. Zafrani fala de "um renascimento dos estudos hebraicos" no Cairo antigo, no fim do século X.[38] Os caraítas, cujas origens remontam ao fim do século VIII, rejeitavam a lei ortodoxa e apelavam diretamente para as palavras da *Bíblia* para a autoridade de sua fé. Seus oponentes eram os rabinistas, que também foram compelidos a retornar às palavras das escrituras para justificar seus ensinamentos. Tudo isso conduziu a uma "reabertura da mente e da imaginação judaicas para as palavras verdadeiras da *Bíblia*".[39] Mas a religião ainda dominava. De início, até o secular tinha de ser sacralizado para ser considerado respeitável. Embora o Cântico dos Cânticos seja basicamente uma peça secular de poesia amorosa, só sabemos disso por causa de suas interpretações alegóricas, que o tornaram adequado para ser preservado pelos rabinos.

> Depois do estabelecimento do cânone, temos de esperar mais de mil anos até que a poesia secular hebraica surja novamente em cena, como parte importante do renascimento da poesia hebraica na Espanha no século X.[40]

Mais uma vez, porém, isso aconteceu por influência externa do Islã. Em outros tempos, modelos não judaicos foram rejeitados e relutou-se "em embarcar numa atividade que podia ser construída para contrariar a lei e os costumes dos judeus". Entretanto, na Espanha eles tiveram um papel entusiástico nessa redescoberta da *Bíblia* hebraica e o retorno às escrituras afetou o objeto de sua poesia. Esse olhar retrospectivo ocorreu no campo religioso, mas não no secular; no campo secular, ocorreu bem mais tarde, quando os judeus foram influenciados em maior extensão pelas culturas árabes. Depois disso, eles imitaram seus mestres em grande parte dos temas de sua poesia.

---

38 Zafrani, *Juifs d'Andalusia et du Maghreb*, p.70.
39 Goldstein, *The Jewish Poets of Spain*, p.16.
40 Ibid., p.12.

Nessas mudanças do judaísmo, quer pontuais, quer de longo prazo, a economia foi muito importante. Não só o desenvolvimento de qualquer "atividade de lazer" exigia certa prosperidade, como o comércio, com que os judeus estavam com frequência envolvidos, exigia certo grau de letramento e habilidades matemáticas e punha a comunidade em contato com outras culturas; foi o caso daqueles que comercializaram com tanto vigor com o Mediterrâneo e com a costa da Índia e criaram colônias nos dois lugares.

Em suma, em toda a história das culturas escritas houve elementos de uma renascença cultural, seja como referência explícita ao que era visto como um período de glórias passado e acabado, seja simplesmente como um salto para uma era dourada, talvez uma abertura para influências externas. No caso da Emancipação judaica, a florescência nasceu não tanto de um olhar para o passado, mas do olhar para o entorno. O estímulo para ir além do pensamento e do conhecimento puramente religiosos foi propiciado em geral por vizinhos influentes – o Islã, a Europa cristã ou o mundo asiático. Nos próximos capítulos, examinarei culturas escritas que tiveram uma renascença em sentido mais estrito que aquela que mudou as feições do judaísmo, na medida em que envolveram um apelo direto ao passado. No Islã, fez-se referência aos textos gregos e a textos traduzidos, assim como ao *Alcorão*; na Índia, essa referência era sobretudo religiosa; na China, foi uma referência secular às obras de Confúcio e outros. Contudo, só nos credos abraâmicos houve necessidade de se libertar de uma religião hegemônica, embora o Islã (e o judaísmo sefardita inserido nele) tenha tido períodos que, se não conduziram uma secularização duradoura, ao menos resultaram numa ênfase nas "ciências antigas" e influenciaram o Renascimento italiano.

Continuidade cultural na Índia

com S. Fennell

Quando começamos a avaliar os vários períodos e facetas das culturas asiáticas segundo o ponto de vista das renascenças, uma das questões levantadas pela Índia e pela China é que ambas mostram uma grande continuidade em termos linguísticos, culturais e outros. Apesar das vicissitudes das dinastias, das invasões dos povos do norte e do desenvolvimento contínuo da sociedade, essa continuidade aponta para a questão da necessidade de um renascimento cultural, visto que aqui não houve a mesma descontinuidade que houve na Europa ou no Oriente Médio. Em outras palavras, essa continuidade exclui a possibilidade de um renascimento, mas não de uma florescência. Na Índia, a contínua referência às escrituras védicas e aos grandes épicos foi uma fonte de inspiração mais ou menos constante. Ao mesmo tempo, não existia uma religião hegemônica e monoteísta que interviesse no sentido de afastar as pessoas dos clássicos, como aconteceu no Ocidente. Na verdade, a Índia sempre teve uma pluralidade de deuses e religiões, assim como uma tradição de pensamento secular. Por isso, quase nunca precisou de um processo de "desencantamento do mundo" para orientar esses credos para o secular e seus clássicos.

Essa continuidade se deve em parte à longevidade do sânscrito, língua em que foram escritos os primeiros textos hindus. O sânscrito foi revivido muitas vezes e ainda tem um papel muito importante e contínuo na vida litúrgica, ritual e intelectual (é utilizado de forma abundante em casamentos e outras cerimônias sacramentais); além disso, em algumas partes da Índia é ainda falado como língua materna.[1] Com exceção do Punjab (onde 60% da população é sikh e o hinduísmo é a maior fé minoritária), e apesar da considerável *muhalla* (vizinhança) de muçulmanos em cidades como Lucknow e Hyderabad, e da pequena de budistas e cristãos, tanto no campo quanto nas cidades, em quase todo o país, a religião hindu, incorporada nesses textos sânscritos, permanece fundamental para a maioria das pessoas. O budismo, que em certo momento foi muito importante, foi engolido em grande parte pelo hinduísmo, embora esteja reaparecendo na comunidade dos *dalits* (os "intocáveis"). O jainismo é praticado pelos comerciantes, mas hoje é menos importante do que já foi. O hinduísmo foi reformado e reformulado em várias épocas, um processo que implicou inevitavelmente um olhar para as escrituras védicas clássicas e seus comentários. Mas, ao contrário do que aconteceu na Europa Ocidental, quando Roma caiu e o cristianismo ou o islamismo surgiram, não houve um hiato em relação à cultura clássica; apesar das conquistas políticas, das campanhas de conversão para crenças importadas e da repetida diversificação e reintegração do credo majoritário, houve uma continuidade considerável desde os tempos antigos. A ciência indiana também continuou a realizar progressos entre os séculos VI e XII, mesmo durante a Idade das Trevas na Europa.

Como aconteceu com as religiões abraâmicas, mesmo nessa cultura atualmente icônica houve certa tendência para a não representação de objetos sagrados no hinduísmo, pelo menos até a época de Alexandre. Segundo Partha Mitter, "além da cerâmica, temos poucas evidências de arte até o século III a.C.",[2] e as escrituras védicas não fazem menção à adoração de imagens.[3] Os primeiros séculos da arte budista foram anicônicos e só com o advento da arte grega, ou indo-grega, é que Buda foi representado pela primeira vez.[4] Assim como Di na China, Brahma, o deus supremo da religião hindu, quase não é representado em esculturas, e as representações mais reverenciadas (até mesmo as de Shiva) são não figurativas ou pilares fálicos (às vezes invisíveis

---

1 Essa é uma tradição estabelecida há muito tempo em Mathoor e Hosahalli, em Karnataka (onde o sânscrito é falado por várias famílias muçulmanas); há também muitos falantes do sânscrito como segunda língua em Mohaka, perto de Jabalpur, em Madhya Pradesh, em Varanasi e em várias das grandes cidades tanto na região do Ganges quanto no sul.

2 Mitter, *Indian Art*, p.9.

3 Thapar, *The Penguin History of Early India, from the Origins to AD 1300*, p.129.

4 Essa ausência (e o papel da arte grega) é discutida atualmente.

ou imaginários). Não podemos dizer que a arte budista teve uma renascença, na medida em que não existia nada no campo figurativo que pudesse renascer. Essa forma de representação surgiu como uma florescência que marcou uma nova era (Ilustração 5).[5] Mas nem na própria tradição hindu posterior houve descontinuidade disseminada ou mudança repentina do aniconismo para uma representação figurativa, do religioso para o secular ou da arte autóctone e monumental do período mauriano (ainda bastante limitada), influenciada pelo Império Aquemênida, para a escultura artesanal e narrativa dos primeiros estupas (por volta da era cristã); não houve grande explosão na arte figurativa, e é provável que esse desenvolvimento gradual tenha resultado de um vínculo entre o patronato político secular e as instituições brâmanes que legitimaram seu domínio (Ilustração 6).

Houve um olhar retrospectivo para os tempos clássicos, mas não houve um rompimento intelectual decisivo como o que aconteceu na Europa, embora em algumas regiões tenha ocorrido uma descontinuidade durante as conquistas muçulmanas e britânicas. Apesar disso, não houve um hiato geral (exceto, como vimos, no início do budismo) e a religião não rejeitava outros tipos de conhecimento, como aconteceu na Europa com o advento do cristianismo como credo hegemônico. Mas a educação superior era em grande parte religiosa e, portanto, restrita. A ciência indiana não fez progressos tão espetaculares quanto a chinesa, mas não teve de se confrontar com uma religião agressiva, cujos escritos sagrados teriam todas as chaves para o universo. Apesar do elemento esmagadoramente religioso, os antigos indianos reconheciam a "lei natural".[6] O hinduísmo não se via em desacordo com as ciências práticas ou matemáticas, nem em competição por um monopólio da autoridade explanatória. Seja como for, havia modos de pensamento alternativos disponíveis, e isso é importante quando se considera o Renascimento europeu, em que o retorno aos clássicos significava ao menos certa secularização. Como veremos, a ciência indiana teve períodos de viço patente e de aparente inatividade, de florescência e de esterilidade, mas não precisou rejeitar uma interpretação divina de maneira tão dramática como ocorreu na Europa. Embora a educação superior estivesse associada ao ensino religioso (com frequência budista e, por isso, combatido por muçulmanos e

---

5 Em termos religiosos, o aniconismo foi em sua maior parte uma cristalização de tendências e elementos já existentes no hinduísmo – talvez não diferentes dos elementos e sentimentos protestantes preexistentes no catolicismo na Europa do século XV.

6 Subbarayappa, Resumé. In: Bose et al. (eds.), *A Concise History of Science in India*, p.572.

outros invasores), ela sempre abrangeu temas seculares, como a astronomia e a medicina, que podiam ser desenvolvidos à parte. Além disso, existia uma linha de pensamento ateísta na Índia que se manteve, apesar da influência do hinduísmo, e era mais favorável à investigação científica. Em outras palavras, ao longo do tempo houve desenvolvimento tanto nas artes quanto nas ciências, o que significa que a ideia de um renascimento não era necessária e a mudança nessas áreas foi mais evolucionária que revolucionária. Nossa referência a esse *continuum* relativamente estável não implica aquela Índia imutável que atraiu a admiração de escritores europeus como Max Müller e Baden Powell, que tinham uma ideia idílica da vida estática das aldeias. Houve de fato um movimento frequente na trajetória histórica do país, em sua vida urbana e rural, em seu comércio com o Oriente e com o Ocidente, em suas artes e suas ciências. Mas, no que se refere à religião e à iconografia, não houve a descontinuidade que encontramos no Ocidente. A historiadora Romila Thapar fala de uma " impressionante continuidade das principais instituições sociais durante muitos séculos".[7] Em *A History of India*, ela vai além:

> o fato de o estudo das instituições não receber muita ênfase deveu-se em parte à crença de que elas não sofreram mudanças: uma ideia que também estimulou a teoria de que a cultura indiana foi durante muitos séculos uma cultura estática e imutável, em grande parte em razão da letargia do indiano e de sua atitude deprimida e fatalista em relação à vida. Isso, é claro, é um exagero. Até mesmo uma análise superficial das relações sociais em mutação dentro da estrutura de castas, ou dos sistemas agrários, ou da vigorosa atividade mercantil dos indianos no decorrer dos séculos, aponta para tudo, menos para um padrão socioeconômico estático. É verdade que, em alguns níveis, há na Índia uma tradição cultural contínua que se estende há mais de mil anos, mas essa continuidade não deve ser confundida com estagnação.[8]

Então, continuidade não significava imobilidade, mas antes uma durabilidade de características específicas. Houve algumas vezes diferenças consideráveis em partes da Índia, sobretudo em relação às opiniões sobre o sagrado e o secular. Em várias ocasiões, houve florescências culturais que com frequência estavam associadas a um retorno à religião védica ou hindu ou a uma revivificação do sânscrito.

---

7 Thapar, The Development of Indian Civilization from c. 1500 BC to c. AD 1200, *Encyclopædia Brittannica*, v.21, p.43.

8 Id., *A History of India*, v.1, p.19-20.

Continuidade cultural na Índia

Assim como o Oriente Médio e a China, a Índia teve de início uma cultura da Idade do Bronze avançada; conhecida como harappeana, floresceu no vale do Indo e assistiu ao surgimento de uma sociedade urbana e das muitas artes que a acompanharam, como, por exemplo, um sistema de escrita que ainda não foi decifrado de maneira satisfatória. "A civilização do Indo foi a mais extensa das antigas civilizações ribeirinhas" – seus contatos se estendiam a Pamir (em busca do lápis-lazúli) e Omã (em busca possivelmente do cobre).[9] Era uma sociedade precocemente letrada, que utilizava o metal (e o explorava, portanto), possivelmente por estímulo do Crescente Fértil, e parece ter se desenvolvido ao longo da fronteira indo-iraniana, fora das culturas neolíticas. Estas surgiram em torno do oitavo ou sétimo milênio (por exemplo, no Mehrgarh) e cultivavam trigo e cevada, criavam carneiros, gansos e gado zebu, mas a cerâmica só apareceu um milênio depois. Numa segunda fase, encontramos mais celeiros, além de vestígios de paredes maciças, uma arquitetura quase monumental e uma riqueza de atividades que incluía o uso do cobre e do marfim. No início do terceiro milênio, essa cultura parece ter levado à civilização harappeana, em cujas cidades encontramos paredes de tijolos (mas não arados), grandes celeiros (possivelmente),[10] muitos templos e cemitérios nas cidades maiores e até um grande banho público em Mohenjo-Daro; também houve desenvolvimento do algodão (mas não do arroz), fabricação de tecidos e proliferação de artesãos nas cidades, que eram construídas à margem dos rios por causa do acesso à água. Em relação às obras públicas, as cidades da civilização harappeana parecem ter sido mais avançadas que qualquer outro povoado da Idade do Bronze. A fase madura ocorreu por volta de 2600 a.C., mais ou menos na época de Sargão da Acádia, na Mesopotâmia. Essa sociedade durou até mais ou menos 1750 a.C. e, a julgar pelo padrão da cultura material, era extremamente uniforme, o que sugere um regime centralizado que pode ter contribuído para alguns elementos da vida hindu. Thapar observa um reaparecimento de vários objetos da sociedade harappeana no culto posterior – o *pipal*, o touro, as figuras femininas, a Divindade Chifruda. Embora isso seja discutido atualmente, o historiador Gordon Childe (assim como o pesquisador J. M. Kenoyer) impressionou-se com a "indianidade" da cultura harappeana; segundo ele, esta já era especificamente indiana e

---

9 Id., *The Penguin History of Early India, from the Origins to AD 1300*, p.80.

10 Atualmente, acredita-se que esse celeiro era um "grande salão" (Kenoyer, *Ancient Cities of the Indus Valley Civilization*, p.64; Guha, Negotiating Evidence: History, Archaeology and the Indus Civilization, *Modern Asian Studies*, v.39, 2005, p.399-426) e a existência de muitos templos é duvidosa.

formou a base da cultura moderna, como em aspectos cotidianos revelados em selos, como aquele que representa o que foi polemicamente chamado de *lingam* xivaísta.[11] Essa especificação é um exagero; não conhecemos tal construção, já que a própria escrita ainda não foi decifrada. Por outro lado, os selos indicam um comércio considerável com a Mesopotâmia, onde a escrita estava intimamente vinculada à atividade mercantil.[12] Será que a ideia da escrita surgiu daí? É pouco provável que ela tenha se desenvolvido das marcas das cerâmicas, como se sugeriu, já que se tratava de uma ocupação urbana.[13]

A unidade da cultura harappeana é visível nos pesos, nas medidas e também em algumas formas de arte, em especial nos selos, que se referem em geral à adoração (ou então a brinquedos de crianças!) e mostram posições utilizadas mais tarde na ioga, representações de animais, figuras sobrenaturais e suásticas. Eles comercializavam muito, em particular a partir do dique de Lothal, em Gujerat, seguindo pela costa de Makran (iraniana) até a Mesopotâmia, onde foram encontrados selos de Harappa; não há vestígios no sentido contrário, o que indica a direção dominante do comércio.[14] A civilização do Indo desapareceu provavelmente por fatores hidroclimáticos,[15] e não porque povos falantes do indo-iraniano chegaram à região, como se imaginou de início (supõe-se que a língua anterior tenha sido o drávida, do sul da Índia), e o centro da sociedade urbana deslocou-se para a bacia do Ganges. Apesar disso, essa civilização urbana original deixou sua marca na Índia; os novos portadores da cultura absorveram algo (embora talvez não muito) do que já existia. Como vimos, alguns motivos, como o *pipal*, mantiveram-se na história posterior.[16]

---

11 Ver Lal, *The Earliest Civilisation in South Asia*, que duvida dessa identificação porque o objeto é muito geral. O arqueólogo Marshall não encontrou evidências de um templo em Mohenjo-Daro, e há explicações alternativas para o falo, um ícone para algo bastante disseminado em algumas culturas antigas (em Roma, por exemplo). No que se refere a Shiva, a palavra aparece nos Vedas apenas como adjetivo em relação a Rudra, o deus do qual se supõe que Shiva tenha evoluído nos Puranas, nos quais não há evidência de adoração fálica nos tempos védicos.

12 Schmandt-Besserat, *How Writing Came About*.

13 Kenoyer, *Ancient Cities of the Indus Valley Civilization*, p.41.

14 Ibid., p.101.

15 Ver o Apêndice a Lal, op. cit., que questiona as várias sugestões de imigração dos arianos. Uma argumentação similar, embora dê razões diferentes, pode ser encontrada em Kennedy, Have Aryans been Identified in the Prehistoric Skeletal Record from South Asia? Biological Anthropology and Concepts of Ancient Races. In: Erdosy, *The Indo-Aryans of Ancient South Asia*, p.46-66.

16 Thapar, *The Penguin History of Early India, from the Origins to AD 1300*, p.85.

O fim do período harappeano conduziu ao que os historiadores chamaram de uma idade das trevas, quando houve um declínio nas cidades e tanto a escrita quanto os selos desapareceram.[17] Perto do fim do segundo milênio, a vida ressurgiu em grande escala nas cidades da planície do Ganges e na costa sul da Índia, onde o desenvolvimento dos povoados estava ligado à expansão do comércio para a Ásia e o Mediterrâneo. O sistema do castelo já parecia presente e afirma-se que a "literatura" sânscrita (em forma oral) surgiu juntamente com vários tipos de hinduísmo e, mais tarde, em meados de 1000 a.C., com o budismo. O ferro e o cavalo também se tornaram importantes nessa época.

Obviamente, é muito mais difícil estabelecer a presença de formas orais e religiosas não materiais, como os hinos védicos. Como afirmou Whitney anos atrás, "todos os dados apresentados na história literária indiana são como estacas erguidas para serem marteladas".[18] Afirma-se que os primeiros textos, os hinos do Rigveda, foram compostos na "era védica", em torno de 1500-1300 a.C., provavelmente no Punjab.[19] Alguns diriam que o ano de 800 a.C. marca o fim desse período, mas o texto parece ter sido escrito muito mais tarde, em Gupta Brahmi ou na escrita alfabética Siddham, e não na escrita logográfica dos harappeanos. Na verdade, o manuscrito mais antigo que temos data apenas do século XI d.C. Segundo Winternitz, alguns estudiosos situaram a época do Rigveda muito antes, entre 3000 e 2500 a.C., e outros em 1000 a.C.[20] O problema é a data apresentada como início do desenvolvimento da chamada "cultura ariana" na Índia. Winternitz nega a relevância do material astronômico, é dúbio em relação aos aspectos linguísticos, considera as inscrições cuneiformes vagas e, por isso, recorre às evidências que se encontram na própria história da literatura indiana. Isso o leva de volta à pressuposição da existência dos Vedas pelas obras budistas, cujo cânone remonta a 400 a.C. Mas, daí, ele recua ainda mais, datando o ponto de partida dos Vedas em cerca de 2000 ou 2500 a.C. e o ponto final entre 750 e 500 a.C.[21] Ele fala pouco a respeito dos escritos, salvo que a forma alfabética em que esses textos podem ter sido escritos foi utilizada mais provavelmente antes das inscrições do século III (afirmações discutíveis atribuíam-na ao século V), porque não era "uma nova invenção".[22]

---

17 Id., The Development of Indian Civilization from c. 1500 BC to c. AD 1200, *Encyclopædia Brittannica*, v.21, p.36.

18 Apud Winternitz, *A History of Indian Literature*, v.1, p.22.

19 Macdonell, *A Vedic Reader for Students*, p.xi-xii.

20 Winternitz, op. cit., v.1, p.270.

21 Ibid., v.1, p.288.

22 Ibid., v.1, p.27.

Esses vestígios chegaram muito cedo até Romila Thaper, que escreve: "[...] as versões [dos épicos] que temos hoje são situadas em geral numa classificação cronológica entre meados do primeiro milênio a.C. e meados do primeiro milênio d.C.".[23] É claro que muitas vezes essas datas são puramente especulativas, já que dependem da transmissão oral. "Os hinos foram memorizados de maneira meticulosa e transmitidos oralmente durante muitos séculos antes de serem escritos."[24] Mas como ter certeza disso? Isso parece discordar daquilo que sabemos hoje pela transmissão de recitações longas. A memória oral, diz ela, foi desenvolvida pela repetição, "tornando a composição quase inalterável [...] A educação era aberta, em teoria, aos membros das três castas superiores, embora o currículo da educação formal fosse bastante útil aos brâmanes".[25] Essa hipotética escola "oral" lembra muito o início de uma alfabetização. Temos conhecimento de precedentes confiáveis dessa transmissão no mundo pré-alfabetizado? As evidências precisam ser avaliadas com cuidado.

Thapar fala do "mito" de que "as fontes orais foram preservadas às vezes por meio de uma memorização tão cuidadosa que os textos chegavam quase intatos, como em algumas composições rituais védicas".[26] Ou então, prossegue ela, chegavam menos intatos e mais abertos, como no caso do *Mahabharata*. O primeiro caso é possível para certos materiais verbais curtos. Mas não podemos ter certeza quanto à continuidade de composições específicas, sobretudo as longas, a menos que já exista registro escrito. Demonstrou-se alguns anos atrás que houve continuidade na memorização dos textos védicos. Assim como acontece com o *Alcorão* ou a *Bíblia*, isso é possível quando há um texto básico escrito. Devemos permanecer céticos em relação a essas afirmações no que diz respeito a culturas puramente orais, o que significa que devemos optar por uma alternativa flexível para essas composições, e o conhecimento que temos corroboraria essa opção.[27] Demonstrou-se que a transmissão de recitações mais longas envolve não só pequenas variações, como mudanças substanciais.[28] Esse entendimento afeta radicalmente a questão da continuidade das contribuições "não materiais" das culturas antigas. Na Índia, porém, o problema estende-se aos textos literários, porque "os

---

23 Thapar, *The Penguin History of Early India, from the Origins to AD 1300*, p.101.
24 Ibid., p.111.
25 Ibid., p.126.
26 Ibid., p.xxii.
27 Goody, *The Culture of Flowers*, cap. 4.
28 Id.; Gandah, *The Third Bagre: A Myth Revisited*, p.xiii-xxvii.

épicos, como os vemos hoje, não eram necessariamente escritos num ponto preciso do tempo".[29] Eles foram editados, completados, e não têm mais uma fonte de datação única.

Foi essa literatura védica que se tornou a base da religião e da educação hindus, inclusive da ciência, a que estava intimamente ligada. Recitar as palavras do Rigveda (quando compostas) era parte importante da aprendizagem dos homens da casta superior, tão importante que, como vimos, muitos afirmam que, no passado distante, essa obra foi transmitida oralmente durante muito tempo. Em épocas mais recentes, para as quais temos evidências de recitação "oral", há poucas dúvidas de que os professores brâmanes escreveram cópias do texto, às quais sempre podiam se referir.[30] Como em outras tradições letradas (e em especial nos contextos religiosos, que são, por definição, extremamente conservadores, pois as palavras do divino são inefáveis, eternas), a memorização de um texto escrito era parte importante da educação. Mesmo quando essas formas de memória automática não eram mais necessárias, ainda eram muito estimuladas em relação ao *Alcorão* e à *Bíblia*. Não se *conhece* realmente um texto até que se possa recitá-lo de memória; esse é um sentimento que ainda se manifesta, e a capacidade de recitar é vista comumente como um critério para conhecer um Wordsworth ou um Shakespeare.

Basham afirma que deve ter transcorrido "um longo período" entre a composição dos hinos perdidos do Rigveda e o budismo (talvez 500 anos), e por isso a maioria dos hinos teria sido composta entre 1500 e 1000 a.C. Mas isso é pura especulação, baseada em evidências históricas pouco convincentes.[31] Isso fica claro pelo fato de que alguns comentaristas atribuíram o ano de 6000 a.C. para a composição desses hinos. Basham reconhece que o *Mahabharata* é de pouca utilidade para o historiador, e menos ainda a *Ilíada*, a *Canção dos Nibelungos* ou as Sagas, que também foram editados em épocas posteriores. Há dúvidas semelhantes a respeito da cronologia do *Ramayana*, em que a data da famosa batalha varia de 3102 a.C. ao século IX, e foi "produto de uma época muito diferente daquela que ele se propõe descrever".[32] Por que o mesmo não pode valer para a literatura védica, como parece ter valido para a literatura homérica e suas referências aos tempos passados?

---

29 Thapar, *The Penguin History of Early India, from the Origins to AD 1300*, p.xxiii.
30 Goody, *The Interface between the Written and the Oral*.
31 Basham, *The Wonder that was India: A Survey of the History and Culture of the Indian Sub-Continent before the Coming of the Muslims*, p.32.
32 Ibid., p.40.

Temos na Índia o exemplo de uma sociedade que está sempre retornando a suas raízes. Mas é difícil discernir essas raízes nas religiões ou nas recitações orais. Embora se diga que a "literatura" védica foi transmitida oralmente, é difícil saber o que isso significa. Considera-se que o corpo principal consistia em quatro "textos" principais: o Rigveda, o Samaveda, o Yajurveda e o Atharvaveda; o primeiro são os hinos dos povos indo-europeus que teriam vindo do planalto iraniano (ou possivelmente do Punjab) no segundo milênio e falavam uma versão do sânscrito. A chegada dos indo-europeus, como os cassitas, os hititas e os mitanis, ao mundo mesopotâmico, mais a leste, foi registrada em textos cuneiformes. Parece que foram eles que se deslocaram para a planície do Ganges, mas os recém-chegados assumiram aspectos da cultura local. Já a sociedade harappeana, considera-se em geral, como vimos, que ela sucumbiu a fatores internos, inclusive ambientais, e não a uma invasão de "arianos". Logo, estes últimos podem ter chegado não como conquistadores, mas como imigrantes.

Afirma-se que o Avesta, o texto básico do zoroastrismo, foi composto em meados do segundo milênio. A língua é próxima da do Rigveda e existia naquela época, é claro, uma escrita alfabética consonantal que foi usada no aramaico, no norte da Síria (Ugarit). O alfabeto, introduzido na Índia por comerciantes aramaicos, levou ao desenvolvimento da escrita brahmi, que é registrada pela primeira vez no século III, nos éditos do imperador Ashoka, escritos em prácrito. Há certa familiaridade em seu uso, por isso pode ela remontar a "algumas gerações".[33] Datações por radiocarbono e termoluminescência da cerâmica encontrada em Tamil Nadu seriam exemplos de escrita brahmi antes do reino de Ashoka, no mínimo do século V a.C.; mas as evidências são pouco seguras. Aparentemente não houve continuidade com a escrita logográfica da civilização do Vale do Indo, que até hoje não foi decifrada. No entanto, no Noroeste da Índia, o aramaico iraniano deu origem a uma escrita, o kharosthi, quando os aquemênidas tomaram Gandhara, em 530 a.C., e o imperador Ciro cruzou a cordilheira de Hindu Kush. O domínio do Império Aquemênida terminou por volta de 330 a.C., com a conquista do império pelo grego Alexandre, da Macedônia. Essa escrita iraniana pode ser aquela a que se refere o grande gramático Panini no século V, embora essa contenda seja questionável.

Uma coisa que a escrita não possibilitou, mas apenas explicitou, foi a categorização das plantas e dos animais, um processo que é intrínseco ao avanço

---

33 Thapar, *The Penguin History of Early India, from the Origins to AD 1300*, p.163.

científico e levanta questões sobre a natureza das espécies. Esse processo é especialmente notável na classificação dos animais, um campo que mais tarde se beneficiou de descrições de determinados animais muito estimuladas pelas observações e relatos do imperador mogol Jahangir.

É difícil dissociar os brâmanes da escrita. Hoje, os brâmanes devem se apresentar a muitas cerimônias levando uma oração escrita (ou impressa) em papel. Antes, isso seria feito numa folha de palmeira ou possivelmente em madeira. A posição que ocupam como especialistas em rituais e professores de escola (transmissores dos textos védicos) está ligada ao domínio da palavra escrita, assim como, é claro, ao papel que desempenham na administração. É possível que longas recitações do tipo do *Mahabharata* já existissem antes do advento da escrita alfabética, mas não teriam ganho forma fixa. Nos círculos cortesãos, havia sem dúvida canções de louvor de certa extensão para celebrar a história das dinastias antigas, em especial nas guerras. Mas não encontramos os brâmanes, como grupo, como historiadores orais sem domínio da escrita. Nem acreditamos que os longos épicos orais tenham permanecido inalterados, ou mesmo identificáveis, ao longo de décadas. O Bagre dos LoDagaa do norte de Gana mudou muito no espaço de tempo relativamente curto em que foi registrado, dando uma ideia exata da dificuldade de se manter a continuidade. É verdade que o título permanece o mesmo, e os membros da comunidade declaram que a recitação é a "única", mas, na realidade, a denominação de Bagre refere-se a versões muito diferentes e dificilmente são versões de um mesmo "mito". Mesmo no caso da história de Krishna, o amigo dos Pandava nem sempre foi deus e às vezes aparece no *Mahabharata* como pastor. No caso indiano, não há nem pode haver evidência da transmissão de uma recitação oral na forma do *Mahabharata*. E isso deve valer mais ou menos do mesmo modo para o que sabemos sobre os limites da transmissão e da memória orais em tais condições. Por isso, podemos dizer que situar a transmissão das narrações védicas ou da religião hindu em qualquer coisa parecida com a forma que conhecemos hoje seria impossível (ou pelo menos altamente improvável). A religião, assim como as recitações, estaria em constante mudança, e não apenas de maneira pouco significativa; a comunicação oral envolve invenção.[34] Winternitz sugere que os brâmanes queriam "obter a escrita" para "fortalecer seu poder e sua influência",[35] inserindo lendas no épico. É difícil imaginar isso sem o domínio de um meio de comunicação

---

34 Goody; Gandah, *The Third Bagre: A Myth Revisited*.
35 Winternitz, *A History of Indian Literature*, v.1, p.298.

escrito, ou o que chamo de tecnologia do intelecto.[36] Seja como for, como já foi dito, a poesia épica que conhecemos[37] é uma característica das sociedades posteriores à Idade do Bronze, quando já existia alguma forma de escrita.

A questão da religião, à qual o sânscrito estava ligado como língua "sagrada", afetou o desenvolvimento da cultura tanto no sentido mais amplo quanto no mais estrito. A diferença em relação às religiões abraâmicas é notável. Thapar diz que "a religião na história indiana antiga não é uma força monolítica [...] a ideia de uma religião de Estado estava ausente".[38] O monoteísmo hegemônico não existia. A adoração de divindades associadas ao culto da fertilidade era disseminada, porém era menos popular nas áreas urbanas que as seitas puritanas do budismo e do jainismo e a tradição *bhakti* do hinduísmo. "Um terceiro nível abarcava o hinduísmo clássico e níveis mais abstratos do budismo e do jainismo",[39] com mais ênfase nas principais divindades ou no ensinamento dos fundadores. No hinduísmo, seu grau de flexibilidade foi responsável em grande parte por sua sobrevivência. As religiões politeístas, ao contrário das principais religiões do Ocidente, não exigiam uma adesão exclusiva. Havia um hinduísmo "ortodoxo", que se apoiava nos intelectuais brâmanes e em suas escolas, mas floresceram versões dessa religião como, por exemplo, o hinduísmo purânico. Na dinastia Pallava do sul da Índia (séculos IV a IX), alguns reis se interessaram seriamente pelos *alvars* e pelos *nayanars*, professores religiosos que pregavam uma nova forma de vaisnavismo e xivaísmo baseada no culto *bhakti* de devoção pessoal. O movimento visava ensinar um hinduísmo popular, preferindo como meio de transmissão o tâmil vernáculo ao sânscrito clássico. Esse novo culto *bhakti* representava certa mudança e, entre as castas inferiores em particular, competia com o budismo e o jainismo; como consequência, ambos entraram pouco a pouco em decadência. O primeiro foi influenciado pelos cultos tântricos xivaístas, mas antes deixou sua marca no pensamento hindu;[40] já o segundo foi influenciado pelos cultos à fertilidade, que davam em especial uma esposa

---

36 Goody, *The Domestication of the Savage Mind*.

37 Por exemplo, em Chadwick, *The Growth of Literature: The Ancient Literatures of Europe*.

38 Thapar, The Development of Indian Civilization from c. 1500 BC to c. AD 1200, *Encyclopædia Brittannica*, v.21, p.36.

39 Ibid.

40 O impacto do *bhakti* pode ser percebido na política e na religião locais após o século VII d.C., em especial do período chola até os séculos XVI ou XVII d.C. No primeiro milênio d.C., a adoração bramânica deixa sua marca, mas concebê-la como uma religião hindu nesse momento e no período dos hinos védicos pode ser um equívoco.

a cada deus. Floresceu ao mesmo tempo um bramanismo mais ortodoxo, em particular a seita xivaísta da época de Mahendravarman I (600-630 d.C.); as doações de terra reais e outras que recebia foram usadas para construir templos (como o de Mahabalipuram, do início do século VII), que funcionavam como escolas da doutrina védica e centros de arte religiosa.

Apesar do fato de as escolas dos templos hindus terem um foco na ortodoxia brâmane, houve uma expansão da crença que toda religião politeísta contém e certo grau de heterodoxia, pois a religião continuou a incorporar variantes ao longo do tempo, inclusive o próprio budismo. Enquanto isso, o sânscrito atuou como um importante meio de comunicação no primeiro milênio d.C., não só para a religião (até em Tamil, no sul da Índia, onde sempre competiu com a língua local, chegando a levar a um corpo considerável de epigrafia bilíngue), mas também para as artes. Embora às vezes o sânscrito fosse mais preponderante que as outras línguas e, em alguns contextos, tenha aberto caminho para as línguas vernáculas, ele continuou sendo a língua dos letrados, tanto escrita quanto falada, em todo o subcontinente, e ainda era utilizado para a composição de peças e poesia. Do ponto de vista linguístico, não houve um grande hiato na cultura indiana, porque o sânscrito nunca morreu; seu prestígio cultural continuou, mas seu uso teve tanto apogeus quanto estagnações, movimentos de fluxo e refluxo com a atividade comercial e com as fortunas do patronato político e eclesiástico. Como observa Toynbee, ele não podia renascer, porque "nunca experimentou a morte".[41]

Assim, por intermédio do sânscrito, o hinduísmo ortodoxo olhou regularmente para trás desde os primórdios da palavra escrita. Isso gerou ortodoxia e não tanto reformas quanto fuga para o que muitos consideram novas religiões, e, mais tarde, os hindus viram como variantes (budismo, jainismo, sikhismo). A diversidade predominante mesmo no hinduísmo explica essa visão. As novas religiões eram basicamente movimentos contrários às castas, que exploraram os conflitos na hierarquia intrínseca ao hinduísmo, a hierarquia contra a qual os intocáveis lutaram em vários períodos da história indiana e que em Maharashtra levou Ambedkar e seus seguidores a um budismo independente (como "neobudistas"), ou seja, a afastar-se da religião dominante. Entretanto, além da crença, a não crença, o "ateísmo" a que Max Müller se referiu como um "adevismo" sem deus, também afetou o destino dessa tradição religiosa. Embora nunca tenha sido uma religião teologicamente prescritiva no sentido das religiões abraâmicas, o hinduísmo sugeria uma ordem do mundo dirigida

---

41 Toynbee, *A Study of History*, p.79.

de certo modo por Deus ou por um ser transcendental. Mas mesmo entre os hinos do Rigveda há elementos de ceticismo – por exemplo, com respeito ao nascimento do universo no hino da Criação: "Então nem o nada existia, nem a existência [...]/ Os próprios deuses vieram depois da criação,/ Logo, quem sabe realmente de onde ela surgiu?".[42]

O hinduísmo era menos prescritivo precisamente porque mantinha algumas das características das religiões formadas numa cultura oral, enquanto as religiões abraâmicas dependiam desde os primórdios de uma autoridade peculiar à palavra escrita.[43] Embora nunca tenha estado sob o controle de uma religião hegemônica, a Índia tinha uma religião escrita que se remetia ao Rigveda e, além disso, teve vários movimentos de protesto, até aqueles que rejeitavam totalmente o regime bramânico; na verdade, eles rejeitavam qualquer interpretação espiritual e também a divisão geral entre mente e corpo. Esse movimento de protesto se chamou Lokayata, que significa "demótico, aquele que prevalece entre o povo",[44] e obviamente se disseminou. Se ganhou uma forma escrita, isso é questionável – sabemos de sua existência pelos escritos de oponentes, que, é claro, pertenciam a outro credo (espiritualista). Mas suas principais doutrinas parecem estar no *Brihaspati Sutra*, que supostamente foi composto em torno de 600 a.C. e do qual há trechos preservados no *Sarvadarshansansgraha*, do brâmane Madhavacharya (século XV d.C.). Mas o único escrito ainda existente da escola é o *Tattvopaplavasimha* (ou "Subversão de todos os princípios"),[45] do nihilista Jayarashi Bhatta (século VI d.C.).[46]

O Lokayata era extremamente cético com os benefícios do sacrifício (não apenas os hindus) e com qualquer crença no sobrenatural, assim como com o sistema de castas. Era não védico e parece ter tido algumas afinidades com as formas iniciais do budismo e do jainismo, além dos ajivikas.[47] Também foi associado a alguns ritos tântricos e rituais sexuais, mas sua principal característica é a oposição a uma interpretação sobrenatural do mundo:

---

42 Basham, *The Wonder that was India: A Survey of the History and Culture of the Indian Sub-Continent before the Coming of the Muslims*, p.249-50.

43 Goody, *The Logic of Writing and the Organisation of Society*.

44 Ou talvez "baseado na matéria", "fiando-se no mundo"; a palavra parece ter sido invenção budista.

45 Literalmente, "realidade-dilúvio-leão", isto é, verificação da realidade, punição da realidade.

46 Abul Fazl cita ainda seus seguidores como uma força considerável no fim do século XVI; eles assistiram a uma conferência dada por Akbar (Abu'l Fazl ibn Mubārak, *The Ā'īn-I Akbarī*, v.3, p.217-8).

47 Chattopadhyaya, *Lokāyata: A Study in Ancient Indian Materialism*, p.xvi.

Enquanto a vida for sua, viva alegremente;
Ninguém pode escapar do olhar penetrante da Morte:
Quando um dia esta sua estrutura for queimada,
Como ela poderá novamente retornar?[48]

Naturalmente, essas visões de mundo são opostas. Mas é evidente que o Lokayata representa um elemento secular que já estava presente no pensamento indiano e parece ter sido associado ao trabalho científico, sobretudo na anatomia e na fisiologia, assim como Needham associou o taoísmo à ciência chinesa e o elemento de secularização foi fundamental no Renascimento italiano.[49] Para os indivíduos religiosos, era mais difícil investigar campos a que seu credo considerava já ter dado uma resposta. Era particularmente difícil fazer contribuições à medicina; em teoria, os crentes se preocupavam mais com a alma que com o corpo; além disso, no caso da medicina, o sistema de castas proibia que os homens das três castas superiores tocassem em corpos mortos. Apesar disso, a medicina indiana era muito importante, e refiro-me não apenas à medicina aiurvédica, mas especialmente à cirurgia, campo em que os indianos se destacaram.[50]

O Lokayata era visto não apenas como uma visão de mundo das pessoas comuns, mas também como um movimento mais preocupado com o estudo da natureza e em assumir uma visão "materialista", ou seja, que não atribuísse a causação a forças sobrenaturais, mas aceitasse um ponto de vista mais naturalista. Ao mesmo tempo, a doutrina explicava a geração deste mundo pela atividade sexual, como também faziam alguns povos não letrados (por exemplo, no mito do Bagre dos LoDagaa de Gana).[51] Ou seja, a geração do mundo estava associada por analogia à geração dos homens, à relação sexual. Daí o possível interesse do Lokayata por essa atividade, como acontecia com o tantrismo. Seja como for, sua abordagem era inevitavelmente mais orientada para este mundo que para o além, isto é, mais para as mulheres, para o ato sexual e para outras atividades populares, do mesmo modo que Epicuro. Para o Lokayata, não havia Deus, alma ou vida após a morte.

Um comentador[52] refere-se ao período em que esse credo floresceu como um renascimento na história indiana.[53] Os materialistas falavam de liberdade

---

48 Madhava Acharya, *Sarva-Darśana-Saṃgraha*, cap. 1.
49 Needham, *Science and Civilization in China*, 33ff.; Chattopadhyaya, op. cit., p.335.
50 Subbarayappa, Résumé. In: Bose et al. (eds.), *A Concise History of Science in India*, p.581.
51 Goody, *The Myth of the Bagre*.
52 Shastri, *A Short History of Indian Materialism, Sensationalism and Hedonism*.
53 Ibid.

para todos os indivíduos. Como os budistas, eram contra os sacrifícios védicos, a memorização dos mantras, os rituais repetitivos, o sistema de castas, as práticas mágicas e ascéticas. Na verdade, uma característica provavelmente influenciou a outra. "A Índia fervilhava com o pensamento livre e Buda foi produto dessa liberdade."[54] O resultado desse movimento, escreve Shastri, "foi a geração e a propagação de diferentes artes e ciências". Vatsyayara registra cerca de 65 nomes de belas-artes indianas que provavelmente foram incentivadas nesse período. Foi uma renascença no sentido de uma florescência, embora não tivesse o caráter de olhar para o passado. Mas exibia certo desprezo pelo transcendentalismo, o que, para alguns, foi um aspecto do Renascimento italiano. Portanto, em ambos houve um elemento de secularidade. Ainda que a arte permanecesse sobretudo religiosa, existiam outras artes, e algumas delas eram extremamente sensuais. Na Europa medieval, a arte era "realmente religiosa" – a própria arquitetura gótica era vertical, apontava para o céu, e os patronos das artes eram motivados pela religião. Na Índia, o problema era muito diferente, já que todas as esculturas faziam uso da forma feminina e estavam nas mãos de artistas seculares, que com frequência produziam suas obras com vigor sensual.

O historiador D. Chattopadhyaya observa que, com sua perspectiva materialista, os tantristas também contribuíram para o estudo do corpo humano, ao qual ainda adicionaram o conhecimento da alquimia e da química em geral.[55] Enquanto os ortodoxos, em especial os das escolas idealistas, eram impedidos de contribuir para a anatomia porque, como vimos, estavam preocupados antes de tudo com a alma e somente as castas inferiores podiam tocar em corpos mortos, o tantrismo estava associado "às artes e às profissões tradicionalmente desprezadas" (assim como o taoísmo na China) e, por isso, podiam investigar esses domínios sem quaisquer restrições ideológicas.[56]

A atividade científica indiana dependia muito da alquimia, embora tenha sido por intermédio dos muçulmanos que a prática foi transmitida para a Europa em torno do século XII d.C. Em sentido mais estrito, a alquimia tinha dois objetivos: em primeiro lugar, a transmutação básica para metais nobres; em segundo lugar, a preparação do elixir da vida para alcançar a imortalidade. A técnica baseava-se no processamento do mercúrio e do enxofre (que, quando combinados, transformavam-se em cinábrio), uma prática que exigia

---

54 Ibid., p.22.
55 Chattopadhyaya, *Lokāyata: A Study in Ancient Indian Materialism*, p.335.
56 Ibid., p.64.

Continuidade cultural na Índia

laboratórios adequados e assistentes especializados, com equipamentos construído especificamente para esse fim. Os primórdios dessa alquimia podem remontar aos primeiros séculos a.C. na China, onde estava particularmente associada ao taoísmo. Só apareceu na Índia no século V ou VI d.C., quando se associou ao tantrismo e produziu uma literatura volumosa. Mas também está ligada ao Antigo Egito, e suas ideias foram elaboradas pelas teorias gregas sobre os elementos. A alquimia praticada em toda a Eurásia foi, sem dúvida, o antepassado e o modelo para as experiências químicas que foram realizadas na Europa na chamada "Revolução Científica", e em árabe essas atividades não eram linguisticamente distintas. A própria química só surgiu na Europa no fim do século XVIII, quando deu uma explicação mecânica para a mudança.

No chamado período histórico inicial (ca.500-150 a.C.), o alfabeto consonantal se estabeleceu definitivamente e, por causa da escrita, dinastias desse período estão identificadas nos Puranas. A época em que a "história" aparece na Índia, a era de Buda, é "uma época de grande tormento intelectual e espiritual", que produziu tanto filósofos quanto comerciantes.[57] Nessa época, o sânscrito tornou-se a língua falada dos poucos instruídos e a língua escrita da religião védica. Alguns escritos seculares datam do século III d.C., mas as inscrições do período seguinte são mais importantes. Já havia ocorrido um olhar retrospectivo para uma época anterior, para outra cultura. Como consequência, a literatura védica foi questionada em algumas esferas e isso deu origem às doutrinas idealistas e materialistas, ou seja, o supernaturalismo hindu e o ceticismo do Lokayata. Embora a ortodoxia ainda dominasse, essas outras tradições estavam presentes e o questionamento conduziu à criação do budismo e do jainismo. Ambos enfatizavam a igualdade (como, na verdade, fizeram as seitas *bhakti*), a vida monástica democraticamente organizada, a língua vernacular, a educação e a valorização do *status* da mulher. Além disso, ambos questionavam a ortodoxia védica. De início, o budismo não fez amplo uso do sânscrito (preferindo o prácrito páli), porque sua maior congregação era de plebeus insatisfeitos com o sistema em que o sânscrito era salvaguardado. Essas religiões apelavam antes para os comerciantes que aprovavam a doutrina não védica do *ahimsa* ("não violência", ou seja, coexistência pacífica); como a economia florescia, em troca da ajuda sobrenatural eles faziam contribuições aos mosteiros e outras doações, como faziam também as mulheres das dinastias reais. Essa atividade econômica viu o crescimento das cidades e de

---

57 Basham, *The Wonder that was India: A Survey of the History and Culture of the Indian Sub-Continent before the Coming of the Muslims*, p.46.

toda a economia, a formação de associações, o papel dos banqueiros e o uso de moedas no período budista e mauriano do século V a.C. A nova escrita, a prosperidade econômica, as religiões não védicas, a crescente atividade literária, tudo isso representou uma florescência e tudo estava interconectado.[58] No entanto, a literatura budista é relativamente pouco importante para o desenvolvimento da ciência, porque sua filosofia se concentrava no nirvana e estava preocupada com questões eternas, demostrando pouco interesse pelas ciências positivas, exceto no campo da medicina.[59] Os jainistas, por outro lado, eram mais próximos dos hindus e "exibiam um interesse considerável pelo conhecimento e pelas ciências seculares, em especial a matemática".[60]

Na troca geral de informações, a Índia tinha uma posição geográfica favorável. Desde o início, recebeu muito conhecimento do Oriente Médio, mesmo durante a Idade do Bronze. Teve contato com o Egito e a Ásia Ocidental desde os tempos pré-históricos. Nos períodos históricos posteriores, o Império Aquemênida e os gregos propiciaram um vínculo com o Mediterrâneo. Roma e Egito comercializavam com o subcontinente. Com a disseminação do budismo na China, houve muitos contatos nas duas direções e também intercâmbio científico. A abertura das rotas da seda e o surgimento do islamismo encorajaram vínculos ainda mais fortes.

Na astronomia, os sistemas védicos eram favorecidos, mas o desenvolvimento do zodíaco estelar, ou sistema *nakshastra*, pode ter sido influenciado pela Babilônia. Deveu muito aos gregos mais tarde, embora isso sempre tenha sido visto como empréstimos estrangeiros. Foram igualmente importantes as exportações para a China, sobretudo o budismo, as roupas de algodão e o açúcar, mais ou menos a partir da era cristã. Mas foi por intermédio dos muçulmanos que o conhecimento dos hindus nesse campo chegou à Europa latina e daí ao Renascimento italiano.

Na era pré-mauriana, Ghandhara e sua capital Taxila (forma helenizada de Taskshalila), escarranchada sobre o Indo, eram locais óbvios para a ocorrência de uma florescência cultural. O Estado ficava na rota para o Irã e foi influenciado pelo Império Aquemênida da Pérsia; na verdade, por volta

---

58 Sobre os textos budistas e jainistas, Basham diz que foram transmitidos oralmente durante séculos (*The Wonder that was India: A Survey of the History and Culture of the Indian Sub-Continent before the Coming of the Muslims*, p.46), mas, ao contrário dos Vedas, foram alterados com o passar do tempo. Como ter certeza disso? Segundo Basham, essa foi uma época de grande agitação intelectual e espiritual!

59 Sen, A Survey of Source Materials. In: Bose et al. (eds.), *A Concise History of Science in India*, p.38.

60 Ibid., p.42.

Continuidade cultural na Índia

de 519 a.C., acabou se tornando uma das últimas 22 satrapias. O país funcionou como via não apenas para os produtos de lã, mas para a arte grega, que, ao lado da indiana, constituiu a base de muitas esculturas budistas. Nessas obras, a mãe de Buda aparece como uma matrona ateniense e vários perfis do tipo do de Apolo apareciam nas esculturas. Mas nesse período houve de início um olhar mais para o entorno que para o passado, isto é, para os gregos, que eram seus contemporâneos. A mistura da cultura grega com a indiana ocorreu não apenas por intermédio do Império Persa, que combateu os helenos, mas também exibiu elementos de sua cultura, depois que Alexandre conquistou a região e criou povoados (ca.327 a.C.), dando impulso ao comércio e às comunicações com a Ásia Ocidental. Não há registro desse contato nas fontes indianas, exceto pelas referências às flautistas yavanas e aos escravos em peças e em literatura relacionada, embora muitos gregos tenham deixado suas impressões sobre o Oriente; sem dúvida, seu uso do letramento foi mais amplo. Mas parece que Alexandre teria se encontrado com Chandragupta Maurya, o primeiro governante do Império Mauriano, que mais tarde lutou contra a dinastia selêucida do Irã e transferiu-se para o antigo território de Alexandre quando este o abandonou. Esse período foi seguido de uma era de relações amigáveis, assim como da composição de um importante tratado de economia política em Taxila, o *Arthashastra*, de Kautilya, que se supõe que foi o primeiro-ministro de Chandragupta.[61] Entretanto, com Ashoka, neto de Chandragupta, a dinastia quase chegou ao fim, apesar de ele ter construído estradas e abrigos para viajantes, plantado ervas medicinais e criado centros para doentes. O regime, com sua mensagem de tolerância religiosa e ética esclarecida, mostra um espantoso humanismo político e social. Mas o Império dependia de impostos territoriais, de uma burocracia e de um exército bem pagos, e era caro e difícil manter tal organização, apesar das melhorias na agricultura, da irrigação e da expansão do comércio. As artes também floresceram. Não há esculturas remanescentes dos mil anos do período harappeano até o mauriano, mas o patronato dos imperadores maurianos, a prosperidade material e a influência ocidental levaram a uma "revitalização" da cultura, mesmo num contexto de desintegração política.[62]

O fim do Império Mauriano foi seguido da ascensão de vários pequenos reinos no norte (180 a.C.-300 d.C.), mas, apesar da fragmentação política,

---

61 Mas tanto a autoria quanto a data do texto são questionáveis.

62 Basham, *The Wonder that was India: A Survey of the History and Culture of the Indian Sub-Continent before the Coming of the Muslims*, p.366.

a economia prosperou. Foi a época dos reis indo-gregos, dos quais o último foi Menandro (ca.155-130 a.C.), conhecido na Índia como Milinda. Ele foi o tema de um diálogo escrito (*Questions of King Milinda*) com o filósofo budista Nagasena, e afirma-se que o rei se converteu em consequência dessa discussão. Enquanto isso, a determinação dos governantes Han de manter fora da China as tribos da Ásia Central levou-as a se transferir para a Índia, onde fundaram dinastias que seguiam os costumes locais. Por exemplo, inscrições reais registram doações a monges e mosteiros budistas, feitas com frequência por princesas, assim como concessões de terra aos brâmanes e sacrifícios védicos realizados pelos governantes.[63] A pluralidade foi mantida.

No sul, as inscrições em brahmi tâmil desse período registram doações da realeza, assim como de mercadores e artesãos, aos monges budistas e jainistas. Essas doações são confirmadas pela literatura *cangam* (poemas em tâmil clássico), cujos elementos foram afetados pela intromissão de uma tradição sânscrita do norte. Embora a produção de arroz florescesse no sul, o comércio com os romanos e com o Oriente também era muito importante. No norte, a civilização babilônica havia utilizado a madeira indiana e tanto romanos quanto semitas assumiram a rota comercial costeira até que se descobriu que as monções possibilitavam a viagem direta, o que levou a um intercâmbio ainda mais ativo com o Oriente Médio. Esse comércio se desenvolveu em particular com o sul, nos dois lados da península indiana, com Musaris no Ocidente e Arikamedu no Oriente; comercializavam-se especiarias, mas também objetos de luxo. A julgar pelo número de moedas de ouro romanas e pela qualidade da cerâmica, o comércio deve ter sido intenso e precioso. A cultura também se expandiu e a literatura (não só a poesia) floresceu. Os épicos populares eram um cabedal de histórias que depois eram incorporadas às peças, como as de Bhasa, fundamental para o teatro sânscrito, e Bharata fez um estudo próprio da dramaturgia. Nas ciências, destacaram-se a astronomia e a medicina, como reflexo de troca de ideias com a Ásia Ocidental. Dois compêndios médicos básicos foram compostos por Charaka e Sushruta nessa época.[64] Os volumes parecem ter sido escritos, respectivamente, por volta de 100 d.C. em Taxila e no século IV d.C. em Benares, durante o governo de Gupta. O material em que se baseiam remonta provavelmente aos séculos anteriores da era budista, refletindo uma expansão da medicina no período mauriano.

---

63 As primeiras evidências de concessão de terra são do período dos Satavahana, não antes do século I d.C.

64 Thapar, *The Penguin History of Early India, from the Origins to AD 1300*, p.258.

Na verdade, pode ter ocorrido uma pequena "era dourada" na medicina da época, em razão talvez do nível geralmente alto da organização institucional em vários aspectos da vida imperial, inclusive militar. O conhecimento médico consistia na consolidação de um corpo de saberes e costumes, assim como de medicina grega e escritos budistas menos importantes que se perderam; os *viharas* (mosteiros) eram os locais prováveis de armazenamento desse material. Juntos, os compêndios de Charaka e de Sushruta, e o breve e fragmentado *Bhela Samhita*, constituem uma fonte importante para o corpo subsequente do conhecimento aiurvédico; na forma como chegou até nós, ele contém informações abundantes sobre dieta, potencialidades de um herbário amplo, técnicas cirúrgicas sofisticadas (que se estendem à cirurgia ocular e plástica), causas e sintomas de uma série de enfermidades (inclusive hidropisia, hemorroidas, febres, epilepsia, tuberculose, asma e quase todas as doenças comumente identificadas), vários tipos de epidemias, técnicas de exame clínico, diagnóstico e prognóstico, reprodução humana (e afrodisíacos), ginecologia e cuidado fetal, hemorragias, arte da cura e detalhes de uma considerável farmacopeia de origem animal, vegetal e até mineral. Perto do fim da era Gupta, temos um tratamento detalhado da obstetrícia no *Astangahrdaya*, de Vagbhata, datado de cerca de 600 d.C., e uma sistematização das patologias no *Rugviniscaya*, de Madhavakara, de cerca de 700 d.C. Este último se tornaria o modelo para quase todos os tratados médicos pós-Gupta.

A medicina aiurvédica desenvolveu-se claramente das antigas técnicas de cura das sociedades orais, embora fosse uma medicina essencialmente escrita. De que outra maneira se poderia ter uma lista de 600 drogas e 300 diferentes operações cirúrgicas? A cirurgia em si baseava-se na dissecação, e existia uma espécie de juramento hipocrático.[65] O objetivo da medicina aiurvédica era manter corpo e mente saudáveis, sujeitos aos humores, mas passíveis de interação cirúrgica (apenas no início). A produção desses textos implicava um conhecimento enciclopédico de assuntos médicos que abrangia "medicina social", história, química, psicologia, cosmologia e religião. Os médicos indianos foram para a Europa com o exército grego, que influenciou sua medicina, mas a extensão dessa influência é desconhecida, embora possa ter incluído o entendimento da questão dos humores.[66] Mas a influência ocorreu nas duas direções, com a medicina tanto árabe quanto persa. Os compêndios médicos indianos foram traduzidos para essas duas línguas. Na verdade, a

---

65 Majumdar, Medicine. In: Bose et al. (eds.), *A Concise History of Science in India*, p.223.
66 Ibid., p.259.

Pérsia foi influenciada pela medicina indiana ainda antes da chegada dos árabes, como vemos no centro médico de Gondeshapur no século V. Um século antes, os manuscritos médicos encontrados na rota comercial da Bactriana para Kucha, na China, na Ásia Central, dão evidências da disseminação desse conhecimento para o Oriente, inclusive para o Tibete e o sudeste da Ásia. Um aspecto interessante da medicina indiana é que ela continuou a se expandir e a produzir comentários até a chegada dos médicos europeus.

Durante o período Gupta (ca.320-540 d.C.), houve uma nítida florescência cultural, por exemplo, em Ujjayini, uma das capitais. Esse período assistiu a uma expansão drástica do conhecimento na medicina, na astronomia e, em especial, na matemática. A educação ocorria nos mosteiros, nos *mathas* hindus e jainistas, e também nos *viharas* budistas, embora fosse basicamente religiosa e baseada numa antiga tradição védica. Mas o ambiente de ensino num *vihara* budista era menos formal e havia uma espécie de educação universitária em Nalanda – não muito longe da antiga metrópole mauriana de Pataliputra (atualmente Patna), em Bihar – que consistia num amplo quadrívio de gramática, retórica, prosódia, lógica, metafísica e medicina. É provável que, com o incremento da organização institucional, o período Gupta tenha coincidido com um acelerado e maior uso da escrita para vários fins. Os principais materiais escritos utilizados para o estudo da medicina eram versões aumentadas e corrigidas dos compêndios; além disso, o ímpeto dado por um ambiente universitário bem-sucedido deve ter contribuído para o aumento de escritos na forma que chegaram até nós. Na Índia, o sistema decimal estava em pleno uso nessa época, como mostra a inscrição em Gujarat, datada de 595 d.C.; o primeiro aparecimento seguro do zero num tratado hindu é um fragmento de 876 d.C., bem depois da era Gupta. Daí, o sistema disseminou-se pela Indochina e pelo Japão e, no Ocidente, foi adotado por Al-Khwarizmi no século IX e chegou à Europa no século XII. Segundo um monge cristão do século X, os indianos tinham uma engenhosidade muito sutil e todos reconheciam sua superioridade na aritmética, na geometria e em outras artes liberais.[67] Como vimos, a matemática desenvolveu-se com força no período Gupta, sobretudo porque os indianos trabalhavam com um sistema de números mais abstrato (algarismos "arábicos"). Algumas descobertas feitas na Índia no período anterior permaneceram desconhecidas na Europa até o Renascimento ou mesmo depois.

Na educação superior, houve desde o início um desenvolvimento considerável. Além de Nalanda, existiam muitos outros institutos de ensino na Índia

---

67 Jacquart, *L'épopée de la science arabe*, p.83.

Continuidade cultural na Índia

e, embora estivessem associados a seitas religiosas, em especial budistas, parecem ter fornecido certa instrução em temas seculares. A Universidade de Takshashila (também conhecida pelo nome helenizado Taxila, que, como dissemos, era a capital mauriana de Ghandhara e tinha contato com a Pérsia) é um exemplo importante desse tipo de instituição. Ela foi a "capital intelectual da Índia", em particular para os intelectuais brâmanes, e oferecia uma educação exemplar, bastante admirada pelos reis da região. Atraía sobretudo estudantes das castas brâmanes e guerreiras e de toda a Índia. Havia certa democracia no ensino, já que indivíduos de grupos diferentes se reuniam para discutir temas gerais. O ensino incluía não apenas os clássicos religiosos, mas também as dezoito artes e ciências, que incluíam a sabedoria do elefante, a caça, arco e flecha, encantamentos mágicos e várias formas de adivinhação. A medicina, o direito e a ciência militar eram dados em escolas com currículos distintos. Atualmente, as ruínas da antiga cidade de Taxila encontram-se na província punjabi do Paquistão, a cerca de 30 quilômetros a noroeste de Islamabad. Esta é uma das universidades mais antigas do mundo e era reverenciada na Índia, em especial por hindus e budistas. Os hindus a admiravam porque o grande estrategista Chanakya (Kautilya), que teria consolidado o reino do imperador Chandragtupta Maurya, foi professor ali e seu tratado político *Arthashastra* ("O conhecimento da economia", em sânscrito) teria sido composto em Takshashila (onde também escreveu o gramático Panini). Os budistas a reverenciavam porque acreditavam que a forma *mahayana* da religião foi fundada nessa escola.

Alguns estudiosos datam a fundação de Takshashila em ca.700 a.C., talvez os primórdios do conhecimento alfabético no norte distante, e a cidade lembrava um centro de ensino até ser saqueada no século V d.C. por nômades da Ásia Central (os heftalitas). Os estudantes tinham em geral dezesseis anos quando entravam para a universidade e aprendiam os quatro Vedas e as dezoito artes, mas, além disso, havia ali as escolas especializadas a que nos referimos.

Já mencionamos outro centro de educação superior, o de Nalanda, um lugar que se acredita que Gautama Buda tenha visitado antes de se estabelecer perto dos "manguezais de Pavarika", onde fazia seus sermões. Enquanto Taxila era largamente hindu, Nalanda era basicamente budista. A educação era subvencionada, e em geral gratuita, e atraía estudantes de toda a Índia e dos arredores, em especial da China. Foi talvez o primeiro e certamente o maior centro universitário que o mundo já conheceu. Em seus dias de prosperidade, teve mais de 10 mil alunos e 1.500 professores, e sua biblioteca estava instalada num prédio de nove andares. Afirma-se que as matérias ensinadas ali abarcavam todos os campos do conhecimento. O nome Nalanda significa literalmente "o lugar que confere o lótus". Segundo um biógrafo tibetano, Nagarjuna (ca.150-250) lecionou em um desses mosteiros. Afirma-se também que Ashoka fundou um templo ali; era um local sagrado também para os jainistas e dizem que Mahavira passou quatorze estações chuvosas ali.[68] No entanto, estudos históricos indicam que a universidade só se instalou ali muito tempo depois, durante o Império Gupta (ca.320-546 d.C.), aparentemente por iniciativa de Kumaragupta. Temos registros mais concretos a respeito de épocas posteriores. Xuang Zang, um viajante budista da dinastia Tan, registrou com detalhes suas impressões sobre a universidade.[69] Na época, era uma "escola de discussão", em que pessoas de vários credos e seitas podiam debater em público, e possuía uma administração "democrática", com um ensino marcado pela tolerância e pela liberdade; os estudantes podiam realizar estudos bramânicos ou budistas, tanto nas artes quanto nas ciências.

Mais amplamente, o budismo tibetano (Vajrayana) e outras variantes do budismo *mahayana* do Extremo Oriente surgiram em escolas de pensamento em Nalanda desde o fim do século IX até o século XII. Teravada, outra importante escola do budismo, mantinha um centro em Nagarjunakonda (do nome de Nagarjuna, que teria lecionado em Nalanda), no Estado de Andhra Pradesh, e foi seguida no Sri Lanka, em Mianmar, na Tailândia, no Camboja e em outros lugares, onde também se desenvolveram escolas teravada. Muitos estudantes estrangeiros estudaram em Nalanda e muitos dos que se formaram foram trabalhar no estrangeiro. Em 1193, a universidade foi destruída por invasores turcos muçulmanos sob o comando de Bakhtiyar Khalji, que, segundo um historiador persa, mandou que todos os livros fossem queimados. Este foi considerado o momento culminante da extinção do budismo na Índia, mas na verdade este foi assimilado pelo sistema de crença bramânico no século XII.

Havia outras universidades importantes, como a de Vallabhi (que foi especialmente significativa para os jainistas e aparece nos relatos do viajante chinês Itsing, no século VII), Odantapuri e Somapura Mahavihara (que foram visitadas por muitos monges tibetanos e destruídas pelos muçulmanos no século XIII) e a universidade budista de Vikramshila. Entretanto, Varanasi, também conhecida como Banaras, continuou sendo um centro de conhecimento hindu e foi chamada de "capital cultural da Índia".

---

68 Mookerji, *Ancient Indian Education (Brahmanical and Buddhist)*, p.557.
69 Ver Watters, *On Yuan Chwang's Travels in India, 629-645 AD*.

Renascimentos

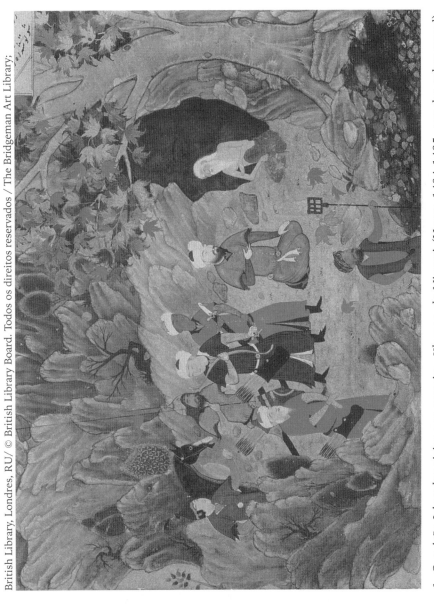

1. O sultão Iskandar visita um eremita. *Khamsa*, de Nizami (Herat, 1494-1495; guache sobre papel), escola persa (século XV).

2. Ms. Or. 20 fol. 122r(a). Batalha entre Abu al-Qasim e o Samanid Muntasir pela reconquista de seu domínio num dos muitos confrontos em 1003-1004. Miniatura do *Jami' al-tawarikh*, de Rashid al-Din (ca.1307; velo), escola islâmica (século XIV).

3. Ms. Or. 20 fol. 122r(b). O derrotado Al-Muntasir cruza o Rio Jayhun. Miniatura do *Jami' al-tawarikh*, de Rashid al-Din (ca.1307; velo), escola islâmica (século XIV).

Renascimentos

4. Fonte do Pátio dos Leões, palácio de Alhambra, Granada, Espanha.

6. Escultura de apsarás (pedra), Chittaugarh, Rajasthan, Índia.

5. Detalhe do Portão Leste de Sanchi, Índia.

Renascimentos

7. Imperador Jahangir (1569-1627), com sua consorte e criados num jardim. *Small Clive Album* (aquarela opaca sobre papel), escola mogol (século XVIII).

8. Relicário budista de prata e ouro. Templo Famen, Fugeng, província de Shanxi.

Renascimentos

9. Fan K'uan, *Travelling among Mountains and Streams* (ca.990-1030).

10. Guo Zi, *Early Spring* (datado de 1072).

Esses institutos de educação superior, que proliferavam na Índia, concentravam-se sobretudo em torno de instituições religiosas, em sua maioria budistas; seus ensinamentos foram incorporados depois ao bramanismo e isso as transformou em alvo para os conquistadores muçulmanos ou convertidos, que tentaram destruí-las. A maioria desses institutos destinava-se ao ensino religioso e empregava o sânscrito. Em relação à ciência, é preciso olhar com frequência para as cortes, por exemplo, e em relação à tecnologia, para as associações que floresceram com o desenvolvimento da economia.[70] À medida que os templos ou os mosteiros se tornavam mais complexos, a arte decorativa e a escultura floresciam (por exemplo, os murais de Ajanta) e parecem ter se disseminado a partir de fontes budistas.

Em relação a outras realizações, a física ligava-se intimamente à religião e estava preocupada em entender o mundo. Por exemplo, os intelectuais indianos desenvolveram uma teoria atômica independente da dos gregos, mas "as ideias indianas sobre a origem e a evolução do universo são mais uma questão de religião que de ciência".[71] A ideia de que a Terra era plana foi rejeitada pelos homens instruídos já no início da era cristã, possivelmente por influência dos gregos. Essa noção representou o nascimento de um verdadeiro senso da geografia. As ideias astronômicas foram adotadas (talvez dos gregos, mais uma vez) porque eram necessárias nas profecias. Na química, os indianos concentraram-se nos compostos médicos, em especial aqueles que usavam mercúrio. Como vimos, o país desenvolveu uma ciência cirúrgica com base empírica e permaneceu à frente dos europeus nesse campo até o século XVIII. O cálculo foi ajudado, é óbvio, pelos desenvolvimentos na matemática indiana, em especial o sistema decimal. É provável que os *Siddhantas* do primeiro período Gupta – que foram compostos no fim do século IV e início do século V e tratam do tema do cálculo na geometria e na astronomia – tenham uma dívida com os tratados matemáticos gregos, como sugeriu Al-Biruni, e que o patronato de Gupta tenha motivado a adoção de modelos astronômicos gregos e financiado seu enriquecimento com conteúdo hindu. Havia observatórios em Jyotishavedanga e Surya-prajnapati. Aryabhata, o primeiro astrônomo propriamente científico, calculava o *pi* e a extensão do ano solar já em 499 a.C.; admitia a ideia de uma rotação axial da Terra, da diminuição lunar como resultado da sombra do globo e da Lua como causa dos eclipses.

---

70 Thapar, The Development of Indian Civilization from c. 1500 BC to c. AD 1200, *Encyclopædia Brittannica*, v.21, p.50.

71 Basham, *The Wonder that was India: A Survey of theHhistory and Culture of the Indian Sub-Continent before the Coming of the Muslims*, p.490.

Sen descreve-o como "o líder do renascimento matemático hindu";[72] mais tarde foi seguido por vários matemáticos importantes, como Brahmagupta (598-668 d.C.), e continuou diretamente até o período moderno. A astronomia e a matemática dos indianos influenciaram os cálculos árabes, e sua supremacia nesses campos dependeu significativamente do uso do sistema de notação posicional decimal. Os babilônios também utilizam a notação posicional, mas era sexagesimal. Os indianos basearam seus cálculos no dez mesmo nos Vedas e usaram o zero ao menos na época de Aryabhata.

Embora as realizações na ciência indiana tenham sido consideráveis, e provavelmente tenham influenciado a medicina grega e toda a Europa no início do Renascimento, não parece ter sido um caso de uma explosão repentina, mas sim de uma evolução lenta, porém geral. Após a chegada dos muçulmanos, a ciência ganhou formas diferentes. No entanto, diz-se que a Era Clássica representa um "período glorioso" na ciência e na tecnologia, assim como na história em geral. "De cerca do século IV a.C. até o século VIII ou IX e também alguns séculos depois, diferentes ramos da ciência avançaram muito e até foram codificados em [...] textos."[73] Os livros de medicina foram traduzidos para outras línguas e o médico persa Al-Razi incorporou esse conhecimento em seu compêndio, que foi traduzido para o latim no século XIII e se tornou referência na Europa no fim da Idade Média. Também na alquimia e na química, nas ideias atômicas (só revividas na Europa no século XVII), na teoria do ímpeto, nas práticas técnicas (em especial no trabalho com metal) e na agricultura, a ciência indiana "participou de fato da evolução e até da transmissão de ideias e técnicas científicas".[74] Mas isso foi mais uma evolução que uma "revolução científica". A ciência indiana perdurou, influenciou e foi influenciada pelos conhecimentos chineses e árabe-persas e, por intermédio de Al-Khwarizmi e outros, foi importante para o "renascimento matemático da Europa", que começou no século XIII com a publicação da obra de Pisano sobre a notação posicional, que veio da Índia.[75]

Na era Gupta, o reino de Chandragupta II "talvez marque o ápice da cultura indiana antiga";[76] ela "atingiu uma perfeição que jamais voltaria a

---

72 Sen, A Survey of Source Materials. In: Bose et al. (eds.), *A Concise History of Science in India*, p.165.

73 Subbarayappa, Résumé. In: Bose et al. (eds.), op. cit., p.584.

74 Ibid., p.592.

75 Sen, op. cit., p.212.

76 Basham, *The Wonder that was India: A Survey of the History and Culture of the Indian Sub-Continent before the Coming of the Muslims*, p.66.

atingir". Esse período é descrito também como a era dourada ou clássica do patronato literário e musical, quando o sânscrito se tornou a língua da corte e da aristocracia. O sânscrito também foi usado nas peças escritas para esse público (sobretudo comédias românticas), nas peças e poemas de Kalidasa e numa tragédia escrita por Shudraka.[77] Além disso, biografias e fábulas eram formas literárias populares. Também se desenvolveu certa crítica literária, assim como textos legais sobre o Código de Manu (*Manavadharmashastra*). Foi nessa época que se estabeleceram as normas da literatura, da arte, da arquitetura e da filosofia indianas, uma época de "hinduísmo renascente" e de prosperidade material.[78] Durante esse período, a que um escritor se refere como "o grande renascimento dos brâmanes",[79] o comércio floresceu e a vida era próspera para alguns. O nível do "luxo" pode ser visto no *Kamasutra*, um tratado sobre o amor sexual, típico de uma camada superior da sociedade que certamente não se apegava aos elementos mais puritanos da religião.

Entretanto, afirma-se que,

> embora citado com frequência como o Renascimento indiano, o período Gupta não é entendido propriamente como um renascimento, exceto em sentido político como reaparecimento de uma norma unificada, que não se conhecia desde a extinção da dinastia Máuria.[80]

Houve, é claro, um retorno à religião védica e à literatura sânscrita, assim como um florescimento da cultura. Depois da queda do Império Romano, a Índia teve pouca comunicação com o Ocidente; no entanto, ela própria experimentou uma "florescência", após "um longo período de desenvolvimento gradual", uma "sofisticação e segurança absoluta na expressão em música, literatura, teatro e artes plásticas".[81] Assim, o período pode ser descrito como "clássico" no sentido de que define "uma norma ou grau de perfeição jamais alcançado antes ou depois, e no perfeito equilíbrio e harmonia de todos os elementos estilísticos e iconográficos".[82] Mais uma vez, houve movimento e continuidade. O grande épico indiano, o *Mahabharata*, passou por uma revisão final nessa época e o *Ramayana* desfrutou de uma nova popularidade.

---

77 Será que o teatro sânscrito foi inspirado pelos gregos da Bactriana?
78 Thapar, The Development of Indian Civilization from c. 1500 BC to c. AD 1200, *Encyclopædia Brittannica*, v.21, p.47.
79 Sastri apud Chattopadhyaya, *Lokāyata: A Study in Ancient Indian Materialism*, p.17.
80 Rowland, *The Art and Architecture of India: Hindu, Buddhist, Jain*, p.129.
81 Ibid., p.129-30.
82 Ibid., p.130.

De fato, o Renascimento bramânico ou a era dourada do período Gupta é comparado pelo historiador de arte Benjamin Rowland ao próprio Renascimento italiano.[83] Ele cita especificamente os nomes de Leonardo, Giotto e El Greco. "A riqueza e a concepção dramática do relevo", escreve ele sobre esse período, "são uma indicação inequívoca do verdadeiro renascimento que estava ocorrendo na arte da Igreja hindu."[84] Entretanto, ele também diz que "a escultura no período da supremacia Gupta, como as artes aliadas à pintura e à arquitetura, não deve ser vista de modo algum como uma revivificação ou revitalização, mas sim como uma culminação lógica de várias tradições contínuas", sobretudo a tradição indiana de Mathura e a herança da arte greco-romana.[85] Ela é marcada por "um domínio rematado na execução e uma serenidade majestosa na expressão que *raramente encontram iguais em qualquer outra escola de arte*" (itálicos meus).[86] No período Gupta, porém, a pintura, assim como a arquitetura e a escultura, são "apenas a culminação, não a renovação, de uma tradição muito antiga".[87] A continuidade é enfatizada por toda parte. Existiam nessa época três tipos de pintura apropriada para templos, palácios e casas particulares, e distinguiam-se entre pintura "verdadeira", "lírica" e "secular". A combinação da arte sagrada com a secular é intrínseca aos murais de Ajanta e também a outras formas Gupta que ocupam "uma posição correspondente à da arte grega e romana no Ocidente".[88] Era "clássica" no mesmo sentido, mas jamais rejeitada da mesma maneira que a arte clássica no Ocidente, por isso não necessitou de revitalização. Houve uma maior continuidade, mas não estagnação ou imobilidade.

Um exemplo é que os próprios épicos foram constantemente reinterpretados no período Gupta e durante muito tempo continuaram sendo fonte de inspiração. No teatro sânscrito, muitas peças eram baseadas nesse material, enquanto outras empregavam enredos inventados pelos autores. Havia elementos de secularidade, mas algumas peças consistiam em material totalmente extraído de textos sagrados; mais tarde, no início do século VIII, Bhavabhuti escreveu peças baseadas no *Ramayana*, uma tradição que continua até hoje. O mesmo vale para a região drávida, no sul. No Império Chola (séculos X a XII), encontramos um despertar das literaturas do século X

---

83 Ibid., p.129.
84 Ibid., p.138.
85 Ibid.
86 Ibid.
87 Ibid., p.145.
88 Ibid., p.180.

em canarês, telugo e malaiala, cujas primeiras obras se basearam nos épicos sanscríticos. Em telugo, aconteceu o mesmo com as obras do brâmane Nannayya Bhattarakudu (ca.1000-1100 d.C.), que iniciou o *Andhra Mahabharatamu* (o restante foi concluído no século XIII). Dessa maneira, os épicos sanscríticos tornaram-se parte integrante de uma tradição crescente nas línguas regionais.

Apesar de a Índia exibir um grau considerável de continuidade cultural na questão da religião, o mesmo não acontecia nas outras esferas. O país teve desenvolvimentos importantes no campo econômico, em especial na manufatura do algodão, que, desde os tempos antigos, era exportado tanto para o Oriente quanto para o Ocidente. O mesmo aconteceu com a cultura em sentido mais estrito, que passou por períodos definidos como "florescência". Mas, ainda que tenha havido uma continuidade da cultura religiosa, em alguns períodos houve uma mudança substancial. A rigidez do sistema de castas hindu foi um dos principais fatores de sua rejeição e do surgimento do budismo e do jainismo. A absorção do budismo *mahayana* pelo hinduísmo foi mais um exemplo notável dessa mudança. O hinduísmo também se dividiu entre os ramos xivaísta e vaisnava. O primeiro dizia mais respeito à adoração ortodoxa de Shiva; o segundo, mais dirigido a Krishna, assistiu ao surgimento dos cultos *bhakti* dedicados à devoção pessoal e à igualdade. Também encontramos uma tendência regional e limitada ao deslocamento do politeísmo para um tipo de monoteísmo.

O chamado período feudal[89] (de 700 a 1200 d.C.) viu a educação comandada pelos brâmanes tornar-se cada vez mais teológica e ortodoxa. A literatura empobreceu. A arquitetura dos templos, em geral um marco das realizações clássicas, atingiu a excelência, sobretudo no norte e no centro, em grandes cidades comerciais e culturais como Khajuraho, Bhubaneshwar, Patadakal, Aihole e Ellore, e no sul, como em Kanchipuram e Thanjavur. A cultura religiosa era particularmente forte nessa época e houve pouca revitalização em geral antes da chegada das dinastias muçulmanas, por volta de 1200. Essa invasão em si não conduziu a uma renascença ou reforma, mas resultou num fortalecimento do hinduísmo ortodoxo. Na economia, o reino chola floresceu no sul, comercializando largamente no sudeste da Ásia, conquistando o Ceilão e enviando uma expedição naval para Sumatra, na Indonésia. A cultura

---

89 Esse período não é mais considerado feudal, mas de reinos regionais, mercados e crescimento econômico, de crescimento populacional, "campesinação" e formação de muitos grupos *jati* (casta). Ver Chattopadhyaya, *The Making of Early Medieval India*.

tâmil foi, se não democrática, ao menos popular.[90] No norte, o domínio dos muçulmanos se expandiu, estendendo-se até Madurai, no sul. Também no sul, um importante reino hindu foi fundado em Vijayanagar, que estabeleceu relações com os portugueses em Goa.

Vijayanagar reagiu à ameaça muçulmana no sul da Índia por meio do que Stein chamou de "prebendalismo centralizado",[91] mas a alta cultura na região era "fundamentalmente conservadora e acumulativa, equipada para o apoio da cultura bramânica";[92] há pouca evidência de inovação. Durante três séculos (de 1336 a 1565), o Império resistiu aos ataques dos muçulmanos – e em particular dos bahmani, cujo governante destruiu os templos e as universidades brâmanes, como fizeram os cristãos –, lutou pela causa do hinduísmo e "impôs a antiga tradição do país em sua política, em seu ensino e em suas artes".[93] Vijayanagar era um "Estado de guerra" que estava em luta constante com os muçulmanos, e às vezes com os hindus, e dependia extremamente da importação de cavalos de cavalaria da Arábia para os portos ocidentais, mas que, ao mesmo tempo, floresceu com o patrocínio de seus governantes aos santuários e às escolas hindus.[94] Embaixadores chegavam da Pérsia e eram enviados à China; Krishnadeva Raya "construiu uma era gloriosa", pois, além de reorganizar o Exército, foi um grande administrador e um patrono das artes que "acrescentou muito à beleza e ao conforto da capital"; além disso, era intelectual e poeta.[95] A maioria da poesia era escrita em sânscrito, e algumas em línguas locais; grande parte era de cunho religioso, mas havia também algumas seculares. As obras em canarês, escritas em geral pelos jainistas, dizia mais respeito aos temas seculares, inclusive os científicos. Mas "a divisão, no interior de uma herança clássica europeia, entre as linhas 'religiosa cristã' e 'secular greco-latina' não tem correspondência dentro das fontes tradicionais hindus".[96] As duas estavam interligadas.

Ainda que os muçulmanos fossem governantes tolerantes em geral, quando invadiram a Índia pelo norte provocaram certa destruição não apenas de

---

90 Basham, *The Wonder that was India: A Survey of the History and Culture of the Indian Sub-Continent before the Coming of the Muslims*, p.77.

91 Stein, *Vijayanagara*, p.140-6.

92 Rubiés, *Travel and Ethnology in the Renaissance: South India through European Eyes, 1250-1265*, p.237.

93 Sastri, *History of South India: From Prehistoric Times to the Fall of Vijayanagar*, p.264.

94 Ibid., p.307, 274.

95 Ibid., p.284.

96 Rubiés, *Travel and Ethnology in the Renaissance: South India through European Eyes, 1250-1265*, p.232.

Continuidade cultural na Índia

universidades, mas também de monumentos. Entretanto, houve pouco "efeito fertilizador sobre a cultura hindu, como se podia esperar", exceto com relação ao crescimento do sikhismo.[97] O hinduísmo tornou-se ainda mais conservador diante do desafio. Houve certa renovação política do hinduísmo com o Maratha Shuinji, mas não uma "verdadeira revivificação cultural". Isso só aconteceu mais tarde, com o surgimento dos europeus e, em especial, com a fundação da Sociedade Asiática de Bengala e o retorno de indianos que haviam ido estudar no estrangeiro.

Embora o Islã tenha chegado ao continente antes disso (as primeiras estradas muçulmanas foram construídas no século VII, em Sindh), as dinastias só surgiram em 1206, em Délhi, após a conquista das tribos turcas (possivelmente em 1000 d.C.), quando tomaram o subcontinente a partir do Afeganistão. O impacto real do período do governo turco, não apenas no norte da Índia, mas também no sul (com os khiljis e depois com os mamelucos), começou em Délhi, com a dinastia dos mamelucos (escravos). É claro que o sânscrito e o bramanismo sofreram com a chegada do Islã, assim como a escultura nos templos hindus, as fontes em degraus e outras construções, em razão da aversão dos muçulmanos à representação figurativa. Mas o Islã desenvolveu rapidamente uma cultura própria na região, baseando-se nas realizações islâmicas anteriores e em particular nas formas de arte persa, que, no entanto, tinha alguma pintura secular nas cortes, em especial miniaturas. No início do século XVI, o governante safávida na Pérsia, o xá Ismail, perseguiu algumas ordens sufistas; como consequência, muitos sufistas, entre eles poetas, emigraram para a Índia, onde fundaram uma escola literária indo-persa conhecida como *Sabq-i Hindi* (estilo indiano).[98] A invasão muçulmana também significou importação de textos árabes e persas sobre matemática e astronomia – e traduções do grego, como de Euclides – que estimularam o trabalho em matemática e provocaram muitos comentários locais.

No norte, os primeiros invasores turcos tiveram de se defender de vários ataques dos mongóis, até que Timur (ou Tamerlão) afinal (mas por um breve período) invadiu o país em 1398 e chegou a Délhi. Apesar desses ataques, os turcos continuaram a comercializar com o norte cavalos para a cavalaria (e canhões vindos da Turquia, possivelmente na segunda metade do século XV),

---

97 Basham, *The Wonder that was India: A Survey of the History and Culture of the Indian Sub-Continent before the Coming of the Muslims*, p.481.

98 Irwin, The Emergence of the Islamic World System 1000-1500. In: Robinson (ed.), *The Cambridge Illustrated History of the Islamic World*, p.72-3.

em troca de tecidos. Os cavalos eram necessários para o tipo particular de guerra que travavam e os tecidos, para efeito de compra. Nesse período, houve muitos avanços na indústria têxtil, com a introdução do descaroçador de madeira, da roca e possivelmente do tear de oito correias, assim como da sericultura e de melhorias nas técnicas de construção. A fabricação de papel passou da China para a Índia no século VIII (bem antes de chegar à Europa) e produziu um aumento nos registros escritos e disseminou o uso de letras de câmbio. Mas foi só depois dos séculos XIV e XV, no auge do período islâmico, que o papel começou a ser amplamente usado. Antes disso, a norma eram as folhas de palmeira no sul da Índia e as cascas de bétula no norte. A fabricação de papel foi depois fortemente incentivada pelos governantes muçulmanos. As cidades também floresceram como centros de troca, administração e atividade intelectual, e, no século XIII, Délhi tornou-se uma das maiores cidades do mundo islâmico. À medida que a economia crescia, surgiam instituições de caridade e estabelecimentos de ensino. Os muçulmanos construíram muitos canais, melhorando o transporte interno, e o regime também fez contribuições consideráveis à cultura e ao conhecimento.

Embora os muçulmanos dominassem o norte, alguns Estados hindus continuaram a florescer no sul, como, por exemplo, Vijayanagar (1336-1646). Mesmo com a militarização crescente, ali se comercializava tanto a leste, com a China, quanto a oeste, com o Oriente Médio. No período anterior, o Império Chola interveio na Indonésia porque Shrivijaya havia interferido no comércio que passava pelo estreito de Málaca. Em certos aspectos, Vijayanagar apresentava-se conscientemente como o último bastião do hinduísmo contra as forças do Islã. Havia alguma intelectualidade na região, e o governante Krishnadeva Raya (1509-1529) era famoso por seus conhecimentos e apoio às literaturas telugo e sânscrita.

Foi mais ou menos nessa época que a pólvora começou a ser usada na Índia. Segundo Khan,[99] pode-se concluir que a pólvora foi introduzida no sultanato de Délhi no século XIII por intermédio dos mongóis; no início, era usada para exibições pirotécnicas e mais tarde, no século XV, para a guerra. A história das armas de fogo na Índia não é clara, mas Khan conclui que o canhão e o mosquete estavam presentes na segunda metade do século XV.

No norte do país, o Império muçulmano dos mogóis (1526-1761) tornou-se uma mistura de elementos persa-islâmicos e indianos. Foi fundado por

---

99 Khan, Early Use of Canon and Musket in India: AD 1442-1526, *Journal of Social and Economic History of the Orient*, v.24, 1981, p.146.

Babur, um turco da Ásia Central, uma região que dependia da expansão do comércio com o mundo exterior e do advento de novas técnicas e ideias vindas de fora. Babur foi sucedido por seu filho Humayun e depois por seu neto Akbar (1542-1605), que implantou um regime liberal e criou uma estrutura administrativa sólida e secular; chegou a separar o islamismo como religião do Estado. Muito mais tarde, no século XVII, os reinos de Jahangir e do xá Jahan chamaram a atenção não só pela grande atividade econômica, mas também pela excelência na pintura e na arquitetura (Ilustração 7). Houve uma monetarização crescente; o imperador possuía frotas de navios e emprestava recursos aos comerciantes para que pudessem negociar.

Se o xá Jahan foi um governante tolerante, que apoiou os intelectuais e os poetas que escreviam em sânscrito, hindi e persa, seu sucessor, Aurangzeb, inverteu essa política, abandonou o governo secular de Akbar e fundou um Estado islâmico, mandou demolir escolas e templos hindus e impôs um imposto maior aos seguidores do hinduísmo. Suas medidas encorajaram o confronto clássico entre a lei muçulmana e o pragmatismo legal, entre o religioso e o secular, entre o tradicionalista e o modernista, entre a fé e a razão.

O norte, no entanto, não era totalmente dominado pelos muçulmanos. Os oponentes dos mogóis nessa região eram os maratas hindus, que tiveram um papel político de grande importância. O período anterior havia assistido a uma proliferação de pequenos Estados, cada um com suas cortes; essa fragmentação foi culturalmente estimulante, porque as cortes competiam entre si (como aconteceu com os taifas, na Andaluzia). No sul, sob os maratas, Thanjavur foi um exemplo de "florescência cultural": produziu literatura de alta qualidade em tâmil e telugo, sânscrito e marati. Foi nessa época que se formou a tradição karnataka na música clássica indiana e se desenvolveu um estilo distinto de pintura. No norte, o mesmo aconteceu em Lahore com o punjabi e o persa. A mistura do hinduísmo com o islamismo foi em geral muito criativa; na verdade, grande parte da cultura "tradicional" da Índia é atribuída a esse período, quando a "tradição" foi inventada.

A existência de cortes muçulmanas e hindus estimulou a diversidade. O mesmo aconteceu quando os europeus chegaram ao país: eles consideravam sua cultura muito mais elevada e, por isso, introduziram uma educação superior em inglês, francês e português, além de um novo tipo de cristianismo ocidental. Houve importação de ideias: ocidentalização com evangélicos, utilitaristas livre-pensadores e racionalistas radicais da França. Essas ideias conduziram à reforma hindu e ao movimento de independência. A reforma proibiu o *sati*,[100] o casamento de crianças e o infanticídio. Embora a maioria pertencesse às religiões hindus ou muçulmanas, o movimento dos jovens de Bengala, em seu entusiasmo pela ocidentalização, chegou a negar a própria religião hindu. A maioria das pessoas, porém, conseguia emprestar coisas do mundo sem se sentir desleal a seu credo.

Grande parte desse movimento se desenvolveu em Calcutá, quartel-general da Companhia Britânica das Índias Orientais, e logo foi descrito como o Renascimento de Bengala. Mas os protagonistas estavam mais interessados em estimular a educação europeia (inglesa) que recuperar o sânscrito.[101] Calcutá era uma cidade de grande atividade econômica e foi lá que os investidores agrícolas formaram "uma sociedade moderna e intelectual", sob o comando do primeiro governador-geral, Warren Hastings.[102] A Índia, é claro, era um patrimônio colonial, por isso seu papel como fonte de renda, mercadorias e comércio era predominante no pensamento de Westminster. Contudo, a iniciativa de Hastings, um liberal politicamente prudente, de fazer uma administração dia a dia da Índia Britânica, baseada na prática e nos precedentes do país, é que deu o tom para a renascença da cultura hindu. Dentre as primeiras atitudes práticas para governar o dia a dia segundo os ditames da tradição, Hastings patrocinou o projeto de um compêndio do Direito hindu (*Gentoo Code*) que consistia em excertos dos principais tratados hindus e muçulmanos em uso no subcontinente; o objetivo era padronizar os preceitos legais empregados nas cortes e excluir o elemento arbitrário que surgia do recurso constante a conselheiros *ad hoc*. Embora seu conhecimento linguístico fosse bastante restrito ao persa, Hastings era, segundo revela sua correspondência pessoal, um profundo conhecedor dos escritos hindus, aos quais chegou por meio de fragmentos e traduções persas. O impulso gerado por essa estratégia retrospectiva intensificou-se com a indicação do talentoso filólogo e advogado William Jones para juiz auxiliar da Corte Suprema de Calcutá. Logo depois que chegou à Índia, Jones juntou o elemento indológico presente entre os europeus de Calcutá e dos arredores com qualquer fonte nativa que pudesse convocar e promoveu a Sociedade Asiática de Bengala, patrocinado por Hastings. Jones registrou e publicou tudo que pôde recolher de fontes nativas ou residentes europeus sobre uma ampla variedade de as-

---

100 *Sati*: espécie de suicídio ritual em que as viúvas se jogavam na pira onde o corpo do marido estava sendo queimado. (N. E.)

101 Chaudhuri, *Renaissance and Renaissances: Europe and Bengal*.

102 Spear, India and European Expansion, c.1500-1858, *Encyclopædia Britannica*, v.21, p.95.

suntos culturais, históricos, religiosos e científicos indianos no monumental *Asiatick Researches*, que foi editado por ele em seus seis últimos anos de vida e trazia contribuições etnológicas e outras das regiões vizinhas da Ásia. Com o tempo, o próprio Jones passou a contribuir com esse material.

Apesar da linhagem real de Jones como um intelectual sanscrítico, mesmo para os padrões estabelecidos na época em grande parte por seu subordinado Charles Wilkins e um punhado de membros da Sociedade Asiática, ainda se discute se ele iniciou e coordenou em ampla medida o que pode ser chamado de renascença do conhecimento sanscrítico quando organizou as reuniões e as publicações da sociedade. Centrada na capital da Índia Britânica, a Sociedade Asiática tinha contatos e fontes extremamente disseminadas e utilizava o método de publicação de livros para propagar o conhecimento, algo totalmente novo para a Índia. Isso causou uma forte impressão na *intelligentsia* anglófona do país e, sem dúvida, em grande parte da classe letrada de Bengala e além. Ninguém imaginaria que um fazendeiro em seus campos de arroz em Andhra Pradesh ou um pastor nas encostas do *pahad* no norte ou em quase toda a Índia tivesse conhecimento das atividades da Sociedade Asiática e se encantasse ao perceber que estava vivendo uma era de renascença. Mas a independência tornou-se pouco a pouco um objetivo comum e isso implicou uma revivificação da tradição hindu e do uso da palavra impressa.

Ainda que essa revivificação específica do sânscrito fosse liderada por europeus, havia um interesse claro da comunidade local pela língua e isso durou um bom tempo. Era parte de uma renascença política mais ampla da ideia de uma Índia independente que assumisse a forma de um crescimento na produção cultural mais tarde envolvida com o retorno do autogoverno. Autores como Shikla e seus sucessores retraçaram a trajetória dessa explosão, que envolveu um grande movimento de escritos bramânicos e atividade editorial e se estendeu até quase o fim do século XX.[103] Muitos opúsculos poéticos foram escritos em sânscrito sobre os acontecimentos, discutindo os dois lados do *sati*, debatendo o casamento de viúvas e a educação das mulheres, os motins de 1857, a ascensão de Vitória como imperatriz, assim como a integridade cultural e a moral tradicional; perto do fim do século XIX, com o conhecimento crescente dos leitores estrangeiros, houve um salto na composição de ensinamentos espirituais, que começaram a ser publicados em inglês e em sânscrito. Esses ensinamentos eram peças alegóricas sobre vários temas (em geral satíricos, com um toque político) e foram escritas durante todo o século;

---

103 Shukla, *Renaissance in Modern Sanskrit Literature*.

tinham em geral um tom crítico ou negativo, e até reacionário e contrário à secularização. Após esse período inicial, a Índia ganhou *status*, sobretudo entre a classe média, ao recuperar a cultura hindu; assim nasceu uma grande nação, de início secular, mas, na verdade, predominantemente hindu.

Antes disso, o amplo componente da Índia principesca manteve-se "num tradicionalismo estagnado".[104] Mas a presença colonial abriu o país para a mecanização do Ocidente, os navios a vapor, o telégrafo, a irrigação, as rodovias, enfim, para um mundo "modernizado" que encontraria sua expressão política no Congresso Nacional Indiano e na Independência. Mas muitos conquistadores eram ambíguos em relação às mudanças. Depois da revolta indiana de 1857-1859, alguns acharam que a rebelião se deveu à "invasão secularizante do positivismo utilitarista e ao proselitismo dos missionários cristãos".[105] Assim, a reforma foi interrompida para tentar limitar o processo, e a declaração da rainha Vitória de que a política britânica envolvia apoio eterno aos príncipes nativos e à não intervenção em questões religiosas, ganhou peso. Apesar da "modernização" associada à luta pela independência, houve um retorno vigoroso à cultura hindu.

O olhar retrospectivo para a cultura escrita não impediu o progresso do movimento; na verdade, ele era parte intrínseca do processo. Em certo sentido, a cultura indiana sempre manteve esse olhar para os clássicos, que, para eles, auxiliava em seu avanço. No norte, esse avanço foi profundamente alterado pelo advento do Islã: o encontro das duas culturas, assim como ocorreu na China, resultou numa espécie de florescência, em especial no período mogol, quando surgiram uma delicada arte palaciana de miniaturas seculares, novas variedades de formas arquitetônicas, a astronomia, a medicina e toda a influência da ciência islâmica e do conhecimento grego. A invasão dos ingleses estimulou o interesse pela antiga cultura hindu e esta, por sua vez, foi um tema importante da luta pela independência. Em certo sentido, o Movimento Swadeshi (interno ou nativo), associado ao nome de Mahatma Gandhi, implicou um olhar retrospectivo para o passado indiano, por exemplo, com o retorno ao algodão tecido à mão, em vez das roupas importadas de Lancashire. Em Pune, Bal Gangadhar ("Lokmanya") Tilak, importante líder nacionalista[106] e professor de matemática no Fergusson College (que seguia a linha europeia

---

104 Spear, India and European expansion, c.1500-1858, *Encyclopædia Britannica*, v.21, p.96.

105 Wolpert, British Imperial Power, 1858-1947, *Encyclopædia Brittannica*, v.21, p.98.

106 Mais tarde, ele foi preso e enviado a Mandalay; o Conselho Real comutou sua sentença de morte a pedido de Max Müller.

e que ele ajudou a fundar), tomou o hinduísmo ortodoxo e a história dos maratas como fontes gêmeas de inspiração. Convidou seus compatriotas a se interessar de forma mais aguda pelas glórias religiosas, artísticas, militares e políticas da Índia hindu, em vez de concentrar sua atenção no conhecimento estrangeiro e copiar as ideias e as atitudes dos opressores cristãos.[107] Com esse objetivo, ele ajudou a fundar os populares festivais de Ganapati e Shivaji em Pune, na década de 1890. O caráter ortodoxo da revivificação de Tilak arregimentou muitos hindus para o movimento, mas provocou um conflito com a comunidade muçulmana.

O Congresso Nacional Indiano reuniu-se pela primeira vez em Bombaim, em dezembro de 1885. O nacionalismo evoluiu adotando e opondo-se às realizações ocidentais; muitas pessoas e profissionais que como Tilak foram educadas nas novas universidades (fundadas a partir de 1857) assumiram um papel de destaque na revivificação da cultura hindu. A situação entre os indianos e o poder de ocupação não melhorou com a divisão de Bengala em dois Estados, um muçulmano e outro hindu. Os nacionalistas foram violentamente contra essa divisão e começaram a boicotar as instituições e os produtos ingleses, convocando o uso de produtos swadeshi ou nativos. Em Bombaim, jovens líderes criaram associações políticas e jornais independentes e fundaram a associação reformista hindu Prarthana Samaj (a Prayer Society). Um ator importante nesse movimento foi Swami Vivekananda, cujo pronunciamento na Conferência Mundial das Religiões em Chicago, em 1893, retomou a linha upanixade não dualista do hinduísmo; muitos indianos viram isso como uma conjunção crucial em seu próprio Renascimento, porque resgatou a imagem do hinduísmo na comunidade internacional, enfatizou o universalismo e rejeitou o entendimento que se tinha dele como um credo supersticioso, governado por castas.[108]

Em 1879, pouco antes da fundação do Congresso Nacional Indiano, Helena Blavatsky (1831-1891), cofundadora da Sociedade Teosófica, foi à Índia para se sentar aos pés de Dayanand Saraswati, conhecido como o Lutero do hinduísmo (por conduzir a reforma). Esse líder religioso fundou em Bombaim, em 1875, uma sociedade de "retorno aos Vedas", a Arya Samaj, com

---

107 Não foi só a história dos maratas e do hinduísmo ortodoxo que o inspirou: a matemática e a astronomia indianas também o inspiraram. Seu livro *Orion, or, Researches into the Antiquities of the Vedas* utilizou a astronomia (como muitos fizeram antes e fariam depois) para datar a cultura védica no século IV a.C.

108 Estamos em débito com o prof. A. Srinivasan por essa observação.

o intuito de fazer com que os hindus rejeitassem aquilo que ele via como acréscimos medievais indignos a sua fé, como a idolatria. Por isso, o movimento de independência foi extremamente influenciado por um retorno às antigas glórias hindus, alteradas pelo contato com o mundo britânico, que introduziu um novo sistema de ensino universitário para formar pessoal para o serviço civil. Blavatsky foi sucedida por Annie Besant, que se tornou presidente do Congresso em 1917. O movimento de boicote aos produtos ingleses desenvolveu-se em conjunto com uma cultura swadeshi e estimulou de várias maneiras a produção local; roupas de algodão de Lancashire foram queimadas em público.

Desde o início, supunha-se que o Congresso Nacional Indiano teria uma sociedade secular, totalmente indiana, para a independência continental. Mas a divisão entre hindus e muçulmanos logo se fez sentir nas disputas eleitorais e em outras questões. Sayyed Khan, líder dos muçulmanos, convenceu muitos com seus escritos de que os hindus eram os principais responsáveis pela revolta (embora não houvesse provas). Ele trabalhou na Companhia das Índias Orientais, visitou Oxford e em 1878, quando retornou, fundou o que é hoje a Aligarth Muslim University. Depois disso, começou a se formar um movimento muçulmano totalmente separado do hindu.

A última batalha envolveu um olhar retrospectivo bastante sectário, em especial para o pensamento de Mahatma Gandhi, que estava engajado com vários aspectos da doutrina hindu, como o *satyagraha* ("a devoção à verdade") e o *ahimsa* (não violência), assim como mudanças no sistema de castas. Mas ele também tentou unir hindus e muçulmanos, embora as divisões religiosas tenham se manifestado politicamente. Muitos "intocáveis" se separaram para se tornar neobudistas. Os muçulmanos se separaram para fundar o Paquistão (e mais tarde Bangladesh) e provocaram um massacre ao longo do caminho. Mas a independência propiciou uma espécie de renascença, sobretudo na arte e no cinema indianos, em que a revivificação da dança clássica, da música, da pintura e da escrita teve um papel importante. Aqui, eles certamente olharam para o passado para olhar para o futuro. Quem lutou pela independência rejeitou ou mudou aspectos medievais "indignos" da fé a fim de retornar à pureza "original" da vida védica. Acreditava-se que essas "mudanças medievais" haviam enfraquecido e desunido a Índia, acabando com sua capacidade de resistir à invasão estrangeira; o movimento da reforma foi parte da limpeza do hinduísmo e encorajou a modernização e a independência. Mas aqui também houve a influência do Ocidente. Fossem quais fossem as leituras de Nehru, brâmane e primeiro primeiro-ministro da Índia, a filosofia política europeia dominou as medidas que ele tomou e a política que adotou; a literatura védica não cumpriu um grande papel.

Houve, portanto, um olhar retrospectivo consistente para o passado letrado da Índia, em especial para o hinduísmo e para o sânscrito antes dele, assim como para boa parte da cultura tradicional da dança, da música e da pintura. Contudo, esse olhar retrospectivo não impediu necessariamente a reforma da religião, com a emergência do xivaísmo, do vaisnavismo, do jainismo e do budismo, nem impediu mudanças nas artes, nas ciências e na tecnologia, que continuaram a avançar, ainda que lentamente. Isso fica claro não só pelo fato de que hoje a Índia e o Paquistão possuem armas nucleares, mas também pelo fato de que o aço indiano se tornou superior ou mais eficiente e conquistou a Europa – ao contrário das roupas de algodão, que há muito deixaram de ser competitivas diante das roupas de Lancashire, Roubaix e outros centros europeus.

Não houve nos tempos antigos um renascimento semelhante ao Renascimento italiano porque não existiu uma descontinuidade clara como a que a Europa mostrou, não se abriu uma brecha nas realizações culturais imposta pela chegada de uma religião hegemônica, que já conhece todas as respostas, tanto sobre a arte quanto sobre a natureza. Houve, ao contrário, uma continuidade da cultura, aliada a um olhar retrospectivo consistente, e florescência cultural ocasional. Certamente houve realizações científicas na própria Idade do Bronze, com o advento do ferro e a aquisição da escrita alfabética. O advento da escrita brahmi conduziu a um período que criou o budismo e o jainismo. A época dominada pela fundação do Império Máuria viu a chegada e Alexandre e dos gregos, e isso levou o budismo a passar de religião anicônica para religião icônica, começando pela escola de arte Gandharan (ou indo-grega). O Império Mauriano esfacelou-se e seguiu-se uma sucessão de pequenos reinos, inclusive de reis indo-gregos. Mesmo assim, a sociedade floresceu, em sentido econômico e outros, e havia comércio com os romanos a oeste e a leste. Durante a florescência do período Gupta (ca.240-550 d.C.), descrita como um Renascimento indiano, as ciências também se expandiram, em especial a medicina. A educação superior se desenvolveu, assim como as ciências da astronomia, da medicina e da matemática. O mesmo aconteceu na dramaturgia, com os dramas palacianos de Kalidasa, e em outras formas de literatura, que incluem os comentários do Código de Manu e as obras da cultura de "luxo", como o *Kamasutra*. As realizações das artes visuais foram comparadas às do Renascimento italiano, mas não houve aqui um renascimento maciço ou um grande hiato, apesar daquilo que os historiadores chamam de Idade das Trevas. Por outro lado, sempre houve um olhar retrospectivo, tanto para os mitos védicos quanto para a língua sanscrítica.

O chamado período feudal (700-1200 d.C.) assistiu a um endurecimento da educação religiosa (embora filosoficamente sempre tenha sido acompanhada de um elemento secular), até que a fundação das dinastias muçulmanas em Délhi fez a cultura hindu se voltar para si mesma. É óbvio que o hinduísmo sofreu com isso; a educação superior era mais circunscrita, as artes indianas foram desfiguradas pelo zelo anicônico, mas os invasores turcos transmitiram um pouco de sua cultura persa, inclusive a língua, e algumas técnicas, como a fabricação de papel. Com isso, houve uma nova mistura de elementos persa-islâmicos e indianos, em especial durante o Império Mogol (1526-1761), quando o comércio e o intercâmbio com o mundo externo se expandiram consideravelmente.

Essa expansão estava ligada em parte à invasão do continente pelos ingleses, que por fim introduziram novas formas de produção e mecanização (por exemplo, o primeiro semeador mecânico), assim como de educação. Mas é claro que muitos hindus viam o cristianismo e o islamismo como uma ameaça e, por isso, voltaram à língua e à cultura indianas. O movimento de independência representou, além de uma inovação, uma verdadeira renascença da cultura indiana em todas as suas formas, a expulsão dos europeus e da maioria dos muçulmanos. Em certo sentido, houve um renascimento, já que, em muitas esferas, o advento do Islã e depois da Europa cristã levou a certo rompimento com a cultura hindu anterior.

A historiadora Romila Thapar tem tratado do problema do surgimento de uma "era dourada" ou de uma "era clássica" na história indiana.[109] Considera que a primeira ocorre "quando quase toda manifestação de vida atinge um pico de excelência".[110] A segunda, com frequência um conceito ilusório, "estabelece os padrões para as formas de avaliação" e é marcado por uma "excelência duradoura".[111] A primeira descrição é aplicada ao período Gupta por suas impressionantes obras literárias e científicas em sânscrito e pela alta qualidade de sua arte. Supunha-se que toda a sociedade havia prosperado dessa maneira, mas a discussão dos renascimentos refere-se, na verdade, à alta cultura. "Há pelo menos três épocas em que a expressão artística e literária atingiu padrões impressionantes", escreve ela, apesar de não fazer menção

---

109 Thapar, *The Penguin History of Early India, from the Origins to AD 1300*, p.280.
110 Ibid.
111 Ibid., p.281.

às ciências, aos períodos pós-mauriano e Gupta, aos cholas e aos mogóis.[112] Podemos argumentar que não temos aqui uma era clássica, mas que toda cultura regional teve a sua, já que todas diferiam. Há uma tendência inevitável a uma concentração no bramanismo e na cultura sanscrítica, mas, como vimos, o budismo foi muito importante tanto intelectual quanto religiosamente, e sua arte foi significativa no período Gupta. Também se escreveu muita coisa nas línguas locais – em prácrito, telugo e outras, além do próprio sânscrito.

A conclusão de Thapar sobre o período Gupta é que o classicismo não foi uma inovação, mas a "culminação de um processo que começou mais cedo".[113] O classicismo é "um contínuo em evolução", uma "transição para uma cultura de elite, uniforme", mas "torna-se um catalisador para muitas outras. Por isso, o período Gupta é o limiar de uma mutação marcante da sociedade indiana do norte no fim do primeiro milênio a.C., e não uma revivificação ou um renascimento".[114] Em outras palavras, temos uma continuidade cultural, mas que permite períodos de "florescência" que ocorreram também em outros tempos. Não foi necessário um renascimento em sentido estrito, mas houve uma renovação no uso mais amplo desse termo.

---

112 Ibid.
113 Ibid.
114 Ibid., p.282.

Renascimento na China

com S. Fennell

Em *A History of Chinese Civilization*, de Gernet, não há ambiguidade a respeito de um renascimento na China. Ele analisa a Antiguidade antes do período Qin, o "renascimento intelectual" no fim do período Han, a "grande explosão" do budismo na "era dourada" do período Tang e, após seu declínio, o início do "Renascimento" chinês, que se sucedeu à proscrição do budismo (ca.845 d.C.), o subsequente movimento de "estilo antigo" e o "retorno à tradição clássica" do período Song (ca.1000). Afirma que adotou o termo "Renascimento" nesse contexto, mas reconhece:

> seu uso está aberto a críticas, ainda que as analogias sejam numerosas – o retorno à tradição clássica, a difusão do conhecimento, o avanço da ciência e da tecnologia (imprensa, explosivos, navegação marítima, relógio com escapo etc.), uma nova filosofia e uma nova visão de mundo.

Admite que o Renascimento chinês, como sua contrapartida ocidental, tem características distintivas. Mas a alusão à Europa é uma lembrança do "paralelismo muito geral da história das civilizações e do longo companheirismo que os uniu no decorrer de seu desenvolvimento".[1] Essa afirmação representa exatamente as conclusões que eu e outros tiraríamos, exceto pelo

---

1 Gernet, *A History of Chinese Civilization*, p.298.

fato de que o paralelismo se devia também ao sistema de comunicação e o companheirismo era uma questão de desenvolvimento socioeconômico, ambos muito discutidos no mundo de hoje.

O que aconteceu na China envolveu um constante olhar retrospectivo, em geral para as obras de Confúcio (Kongzi, 551-479 a.C.), datadas dos séculos VI a V a.C. Ao contrário do islamismo (do judaísmo ou do cristianismo), esse olhar retrospectivo não estava inserido numa religião hegemônica, monoteísta, que varreu tudo o que havia diante dela e depois precisou ser mudada para que houvesse a revivificação de uma cultura mais pagã, de inspiração clássica. Na Índia, esse processo de revivificação implicou uma forma plural e menos hegemônica de sobrenaturalismo. Já na China, ainda que em alguns contextos os deuses tenham florescido – assim como o budismo, até ser parcialmente reprimido em torno de 843-845 –, o confucionismo significou um olhar retrospectivo para um programa secular ou para uma conduta pessoal e social.[2] Na verdade, no que tem sido chamado de Renascimento da dinastia Song (no qual alguns incluem o fim da dinastia Tang), chineses ilustrados tenderam a desprezar a intervenção inicial do pensamento sobrenatural budista que vinha da Índia a fim de recuperar um confucionismo nativo e desenvolver uma cultura fortemente secular nas artes e nas ciências.[3]

A China foi uma das grandes culturas da Idade do Bronze na Eurásia. Sua "civilização" era complexa, no sentido de que tinha uma cultura urbana e passou por uma Revolução Urbana, muito antes da Europa. Desde o início, a China fez muitos avanços nas ciências, na tecnologia e nas artes; isso foi significativamente facilitado pela invenção de uma escrita logográfica, que contribuiu para a unidade do país. Nesse momento, ela não estava de modo algum "atrasada" em relação às principais sociedades da Eurásia. As marcas em cerâmica datam de 4000 a.C., mas a linguagem escrita desenvolveu-se essencialmente a partir do fim da dinastia Shang (séculos XVIII a XI a.C.).

---

2 Afirma-se com frequência hoje que a supressão do budismo em 843-845 foi apenas um revés temporário e que o chan (zen) budismo floresceu na dinastia Song. O declínio institucional do budismo precipitou-se no fim do século X, porque, a partir de 983, todos os monges e ex-monges budistas foram proibidos de realizar exames. Os ataques realmente destrutivos ocorreram no início e em meados da dinastia Ming, quando o governo central ordenou o fechamento da maioria dos templos. O governo local atacou as propriedades dos templos e os descendentes herdaram o que restou, como os túmulos ancestrais e as terras que antes eram cultivadas pelos monges.

3 O termo neoconfucionismo não existia até a década de 1950 (nos Estados Unidos). Em chinês, o termo usado é Daouve (aprendizado do caminho) ou Lixue (aprendizado dos princípios morais).

Na capital próxima a Anyang, na atual província de Henan, foram descobertos ossos com inscrições que davam aos reis orientações de natureza divinatória e sacrificial. A escrita seria muito importante para os chineses, preservando e disseminando sua cultura (*wen, wen hua*). Era ela que distinguia os chineses civilizados daqueles que eles chamavam de "bárbaros" ("nortistas") e tornou-se fundamental para o governo do Estado, provavelmente a partir da época de Confúcio, no século VI, e muito importante na esfera intelectual. A padronização da escrita ocorreu sob a dinastia Qin, no fim do século III a.C., e então a escrita tornou-se um instrumento ainda mais importante de unificação política e inclusão cultural.[4] O letramento dominava as questões intelectuais. Temos conhecimento de que no início da dinastia Tang (século VII d.C.) existia não apenas uma biblioteca imperial, mas uma universidade do Estado (*kwo-tzu-chien*).[5] Isso foi depois que a instituição de concursos na dinastia Han (206 a.C.-220 d.C.) veio a desempenhar um papel importante na indicação para cargos de níveis superiores no serviço público.

O letramento chinês merece um comentário adicional. Sendo uma escrita logográfica (equivalente a nossa notação matemática), ela pôde representar a diversidade das línguas existentes no interior das fronteiras da China e assim serviu para manter unido um país imenso e complexo e proporcionou um "mercado" unificado para os produtos intelectuais. Os Estados Unidos conseguiram a mesma unidade insistindo numa língua única, o inglês, mas relegando outras línguas e culturas. A União Europeia (UE) tentou estabelecer um mercado único e manter as línguas e culturas de todos os seus membros. A um custo cultural menor que o primeiro e com muito mais eficiência que a segunda, a China seguiu uma trajetória diferente. Poderíamos perguntar se a UE considerou a escrita fonética mais bem adaptada a uma comunidade multilíngue e se, apesar de Lenin ter dito que o alfabeto seria a revolução do Ocidente, poderíamos adotar a alternativa chinesa, por mais difícil que ela seja para um teclado.

Nas artes, muitos versos já haviam sido escritos e antologiados em 500 a.C., no *Livro das odes* (*Shi jing*), e desde então passaram a ser compostos pelos que possuem "instrução clássica". Ao mesmo tempo, a China desenvolveu uma tradição de crônicas históricas que depois serviram de modelo para a

---

4 Este ponto tem sido questionado com base tanto nos textos quanto nas descobertas arqueológicas, porque o texto chinês, sozinho, é muito vago, e alega-se simplesmente que "os caracteres se tornavam iguais".

5 Gernet, *A History of Chinese Civilization*, p.244.

escrita de romances históricos populares (que eram muito diferentes das histórias e contos populares das culturas puramente orais). No entanto, o uso disseminado da escrita só ocorreu na dinastia Han, quando a caligrafia se tornou uma forma de arte.[6]

A escrita foi tão importante para as humanidades em geral quanto para as artes em particular. No Oriente Médio, a escrita produziu uma explosão de religiões do Livro: judaísmo, cristianismo e islamismo, religiões monoteístas de conversão e condenação, cuja doutrina estabelecia firmemente como o mundo deveria funcionar. Mas a escrita também era usada na Mesopotâmia e no mundo clássico para propósitos científicos, assim como por credos politeístas menos autoritários. Com o tempo, a China experimentou o desenvolvimento gradual de um pensamento sobre a natureza que diminuía o peso do fator sobrenatural. Embora no início a China não tenha tido uma religião hegemônica organizada, a partir do século V a.C. teve uma ideologia secular dominante na forma do confucionismo. Mais tarde a religião budista da Índia interveio, mas só penetrou no país nos séculos I e II, tornando-se objeto de fervor religioso dos séculos IV a IX. No entanto, nunca se tornou totalmente dominante e, de todo modo, contrapôs-se às crenças sobre o sobrenatural.[7] Outro elemento de secularização ocorreu em meados do século IX, com a supressão do budismo, mas este nunca representou algo tão dominante quanto o que precisou ser derrubado com as religiões abraâmicas da Europa e do Oriente Médio.

E é importante para a história da ciência que a China tenha tido mais de uma religião e ideologia, e não tenha sido monoteísta. Além do confucionismo, que não era teísta, teve também o budismo, o taoismo, a adoração dos ancestrais e uma abundância de cultos locais e imperiais. A pluralidade significava que nada era dominante, quase tudo podia ser conciliado, mesmo com a visão não transcendental de que "uma das características importantes de quase toda a filosofia natural chinesa era sua imunidade aos eternos debates da Europa entre a visão de mundo teísta e a do materialismo mecânico – uma antítese que o Ocidente ainda não resolveu totalmente".[8] Needham, o grande historiador da ciência na China, via o interesse no mundo natural como associado especificamente ao taoismo, que nesse aspecto parece se

---

6 Fu et al., *From Context to Concept: Approaches to Asian and Islamic Calligraphy*.

7 A língua chinesa não tinha nenhum caractere para religião até cerca de um século atrás, quando foi adotado o neologismo japonês *zongjiao*. Usava-se o caractere *jiao*, que significa "ensinamentos", para indicar que ideias eram propostas por confucionistas, daoistas, budistas ou outras "seitas religiosas".

8 Needham, *Science and Civilization in China: History of Scientific Thought*, p.xxiv.

assemelhar ao tantrismo na Índia. Particularmente importante foi "a contribuição taoista para a qualidade profundamente orgânica e não mecânica do naturalismo chinês". Como o confucionismo, o taoismo aceitava o mundo – e o budismo rejeitava.

[os taoistas] se recusavam a abandonar sua visão de mundo naturalista e realista. Para eles, o mundo externo era real, não uma ilusão [...] Havia um elemento sexual no cerne de todas as coisas, e o ascetismo [...] era simplesmente um meio para atingir um fim, a obtenção da imortalidade material, para que o gozo da Natureza e de sua beleza não tenha fim.

Essa é a nota principal. Uma das condições absolutamente necessárias para o desenvolvimento da ciência é a aceitação da Natureza, não o afastamento dela [...] Mas a rejeição do outro mundo por parte deste parece ser formal e psicologicamente incompatível com o desenvolvimento da ciência.[9]

A tese de Needham sobre o taoismo é rejeitada em geral. Segundo ele, o confucionismo encorajava uma atitude ambivalente em relação à ciência. Essa filosofia estava muito preocupada com as pessoas, com os negócios, mas não com os objetos que pudessem levar às ciências.

De um lado o confucionismo era racionalista e contrário a qualquer forma supersticiosa ou mesmo sobrenatural da religião [...] Mas, de outro, seu intenso interesse pela vida social humana, em detrimento dos fenômenos não humanos, negava qualquer investigação das coisas, em oposição aos negócios.[10]

Paradoxalmente, ele admite "que o racionalismo se revelou menos favorável que o misticismo ao progresso da ciência". Não está claro porque é assim, ou mesmo se é de fato assim, porque isso é vigorosamente contestado. Mote afirma que foi a ênfase de Needham no taoismo que o levou a ver o confucionismo como inimigo da ciência e a desprezar certas realizações posteriores.[11] O que é comum aos historiadores da ciência e da tecnologia é que seu foco principal é a dinastia Song, o grande período de "revolução", quando homens instruídos, alimentados pelo estudo dos livros confucianos para prestar concurso para o serviço público, tenderam ter cada vez menos interesse pelo budismo; o neoconfucionismo passou a dominar e, ao mesmo tempo, a incorporar outros sistemas.

---

9 Ibid., p.430-1.
10 Ibid., p.12.
11 Mote, *Imperial China, 900-1800*, p.326.

Portanto, não houve períodos na China em que o domínio do sobrenatural interrompeu de maneira drástica o desenvolvimento de uma visão de mundo mais "racionalista", como aconteceu com o surgimento do cristianismo na Europa, de maneira intermitente com o islamismo e com frequência com o judaísmo. Needham diz que na China não houve nada equivalente à Idade das Trevas.[12] Por exemplo, enquanto na Europa a geografia de Ptolomeu caía em esquecimento, na China "ela perseverava com o uso consistente da grade retangular, até a chegada dos jesuítas no século XVII".[13] Uma das principais razões para essa diferença tem a ver com a natureza da religião e da visão de mundo, nas quais a China adotava "um materialismo orgânico". "O idealismo metafísico jamais foi dominante na China, e a visão mecânica do mundo não existia no pensamento chinês [...] Em certos aspectos, a filosofia da natureza pode ter ajudado no desenvolvimento do pensamento científico chinês" (em especial incentivando as teorias de campo). Mais importante, porém, foi o fato de que, entre os homens ilustrados, a ciência não foi inibida por uma teologia de orientação sobrenatural, como aconteceu na Europa, onde uma religião hegemônica controlava a maioria do pensamento sobre a natureza. Na ciência, os jesuítas, que tiveram muita influência na China, foram uma exceção após o Renascimento; eles incorporaram a seu sistema de crenças grande parte das descobertas do Ocidente e tentavam usá-las com fins religiosos – para converter os pagãos. Para intervir desse modo, a fé misturava-se ao secularismo e ao racionalismo, além do sobrenatural.

Tanto o taoismo quanto o confucionismo tinham preocupações que encorajavam o foco no mundo material, das pessoas ou das coisas. E o materialismo estava associado à transformação da matéria, como na alquimia, que estava mais ligada ao isolamento taoista que aos ensinamentos ortodoxos; essa atividade está por trás não apenas da farmácia na ciência médica, mas também da invenção da pólvora, campo em que a China precedeu o Ocidente. Essa última invenção, que foi "uma das maiores realizações do mundo medieval chinês", foi introduzida quase no fim da dinastia Tang, no século IX d.C., mas a primeira referência à combinação de salitre (nitrato de potássio), carvão e enxofre aparece num livro taoista de 1044.[14] A descoberta da pólvora

---

12 Mas Thapar fala de uma na China. Ver Needham, *Science in Traditional China: a Comparative Perspective*, p.11.

13 Ibid.

14 Ibid., p.27 et seq.

parece estar relacionada à capacidade de controlar a fumaça para propósitos militares, registrada já no século IV a.C. e necessária para ocultar as tropas. Mas depois a pólvora foi usada em "projéteis incendiários", granadas e foguetes. A invenção foi levada para a Europa por intermédio do Islã: em 1248, o botânico andaluz Ibn al-Baytar referiu-se ao salitre como a "neve da China".

Entretanto, essa transformação dos materiais não era do gosto de todos e a ciência não a utilizou em sua própria trajetória. Do ponto de vista da aristocracia letrada, algumas ciências eram ortodoxas, outras não. O interesse no calendário tornava a astronomia valiosa, como ocorreu com frequência no Ocidente. Mas a alquimia era "não ortodoxa, busca típica de taoistas desinteressados e outros reclusos";[15] na farmácia, alguns tipos de remédios eram suspeitos, mas, como em toda parte, a cura era sempre importante, mesmo que as teorias não fossem. Os chineses, explica Needham, demonstravam um "pragmatismo fundamental" e eram "inclinados a desconfiar de todas as teorias"; nos séculos XI a XIII, o "neoconfucionismo", que foi a base filosófica da revolução Song, foi exceção.

Ainda que a China não tenha tido uma idade das trevas no sentido europeu, houve períodos em que a "civilização" foi temporariamente conquistada por "bárbaros". As cidades das planícies e dos vales, onde a civilização da Idade do Bronze chegou a sua maturidade, estavam sujeitas ao ataque daqueles que viviam nas proximidades; para mantê-los afastados, construiu-se mais tarde a Grande Muralha. Esses invasores eram os pastores do norte, criadores de cavalos e gado, acostumados a uma existência mais dura, capazes de se deslocar com rapidez. Desde o início do século VIII a.C., as incursões desses cavaleiros fizeram que os Estados antes em guerra se unissem e, por volta do século III a.C., tomassem medidas para criar o primeiro Império.

A primeira "dinastia histórica" da China foi a dinastia Shang, com uma realeza circulante que se estendeu de meados do século XVI até o século XI a.C. Os Shang lutaram contra os "bárbaros" do norte e desenvolveram a tecnologia do metal (cobre e bronze) com base na cultura neolítica (pedra) – a produção de cerâmica já utilizava processos que envolviam calor intenso.[16] Nessa nova era, encontramos fortificações de taipa, palácios, bronze para as armas, vasos, ornamentos e carruagens, e as primeiras inscrições em ossos

---

15 Ibid., p.25.

16 Com base em descobertas arqueológicas, estudiosos ocidentais atribuem a origem e o desenvolvimento da tecnologia do bronze às estepes do terceiro e segundo milênios a.C. Estudiosos chineses não seguem essa abordagem, em parte por ignorância da pesquisa realizada em sítios fora de suas fronteiras.

oraculares (ca.1200 a.C.). A necessidade de metais, distribuídos de maneira irregular, teria obrigado o contato com os "estrangeiros", possivelmente levando a uma organização política mais centralizada, com colônias e regimes imperialistas, e também a uma escrita logográfica adequada às outras línguas. É provável que os carros com rodas, utilizados em enterros, tenham sido utilizados primeiro para a caça e parecem ter se originado no Cáucaso, no Ocidente. Mas os vasos de bronze rituais da dinastia Shang mostram uma avançada tecnologia com metal, envolvendo não apenas um conhecimento sofisticado dos materiais, mas também uma organização complexa da produção, em que havia grupos de mineiros para combinar os minerais, pessoas para recolher combustível, ceramistas e especialistas em fundição, reunidos sob um controle central. Embora muitos fossem dados em oferenda aos deuses e aos ancestrais, nenhum era oferecido a Di, o Deus supremo; como em muitas religiões politeístas, ele não tinha culto próprio.

A dinastia Shang foi seguida de um regime cuja organização política foi chamada de feudal, a dinastia Zhou (1122-256 a.C. ou 1111-255 a.C.); a dinastia durou até o século III a.C., quando a China foi unificada. É nesse período posterior que encontramos os primeiros documentos dos escribas das cortes reais ou principescas.[17] Antes disso, entre a Primavera e o Outono da dinastia Zhou (770-476 a.C.), houve uma diminuição gradual das relações familiares feudais. A cultura desse período foi excepcional em muitos sentidos, e o sul da China foi empurrado para um sistema se não cultural, ao menos sociopolítico, e o país floresceu. Com a assimilação de muitos "bárbaros", estabeleceu-se um controle central, com uma burocracia ocupada cada vez mais por homens ilustrados, que exigiam das prefeituras impostos e relatórios anuais. Houve importantes mudanças na agricultura sob esse regime. O trigo tornou-se importante no norte, enquanto o arroz vinha do sul e a soja era plantada extensivamente por toda parte. Adotaram-se a fertilização, as terras de pousio e o rodízio. No Planalto Central, a agricultura tornou-se intensiva e a remoção de ervas daninhas era frequente. Em algumas áreas, a irrigação era usada para lavar solos alcalinos e inundar os campos de arroz; a maior parte era realizada pelas autoridades locais, e não pelo governo central, por mais que insista a teoria do modo de produção asiático.

Em relação com esses desenvolvimentos, o comércio entre as regiões cresceu e novas cidades ofereciam mercados para produtos básicos e de luxo. Os grandes comerciantes foram os que mais contribuíram para o enriqueci-

---

17 Gernet, *A History of Chinese Civilization*, p.82.

mento do Estado, e o comércio e a indústria privada explodiram, conduzindo ao crescimento das cidades. Avanços na fundição levaram aos primeiros altos-fornos já registrados e ao aço, produzido por um processo que gerou algumas grandes fortunas. O uso do ferro proliferou – na agricultura, nas guerras e na vida doméstica. A produção do metal era relativamente barata e feita em larga escala. Como vimos, essa tecnologia se desenvolveu a partir dos processos de calor intenso que eram utilizados na produção de cerâmica no fim do período neolítico e, na Idade do Bronze, produziu metal para as guerras e trípodes elaboradas para oferendas rituais.

Da dinastia Zhou ocidental e dos períodos da Primavera e do Outono (primeira metade do primeiro milênio a.C.), temos longas inscrições em vasos de bronze, com várias centenas de caracteres. O realismo pictográfico desses caracteres sofreu uma erosão constante em favor de uma linearidade mais conveniente, evidência talvez do uso cada vez mais frequente ou, como afirmam alguns estudiosos, de um enfraquecimento das ideias religiosas que estavam por trás de sua produção. No século seguinte e durante a metade do período dos Estados Guerreiros, a escrita passou a ser usada por uma parte maior da população; encontramos dessa época uma ampla variedade de documentos comemorativos, legais, militares e comerciais, além de documentos do dia a dia. Há indicações também de que o bronze estava se tornando um produto de luxo mais abrangente, já que podia ser adquirido em oficinas imperiais e não se restringia apenas à realeza.[18]

Durante o período dos Estados Guerreiros (475-221 a.C.), no início da Idade do Ferro, o sistema esfacelou-se. No século V (possivelmente antes), formaram-se exércitos profissionais permanentes. O período dos Estados Guerreiros assistiu ao surgimento da literatura militar, como a *Arte da guerra*, de Sun Tzu, e a uma urbanização considerável, em particular no Planalto Central, próximo do Rio Amarelo; a tecnologia avançou em razão das necessidades de guerra. Mas a fragmentação política também levou a uma diversificação das práticas da escrita nos vários territórios, onde os arquivos eram escritos em tiras de sedas e de bambu. A escrita assumiu formas mais criativas, que influenciaram as gerações seguintes, em particular a coleção de escritos clássicos composta em torno dessa época. Os Cinco Clássicos (*Wu jing*) são reverenciados até hoje e foram comparados às obras de Platão ou à *Bíblia* em termos de influência cultural. Os Cinco Clássicos compreendem o *Shi jing* (Clássico da poesia), o *Shu jing* (Clássico da história), o *Yi jing* (Livro

---

18 Clunas, *Art in China*, p.26.

das mutações), o *Li ji* (Livro do ritual) e o *Chunqiu* (Anais da Primavera e do Outono; uma crônica do principado de Lu, Estado natal de Confúcio, datada de 722-479 a.C.). Foi nos tempos de Confúcio que essas obras adquiriram sua forma definitiva. E foi nessa época também que surgiu a ideia de uma burocracia celeste: os governantes míticos eram supervisionados pelo Imperador de Jade, que garantia o governo adequado tanto da terra quanto do céu, e a hierarquia de um corria em paralelo à do outro, para que não houvesse uma dicotomia aguda entre o sagrado e o secular.

Nesse período, houve também um aumento do comércio e dos impostos sobre as terras privadas; durante os Estados Guerreiros, o governo descentralizado desapareceu sob o controle central do Estado. Essas mudanças políticas e sociais foram acompanhadas da chamada "agitação intelectual",[19] quando Confúcio defendeu valores sociais e culturais que se tornariam fundamentais para a sociedade chinesa, ideais segundo os quais a liderança devia combinar habilidade e excelência moral, e não ser escolhida apenas ou em primeiro lugar de acordo com nascimento.[20] Nesse sentido, o "feudalismo" foi enfraquecido e a educação triunfou. Foi a esse período clássico de agitação intelectual e cultural que as gerações seguintes recuaram com frequência. Confúcio foi um dos vários filósofos importantes dessa época, mas tivemos também Mêncio (Mengzi, ca.371-289 a.C.), Mozi (século V a.C.) e Xunzi (ca.198-ca.230 a.C.). Todos eram membros da classe *shi* dos oficiais, cujas obras se tornaram leitura e estudo essenciais para os servidores públicos das dinastias posteriores e formavam a base da educação clássica. Esse desenvolvimento ocorreu numa época próxima àquela em que os europeus consideram que houve a invenção da filosofia na Grécia Antiga, os primórdios do que muitos ocidentais encaram como essencialmente deles.

Durante o período dos Estados Guerreiros, "um dos mais ricos conhecidos da história em termos de inovações técnicas", várias invenções fizeram a vida no país melhorar muito, entre elas o uso intenso de instrumentos de ferro e mesmo do aço produzido durante a dinastia Zhou. Isso levou ao desenvolvimento dos mercados, dos tecidos, do dinheiro metálico e de uma classe de comerciantes – e um deles, Li Si, tornou-se o primeiro-ministro do Primeiro Imperador, Qin Shihuangdi.[21] Foi ele quem unificou a China,

---

19 Mote, *Imperial China, 900-1800*, p.737.
20 Como dizia respeito sobretudo à família, o confucionismo nunca descartou inteiramente o nascimento, nem mesmo em nomeações oficiais.
21 Gernet, *A History of Chinese Civilisation*, p.72.

provavelmente pela primeira vez, em 221 a.C., quando os Estados Guerreiros chegaram ao fim. O novo Império de Qin era regido por uma doutrina de legalidade (promovida pelos Legalistas), que punha a lei acima do ritual, como já havia sido estabelecido pelo filósofo Han Feizi (290-234 a.C.). Foi esse período de unificação imperial que assistiu à ascensão gradual dos literatos, descendentes da classe dos *shi*, em parte para substituir as grandes famílias de nobres que antes assumiam o governo. As demandas do Estado, que mudavam segundo as circunstâncias, tornaram-se mais importantes que os costumes imutáveis e mesmo o "humanismo" confuciano. Por exigência do Estado, o regime Qin construiu a Grande Muralha e começou a organizar o território chinês com uma série de obras maciças (em que muitos morriam), escavando canais e construindo estradas, mas também instituindo um sistema nacional de escrita, dinheiro, pesos e medidas, e um controle politicamente calculado do fluxo das pessoas. Ao mesmo tempo, as comunicações melhoraram. Grandes estradas foram construídas a uma velocidade vertiginosa na primeira década do século III por levas de homens e mulheres. Mas em 213 a.C. o governo ordenou a queima dos livros (sem dúvida, a dimensão e a importância do evento é exagerada), porque supunha que se referissem ao regime anterior. Enquanto as crianças chinesas eram educadas, o imperador "queimava os livros e enterrava os intelectuais".[22] Entretanto, seus escritos foram poupados e ele pretendia inaugurar uma nova ordem intelectual. Livros que não fossem sobre leis, horticultura e fitoterapia (o islamismo e o judaísmo também liberaram esses temas) foram mantidos fora de circulação pública, porque o conhecimento que transmitiam era considerado perigoso.

O Império Chinês unificado demandava uma burocracia pesada. Balazs estima que, durante a dinastia Han, 10% da população, isto é, 6 milhões de pessoas, era de burocratas ilustrados. Essa extensa rede mantinha o Império unido por meio de um elaborado sistema de mala-posta que se servia das novas estradas, destinadas sobretudo aos propósitos do governo.[23] Esse sistema foi adotado pelo Império Mongol, que o estendeu do Oceano Pacífico ao Mar Báltico e levou a organização burocrática para partes da Europa.

No século XIII, essa forma de correio foi adotada no Cairo pelo sultão mameluco Baibars (de origem turca), embora haja evidências de formas anteriores de comunicação à distância. O correio estimulou o uso de pombos (como já era feito antes) e de sinais de fumaça ou fogo (que já existiam na

---

22 Clunas, *Art in China*, p.29.
23 Gazagnadou, *La Poste à relais*, p.23.

China). Além da correspondência de Damasco, o serviço também transportava gelo para as bebidas do sultão. Mais tarde, permitiu-se que os mercadores usassem não só o serviço de correio, mas também as hospedarias relacionadas a ele. Na Europa, esse sistema de comunicação de longa distância deixou de existir após a queda do Império Romano e ressurgiu em 1586, no ducado de Milão, que tinha muitos interesses em terras muçulmanas. O sistema era aberto aos comerciantes e a outras pessoas, mediante o pagamento de uma contribuição – um sistema que, para Gazagnadou, promoveu um novo modo de "subjetivação" compatível com a modernização que marcou mais o Ocidente que o Oriente.[24] Por mais importante que fosse, esse correio moderno certamente não iniciou a comunicação à distância, e parece um erro atribuir-lhe essa característica. Entretanto, o avanço dos mongóis em direção à Europa pode bem ter dado ensejo às transferências de outras invenções chinesas para a Europa, inclusive o estímulo à pintura e à imprensa. O correio (sem uso privado) foi levado para a França por Luís XI, que reinou de 1461 a 1463 e já era aliado de Milão; ele também levou a manufatura de armas para Lyon e Tours e a tecelagem de seda para Lyon.

Na China, o Primeiro Imperador morreu em circunstâncias suspeitas e, alguns anos depois, a dinastia terminou em assassinatos, revoltas políticas e caos. A partir do colapso, descendentes da família Liu iniciaram a dinastia Han em 206 a.C. e, com exceção do breve interregno de Wang Mang, os imperadores Han governaram até 220 d.C. com a mesma base imperial da dinastia anterior. A nova dinastia manteve as obras públicas em larga escala. A escrita tornou-se mais universal e prática. O período assistiu ao desenvolvimento da escrita clerical, que atingiu seu "pleno florescimento estético".[25] O amplo papel dos textos é evidenciado pelo fato de que cada vez mais particulares coletavam manuscritos, que eram negociados nas cidades; eles não estavam mais apenas na biblioteca imperial. O fato de que os textos se destinavam aos burocratas não significava que o público leitor fosse pequeno. Apesar das dificuldades da escrita, havia um corpo de leitores na China provavelmente maior que o do Ocidente com seu sistema alfabético.[26] Conta-se que um alto funcionário tinha muitos textos ("10 mil capítulos") em forma de rolo, porque a escrita tinha um papel cada vez maior em todos os aspectos da civi-

---

24 Ibid.
25 Goepper, Precursors and Early Stages of the Chinese Script. In: Rawson (ed.), *Mysteries of Ancient China: New Discoveries from the Early Dynasties*, p.281.
26 Gernet, *A History of Chinese Civilization*, p.32.

lização chinesa.[27] Para aprender os caracteres, as famílias abastadas pagavam tutores particulares para seus filhos, enquanto os pobres eram ensinados em pequenas escolas baseadas no voluntariado. A educação formal limitava-se ao estudo dos clássicos chineses (a partir dos quais os estudantes aprendiam os caracteres). Durante quatro ou cinco anos, os meninos memorizavam os caracteres e então aprendiam a escrever cartas e composições. Esses alunos entravam para o serviço público, frequentavam faculdades do governo nas principais cidades e eram submetidos a concursos abertos, já que um Estado mais complexo precisava de secretários e burocratas letrados, ao invés de dignitários analfabetos.

Antes do século II a.C., houve muita agitação em torno da luta entre vários grupos de reformadores. Um desses partidos era formado por "literatos confucianos apegados à tradição que defendiam apenas reformas 'razoáveis' ou 'justificáveis', que pudessem ser sancionadas pelos Escritos Sagrados".[28] Esse movimento, do qual participaram muitos estudantes, era liderado pela Liga dos Letrados (composta por vários funcionários impedidos de exercer suas funções) e foi contido de maneira sangrenta; até épocas recentes, o equilíbrio entre formação e emprego dos letrados foi um problema constante. Para outros partidos, as ideias confucianas se disfarçavam para parecer revolucionárias ou antitradicionalistas; ideias novas tinham de ganhar o velho garbo. Os letrados tornaram-se mais importantes na corte e os livros banidos pela dinastia Qin voltaram a circular.

A regra burocrática exigia resumos dos textos e das enciclopédias para sintetizar o conhecimento. Ao examinar as mudanças que ocorreram ao longo do tempo nos assuntos tratados por essas obras, um historiador observou um deslocamento "do ritual para o funcional", para "a secularização, a racionalização e a burocratização emergentes".[29] Os instruídos, que muito frequentemente eram administradores, retornavam ao que havia sido escrito em épocas anteriores, em especial no amplo campo da política; isso explica o grande número de enciclopédias e de coleções de documentos. Esses burocratas letrados provinham de um país imenso, que, significativamente, era mantido unido pela administração por meio da escrita logográfica. Nessas circunstâncias, eram os letrados (formados para o governo) que abriam caminho. Eles tinham

---

27 Goepper, loc. cit. No fim do século VIII, um ministro tinha 30 mil rolos em sua biblioteca e ao menos três outros homens tinham 20 mil.

28 Balazs, *Chinese Civilisation and Bureaucracy*, p.175.

29 Ibid., p.140.

muitos rivais (os eunucos da corte, os sacerdotes budistas e taoistas), mas durante muito tempo permaneceram firmes. Depois de alguma hesitação, e não sem conflitos e contradições, adotaram as doutrinas confucionistas como a ideologia que expressava melhor seu modo de vida. Depois disso, mesmo as mudanças revolucionárias, como vimos, disfarçavam-se com trajes históricos e, em qualquer novo regime que se estabelecesse, a complexidade do país obrigava que os letrados assumissem o controle da administração pública.

A ampliação e a consolidação do regime sob a dinastia Han estão associadas ao imperador Han Wudi (141-87 a.C.), quando a escola de Confúcio dirigida pelo grande filósofo Dong Zhongshu (175-104 a.C.) tomou-o sob sua proteção. Seu longo reinado marcou a expansão dos interesses chineses para a Ásia Central, o sul tropical e a fronteira vietnamita. Grande parte de seu trabalho foi organizar o Estado para apoiar a atividade militar, financiada em sua maioria pelo monopólio estatal sobre o sal, o ferro e, em seguida, o álcool (instituído em 119 a.C.), assim como pelos impostos cobrados de artesãos e comerciantes. Alguns desses impostos eram pagáveis em seda, por exemplo; o Estados depois os comercializava e incorporava os lucros a sua renda. Além das cortes imperiais, as dos príncipes também se tornaram centro de realizações intelectuais, literárias, científicas e artísticas, e todas floresceram. As cortes eram centros importantes de atividade, em especial no campo da arte, que depois foi assumida pela burguesia.[30]

Na dinastia Han, a corte de Wudi, em Chang'an (atualmente Xi'an), uma das maiores e mais populosas cidades do mundo na época, atraía intelectuais e administradores de toda parte. Ela dependia do talento dos intelectuais para nomear seus funcionários, que eram pessoas letradas (mais que os dignitários feudais da época de Confúcio); apesar disso, a burocracia incentivava as descobertas científicas e as realizações tecnológicas, assim como a atividade artística; também havia religiosos entre esses indivíduos altamente instruídos. Mas o objetivo principal do sistema de ensino não era abastecer o clero (como nas religiões abraâmicas ou hindus), e sim formar administradores. A maioria dos escritos históricos, por exemplo, foi escrita por burocratas para burocratas e destinava-se a orientar a prática administrativa.

Em 110 a.C., o imperador fundou um instituto de música, que reeditou completamente os livros de poesia, conhecidos como *Canções do sul* e *Livro das odes* (ou poesia). Ao mesmo tempo, viu-se uma grande assimilação dos sistemas de correspondência associados ao *yin* e ao *yang* e do conceito maleável

---

30 Clunas, *Art in China*, p.43.

dos cinco elementos no pensamento confuciano. Para fins oficiais, muitos documentos eram produzidos em escrita revisada, sobre pedaços de madeira grandes e frágeis ou, às vezes, sobre seda. Nesse contexto, a invenção do papel (não posterior a 105 d.C.) foi particularmente útil, e a circulação que ele permitiu fortaleceu ainda mais a posição da classe dos funcionários, que, como especialistas na administração escrita, baseavam-se no extenso conhecimento da terminologia técnica e no domínio da escrita tradicional. Com o papel, isso podia ser reproduzido mais prontamente. A competição nos concursos oficiais, pelos quais os cargos eram preenchidos, abriu-se para os filhos das outras classes, não se limitando mais aos membros da classe *shi* (intelectual) dos burocratas e garantindo assim um espaço cada vez maior para o mérito. As atividades desses letrados incluíam explicar e escrever textos clássicos, elaborar obras de referência (bibliografias, por exemplo) e compor dicionários (como o *Shuo-wen jie-zi*, de Xu Shen, datado de cerca de 100 d.C.). Temos também a importante obra histórica de Sima Qian (ca.145-86 a.C.), que escreveu seu *Registro da história* (*Shiji*), com notas de rodapé, sobre toda a extensão da história chinesa até seu tempo. Com esses escritores, a prosa chinesa chegou a sua "plena maturidade".[31]

Muitas das realizações desse período têm a ver com a administração do governo, como um manual de matemática (o *Shu-shu ji-yi*, atribuído a Xu Yue), usado para avaliar os funcionários, e um fragmento de uma obra médica sobre o cuidado das tropas e dos cavalos. Os relógios de água eram necessários para marcar o tempo de atribuição de trabalho – por exemplo, para os pintores decorarem os palácios. As indústrias de ferro do Estado também produziam armas e o monopólio do sal exigia a escavação de poços profundos; para isso, eram necessários engenheiros, assim como para controlar a água para o transporte e a irrigação. O regime construiu rodas hidráulicas e moinhos para a irrigação, mais tarde empregados também com fins industriais; a energia hidráulica era aplicada nos foles das forjas. A roda apareceu no século III e, muito antes disso, começou-se a usar cilhas para arrear os cavalos.

Em parte como consequência da expansão territorial e das pressões democráticas e econômicas, tanto na fase ocidental quanto oriental da dinastia Han, as invasões, a agitação interna e as disputas pela sucessão no poder eram alguns dos riscos que o regime tinha de enfrentar periodicamente. Mas o fim definitivo só se tornou inevitável no fim do século II d.C. com as ondas de rebelião rural, em especial dos Turbantes Amarelos, uma seita

---

31 Gernet, *A History of Chinese Civilization*, p.167.

taoista messiânica. Em 190 d.C., a capital em Luoyang foi saqueada, inclusive a biblioteca e os arquivos, e isso resultou numa perda de textos maior que a queima de livros do regime anterior. No entanto, esse foi um período de atividade intelectual intensa e o confucionismo decepcionava alguns membros da classe dos funcionários, que começaram a se interessar por outras doutrinas, em especial, pelo taoismo. Particularmente em seus escritos, essa doutrina era cada vez mais influenciada pelo budismo, que já deixava sua marca na China. A dinastia Han deu várias indicações de sofisticação cultural e científica, como a invenção de novas técnicas e instrumentos agrícolas, o apogeu da engenharia e das obras públicas, novas tendências na medicina, o ressurgimento do secularismo confucionista e o prosseguimento dos avanços no letramento e na administração imperial, iniciados na dinastia Qin. A estabilidade do regime, porém, era extremamente variável; de certo modo, estava sempre "no limite", com todas as suas ambições militares e responsabilidades públicas.

Toda essa atividade não teria sido possível sem a economia florescente estimulada pelo advento do budismo (uma religião de mercadores), pelas conquistas no sul e no norte e pela abertura do comércio indo-iraniano, um movimento de suma importância, que pôs a dinastia Han em contato com o Império Romano e com os mercadores sírios, com os quais comercializavam ao longo da costa do Vietnã. Nesse intercâmbio internacional, era difícil distinguir comércio privado de oficial; ambos estavam envolvidos, tanto numa quanto noutra direção. Foi essa atividade mercantil, combinada com o aumento da produção e o progresso tecnológico, que formou a base para a expansão militar, diplomática e comercial da dinastia Han, cuja vitalidade é confirmada por evidências literárias e arqueológicas. Embaixadas indianas surgiram no Ocidente e a relação com o resto da Ásia proliferou. Mais uma vez, os empreendimentos públicos e privados existiam lado a lado, como na tecelagem da seda e até nos monopólios estatais do sal e do ferro. Mas a atividade não resistiu às medidas que foram tomadas em 199 d.C. (e mais tarde na Europa) para reprimir o estilo de vida dos comerciantes: eles foram proibidos de vestir seda, andar a cavalo e portar armas.

Quando a dinastia Han caiu, em 220 d.C., seguiram-se os Três Reinos (*San-guo*, dividido entre Luoyang, Chengdu e Nanjing); esse período iniciou o que às vezes é chamado de "Idade Média chinesa". A Igreja budista trouxe influências helenísticas para o campo da arte e, como no cristianismo, muitos artistas, pintores, ferreiros, escultores e arquitetos viviam das comissões que recebiam em nome da religião (Ilustração 8). Na arte chinesa, assim como na japonesa, havia uma arte religiosa e outra secular desde o período paleolítico (cinco milênios a.C.), registradas originalmente em pinturas feitas sobre rocha e em cenas que mostravam aspectos da vida cotidiana. Mais tarde, na segunda metade do primeiro milênio d.C., o budismo tornou-se uma influência importante na arte; embora haja vestígios da arte budista do período Han, a arte só se disseminou a partir das dinastias do Norte e do Sul (386-589 d.C.). Desde então, a arte religiosa foi dominada pela pintura budista e a arte secular, estimulada pelo taoismo e pelo confucionismo, por desenhos de pessoas e da natureza.[32] O budismo deu origem a um conjunto importante de ornamentação, já que a repetição de motivos era uma prática religiosa que chegou a assistir ao nascimento da gravura em madeira e, por fim, à impressão de palavras pelo mesmo processo, o que permitia uma repetição ritual infinita; um milhão de cópias de um encantamento budista foram impressas no Japão por ordem da imperatriz.[33] O budismo também contribuiu para o desenvolvimento da literatura vernácula e, entre os séculos IV e VIII, incentivou a importação das ciências seculares da Índia, em especial a matemática, a astronomia e a medicina. Embora os escritos originais tenham desaparecido, as traduções dos textos "bramânicos" foram particularmente importantes na última parte desse período.

O sinólogo Balazs trata do "renascimento espiritual da Idade Média" e da profunda transformação do país entre 200 a.C. e 600 d.C. (da dinastia Qin até o início da dinastia Tang).[34] O credo salvacionista do budismo do Grande Veículo (*Mahayana*), que foi introduzido na China pela Índia no início do cristianismo, tornou-se extremamente influente no século IV d.C. Uma das consequências dessa influência foi a aquisição de propriedades e o ganho de poder da comunidade budista, que também fundou mosteiros e escolas, embora o ensino fosse calcado sobretudo no religioso e na escrita. Foi no norte, em Luoyang, Dunhuang e Chang'an que, entre o século II e o início do século V, os textos em sânscrito do Gautama foram traduzidos para o chinês, uma tarefa estupenda. A expansão do budismo para o sul ocorreu sob a dinastia Liang (502-557 d.C.), que foi fundada em Nanjing e prosperou em parte por causa do crescimento do comércio marítimo e da construção de portos no sudeste, o que permitiu a troca de mercadorias com as cidades costeiras

---

32 Lee, China in the Age of Columbus. In: Levenson (ed.), *Circa 1492: Art in the Age of Exploration*.

33 Clunas, *Art in China*, p.109.

34 Balazs, *Chinese Civilization and Bureaucracy*, p.187.

do sudoeste da Ásia e do Oceano Índico. Muitos comerciantes estrangeiros visitaram os portos chineses, o país tornou-se rico e as instituições budistas, por sua posição privilegiada, beneficiaram-se financeiramente.

Do declínio da dinastia Han até a fundação da dinastia Sui, em 581 d.C., apesar ou possivelmente em virtude da fragmentação política que marcou o país, a vida cultural e social foi "uma das mais ricas e mais complexas da história intelectual do mundo chinês. Foi altamente fértil e cheia de inovações" e, nesse sentido, afirma-se que se assemelhava à Itália do Renascimento:[35] a metafísica, o fervor religioso (em especial do budismo), o interesse pela estética e pela crítica literária, e a pintura tornando-se uma arte especializada, sobretudo em paisagens (influenciada pelo interesse dos taoistas pelas natureza) e uma "florescência da poesia" sem igual. Na segunda metade do século II houve uma "renascença" do pensamento dos Estados Guerreiros (dos séculos IV a III a.C.), mas de um ponto de vista muito diferente. O norte da China viveu uma era de novas invasões e governos "bárbaros", a partir de 304 d.C. Em Yanzgi, no sul, surgiu uma oposição desorganizada. Embora politicamente fracas, "essas dinastias eram caracterizadas por um brilho cultural: na literatura, na arte, na filosofia e na religião, elas constituíram um dos períodos mais criativos da história chinesa".[36] Mais uma vez, a fraqueza política não pareceu inibir uma florescência cultural, e os avanços culturais continuaram, apesar dos problemas com o governo e a religião.

Um desses regimes do sul, o Liang, sob o qual o comércio marítimo se expandiu, foi seguido de várias dinastias de curta duração. A reunificação ocorreu a partir de Luoyang, pelo general meio "bárbaro" Yang Jian (mais tarde conhecido como imperador Wendi). Ele fundou a dinastia Sui (581-618) e foi responsável pelo que mais uma vez foi chamado de "era dourada"; esta durou mais de três séculos (estendeu-se pela dinastia Tang) e foi marcada pelo crescimento econômico, pela ausência de guerras civis e por uma longa série de realizações, tanto na tecnologia quanto na literatura, nas artes plásticas, na música e na dança. A dinastia Sui continuou a abrir canais, a melhorar e a expandir as comunicações e o comércio, e concluiu o Grande Canal que ligava o norte ao sul; o canal encorajou grandes produtores e comerciantes a explorar o potencial agrícola do vale do Yangtzé e os chineses criaram uma flotilha para expedições marítimas para a Coreia e Sumatra. O comércio se expandiu. Foi em 638 que o Islã chegou à China pela primeira vez. Com a

---

35 Gernet, *A History of Chinese Civilization*, p.202.
36 Twitchett, The Sui Dynasty: The T'ang Dynasty. *Encyclopædia Brittanica*, v.16, p.83.

Renascimento na China

expansão do comércio sob a dinastia seguinte (dinastia Tang), Wahb-Abi--Kabcha, tio materno do Profeta, foi enviado por mar da Arábia a Cantão, onde foi construída a primeira mesquita chinesa e foram oferecidos presentes ao imperador. Os nestorianos também enviaram uma missão da Pérsia, em 631. Do mesmo país, o masdeísmo chegou pouco antes e o maniqueísmo, pouco depois, em 694; uma abundância de religiões era permitida. Havia templos e mercadores brâmanes em Cantão em 750.[37]

A dinastia Tang foi fundada em 618 por outro general, o imperador Taizy, que se aliou a rebeldes turcos. Foi assassinado por seu filho, Li Shimin, que se tornou o imperador Taizong e reinou de 626 a 649. Os dois primeiros imperadores Tang reunificaram o país e deram continuidade às práticas administrativas do regime Sui, mas de maneira mais econômica. O período teve uma "era de bom governo", muito baseada nos ideais confucianos. Embora fosse formada sobretudo por militares e aristocratas, a administração conseguiu certo equilíbrio regional e foi suprida com 10% dos concursados. Os concursos foram restabelecidos após a dinastia Sui, mas a candidatura era restrita, porque as escolas do governo seguiam um currículo padrão e destinavam-se sobretudo aos filhos da nobreza e dos altos funcionários; entretanto, o sistema logo se abriria. No início da dinastia Tang, a economia cresceu sob a liderança da capital, Chang'an, que nessa época era a maior cidade do mundo, com pelo menos 600 mil habitantes. O desejo de obter recursos para conquistar novos territórios levou a uma reorganização do sistema agrícola: cada família reservava um pedaço de terra especificado para culturas que proporcionavam impostos em cereais, seda ou mão de obra. Uma versão desse arrendamento de "campos equitativos" e dessa administração pública já funcionava na dinastia Sui e, até antes, na dinastia Wei, no norte. A administração, é claro, envolvia uma burocracia complexa, que regularmente fazia amplos censos e pesquisas cadastrais.

Esse período de "bom governo" se destacou pelos baixos preços e pela prosperidade geral, graças às medidas tomadas para racionalizar os impostos. Taizong criou um novo código de leis e estabeleceu um rígido controle central. Os militares, que haviam se reorganizado durante a dinastia Tang, estenderam seu domínio às tribos turcas no norte e iniciaram uma maior comunicação com o Ocidente. Embaixadas chegavam de Bizâncio (Roma já havia enviado por navio uma missão junto à dinastia Han, em 166 d.C.); templos nestorianos e mosteiros budistas foram construídos nas cidades maiores.

---

37 Sastri, *A History of South India: From Prehistoric Times to the Fall of Vijayanagar*, p.332.

Realmente singular, porém, foi o governo da imperatriz Wu Zhao (nascida em 627). Conhecida como imperatriz Wu, essa concubina do antigo imperador transferiu a capital para Luoyang e preferiu funcionários concursados para os cargos mais elevados. Ela dominou a partir de 660 e governou como imperatriz de 690 a 705, suplantando o herdeiro legítimo. A administração cresceu com o grande número de concursados; com sua presença, o papel da aristocracia diminuiu necessariamente, embora muitos diplomados fossem aristocratas e 80% dos funcionários não tivessem diploma; ainda assim, metade dos funcionários era constituída de ex-secretários promovidos por bons serviços nos escritórios do governo provincial. É provável que a ênfase dada aos concursos para os altos cargos tenha sido importante para o "Renascimento" que se seguiu. Mais uma vez, a expansão da administração exigiu novos impostos; a impopularidade da medida ajudou a expulsar a governante em 705.

O Japão (e a Coreia) não tinha o mesmo vínculo com a nomeação por exame que tinha a China. "O confucionismo japonês continuou comprometido com suas tradições nativas, aristocráticas."[38] Não existia essa meritocracia, ainda que na China apenas no século XIV os filhos de comerciantes puderam prestar concurso – a igualdade (masculina) de oportunidades teve uma evolução lenta. Mais tarde, o reinado de Xuanzong ("Imperador Brilhante") levou ao apogeu a prosperidade material da dinastia Tang, o progresso institucional e o "florescimento das artes". Como parte de sua ampla reforma administrativa, os que pagavam impostos eram registrados de maneira mais eficiente e, com a reforma do Grande Canal (que havia sido negligenciado sob o governo da imperatriz Wu), a corte desfrutou de um grande aumento na arrecadação imperial. Foi um período de extraordinário progresso na engenharia, na construção de canais, estradas e pontes, e nas artes. Além da realização do ilustre contemporâneo Wang Wei, o *yang* e o *yin* da poesia chinesa, Li Bai e Du Fu, também conhecidos como Li Po e Tu Fu, estão entre os grandes poetas de todos os tempos; essa época é vista "como o Renascimento, que uniu o mundo antigo ao mundo moderno".[39] Enquanto Du Fu, como "poeta funcionário público", pende para os valores confucianos, o impulsivo e brilhante Li Bai é inequivocamente taoísta e, apesar de suas repetidas tentativas para entrar para o serviço público e de um breve período de indicação, a estridente e independente exuberância de sua poesia é tão não confuciana

---

38 Elman; Woodside, *Education and Society in Late Imperial China, 1600-1900*, p.545.
39 Cooper, *Li Po and Tu Fu*, p.20.

quanto se possa imaginar. Cooper, editor de poesias, descreve esse período como "a mais dourada de todas as eras douradas nos 3 mil anos [...] de poesia chinesa",[40] igualando-se à "nossa era Tudor".[41] Afirma-se que esse período foi precedido de uma "Idade das Trevas chinesa" (apesar da afirmação contrária de Needham), que ocorreu antes do início da dinastia Sui e foi concebido de maneira diferente, mas, apesar disso, houve "uma continuidade de tradições que nenhuma literatura do mundo conheceu". Durante os Três Reinos, os períodos da dinastia Jin e das dinastias do Norte e do Sul, entre as dinastias Han e Sui, houve uma Idade das Trevas em razão da fragmentação política, das invasões, das rebeliões, das usurpações, da instabilidade territorial e dos problemas econômicos, mas, apesar disso, houve uma florescência cultural. Mais adiante, Cooper fala da emergência de "uma época semelhante ao Renascimento", comparando Du Fu com Dante[42] e com a sociedade em torno de Florença no século XV,[43] enquanto outros se remetem às obras da Antiguidade clássica ocidental.[44]

Embora o período Tang seja conhecido como a era dourada da poesia chinesa, a poesia já era muito praticada, antes, como foi depois. Nessa "era dourada" dos versos clássicos, os escritores eram poetas singulares, originais.[45] Mas essa época foi também de grandes realizações em prosa vernácula e destacou-se por algumas tentativas iniciais no campo da ficção, das "histórias de maravilhas". As artes visuais prosperaram, tanto na arquitetura (embora pouco tenha sobrevivido) quanto na pintura (embora existam poucos originais). As artes menores eram vivas e coloridas. Mas, acima de tudo, houve uma importante mudança nos meios de comunicação. A pintura surgiu primeiro para multiplicar as escrituras budistas e, em seguida, para produzir calendários, almanaques e dicionários. O surgimento de gravuras em madeira pressagiou uma difusão mais rápida do conhecimento e a emergência de uma literatura popular, assim como a reprodução de orações escritas.

A invenção da gravura possibilitou uma difusão geral do conhecimento que até então era impossível e tornou os livros acessíveis a bolsos mais modestos. O consequente aumento no número de bibliotecas reforçou a natureza livresca da

---

40 Ibid.
41 Ibid., p.22.
42 Ibid., p.37.
43 Ibid., p.172.
44 Demiéville, *Anthologie de la poésie chinoise classique*.
45 Gernet, *A History of Chinese Civilization*, p.275.

educação, fixada no caráter literário dos concursos, e ajudou o neoconfucionismo a inculcar os preceitos do conservadorismo tradicional e a disseminar o respeito pela Antiguidade.[46]

A partir do início da dinastia Tang, e das viagens do brilhante intelectual, tradutor e historiador budista Xuanzang (602-664), criou-se uma tradição de traduções do sânscrito e de outras línguas indianas usadas nos tratados budistas; ele próprio traduziu para o sânscrito o clássico taoista *Tao de jing*, de Lao Tsé.[47] O novo clima intelectual conduziu a uma diversidade de filosofias políticas, mas não foi apenas o conhecimento que floresceu nesse período: a vida comercial também prosperou. As cidades cresceram, o luxo expandiu-se, a agricultura melhorou, a tecnologia do ferro disseminou-se, os impostos foram regularizados e os artesãos floresceram. No próprio país, a base fiscal deslocou-se para as terras privadas, os impostos sobre as atividades comerciais aumentaram e a instituição dos monopólios estatais favoreceu a ascensão de uma nova classe de comerciantes.

Os imperadores da dinastia Tang seguiam o taoismo, já que supostamente descendiam do fundador Lao Tsé, mas, apesar disso, promoveram o budismo. Como em outros lugares, muita riqueza em terras foi transferida para a Igreja e necessariamente saiu de circulação, ficando presa em sua "mão morta" (bens inalienáveis). Os mosteiros exploravam essas terras de modo direto ou indireto, operavam moinhos, proviam hospitais, cuidavam dos doentes e dirigiam escolas próprias. Entre 843 e 845, quando o imperador Wuzong decidiu banir o budismo, em parte por razões financeiras (como a Reforma europeia), mosteiros foram fechados, terras foram confiscadas e cerca de 250 mil monges e monjas foram expulsos. O ataque não durou muito, mas esse momento marcou o início do declínio da influência budista e a revivificação do confucionismo em uma nova forma.

Durante um período de forte influência religiosa, houve a construção de muitos pagodes, que eram torres desenvolvidas a partir das estupas indianos. Como vimos, vários monges chineses visitaram a Índia nessa época e deixaram atrás de si valiosos relatos da vida local. Mas os círculos oficiais estavam cada vez mais preocupados com o crescimento do poder budista; isso levou a perseguições e proscrições e a uma "chinesização" das escolas de pensamento cultas e populares. Foi nessa época também que a China entrou em contato com os muçulmanos por meio da Rota da Seda, uma grande via de troca não

---

46 Balazs, *Chinese Civilization and Bureaucracy*, p.146.
47 Gernet, op. cit., p.279-80.

só de mercadorias, mas também de ideias tanto com a Índia quanto com o Ocidente. Entretanto, os chineses foram derrotados pelos muçulmanos na Batalha do Rio Talas, perto do lago Balkhas, em 751, quando prisioneiros teriam revelado os segredos da fabricação do papel, dezoito ou dezenove anos depois da vitória de Carlos Martelo sobre os muçulmanos em Poitiers. Mas a troca intelectual com a Ásia não foi unilateral. Houve um influxo de conhecimento matemático, astronômico e material, produtos manufaturados, música e objetos artísticos da Ásia Ocidental e Central, dando à cultura um aspecto definitivamente cosmopolita.

Apesar da ameaça dos árabes e outras forças que invadiam o país, e das vicissitudes da pressão social e das insurreições periódicas, a dinastia Tang (618-907) continuou a florescer até 755. Então, as tropas do general turco-sogdiano An Lushang saquearam a capital, pondo fim à primeira fase da dinastia e, apesar da restauração do domínio imperial, deu o tom de uma longa, porém consistente história de declínio. Em 907, quando o governo central finalmente ruiu, artistas e artesãos perderam um patronato poderoso, já que a corte imperial havia estimulado a "era dourada" da literatura. Posteriormente, as cortes regionais das Cinco Dinastias (907-960) tentaram dar continuidade a essa tradição na arte e na cultura, em especial no reino de Sichuan; muitos poetas, pintores e intelectuais transferiram para lá uma miniatura da corte Tang. Foi para lá, por exemplo, o monge Guanxiu, cujas pinturas de *arhats* (discípulos de Buda) exibiam dor, sofrimento e consciência da morte; na verdade, elas reproduziam suas experiências espirituais, assunto raramente tratado na pintura patrocinada pela corte.

O formato principal da pintura na época era a pintura mural, além de algumas em tela, mas no século X ambas foram desafiadas por pinturas menores, mais íntimas, o que levou às elegantes miniaturas do século seguinte. No norte da China, a grande tradição dos murais Tang chegou ao fim com a perseguição ao budismo, particularmente dura em 955, e só foi retomada nos séculos XIII e XIV. A influência da dinastia Tang continuou em Jinling (como era chamada Nanjing na época), capital do reino Tang do Sul, e atingiu um nível extraordinário de cultura artística, em especial nas pinturas de paisagens do sacerdote budista Juran (ativo de ca.960 a 985) e do pintor palaciano Dong Yuan (†962). A obra desses homens era diferente daquela dos pintores do norte, já que era produzida na natureza luxuriante típica de Jiangnan, no território que restou da dinastia Tang do Sul. Esta abarcou as Cinco Dinastias e os primeiros anos da dinastia Song, estabelecendo o padrão para grande parte desta última. Embora as realizações da dinastia Song (que sucedeu às

Cinco Dinastias em 960) não possam ser comparadas às da dinastia Tang no campo da pintura figurativa e da narrativa, ela a superou em suas descrições da natureza, nas paisagens e na pintura de pássaros e flores.

Foi na primeira metade do século VIII que a influência chinesa na Ásia atingiu seu apogeu, e muitos missionários vinham da Índia, da Ásia Central e do Irã. Na dinastia Tang do início do século IX, houve um movimento de "retorno à Antiguidade" (*ku-wen*) que primeiro deixou sua marca no campo literário e em seguida prosseguiu com a interpretação dos textos antigos, dando origem a um processo de "evolução radical" que conduziu a uma "espécie de renascença constituída de um 'neoconfucionismo' sob os Song nos séculos XI e XII".[48] Esse "retorno ao passado" levou à proscrição das religiões estrangeiras em 836 e em 845, sob os Tang. Entre elas estavam as igrejas masdeísta e nestoriana, mas foram os budistas que mais sofreram, porque tinham acumulado muito. Os monges foram secularizados, as terras foram confiscadas, os sinos e as estátuas de cobre foram derretidos e transformados em moedas (como nas "reformas" de Henrique VIII). As medidas logo foram abrandadas, mas o budismo nunca mais teve um papel tão central na vida e no pensamento chineses.[49]

O Estado Song surgiu pela conquista em 960 (-1279) e reunificou o antigo império, assumindo a maior parte do território dividido no fim da década de 970. Com isso, assistiu ao renascimento do conhecimento e da educação tradicionais e utilizou-os não para voltar ao passado, mas para avançar em muitos campos. Toda a educação tradicional chinesa, que se concluía com o exame mais adiantado de todos, o *jinshi*, exigia o domínio dos dez ou doze clássicos confucianos básicos. Zhu Xi (1130-1200), um dos líderes do movimento "neoconfuciano" na dinastia Song, tinha um grande domínio do conhecimento clássico. Embora suas doutrinas só tenham sido declaradas ortodoxas mais de um século depois de sua morte, sua contribuição para o "neoconfucionismo" compreendeu uma síntese pedagógica que reunia quatro dos principais livros da filosofia confuciana e formava a base dos textos educacionais: *Doutrina do meio*, *Grande aprendizagem*, *Analectos de Confúcio* e *Mêncio*, com comentários. Foram padrão para os concursos públicos até que estes foram abolidos, em 1905. Assim, os comentários da dinastia Song do Sul foram um elemento fundamental para a avaliação da continuidade ideológica que existiu durante um período de quase 2.500 anos; em seu cerne

---

48 Ibid., p.293.
49 Estudiosos ocidentais acreditam que o chan budismo atingiu seu apogeu na dinastia Song.

havia uma ideologia secular que não impediu acréscimos ao conhecimento científico nem realizações nas artes. No entanto, o horizonte social dessa ideologia era limitado de várias maneiras. Por exemplo, afirma-se que Zhu Xi compôs um livro chamado *Rituais familiares*, em que prescrevia cerimônias para as principais passagens na trajetória de vida de uma pessoa; neste e em outros materiais, ele impõe cada vez mais restrições às mulheres, tendendo a colocá-las sob um controle maior dos homens. É em parte por causa disso que a aprendizagem do "Grande Caminho" foi considerada rígida e irracional, um fator para o suposto atraso social e tecnológico das eras tardias da cultura chinesa. Apesar disso, "o vigor intelectual da dinastia Song do Norte foi provocado por uma redescoberta dos valores confucianos"[50] – em outras palavras, por um olhar retrospectivo que trouxe com ele um florescimento da cultura.

Da dinastia Song em diante (com exceção do período mongol), as classes altas chinesas não se sentiam mais atraídas como antes pela carreira militar – isso era coisa para mercenário. Elas estavam mais preocupadas em aprender os textos e, nas horas de lazer, colecionavam livros e obras de arte, praticavam literatura, pintura e caligrafia – desenvolvimentos que foram ajudados pelo advento precoce da gravura em madeira.[51] O centro da atividade artística da dinastia Song do Sul era a capital Hangzhou, com seus candidatos a concursos, burocratas, militares e monges budistas.[52] A vida dessas pessoas mostra o que se descreve como alto nível de consumo, gostos extravagantes e paixão por produtos exóticos. Muitos desses padrões de consumo eram evidentes em outros grandes centros urbanos, já que a elite estava espalhada por todo o país e havia um alto nível de comércio entre as cidades. As zonas de lazer dessas cidades promoviam espetáculos populares que atraíam um grande público de pessoas comuns, inclusive das regiões rurais. Houve uma expansão do entretenimento e surgiram germes de literatura popular; contadores de histórias, teatro de sombras, romances e peças floresceram. Na China sempre houve uma diferenciação entre as obras clássicas dos literatos e a literatura mais rústica do povo, embora boa parte do impulso para a mudança tenha vindo desta última. "Toda forma nova", escreveu Hu Shih, "veio [...] da classe iletrada da zona rural."[53]

---

50 Mote, *Imperial China, 900-1800*, p.323.
51 Elvin, *The Pattern of the Chinese Past*, p.179.
52 As principais figuras não confucianas não viviam em Hangzhou.
53 Hu Shih, *The Chinese Renaissance: The Haskell Lectures*, p.52.

Segundo Elvin, a China medieval – com a qual ele se refere aos séculos X a XIV, ao fim dos períodos Tang e Song – experimentou uma ampla "revolução". Needham também fala de um "período dourado" das ciências naturais nos séculos XI e XII.[54] A tecnologia na agricultura chinesa mudou; no norte, as máquinas de moagem facilitaram a troca do painço pelo trigo; no sul, o domínio sobre a técnica do cultivo de arroz em campos alagados cresceu. A gravura em madeira estimulou a difusão de novos métodos, em especial com novas sementes, cultivo duplo, controle e elevação de água (por meio da *noria*),[55] preparação cuidadosa do solo e aumento da comercialização. Houve também uma revolução no transporte da água, que era intenso tanto por estradas e rios (para o interior do país) quanto por mar (de um lado para outro da China). Na época dos Song, os barcos chineses tornaram-se mais sofisticados: eram construídos com pinos de ferro e impermeabilizados com óleo, tinham tabiques herméticos, câmaras de flutuação, lemes axiais e bússolas. Canais ligavam os rios e a invenção da eclusa dupla no século XI facilitou a passagem pelos pontos mais difíceis. Com a tecnologia avançada, a atividade comercial tornou-se mais complexa e parcerias de vários tipos exploravam o sistema de transporte da água. Ao mesmo tempo, as estradas foram melhoradas, e algumas até foram pavimentadas. O comércio aumentou, assim como a circulação de dinheiro do qual ele dependia em parte. No século XI, surgiu o papel-moeda, mas o uso excessivo de notas provocou inflação no início do século XII e, mais uma vez, no século XIII. Como consequência, elas foram retiradas de circulação. Entretanto, ainda existia crédito comercial na forma de notas de câmbio e outros dispositivos. A abertura da China para as atividades comerciais, em especial nas províncias do sul e no Oceano Índico, significou um grande avanço em todas as esferas, do século X ao século XIII.

Elvin sugere que ocorreu uma revolução comercial na estrutura do mercado e na urbanização. O comércio era importante havia muito tempo, mas estava surgindo um mercado distante para produtos do cotidiano. Para o campesinato, isso significou mais troca, não apenas de alimentos e madeira, mas também de papel e tecidos. Houve um forte crescimento no comércio inter-regional, assim como no comércio internacional com o Japão, a Coreia e o sudeste da Ásia. A atividade comercial tornou-se mais complexa e as cidades desenvolveram-se, mas, apesar disso, Elvin considera que esses centros

---

54 Needham, *Science and Civilization in China: History of Scientific Thought*, p.493.
55 Elvin, op. cit., p.113.

tiveram um papel histórico diferente daqueles da Europa (em sua visão, eles não pressagiaram o capitalismo; só a Europa fez isso).

A partir do século X, a China passou por uma clara revolução na ciência e na tecnologia, "avançando para o limiar de uma investigação experimental sistemática da natureza" e criando "a primeira indústria mecanizada do mundo" nas forjas e na fiação da seda.[56] O desmatamento no norte conduziu a um maior uso do carvão e do ferro, particularmente importante para a fabricação de armas. Na produção têxtil, desenvolveu-se um novo maquinário para enrolar o fio da seda; no século XIII, essas máquinas estavam amplamente adotadas para a fiação do cânhamo e eram movidas pela água desviada dos canais; isso pode muito bem ter influenciado a invenção de máquinas de bobinar em Lucca e Bolonha, e sua difusão na Inglaterra.[57] Também ocorreram avanços no campo intelectual – na matemática, na astronomia e na medicina. Mais uma vez, a base desses avanços foi a arte da gravura em madeira, inventada no século VII e amplamente utilizada no século XI. O tipo móvel foi criado no século XI, mas nunca foi usado em larga escala. Elvin fala de "um renascimento do conhecimento" induzido pelo governo.[58] A dinastia Song editou e imprimiu muitos textos, tanto antigos quanto novos, e elevou "o nível de conhecimento nacional a novas alturas".

O historiador Gernet também vê um Renascimento chinês em torno do ano 1000, corroborando a sugestão de Elvin. O século XI distinguiu-se pelo retorno à tradição confuciana clássica e pelo fim de uma influência do budismo que existia desde o século V d.C.[59] Segundo Elvin, os chineses instruídos do século XI eram "tão diferentes de seus predecessores da dinastia Tang quanto o homem do Renascimento era do homem medieval".[60] Gernet vê um racionalismo prático baseado no experimento, uma verificação de tudo, uma curiosidade em todas as esferas do conhecimento humano que levou à tentativa de construir uma síntese e uma filosofia naturalista. Na verdade, houve uma "renovação da vida intelectual", baseada na economia urbana e "em meios baratos de reproduzir textos escritos".[61]

---

56 Ibid., p.179.
57 Ibid., p.198.
58 Ibid., p.180.
59 Estudos ocidentais recentes questionam o fim da influência budista. Segundo eles, ela floresceu sob a dinastia Song e declinou sob a Ming. Porém, institucionalmente, ela foi limitada.
60 Gernet, *A History of Chinese Civilization*, p.330.
61 Ibid., p.331.

Nesse último caso, a experiência com a impressão foi muito lenta e gradual. Muitos documentos e escritos que consistiam sobretudo em textos e desenhos budistas eram guardados num depósito no norte, nas cavernas de Dunhuang. Lacradas em torno do ano 1000, só foram reabertas em 1907; descobriu-se então que continham almanaques, dicionários, uma curta enciclopédia popular, textos educacionais e exemplos de composições, além de obras de história e ocultismo. É interessante notar que menos de 1% desses textos era impresso. Os literatos demoraram a tirar proveito desse novo processo, mas, a partir de 932, os Nove Clássicos foram impressos por um governo provincial e, logo em seguida, todo o cânone budista foi impresso pela dinastia Song, apesar do controle que exercia sobre essa religião.

No Renascimento, o Ocidente fez avanços consideráveis na impressão com tipos móveis, mas a primeira referência ao uso pleno dessa tecnologia na China data de cerca de 1040. No entanto, esse tipo de impressão não envolvia a prensa, e sem ela o tipo móvel tinha poucas chances de suplementar o bloco de madeira antes da chegada da impressão mecânica, no século XIX. Até essa época, a criação de blocos de madeira era em geral mais rápida e mais barata que o uso do tipo móvel. Ainda assim, essa técnica deu origem a uma animada produção de livros, o que garantiu uma difusão mais ampla do conhecimento. Anteriormente, os principais centros de ensino eram os mosteiros budistas e as escolas do Estado. A partir do século XI, porém, as escolas públicas e privadas se multiplicaram, juntamente com as bibliotecas. Uma das maiores bibliotecas do país era a do palácio imperial, fundada em 978; mais tarde, chegou a abrigar 80 mil rolos ou capítulos (*juan*). Foi uma época de coleções de textos, grandes enciclopédias e inventários complexos. Esse período também foi famoso pelo número de obras publicadas nas ciências sociais. A partir da última metade do século XII, as publicações particulares floresceram no sudeste da China, de modo que nos campos da medicina, da geografia, da matemática e da astronomia houve "um progresso notável"; na matemática, desenvolveu-se a álgebra e usou-se pela primeira vez o número zero.[62] Além disso, em 1090, foi construído em Kaifeng um aparelho astronômico ativado por um escapo que gerava um movimento lento e regular e levou ao mecanismo de relógio mais preciso que havia sido desenvolvido até então.

A dinastia Song também assistiu ao despertar do interesse pelas antiguidades e o desenvolvimento da arqueologia, que começou no século VIII.

---

62 Ibid., p.338.

Isso, por sua vez, levou às cópias e às falsificações. Afirma-se que nesse período teria havido a emergência de um movimento de reflexão crítica, em especial por comparação de versões de histórias, um aspecto importante do letramento. Esse movimento foi a base para uma "renovação positiva dos estudos históricos", assim como para a composição de enciclopédias históricas.[63] O trabalho de Sima Guang (como *O espelho completo*), que foi marcado pela busca exaustiva de fontes e pela abordagem crítica dos documentos, foi particularmente importante.

Ao mesmo tempo, os escritores da era Song formularam um sistema filosófico que dizia respeito às características básicas das ordens humanas e naturais e era hostil ao budismo, embora tenha adaptado alguns de seus temas e métodos de ensino quando retornou ao que se considerava a verdadeira tradição confuciana. Assim, como vimos, a nova educação estava associada a um esforço para saltar as restrições religiosas da época anterior e retornar às fontes antigas, inclusive aos clássicos, um objetivo não muito diferente daquele dos "humanistas" europeus em épocas posteriores. Na verdade, esse período é descrito como um período "de otimismo e de fé na razão universal", crença nos benefícios da educação e na possibilidade de melhorar a sociedade e o sistema político, além de um desejo de sistematização do conhecimento e de uma busca da "boa vida" que substituiriam a ideologia budista.[64] A tarefa exigiu um retorno ao passado e à formulação do "neoconfucionismo", que depois teve o efeito de estabilizar o pensamento chinês, comparável ao de Aristóteles e Tomás de Aquino no Ocidente.[65]

Em suma, o período que se estendeu do século XI ao século XIII viu "um fantástico avanço econômico e intelectual",[66] em contraste com o "atraso" da Europa antes de as cidades italianas ganharem vida nova no outro extremo das grandes rotas comerciais do continente. Durante algum tempo, esse comércio por terra e por mar evitou as invasões dos mongóis, que tanto mal causaram ao mundo islâmico, mas que também estabeleceram ou ressuscitaram a ligação entre o leste Asiático e o Ocidente, ainda que isso tenha provocado a divisão do Império Mongol na Ásia Central a partir de meados do século XIV. Depois de 1500, o Ocidente saiu de seu relativo isolamento e começou a explorar o leste, especialmente por via marítima, enquanto árabes,

---

63 Ibid., p.342.
64 Ibid., p.345.
65 Ibid., p.346.
66 Ibid., p.347.

indianos, chineses e outros já comercializavam por todo o Oceano Índico e pelos mares da China havia séculos.

Nas cidades mais importantes, o Estado expandiu a educação; grande parte dela era literária, mas também se ensinavam matérias práticas. A própria medicina tinha uma formação independente, como no Oriente Médio (e depois na Europa), e era supervisionada por uma agência de medicina superior. Essa agência criou uma faculdade que oferecia formação, supervisionada pelo governo, em quatro áreas: medicina geral, acupuntura, massagem e exorcismo.[67] Em 629, o imperador da dinastia Tang já havia criado escolas de medicina em todos os distritos e, no século XI, imprimiram-se cópias da *Materia Medica* e outros textos; e publicou-se também uma farmacopeia avançada e abrangente. A formação médica exigia sete anos de estudo e os conhecimentos eram comprovados por exame. Parte da formação envolvia o aprendizado de conceitos éticos, muito semelhantes aos que são definidos no juramento de Hipócrates. A medicina chinesa não fazia muitas cirurgias, assim como a ocidental, porque se acreditava que o corpo deveria retornar a Deus ou aos ancestrais nas mesmas condições que havia saído deles. Logo, houve pouca investigação ou pesquisa nessa área, mas a dissecação desenvolveu-se a partir de 1045 d.C. Nesse campo, o taoismo desempenhou um papel significativo, sobretudo no que se referia ao exorcismo; o clero budista, no entanto, envolveu-se pouco, exceto pelo cuidado que dispensava aos pobres e aos doentes, o que até certo ponto foi assumido pelo governo Song nos séculos IX e X, após a perseguição ao budismo. Mas, à parte a "medicina religiosa", havia também os "doutores confucianos", ou seja, médicos seculares que ganharam importância na dinastia Tang.[68]

A imprensa privada floresceu, não apenas no campo das escrituras budistas, mas também no da agricultura e da matemática, tanto que a China se tornou "a nação mais versada em números e letras do mundo".[69] Ao escrever sobre a "revolução na ciência e na tecnologia" do século X ao XIV, Elvin fala desse "renascimento do conhecimento".[70] Este sucedeu a "muitos séculos de progresso científico e técnico"[71], que tiveram como base o desenvolvimento da gravura em madeira a partir do século VIII, o que garantiu a ampla circulação dos textos científicos. Mas "o principal motor" foi o governo (exceto no caso

---

67 Benn, *China's Golden Age: Everyday Life in the Tang Dynasty*, p.225.
68 Ibid., p.294.
69 Elvin, *The Pattern of the Chinese Past*, p.181.
70 Ibid., p.180.
71 Ibid., p.179.

da astronomia, que era "classificada" como perigosa). Já os governos Song editaram e imprimiram textos não apenas sobre matemática e agricultura, mas também sobre medicina e operações militares, escrituras confucianas, histórias dinásticas, códigos de leis e escritos filosóficos. Também patrocinou algumas publicações novas. Em outras palavras, como fez Eisenstein[72] em relação ao Renascimento italiano, Elvin atribui um papel importante à impressão (em madeira) por volta do século X. Nem todos concordam com isso. Em seu estudo sobre o livro chinês, McDermott diz que a função do livro impresso na dinastia Song é superestimada; contudo, ele foi importante para difundir o conhecimento antigo e incentivar o novo, e isso alguns séculos antes de Gutenberg.[73]

As realizações no campo da arte não foram menos importantes e tornaram-se "a base para todas as dinastias posteriores".[74] Sob a dinastia Song, "a arte da pintura floresceu como nunca".[75] Os próprios imperadores pintavam e a pintura tornou-se uma arte requintada.[76] Inspirando-se nas obras de artistas anteriores do norte e do sul, o aristocrático Li Cheng (919-967) tornou-se o maior praticante da arte nesse período; ele criou o estilo paisagista da dinastia Song e retratou o mundo elegante que se tornou "o mais dinâmico, cultivado e ricamente educado da história chinesa".[77] A amplitude clássica da estética da dinastia Song do Norte é visível no forte contraste entre o trabalho de Li Cheng e o de outro grande pintor, Fan Kuan (955-1025), um "montanhês" que produziu uma das grandes obras-primas do paisagismo que chegaram até nós: *Viajando entre montanhas e rios* (Ilustração 9).

O imperador Huizong fundou uma Academia Imperial para a pintura – uma arte que ele próprio praticou, além da poesia e da caligrafia –, em que os pintores trabalhavam em excelentes condições, representando os pássaros e as plantas que os cercavam. Huizong foi também um antiquário que respeitava o passado, e esse interesse levou os ceramistas a imitar a forma dos bronzes produzidos 3 mil anos antes. Em torno do ano 1110, manuscritos e antigas inscrições em pedra, bronze ou jade foram publicados durante a

---

72 Eisenstein, *The Printing Press as an Agent of Change*.

73 McDermott, *A Social History of the Chinese Book: Books and Literati Culture in Late Imperial China*.

74 Barnhart, The Five Dynasties (907-960) and the Song Period (960-1279). In: Barnhart et al. (orgs.), *Three Thousand Years of Chinese Painting*, p.96.

75 Ibid., p.97.

76 Mote, Art in China: 1450-1550. In: Levenson (ed.), *Circa 1492: Art in the Age of Exploration*, p.4.

77 Barnhart, op. cit., p.100.

dinastia Song, proporcionando uma profunda compreensão documental da vida cultural e política da China Antiga.

Huizong, que levou mais pintores para a capital que qualquer outro antes dele, enfatizava três aspectos em sua academia. O primeiro era a religião taoista e a investigação cuidadosa e direta da natureza, a tradição de representação da natureza que estava incorporada na obra de Guo Zi, o maior artista desse período (Ilustração 10). O segundo era o estudo sistemático das tradições da pintura clássica; o catálogo da coleção do governo produzido por ele foi "um documento importante no processo de canonização".[78] O terceiro era a exigência de atingir "uma ideia poética"; as próprias pinturas de Huizong tinham "uma beleza clássica enraizada no passado, na observação realista e nos ideais poéticos".[79]

O trajeto político da dinastia Song dividiu-se mais uma vez entre uma fase no norte (960-1126) e outra no sul (1126-1279). Sobre as realizações nas artes, Mote faz elogios à primeira:

> A dinastia Song do Norte é famosa como uma era de poesia consumada e prosa beletrista e histórica vigorosa, de pintura e caligrafia magníficas, de cerâmicas sem paralelos e de todo um complemento daquilo que os chineses consideravam artes menores. A elite dos funcionários [...] eram criadores e produtores de poesia e outras literaturas, assim como de pintura e caligrafia, e patrocinavam os artesãos que faziam [...] as cerâmicas e todos os belos objetos que eles colecionavam, valorizavam e utilizavam em suas vidas diárias [...] Em alguns campos do conhecimento humanista, a dinastia Song viu os primórdios de uma erudição sistemática incrivelmente moderna em seus métodos e objetivos. Foi uma época em que a sistematização e a organização de vastos campos do conhecimento em enciclopédias foram uma realização característica. O estudo do passado viu avanços no estudo histórico, na linguística, no estudo crítico de textos clássicos, na coleção e no estudo das inscrições antigas em bronze e pedra, e nos primórdios da arqueologia.
>
> [A elite Song] foi muito além do estágio do "gabinete de curiosidades", ainda presente na Europa em data muito posterior, e estava engajada numa pesquisa inteligente, relacionada à identificação, à etimologia, à datação e à interpretação [...] Entre essa elite de funcionários letrados, que produziu artistas, escritores e humanistas, estavam também pessoas que se aprofundaram no estudo da matemática, da ciência, da medicina e da tecnologia, destacando a dinastia Song também nesses campos.[80]

---

78 Ibid., p.24.
79 Ibid., p.25.
80 Mote, *Imperial China, 900-1800*, p.151.

De especial importância nessa época foi a obra de Shen Gua (1031-1095), uma personalidade "extremamente individualista", cujas notáveis realizações são relacionadas por Mote.[81] Ele era conhecido como um homem das "letras humanas", à vontade tanto nas ciências quanto nas artes. "É claro que também havia pessoas anônimas, que não pertenciam à elite e projetavam e construíam navios, aplicavam a tecnologia marítima à navegação nos mares, construíam as pontes, os palácios e os templos, esculpiam as grandes figuras budistas e decoravam os templos de modo impressionante, projetavam e fabricavam armas e material de guerra, e contribuíam de inúmeras maneiras para a vida da sociedade."[82]

No fim do século X e início do século XI, a burocracia do norte contratou muito e os concursos ganharam importância. Os salários públicos aumentaram e escolas foram abertas em todos os distritos para preparar os alunos para os exames; as instituições de guerra aumentaram. A coleta de impostos melhorou tanto em eficiência quanto em justiça social. Ao mesmo tempo, a exploração de sal, cobre, ferro e carvão cresceu. Essas medidas, tomadas por Wang Anshi, ministro-chefe do imperador Shenzong, foram anuladas por seu sucessor "em nome de Confúcio". Então, o Estado submetido a uma facção no norte tornou-se presa fácil para os "bárbaros a cavalo", os guerreiros jurchen de uma tribo tangut, que finalmente fizeram o imperador Huizong prisioneiro na capital Kaifeng, em 1127.

O saque da capital provocou uma retirada rumo ao sul, para além do Rio Yangtzé, até a pitoresca cidade de Hangzhou, que se tornou "talvez o centro econômico mais florescente do mundo durante os séculos XII e XIII".[83] No século XI, o sul também se tornou mais rico, em parte por causa do cultivo do arroz em Champa, onde se faziam duas colheitas por estação, e em parte porque seus portos abriram caminho para a exportação de mercadorias para todo o mundo, o que trouxe benefícios consideráveis para a classe dos comerciantes. Eles então recuperaram a Academia de Pintura, que fornecia obras aos governantes; suas preferências foram de extrema importância para a promoção de um estilo artístico, porque determinaram os temas para grande parte das artes. A dinastia restabelecida atentou sobretudo para o poder da arte, "concentrando-se em uma nova imagem da revivificação clássica",[84] em

---

81 Ibid., p.326.
82 Ibid., p.151.
83 Barnhart, The Five Dynasties (907-960) and the Song Period (960-1279). In: Barnhart et al. (eds.), *Three Thousand Years of Chinese Painting*, p.28.
84 Ibid.

particular nas "antigas narrativas históricas sobre as dificuldades, a sobrevivência e o renascimento do Império". O patrocínio real dominou esse período, já que os comerciantes não patrocinavam as pinturas. A própria pintura estava sobretudo nas mãos das famílias de artesãos, cujos interesses eram conservadores. Isso também ocorreu nas obras patrocinadas ou inspiradas pelos templos budistas, como a pintura Chan (ou Zen).

Ainda ameaçada pelos invasores do norte, a dinastia Song do Sul construiu um navio no rio Yangtzé e, pela descrição de um manuscrito sobre a arte da guerra publicado em 1044, desenvolveu o uso da pólvora para fins miliares. Os mongóis do norte imitaram a prática. A invenção da pólvora foi transmitida aos árabes e, mais tarde, no fim do século XIII, aos europeus. Sob a dinastia Song do Sul, as famílias que moravam nos arredores da capital tornaram-se cada vez mais importantes, até que um primeiro-ministro reformista, Jia Sidao (1213-1275), limitou o tamanho das propriedades a cerca de 27 hectares – o restante era confiscado pelo Estado para apoiar o Exército. Contudo, suas reformas chegaram nos últimos suspiros da dinastia e só afetaram o delta inferior do Yangtzé. Durante a maior parte do século I, a dinastia Song do Sul prosperou e o comércio no sudeste tornou-se cada vez mais importante. As cidades cresceram e a agricultura prosperou, graças aos diferentes tipos de arroz de amadurecimento precoce; o comércio cresceu tanto internamente, ao longo dos rios (até em objetos de luxo, que passaram a ser produzidos não só para os palácios, mas também para os *nouveaux riches* do comércio privado), quanto externamente, com o mundo lá fora. Por volta de 1200 d.C., a China tinha a maior Marinha do mundo, que consistia em enormes embarcações de até doze velas ("veleiros chineses"), com quilhas verticais e compartimentos fechados capazes de comportar 500 ou 600 passageiros, e guiadas por mapas e bússolas. O país também avançou na astronomia e inventou o primeiro relógio mecânico.[85] A época também se destaca por ter sido o momento em que "uma nova cultura" tomou forma, embora mais tarde tenha sido vista como representante da "China tradicional". Mas havia "um novo espírito no conhecimento e no pensamento", não como "verdades inquestionáveis alcançadas através de algum nível de revelação supra-racional". A elite orientava-se para as realizações de maneira

---

85 No fim do século XII, se não no século XI, os navios chineses podiam transportar até 5 mil *piculs* de carga (30 toneladas) e de 500 a 600 pessoas. Mas esses navios eram raros; a maioria dos grandes navios tinha dois mastros, suportava 2 mil ou mais *piculs* de carga e menos de 100 tripulantes.

consciente, e sua confiança se baseava na prosperidade. "A China foi a parte do mundo mais rica, mais organizada e mais avançada cultural e tecnologicamente durante os mais de três séculos da dinastia Song",[86] em especial no sul. Ali se encontravam as maiores cidades, o comércio era maior que o do resto do mundo, milhares de livros eram impressos e o índice de letramento só fazia aumentar. Nesse período, a China tinha provavelmente uma maior porcentagem de pessoas instruídas que o Ocidente.[87] Isso significava que a China podia "de fato acumular, apresentar e disseminar conhecimento",[88] o que melhorava as condições de vida e sobrevivência. Ela tinha uma "criatividade sempre surpreendente na ciência e na tecnologia".

Foi então que a China se tornou a "oficina do mundo", com muitas indústrias significativas, como têxteis, chá e porcelana, em que o uso de carvão e máquinas hidráulicas permitia produzir a temperaturas mais elevadas. Esse extenso intercâmbio, tanto público quanto privado, assistiu à disseminação das moedas de cobre (às vezes fundidas de estátuas budistas) e os primórdios do papel-moeda. Contudo, muitos sinólogos e outros estudiosos são levados a se perguntar por que a China não prosseguiu naquela época (rumo ao capitalismo?). O argumento de Elvin é que, apesar de suas várias revoluções, a China não desenvolveu uma economia "moderna", porque caiu na "armadilha do equilíbrio de alto nível"; houve crescimento econômico, mas ele afirma que as invenções tecnológicas eram praticamente inexistentes nas dinastias Ming e Qing. Ele analisa a dissolução da escravidão e da ordem senhorial, a multiplicação das cidades comerciais e a industrialização de partes do campo, discute as explicações habituais sobre os motivos por que a China não desenvolveu um capitalismo industrial ou, ao contrário, desenvolveu um capital inadequado e um mercado restrito, ambos obstáculos políticos para o crescimento econômico, e fez empreendimentos de pequeno porte e curta duração. Ele deixa tudo isso de lado e propõe a ideia de "armadilha". No entanto, houve ainda algumas iniciativas e invenções, embora Elvin fale de uma fase que, embora não totalmente estacionária, impediu que a China atingisse a modernização.[89] Ele reconhece a força crescente das associações, que foram tão importantes na Europa e, em algumas áreas, "tornaram-se os governos municipais", envolvendo um conceito de cidade oriental muito

---

86 Mote, *Imperial China, 900-1800*, p.324, como a maior parte do parágrafo.
87 Gernet, *A History of Chinese Civilization*, cap. 15.
88 Mote, op. cit., p.328.
89 Elvin, *The Pattern of the Chinese Past*, p.314.

diferente do que é proposto com frequência.[90] Mas ao falar das razões por que a China não conseguiu chegar a uma economia burocrática "moderna", o autor parece se referir em essência às realizações recentes do Ocidente no campo da produção em massa, que hoje correm o risco de ser ultrapassadas por uma China "atrasada".[91]

Alguns atribuem o suposto fracasso desse processo de "modernização" ao fato de que a dinastia Song foi conquistada por seus ex-aliados na luta contra os jurchens, os mongóis comandados por Gengis Khan (1167-1227) que invadiram Pequim em 1215 (e, mais tarde, sob a dinastia Jin).

No sul, os mongóis (1211-1368) derrotaram a dinastia Song em Hangzhou em 1276 e conquistaram o resto da China em 1279 – o que teve a grande vantagem de unir o país dividido e facilitar a comunicação entre o norte e o sul. Eles fundaram a dinastia Yuan, que estimulou o comércio naval e estabeleceu uma moeda única (de papel, que durou até o início da inflação no último governante). O comércio proporcionou contato mais intenso com o Oriente Médio através do extenso Império Mongol e estendeu-o no Ocidente até a Europa. A tradição intelectual e artística da dinastia Song continuou de muitas maneiras. No século XII, os comentários de Zhu Xi sobre os clássicos confucianos tornaram-se cada vez mais influentes entre as pessoas instruídas, e a dinastia tentou legitimar seu governo aderindo aos clássicos e aos costumes chineses. Ao menos no sudeste, o florescimento da cultura continuou e, como não era muito solicitada na administração, a antiga elite buscou a ilustração. Se as especialidades legais, médicas e fiscais eram ensinadas sob as dinastias Tang e Song, a extinção dos concursos para o serviço público sob a dinastia Song do Sul marcou o fim do patrocínio social e político do Estado em assuntos técnicos.[92] A partir daí, a formação passou a ser mantida pelos funcionários comuns e por outros que trabalhavam com a parte técnica da burocracia. Isso não correspondia ao ideal amador de erudição confuciana.

Os mongóis tinham uma religião xamânica, mas, apesar disso, apoiaram o budismo e, em menor extensão, o taoismo e o confucionismo. Em geral, o governo e as realizações da dinastia Yuan foram conservadores, e a parte chinesa da população apegou-se aos antigos costumes.[93] Esse conservadorismo,

---

90 Ibid., p.292.
91 Sobre o capitalismo, ver Dixin e Chengming (*Chinese Capitalism, 1522-1840*). Eles dão uma visão totalmente contrária: para eles, as interações com o Ocidente são um fator importante.
92 Elman; Woodside, *Education and Society in Late Imperial China, 1600-1900*, p.550.
93 O Norte da China permaneceu tanto tempo sob domínio estrangeiro que as pessoas comuns acabaram adotando uma quantidade surpreendente de costumes não chineses, horrorizando

no entanto, significou uma "revivificação criativa".[94] O confucionismo e sua hierarquia social não eram mais impostos de maneira tão rígida, por isso os comerciantes floresceram em geral nas comunidades, constituindo um público e estimulando apresentações públicas, em especial as óperas, mas também teatro e romances históricos.

Assim, a era Yuan ou Mongol tornou-se "uma das grandes eras para a arte [...] Foi uma época em que as instituições de ensino confucianas, as academias, a publicação de livros, a atenção dos eruditos aos textos exegéticos, aos escritos filosóficos e políticos, exibiam todos um avanço significativo; foi uma época de altas realizações culturais".[95] Nas ciências, beneficiou-se do contato com a Ásia Ocidental, em especial com a Pérsia, nos campos da matemática, da astronomia, da medicina, da hidráulica e até da engenharia militar. Existia um Instituto de Astronomia Muçulmana, além do Instituto Chinês, para a preparação de calendários. O mesmo acontecia com a medicina. Muitas interações frutíferas ocorreram nesses e em outros campos, como a obra de Guo Shoujing (1236-1316), que contribuiu para a astronomia e construiu instrumentos científicos.

Os Yuan foram sucedidos pelos dos Ming (1368-1644), que governaram até a época do Renascimento italiano e recuperaram a tradição chinesa nativa. O fundador da dinastia era um ex-monge budista que se tornou um general rebelde vitorioso, determinado a libertar a China do domínio mongol. A dinastia restabeleceu a dominância internacional do país adquirindo tributos do Japão, do Ceilão e do Golfo Pérsico. O governo local foi estendido nos moldes da dinastia Song, embora houvesse uma maior centralização na cúpula. Mais que na dinastia Song do Norte, o próprio governo era dominado por um serviço público não hereditário em grande parte, selecionado por concurso. Os exames exigiam um vasto conhecimento dos clássicos, segundo a interpretação da escola "neoconfuciana" de Zhu Xi, e as respostas eram escritas à maneira do "ensaio das oito seções", que era altamente estilizado. Esse sistema de seleção era abastecido por escolas patrocinadas nos condados pelo governo. Os estudantes mais talentosos eram enviados para uma universidade nacional, situada na capital. No período posterior, as academias particulares proliferaram; os estudantes se reuniam nelas para discutir e se

---

os chineses ilustrados, em particular os do sul. Mas é evidente que essa prática era realizada havia séculos nos tempos imperiais, desde pelo menos o século III d.C.

94 Silbergeld, The Yüan, or Mongol, Dynasty: The Arts, *Encyclopædia Brittannica*, v.16, p.110.

95 Mote, *Imperial China, 900-1800*, p.507.

preparar para os concursos. Ainda que o *status* e a fortuna do pai influenciassem as chances de seleção de um filho, havia sempre sangue novo entrando para o corpo dos altos funcionários.

Foi sob os primeiros Ming, na década de 1430, que Zheng He realizou suas extraordinárias expedições marítimas para a Índia e a África, numa série de tentativas de legitimar o poder do imperador e consolidar a posição da China como centro do mundo, porque, nas dinastias Song e Yuan, ela já era o maior poder marítimo do mundo.[96] No entanto, as longas expedições para além-mar foram interrompidas e o contato com os estrangeiros foi inibido para evitar a influência dos "bárbaros". Mas essa interrupção não impediu a expansão territorial da população chinesa para além-mar nem deteve a atividade mercantil interna ou mesmo com os países do sul, embora grande parte desta última envolvesse contrabando e pirataria. Ao mesmo tempo, o comércio europeu e as rotas diplomáticas se abriram para o sudeste da Ásia, a Índia, o Golfo Pérsico e a África. A riqueza e com frequência a origem familiar desses comerciantes permitiam que eles se casassem com mulheres da classe dos altos funcionários e assim se tornassem parte da elite governante. Na verdade, muitos filhos de comerciantes ricos conseguiram postos e nomeações para altos cargos, logo era menos provável que desafiassem o *status quo*, como aconteceu com a burguesia na Europa do Iluminismo. Mote descreve o período final da dinastia Ming como uma sociedade agitada, com grandes cidades; no século XVI, os índices de alfabetização eram mais altos que em qualquer outra sociedade pré-moderna, e a China "tinha os mais altos níveis de alfabetização do mundo".[97] Os chineses empregavam essas habilidades numa ampla série de atividades e "evitavam a ideia de verdade revelada",[98] "ensinando, ao contrário, que os homens precisam estudar o passado, observar o mundo a sua volta – em especial o mundo humano – e aplicar as lições [...] para resolver os problemas presentes". Essa visão foi extremamente importante para o futuro.

A fraqueza política da dinastia Ming pareceu contribuir para certo "florescimento cultural".[99] Houve um crescimento das "associações literárias", que estimulavam o debate social e político, e muitas pessoas instruídas estavam

---

96 Ibid, p.337.
97 Ibid., p.775. Isso é improvável, em comparação com os holandeses e os ingleses do século XVI e os japoneses do século XVIII. É claro que é difícil comparar a "alfabetização" nas duas escritas, já que significam coisas totalmente diferentes. A alfabetização holandesa, inglesa e sueca estava vinculada, é claro, à religião.
98 Ibid., p.338.
99 Ibid., p.769.

envolvidas em atividades fora da arena política. No período "extraordinário" dos últimos Ming, o modernismo já se prefigurava de várias maneiras: expressionismo e abstração na arte, liberdade social, casamento por afinidade e literatura sentimental. Um mercado maior para livros mais baratos significava que havia mais informações sobre a vida privada das pessoas e, portanto, mais conhecimento sobre as mulheres, os indivíduos e o individualismo. Foi uma época de consumo desenfreado nas camadas superiores, mas também de ênfase do "puritanismo" confuciano em preservar práticas anteriores.

Foi também um dos grandes períodos da teoria e da crítica literária. A poesia era particularmente importante e "todos concordavam que o antigo *Livro das odes* [...] era a principal fonte das criações literárias";[100] os poetas empregavam formas historicamente estabelecidas e, assim como as normas confucianas, olhavam para trás, embora isso não os impedisse de também olhar para frente. Os costumes dos primeiros Ming foram abandonados aos poucos em favor de um estilo mais vigoroso, que pretendia restaurar os modelos arcaicos, mas "um arcaísmo de um tipo de reforma quase revolucionário", como o uso que alguns poetas ingleses do século XX fizeram dos anglo-saxões.[101] A simplicidade rígida da prosa dos primeiros Ming abriu caminho no início do século XVI para dois tipos de desenvolvimento, em geral conflitantes: um classicismo extremamente erudito, com muitas alusões aos textos canônicos, e um vernáculo mais direto e vivo, com frequência baseado nos textos clássicos que serviram de cartilha para quem estava se alfabetizando. Mais uma vez, olhava-se para o passado para reformar o presente, como tantas vezes se fez nas sociedades ilustradas.

Os escritores experimentaram o drama e a ficção. Entre os primeiros estava Tang Xianzia (1550-1616), conhecido em geral como o Shakespeare chinês, que, aliás, foi seu contemporâneo. *Mudan Ting* (O pavilhão das peônias), a mais famosa das quatro peças de Tang (apresentadas ainda hoje de várias maneiras), tem 24 horas de duração e termina quando Liu Mengmei, o sonhador morbidamente apaixonado cujo nome remete a seu belo sonho, é aprovado no concurso imperial e é perdoado pelo imperador por violação de sepultura! Na ficção, quatro dos cinco maiores romances da China foram escritos ou reescritos durante esse período;[102] todos são ambientados em

---

100 Ibid., p.722.

101 Ibid., p.773.

102 Foram eles: a obra pioneira e sexualmente explícita *Ameixa no vaso de ouro* (*Jinpingmei*, acrônimo formado pelo nome dos três personagens principais), escrita em prosa, mas com toques de poesia clássica; *As margens da água* (*Shuihu zhuan*, um livro sobre o banditismo,

dinastias anteriores e parece que todos foram escritos anonimamente, pois era considerado inapropriado que literatos ambiciosos produzissem essas formas vernáculas de entretenimento.

O budismo ainda tinha muita influência na arte. Como no Japão, havia uma arte religiosa e outra secular. A primeira consistia predominantemente em pinturas budistas; a segunda, estimulada pelo taoismo e pelo confucionismo, em desenhos de pessoas e da natureza.[103] Na China, Lee escreve sobre os pintores letrados (*wenren*) da dinastia Yuan, que foram um exemplo de "revisionismo drástico" e participaram da "reescrita da história".[104] Essa reescrita foi quase varrida pelos primeiros Ming (1368-1644), mas depois foi retomada. Esse período inicial foi dominado pelos "pintores tradicionais, que construíram criativamente sobre o passado", numa tentativa de legitimar a própria dinastia, e consistiam em artistas palacianos e profissionais. Após 1450, o estilo intelectualizado da pintura paisagista foi retomado, em especial por Shen Zhou e pela escola Wu, que "mudou totalmente a aparência da arte chinesa"[105] ao usar papel (em vez de seda), aquarelas pálidas e expressão própria. Ao olhar retrospectivamente para a história da arte por intermédio de suas pinturas, esses pintores do baixo Yangtzé comentaram de maneira consciente a arte passada e sua história no intuito de imbuir sua obra do "espírito de antiguidade" e de uma "nova tradição", para a qual trouxeram "conceitos derivados do pensamento confuciano, taoista e zen-budista".[106] No norte, o imperador Ming incentivou a profissionalização dos pintores da corte, enquanto no sul a aristocracia promoveu literatos e artistas profissionais que trabalhavam com paisagens e arte decorativa. A China dos últimos Ming foi "uma grande época para a pintura e para a caligrafia", mas o ensaio também se desenvolveu como gênero literário. Ao mesmo tempo, a "cultura livresca" floresceu tanto em impressão quanto em coleções; o gosto pelos objetos de arte e pelas antiguidades desenvolveu-se como um novo ramo do conhecimento.

Como muitos outros sinólogos, Mote também se pergunta por que a China não se tornou "capitalista" ou, na verdade, "moderna" como a Europa

---

do qual uma das cenas principais é baseada em *Ameixa no vaso de ouro*); *Jornada para o Oeste* (*Xiyou-ji*); e *Romance dos Três Reinos* (*Sanguo yanyi*). Outro grande romance clássico chinês, *O sonho do quarto vermelho*, foi escrito sob a dinastia Qing.

103 Lee, China in the Age of Columbus. In: Levenson (ed.), *Circa 1492: Art in the Age of Exploration*.

104 Ibid., p.352.

105 Ibid., p.355.

106 Ibid., p.356.

após o Renascimento. Ele examina essa questão no contexto da sociedade Ming do século XVI e início do século XVII, enquanto Elvin, como vimos, discute o problema na dinastia Song e no período posterior. Estudiosos enfatizam o fato de que as cidades chinesas não desenvolveram instituições de autogoverno como fez o Ocidente e eram mais autônomas em relação ao campo. Mas, como diz Mote, funcionavam de maneira muito semelhante às cidades de outros lugares. Já mencionamos o papel de algumas associações no governo local que eram usadas para taxar grupos de especialistas; elas tinham uma função política. Seja como for, essas cidades eram complexas e serviam como centros de produção cultural; "a literatura e a ilustração, a publicação e a coleção de livros, a arte e o teatro, a música e o entretenimento, e a complacência no modo de viver da elite rica estavam presentes em todas elas".[107] Elas funcionavam como as cidades dos outros lugares e o argumento weberiano sobre diferenças relevantes parece estar errado.

Isso conduziu alguns a ver no período final da dinastia Ming "os brotos do capitalismo", numa forma de "elite" em que se encontravam novos tipos de dinheiro e instrumentos de crédito, crescimento do comércio, agricultura de mercado, processos industriais complexos, uma melhoria na medicina e um mercado de trabalho mais livre. Mote afirma que, se definirmos o capitalismo pelo que aconteceu na Europa Ocidental, a trajetória da China foi diferente em termos de leis e empreendimentos. No entanto, houve progresso econômico, antes e pouco depois daquele que ocorreu no Ocidente, como vemos claramente pelos desenvolvimentos recentes.

Balazs também se pergunta por que a China nunca chegou ao capitalismo, embora identifique tendências desde a dinastia Zhou (período dos Estados Guerreiros). Contudo, a elite intelectual que governava o país era "incapaz de elaborar qualquer programa de reforma social sem disfarçá-lo sob uma referência à era dourada da Antiguidade".[108] Seja o que for que pensem Hegel, Marx e Weber, a continuidade dos chineses nunca foi uma questão de estagnação. Houve mudanças abundantes e de todos os tipos nessa sociedade móvel. O que é contínuo em sua história é a classe burocrática de funcionários ilustrados, cujos membros governaram o Estado desde 221 d.C. e viram no controle do sistema de ensino um meio de se reproduzir como grupo. Tinham uma ideologia confuciana, secular (porém, em muitos aspectos, rígida), que levou os intelectuais a olhar continuamente para o passado (e, às vezes, a seguir em

---

107 Mote, *Imperial China, 900-1800*, p.763.
108 Balazs, *Chinese Civilization and Bureaucracy*, p.102.

frente). Mas a continuidade que Balazs vê é uma continuidade reacionária, que acabou entrando em conflito com o "capitalismo" ressurgente do Ocidente.

Depois da dinastia Ming, houve outro período de governo estrangeiro com os manchus, conquistadores tungúsicos sinicizados, descendentes dos povos jurchens da dinastia Jin (1115-1232), que lutou para obter legitimidade com o nome de Qing (1644-1911). Os manchus conquistaram a China pelo norte, em 1644, quando se uniram na Grande Muralha ao exército comandado pelo general Wu Sangui, que retomou a capital Pequim dos "bandidos", isto é, dos camponeses que, liderados por Li Zicheng, haviam se rebelado. Declarando--se governantes legítimos da China, os manchus perceberam que só poderiam governar os chineses se seguissem as práticas locais. Estabeleceram uma "sucessão organizada" e tornaram-se mais chineses que os próprios chineses, honrando os valores confucianos e restaurando o bom governo, herdando o Mandato do Céu e condenando a permissividade da sociedade dos últimos Ming. Ainda assim, a determinação de que todos os homens Han deveriam raspar o alto da cabeça e usar um rabo de cavalo à moda dos manchus foi de início extremamente impopular.

Na história tradicional existe a ideia de que o período Qing era atrasado em comparação com o Ocidente pela ausência de democracia, ciência, tecnologia e conhecimentos militares. Mas a análise revisionista mostra que "a lista habitual de erros dos chineses", inclusive o desprezo dos confucianos pelo comércio, é absolutamente incompatível com o crescimento do comércio, a extensão da soberania política na Ásia Central e em outros lugares, a criação de novos arsenais após o desenvolvimento da tecnologia militar e o aumento da produtividade agrícola.[109] Entre os intelectuais, discutiu-se se a ciência ocidental (*xixue*) era tão nova e diferente do *gezhi* (o pré-moderno, distinto da ciência moderna). Apesar do desejo de evitar essa dicotomia e enfatizar os elementos de continuidade, muitos estudiosos do fim da dinastia Qing acabaram elegendo, na verdade, o conhecimento moderno e negligenciando os esforços que a dinastia Qing fez para combinar os dois. Esses esforços não foram beneficiados pelas rebeliões sectárias do século XIX (que provocaram a morte de cerca de 20 milhões de pessoas), pela derrota diante dos japoneses em 1895 e pela escassez de prata após as revoluções na América do Sul. No entanto, a China não podia ser considerada tão atrasada em relação às outras nações. Celebrado com frequência como "culturalmente" mais próximo da Grã-Bretanha "capitalista", o Japão recebeu muitas de suas informações sobre

---

109 Zurndorfer, Regimes of Scientific an Military Knowledge: A Revisionist Perspective.

a ciência e a tecnologia ocidentais por intermédio da China; a diferença não era tão grande, ainda que a China tenha sido derrotada no conflito com o Japão em razão do treinamento militar superior do inimigo.

Mesmo assim, os ensinamentos confucianos na dinastia Qing eram substancialmente diferentes do neoconfucionismo da dinastia Song e constituíram uma fase que consistiu em olhar para trás e examinar criticamente os textos antigos à luz do chamado "conhecimento da dinastia Han" ou "pesquisa empírica". O imperador Qianlong, que reinou de 1736 a 1795, pôs à disposição dos intelectuais cópias de sua vasta coleção de textos chineses, incentivando assim o que foi chamado de "florescimento tardio do pensamento e do conhecimento".[110] Mais uma vez, o olhar retrospectivo promoveu um movimento para frente. A "pesquisa empírica" conduziu a uma revisão da metafísica Song, em especial dos ensinamentos confucianos, que o movimento empirista *kaozheng* ("evidência do teste")[111] considerava explicitamente influenciado pelo budismo posterior. Houve uma tentativa de revitalizar o pensamento confuciano voltando aos primórdios, aos próprios textos que o imperador havia distribuído. Esse movimento foi um exemplo de "crítica revolucionária", uma renovação da vida intelectual pelo retorno ao Confúcio "original". Entre as principais figuras dessa ressurgência confuciana do início até o meio da dinastia Qing estava Dai Zhen (1724-1777), que se desviou do fascínio e da desvalorização do desejo humano dos budistas por meio da reflexão. Para ele, o entendimento da realidade pressupunha um engajamento empírico ativo com o mundo externo,[112] uma abordagem que aparece em sua obra em vários campos científicos. Houve então, em meados da dinastia Qing, um "florescimento do saber e dos ensinamentos confucianos". No entanto, a poesia não se desenvolveu; até pouco tempo atrás, os poetas das dinastias Ming e Qing estavam ausentes da maioria das antologias mais cuidadosas. Entretanto, a prosa floresceu e o período produziu obras tão belas quanto *Os eruditos* e, de Cao Xueqin (1715-1763), *O sonho no pavilhão vermelho*, o último e, para muitos, o maior dos romances clássicos chineses.

A dinastia Qing também estendeu seu domínio territorial até o Camboja, já que tinha a frota mais bem equipada da região. Os três "imperado-

---

110 Mote, *Imperial China, 900-1800*, p.928.

111 A força de conexão desse movimento entre ciência empírica e análise de textos ainda é visível no uso moderno do termo *kaozheng* para crítica textual.

112 O lado filosófico dessa convicção aparece de maneira mais clara em sua obra *Yuan shan* (Indagação sobre a bondade). Sua perspicácia crítica se manifesta vigorosamente em seu comentário semântico sobre Mêncio.

res esclarecidos" da dinastia Qing (1662-1795) mantiveram o sistema de concursos, endureceram o sistema fiscal e monetário e, mais uma vez, o mandarinato assumiu como modelo os ensinamentos de Confúcio. Nessa época, a "modernização" da China não excluiu um olhar retrospectivo para as regras antigas. Em 1778, em vez daquilo que viam como "permissividade dos Ming" no que se referia aos escritores, a dinastia Qing decidiu queimar os livros, entre eles literatura antimanchu e livros sobre temas proibidos (como os eróticos), numa tentativa de restabelecer a moralidade confuciana ortodoxa. Nas grandes cidades, os princípios confucianos eram recitados nas esquinas das ruas, com ênfase na responsabilidade, na virtude e na obediência. Outros credos foram condenados; até os príncipes manchus convertidos ao cristianismo eram censurados. Os imperadores esforçaram-se para estimular as artes e a cultura tradicional chinesa em geral. A nostalgia na pintura palaciana dos primeiros Qing era dedicada em grande parte à dinastia Ming ou então era eclética, um sintoma da noção básica de que o passado era um importante objeto de interesse: nesse sentido, ela foi uma continuação da própria dinastia Ming. Apesar do persistente despeito de muitos intelectuais e artistas Han, o patrocínio de escolas de pintura nas grandes e pequenas cidades (sobretudo do tradicional estilo dos letrados, mas com frequência com uma nova exuberância de cores) atingiu um novo apogeu sob Kangxi e continuou sob Qianlong, então com influência de gravuras, óleos e afrescos ocidentais. A prática de escrever dedicatórias e às vezes poemas bastante longos nas pinturas manteve-se desde a dinastia Ming. Mas sobretudo nos grandes centros do sul, como Yangzhou, os comerciantes encomendavam obras com caracteres maiores e estilo mais livre.

A partir de 1679, o longevo imperador Kangxi (ele reinou de 1662 a 1722) compilou não apenas a *História da dinastia Ming* (quase todos os regimes após a dinastia Sui fizeram o mesmo com seus predecessores), como também um dicionário (conhecido como o *Dicionário Kangxi*) e uma enorme enciclopédia ilustrada. O imperador Qianlong possuía uma cópia de cada título que existia na época (cerca de 10 mil), feitas por cerca de 15 mil copistas. Nos aspectos práticos da escola empirista, na engenharia, na matemática e em outras ciências, nas obras bibliófilas e enciclopédicas, o que temos são projetos de uma renascença dos ensinamentos confucianos chineses, alguns deles patrocinados pelo governo central (ou pelo próprio imperador).

Para a China, o século XVIII foi um período de grande prosperidade. Os manchus promoveram o pequeno campesinato em detrimento dos grandes proprietários de terra e fizeram melhorias na agricultura e nas técnicas de produção. O país era não só a grande oficina do mundo, mas também um grande mercado externo e interno. Houve crescimento nos têxteis e no cobre; chá, seda, porcelana e laca eram exportados em grandes quantidades, mantendo positivo o balanço de pagamentos da China. Calcula-se que, nos dois séculos anteriores a 1771, cerca de metade da prata extraída nas Américas foi para a China.

Entretanto, o crescimento econômico parece ter gerado um superpovoamento nas principais regiões e um deslocamento dos povos Han em direção ao norte e ao sul, para áreas menos povoadas durante o processo de construção do Império. Ao mesmo tempo, a administração tornou-se mais corrupta e ineficiente. Nesse período houve uma grande pressão do Ocidente sobre o país, primeiro no norte, com os russos, e mais tarde ao longo da costa, com os britânicos e outras potências da Europa. As perniciosas Guerras do Ópio levaram às invasões das canhoneiras europeias, à imposição de "tratados desiguais", à humilhação dos chineses, a um esforço de "modernizar" o país à moda ocidental e, finalmente, à fundação da República em 1912. Os ataques dos europeus enfraqueceram o regime manchu e quase provocaram seu colapso diante dos rebeldes taipings. Autoridades da corte e das províncias compreendiam que o Ocidente havia feito avanços importantes na ciência, na manufatura, no poder militar, na construção de estradas e nas comunicações por telégrafo, mas discordavam fortemente da maneira como deveriam ser adotados. Na opinião de Hu Shih, o Renascimento chinês foi provocado por esse contato com o Ocidente. Um forte movimento reformista, baseado no modelo japonês, levou afinal à fundação da República por Sun Yat-sen, que havia sido educado à maneira ocidental no Havaí e em Hong Kong. Em 1894, ele fundou um pequeno partido republicano, significativamente batizado de Sociedade para o Renascimento da China, que depois se transformou no Partido Nacionalista (Kuomintang). No que diz respeito às artes visuais e outras, após a Revolução Republicana, em 1911, houve um período em que a ocidentalização entrou em choque mais uma vez com as abordagens tradicionais. A fundação da República do Povo, em 1949, assistiu a um movimento a favor de uma arte socialista que devia muito à União Soviética, assim como outros campos. Sob o governo de Mao Tsé-tung, esse movimento foi seguido de uma tendência mais nacionalista, que enfatizava as tradições chinesas e conduziu aos dramáticos eventos da Revolução Cultural (1966-1976). Depois da morte de Mao, em 1976, iniciou-se um período mais moderado, com uma "busca das raízes" e uma revivificação do passado chinês – no cinema, por exemplo, com Zhang Yimou, diretor de *Lanternas vermelhas* (1991).[113]

O olhar retrospectivo para os clássicos confucianos, a "Antiguidade", é característico da história cultural da China e tornou-se referência contínua tanto para conservadores quanto para reformadores, legitimando um e outro. Nunca houve uma época em que a tradição confuciana tenha sido desprezada como foi a tradição clássica no Ocidente por cristãos e praticantes de outras religiões hegemônicas, cuja fé condenava os antigos. Em tempos mais recentes, a China assistiu a algo semelhante quando surgiu o budismo; porém, embora tenha sido fundamental, nunca se tornou dominante, em parte por oposição do mandarinato e em parte porque o povo não abandonou seus credos, como o taoismo e os cultos locais. Na dinastia Song, o budismo tornou-se um conjunto de crenças entre outros e não desempenhou um papel particularmente restritivo na vida intelectual.

No Ocidente, os efeitos inibidores da religião hegemônica foram experimentados diferentemente nas artes e nas ciências. Nas artes, foram de início anicônicos, e todas as principais religiões tiveram de superar objeções profundas antes de poder "representar" o mundo, quer nas artes visuais, quer no teatro. Na arte chinesa e indiana, ainda que às vezes tenha havido algumas restrições, por exemplo, ao uso da cor na pintura dos letrados (e talvez à figuração no budismo, antes do advento da escultura grega), nunca houve uma divisão aguda entre o religioso e o secular como no Ocidente. Durante quase um milênio, a pintura, a escultura e o teatro limitaram-se aos temas religiosos, rejeitando as grandes realizações da Grécia e de Roma nesses campos.[114] Na China, não houve rejeição a uma tradição e, em seguida, um retorno sobre seus passos (um renascimento).[115] O mesmo vale para as ciências, que até certo ponto foram deixadas de lado sob o cristianismo, o judaísmo e, às vezes, o Islã, ao menos nas esferas mais importantes.[116] A

---

113 Clunas, *Art in China*, p.223.

114 Houve restrições algumas vezes às "representações" populares de imperadores passados e presentes, em especial daqueles mortos muito tempo antes, mas essa lei promulgada na dinastia Ming não era cumprida com muito rigor.

115 De fato, não havia teatro clássico na China; isso não foi evidente até os séculos XII e XIII, sobretudo nas cidades. Existia teatro nos festivais das aldeias, cujos registros de apresentações dedicadas ao patrono da aldeia ou outro deus datam da dinastia Song. Depois, sob os mongóis, em especial no norte da China, o teatro passou a ser escrito por literatos e apresentado em cidades.

116 Ou seja, eles não puniram a pesquisa, como a Igreja fez algumas vezes no início da Europa moderna, mas também não a recompensaram ativamente. Eles recompensavam com cargos

ciência prosseguiu na China e, como mostrou Needham num gráfico relativo às ciências botânicas, a atividade se manteve consistente, mesmo enquanto no Ocidente ocorria um hiato.[117] Não houve um avanço repentino após uma lacuna como aconteceu no Renascimento italiano, mas vários períodos em que essas atividades floresceram mais que em outros.

O estudo de Mote sobre o período final da China imperial (900-1800) conclui que as "mudanças lentamente renovadas" caracterizaram sua história.[118] Suas palavras merecem ser lembradas:

> A mudança renovadora era constante e gradual, não repentina e turbulenta, e sempre se justificou em referência aos modelos passados. A sociedade chinesa olhou para o passado para se mover de maneira consistente, embora lenta, para a frente, superou ocasionalmente hiatos institucionais em nome da recuperação de antigos valores, afastou a necessidade de adaptações explosivas e convenceu-se de maneira alentadora que isso era quase imutável, embora, na verdade, se desenvolvesse com o passar do tempo [...] Isso mostra o fascinante enigma do arcaísmo servindo ao curso da mudança renovadora.[119]

Por isso, a China tem sido descrita como "uma sociedade aberta", uma "sociedade de realizações", embora esses termos sejam questionados. Foi aberta, em particular, a alguns temas intelectuais. Embora olhasse constantemente para os primórdios dos ensinamentos confucianos e para os rituais familiares tradicionais, as crenças religiosas mantiveram-se ecléticas e, afora o confucionismo, não havia um credo predominante que pudesse conter a investigação intelectual – daí o notável progresso nas ciências nos tempos antigos. A alta cultura da elite chinesa foi preservada por uma educação que se concentrava nos clássicos confucianos e tendia a ensinar mais valores que doutrinas. Essa alta cultura foi difundida pelo domínio de uma série de ensinamentos complexos, obtidos e compartilhados pela classe governante e pelos próprios imperadores. Isso valeu para a "classe das autoridades ilustradas" até o século XX, quando se estabeleceu um conjunto de doutrinas radicais e mudanças sociais de amplo alcance. Mas, mesmo nesse momento, Mao Tsé-tung praticou a poesia e a caligrafia tradicionais, e o confucionismo

---

públicos e seus infinitos privilégios aqueles que dominavam – e com frequência passavam a maior parte do tempo dominando – o conhecimento não científico, isto é, os textos confucianos, que não estimulavam o questionamento desse arranjo.

117 Needham, *Science and Civilization in China: Biology and Biological Technology*, p.11-2.
118 Mote, *Imperial China, 900-1800*, p.965.
119 Ibid., p.966.

não morreu. No início do século XXI, vozes a favor dessa doutrina – ainda que apenas como forma de nacionalismo cultural – ergueram-se nos níveis mais elevados do governo comunista, assim como entre um número cada vez maior de cidadãos comuns. Hoje, em 2008, a ressurreição do confucionismo assumiu uma feição sobejamente popular.[120] O olhar retrospectivo para uma ideologia secular não impediu uma "modernização" total.

---

120 Por essa observação, estou em débito com o dr. McDermott, que viajou recentemente pela China.

As renascenças foram apenas europeias?

O Renascimento italiano foi o único? Historicamente, para a Europa, é claro que foi. Mas sociologicamente? Há duas importantes características num renascimento ou renascimentos: um olhar para o passado e uma florescência. Da perspectiva transcultural, esses fenômenos não são necessariamente coincidentes. Pode ocorrer um olhar retrospectivo, em especial no discurso religioso, que pouco interfere na maneira de ir em frente; dá-se apenas uma redefinição, talvez uma reformulação das doutrinas sobre o transcendental. Em outras palavras, conserva-se ou preserva-se tudo. Foi o que aconteceu com a arte durante a Reforma europeia, que assistiu a uma recrudescência do aniconismo judaico na comunidade calvinista. Mas pode ocorrer também uma florescência, como na cultura judaica durante a Emancipação, quando não houve olhar retrospectivo. No Renascimento italiano, encontramos os dois juntos.

Do ponto de vista histórico, o Renascimento italiano foi único. Sociologicamente, no entanto, devemos vê-lo não apenas como uma experiência europeia, mas como a experiência de uma classe maior de eventos que ocorre em todas as culturas letradas e envolve tanto um olhar retrospectivo quanto um salto para a frente, nem sempre combinados num único evento. Períodos de florescência não foram raros nas sociedades letradas (e são conhecidos com frequência como "eras douradas"), mas a velocidade da mudança cultural é afetada, é claro, pelo modo de comunicação; o ir em frente nem sempre – mas com frequência – envolve um olhar retrospectivo. Mesmo na Europa, o Renascimento italiano não foi o primeiro desses períodos. Se o humanista europeu afirma ter "reformado o mundo" olhando para a literatura clássica que havia sido desprezada, o que isso nos diz a respeito do Renascimento ou do mundo? O Renascimento não foi único nem humanista no sentido de uma revivificação da literatura antiga. Isso aconteceu em outros lugares e em função do letramento.

Houve outras ocasiões na Europa que receberam o nome de renascimento ou renascença. Os estudiosos falam da renascença carolíngia do século VIII ao século IX, da renascença do século XII, quando o Direito Romano se estabeleceu em Bolonha, acompanhado de uma revitalização da poesia latina, de certo interesse pela ciência grega, em especial por Aristóteles, e de progressos na medicina – grande parte dos quais por estímulo de fontes muçulmanas. Antes disso, também houve humanismo em Pádua sob o domínio veneziano e em outras cidades-Estado, onde a renovação do comércio, sobretudo com o leste do Mediterrâneo, resultou no fim do monopólio eclesiástico sobre o conhecimento. Comerciantes e clérigos necessitavam de letramento, e o contato com o leste ampliou e aprofundou suas perspectivas culturais. No século XV, o Concílio de Florença (1483-1445) levou para a cidade intelectuais gregos – que vieram da cidade eclesiástica e comercial de Constantinopla – e isso conduziu à formação da chamada Academia Platônica; a visita desses intelectuais foi seguida de intensa revitalização do interesse pelo conhecimento grego no Ocidente latino, onde ele havia quase desaparecido. Afirma-se que muito antes, na Ásia Menor, após a Quarta Cruzada, a Bizâncio sob influência genovesa passou pelo Renascimento Paleólogo, assim batizado em homenagem ao nome dinástico do imperador; nesse momento, o conhecimento desabrochou e a atividade artística floresceu, até com a construção da bela igreja de São Salvador em Chora, em Constantinopla. Todos esses casos se restringem ao cristianismo.

Como historiador da arte, Panofsky viu duas renascenças europeias no século XII; chamou-as de "proto-Renascimento" e "proto-humanismo". A primeira, a revivificação da arte clássica, foi um fenômeno mediterrâneo que surgiu no sul da França, na Itália e na Espanha, onde o elemento clássico ainda era importante na vida cotidiana e numa época em que o comércio e a urbanização estavam começando a se reerguer. Como vimos, o Islã foi importante nesse desenvolvimento, encorajando o nascimento da medicina na Europa, tanto como disciplina acadêmica quanto como disciplina prática.

As renascenças foram apenas europeias?

Ali, a influência do Oriente foi importante também na revitalização das artes. A poesia floresceu, a ficção ressurgiu, as artes menores se renovaram. Iniciando-se provavelmente na Sicília normanda, com artistas oriundos do Islã e de Bizâncio, "a antiga arte do escultor ganhou o *status* de uma prática viva no mundo ocidental".[1] Mais ao norte da Europa, João de Salisbury defendia a educação, cultivando a tradição clássica do ponto de vista de um homem das letras. Esse movimento humanista envolveu um olhar retrospectivo para os escritores "pagãos" e um abrandamento de certas restrições da religião, o que constituiu um fenômeno mais nortista que uma revitalização das artes. Mas esse movimento também teve seus detratores. "Em Paris", escreveu um contemporâneo, "eles mostram preocupação com as artes liberais; em Orléans, com a literatura; em Bolonha, com os livros de Direito; em Salerno, com as pílulas; e em Toledo, com os demônios; mas em nenhum lugar com a moralidade".[2] Todos esses casos tiveram origem na Europa cristã. Mas o fenômeno não foi apenas cristão. Os turcos, que mais tarde ocuparam a cidade grega de Constantinopla, também tiveram o que foi chamado de Renascimento timúrida sob Babur (1483-1530). Autor de um importante texto biográfico, *Baburnama*, ele liderou a conquista mogol da Índia e, ao mesmo tempo, foi um grande patrono das artes e das ciências, tanto que é descrito com frequência como um príncipe do Renascimento.[3]

Na Europa, a situação gerou uma pluralidade de renascenças, mas, como vimos nos capítulos anteriores, esses períodos ocorreram também na Ásia, nem sempre com uma florescência tão repentina como a que encontramos na versão italiana, mas, ainda assim, representando um passo para a "modernização" em suas várias formas. Há muito os historiadores vêm sugerindo que, na Europa, tentou-se em épocas anteriores recuperar os manuscritos das obras clássicas. Esse esforço despertou inevitavelmente o interesse pelos tempos e deuses pré-cristãos. Ou seja, estimulou um mínimo de pensamento secular, além de sugerir a existência de alternativas à crença cristã. Uma das razões por que o Renascimento europeu se destacou foi a dimensão do colapso pós-romano e o domínio de uma religião abraâmica. A lacuna que se formou no conhecimento secular tornou a referência aos tempos antigos, durante muitos séculos, mais evidente que em outros lugares, sobretudo se

---

1 Panofsky, *Renaissance and Renascences in Western Art*, p.155.
2 Apud Ibid., p.69.
3 Dale, The Islamic World in the Age of European Expansion 1500-1800. In: Robinson (ed.), *The Cambridge Illustrated History of the Islamic World*, p.78.

era necessário estimular certa secularização nas ciências e nas artes. Entretanto, essa característica particular não deve nos levar a ignorar a ocorrência de aspectos semelhantes aos do Renascimento em lugares e épocas que em geral não associamos à ideia de revitalização de culturas anteriores. Houve épocas em que essa florescência ocorreu entre nossos vizinhos muçulmanos, que contribuíram de modo significativo para as renascenças europeias. E vimos que processos similares foram encontrados em outras culturas letradas, em regiões da Eurásia que se achavam mais ou menos no mesmo nível econômico.

Usar o termo "Renascimento" ou "renascença" no Ocidente implica conceber a história europeia como um processo cultural mais ou menos contínuo desde os tempos antigos, antecedido de um período de eclipse, uma espécie de depressão histórica, durante o qual a cultura perdeu seu rumo natural, mas do qual se recuperou após uma transição (para o "capitalismo"), fluindo mais uma vez por onde se esperava, com mais sabedoria e vigor renovado. As consequências dessa visão – e não saberíamos enfatizar o suficiente como essa interpretação poderosa está entranhada no próprio uso do "Renascimento" capitalizado – são várias. Em primeiro lugar, ela assegura o monopólio europeu sobre as realizações da Antiguidade. Vimos anteriormente que, embora a Europa necessitasse reviver o conhecimento antigo (porque desapareceu em grande parte ou permaneceu oculto durante a Idade Média), este sobreviveu em traduções árabes fora do continente. Mas a Europa reivindicava a herança da Antiguidade grega e romana, que, por essa maneira de ver, ela havia emprestado aos outros, digamos, para mantê-la segura durante a Idade Média. Às vezes essa crença é abraçada sem rodeios, ou apenas permanece implícita na terminologia que usamos, mas, de todo modo, desconsidera o fato de que, no que se refere à Antiguidade grega, o norte da Europa como o conhecemos hoje mal existia – seu mundo era sobretudo mediterrâneo e estendia-se até o Oriente Médio e a Pérsia. Mas, além de herdeira de seus triunfos e candidata a sua revitalização, a historiografia europeia criou o mundo antigo como seu ancestral único e dominante.

Há dois problemas de nomenclatura envolvidos aqui, se considerarmos a questão da comparabilidade. Em primeiro lugar, quais são os outros movimentos citados como renascenças pelos intelectuais ocidentais que fizeram uma comparação explícita? Em segundo lugar, que movimentos foram descritos desse modo pelos intelectuais nativos? Em terceiro lugar, que outros movimentos podem ser considerados renascenças e ter algumas das características que discutimos no Capítulo 1, como olhar retrospectivo e

As renascenças foram apenas europeias?

renascimento cultural, ou simplesmente florescência? Numa pesquisa notável sobre o Islã, Hodgson não usa o termo Renascimento ou renascença de modo comparativo, mas fala de "um florescimento vigoroso da literatura persa" no século XV,[4] de um "impulso tremendo" da cultura chinesa durante a dinastia Song,[5] de "grandes florescências" do Islã no período do califado, que "não excederam em criatividade ou em novidade institucional básica" as do "Renascimento europeu".[6] Estamos preocupados aqui com as definições sociológicas de renascença.

Renascimentos de culturas remontam a tempos muito mais antigos que a história registrada. Childe escreve sobre a Idade das Trevas das sociedades letradas do Egito, da Mesopotâmia e da Índia, quando a períodos de prosperidade sucederam-se períodos "dos quais poucas construções ou inscrições sobreviveram".[7] Em consequência, houve alternância. Nos dois primeiros casos, a atividade cultural ressurgiu "livre de alguns dos grilhões do barbarismo ancestral [no sentido técnico] e aprofundou-se de modo a beneficiar mais plenamente as novas classes da sociedade". Em outras palavras, a Idade das Trevas foi seguida de uma florescência cultural. Não tenho conhecimento de evidências que sugiram um olhar retrospectivo deliberado, embora a base do próprio mito leve com frequência a relatos de uma "era dourada" anterior que tenha influenciado eventos futuros. Mas essas culturas eram todas da Idade do Bronze, com tradição escrita, de modo que esse olhar retrospectivo era possível e, por isso, o passado podia ser evocado para revitalizar o presente. Houve uma Idade das Trevas mais específica na Suméria, onde houve uma florescência depois que os reis da Mesopotâmia unificaram as cidades de Sumer e Acádia; lá havia acontecido o ataque dos "amoritas semibárbaros"[8] que fundaram a Babilônia. Hamurábi logo consolidou e deu ao novo reino um código de leis escrito e transporte de melhor qualidade (rodas mais leves); após um nítido atraso, uma cultura complexa voltou a florescer. Mas a Idade das Trevas trouxe esperança de revivificação, como escreveu Childe durante a Segunda Guerra Mundial (mesmo diante do nazismo). "Não foi uma fissura abismal em que todas as tradições da cultura se engolfaram."[9]

---

4 Hodgson, *The Venture of Islam: Conscience and History in a World Civilization*, v.2, p.490.
5 Ibid., p.570.
6 Ibid., p.571.
7 Childe, *What Happened in History*, p.159.
8 Ibid., p.160.
9 Id., Retrospect, *Antiquity*, v.32, p.73; Gathercole, Childe in History, *Bulletin of the Institute of British Archaeology*, v.31, p.34.

Em tempos mais recentes, encontramos outras renascenças ou florescências nas sociedades letradas da Eurásia. Não examinamos em detalhes as histórias do Japão ou da Pérsia,[10] ambas sociedades letradas, apesar de as termos mencionado, mas na China, na Índia e no Islã ocorreram períodos de florescência similares e o termo Renascimento foi usado algumas vezes. Foi aplicado, por exemplo, ao Islã do século XIX, quando houve o chamado Nahda, mas naquela época ele não se referia tanto a um olhar retrospectivo, mas à revitalização da atividade cultural que se deu após a invasão de Napoleão no Egito e suas importantes consequências culturais. Essa atividade seguia a modernização no Ocidente. No Islã, houve um olhar retrospectivo constante não apenas para o *Alcorão* (porque era o que implicava uma religião escrita do Livro), mas também, entre os abássidas, para as traduções de textos gregos, indianos e outros; ao conquistar o Oriente Médio, o Islã tomou terras próximas do Mediterrâneo, onde o conhecimento escrito grego e persa era uma preocupação presente. Houve em seguida vários contextos sob o Islã em que o conhecimento secular predominou, em períodos que se alternavam com outros em que se enfatizavam as explicações religiosas, e era mais fácil seguir uma forma de investigação numa tradição que buscava inspiração em Aristóteles e Platão, entre outros. Esses períodos foram descritos como renascenças no sentido de florescências culturais, renovação e expansão da atividade humana, e ocorriam de quando em quando, como no século X, em Córdoba. Mas eram temporários, sujeitos a fases de dominação religiosa. Só com a institucionalização de um conhecimento secular distinto do das crenças teológicas (ou outras) nas universidades, nas escolas e nas academias é que a humanidade alcançou um acúmulo mais permanente e progressivo desse conhecimento. De resto, o conhecimento do mundo era inibido pela intervenção de visões sobrenaturalmente determinadas sobre a natureza do universo. Esse processo de secularização parcial não aconteceu logo após a fundação das universidades, pois estas eram maciçamente influenciadas pela necessidade de ensinar sacerdotes. A primeira biblioteca da Universidade de Cambridge (e do St John's College) onde estou agora era muito pequena (especialmente

---

10 É claro que ambas eram sociedades letradas e, sem dúvida, olharam para o passado. Entretanto, a primeira olhou para a China; a segunda olhou de início para o passado sassânida e depois para a cultura islâmica. Sobre o Império Sassânida (226 d.C.-Islã), ver o sumário em Hodgson, *The Venture of Islam: Conscience and History in a World Civilization*, v.1, p.137 et seq., em especial os esforços na literatura, o êxito na agricultura (irrigação) e no comércio (na direção do Oriente), a relação com o norte da Índia (budismo e medicina) e com a China (seda).

As renascenças foram apenas europeias?

se comparada com as bibliotecas chinesas e islâmicas) e seu estoque de livros era muito mais dedicado aos temas religiosos que à literatura secular ou ao conhecimento em geral. *Beowulf* e Chaucer estão ambos ausentes.

Na Índia hindu também encontramos períodos de avanço cultural a que vários escritores deram o nome de Renascimento. Ocorreram tanto no período mauriano (360-185 a.C.) quanto Gupta (ca.320-540 d.C.) e representaram um progresso cultural que não derivou de um olhar retrospectivo. Segundo Thapar, o mesmo aconteceu nos períodos chola e mogol. Houve um constante olhar retrospectivo para os textos védicos quando o processo de aquisição de conhecimento implicou menos a criação de informações novas e inovadoras que a preservação dos escritos (sagrados) existentes. Isso também foi um problema para muitas escolas que estavam nas mãos da Igreja sob as religiões abraâmicas, porque foram fundadas para ensinar as pessoas a ler ou entender as escrituras, a aprender mais a respeito do antigo que do novo. Como observaram Furet e Ozouf sobre a educação rural na França do século XVIII, ao ensino se dedicava em grande parte à reprodução do conhecimento religioso.[11] O mesmo vale para os *yeshivot* em Israel hoje em dia; logo, não é só o número de escolas que é importante para a "modernização", mas também a natureza e a qualidade do conhecimento que é transmitido ou acumulado nessas escolas. Na Europa medieval, no Islã contemporâneo e nos *yeshivot* atuais, isso não é o principal; a inovação não está na pauta do dia, ao contrário da conservação.

Se examinarmos outras sociedades importantes na Eurásia, como tentamos fazer, todas elas remetem a certa altura aos escritos antigos: no caso da China, aos escritos confucianos; na Índia, aos védicos; e no Islã, quando não eram os gregos, eram as próprias palavras de Maomé no *Alcorão*. A referência era o cânone, em geral religioso, mas houve também períodos em que o objeto de revisão era um conhecimento mais secular. O contexto desse olhar retrospectivo foram com frequência os picos econômicos, que beneficiavam sobretudo os moradores das cidades e os comerciantes (a "burguesia"), mas era inevitável que as zonas rurais também tirassem proveito deles no longo prazo. E essas atividades podiam resultar numa florescência cultural que podia assumir várias formas e à qual os estudiosos ocidentais deram com frequência o nome de Renascimento.

Como vimos, esse olhar retrospectivo era dirigido às vezes a um texto sagrado (ou quase sagrado), como no caso do Islã. Nesse caso, o processo não

---

11 Furet; Ozouf, *Lire et écrire: l'alphabétisation des français de Calvin à Jules Ferry.*

implicou uma explosão de atividades culturais, mas sim uma estagnação. Isso aconteceu com o cristianismo medieval e de certo modo com o budismo, que dominou grande parte da educação indiana em períodos anteriores e criou várias universidades famosas. Mas estas estavam preocupadas sobretudo com o ensino dos textos budistas. Num nível completamente diferente, a ideia de renascimento é intrínseca à religião budista, mas está ligada à noção de renovação pessoal no sentido de reencarnação, assim como no sentido metafísico de "'renascimento' para indicar revitalização de ideias e imagens".[12] Essa ideia tem a ver com o percurso do indivíduo, que passa continuamente por várias encarnações antes de surgir como uma pessoa perfeita. Mas estamos falando aqui de renascimento cultural, não pessoal. No budismo, havia leitura de outros textos, além dos religiosos, e a matemática e a astronomia se desenvolveram tanto nas cortes quanto nas universidades – a primeira era útil para os impostos e a segunda, para os calendários. Na medicina, houve certo avanço na conceituação e na capacidade de curar, porque era um conhecimento até certo ponto independente das religiões e do qual todos necessitavam. Como observamos, houve períodos na história indiana que se concentram na corte de monarcas esclarecidos, como nas dinastias Máuria e Gupta, e abriram caminho para realizações científicas e culturais. Isso também aconteceu em Bagdá, sob o califa abássida Al-Mamun (813-833), cujas realizações se basearam numa revitalização do conhecimento clássico. No caso da Índia, não houve períodos de retorno ao passado (embora os gregos estivessem envolvidos em Gandhara), mas ocorreu um claro salto adiante. Entretanto, com a oposição dos hindus aos regimes muçulmano e britânico, não resta dúvida de que houve um olhar retrospectivo para a antiga sociedade indiana e uma revitalização do interesse pela tradição de governo independente. Mais recentemente, a fundação de um Estado independente deu origem a uma atividade intelectual, artística e agora econômica. Esta envolveu um olhar retrospectivo para as escrituras védicas e teve um efeito extremamente simbólico para os hindus, mas não funcionou muito como guia prático.

Isso não vale para o olhar retrospectivo que se lançou, na China, sobre os escritos confucianos, em especial no fim da dinastia Tang (618-907) e na dinastia Song (960-1279). O confucionismo, ou neoconfucionismo, produziu textos de orientação para a condução dos assuntos do Estado, além de uma contrapartida não transcendental para o budismo. Essa religião foi muito

---

12 Brinker, The Rebirth of Zen Images and Ideas in Medieval Japan. In: Rousmaniere (ed.), *Births and Rebirths in Japanese Art*, p.13.

importante para a vida intelectual no início da dinastia Tang, embora de certa forma tenha inibido o conhecimento secular, assim como fizeram a Igreja cristã na Europa e o Islã no Oriente Médio. O período Song foi chamado de Renascimento e parece que foi de fato.[13] Não só ele retornou com propósitos políticos aos tempos confucianos, quando esses escritos eram parte importante do sistema de concursos, como houve também um florescimento na arte, na ciência e na tecnologia. Esse olhar retrospectivo se manteve em épocas posteriores, mas não houve um movimento espetacular para a frente.

Não parti da tentativa de explicar os vários períodos de olhar retrospectivo e de salto para a frente – identificar todos os fatores relevantes nas "outras culturas" seria uma tarefa imensa, já que as razões são muitas e complexas. No entanto, surgiram algumas ideias. É evidente que um fator importante é a criação de riqueza, que conduz não apenas ao intercâmbio, mas também a gastos visíveis e luxuosos, e afeta a busca tanto nas ciências quanto nas artes, sem falar do aumento de produção e comércio. Esse elemento econômico foi de grande importância no Renascimento italiano e na abertura do comércio para o Oriente, como enfatizou Lisa Jardine.[14] Houve então um estímulo por parte dos governantes e de suas cortes (inclusive as eclesiásticas), como, por exemplo, na Índia mauriana e Gupta, no Renascimento carolíngio na Europa e na "revolução" abássida no Iraque, lugares que eram também centros de atividade comercial. A fruição dessa riqueza e desse lazer pode se limitar em grande parte às camadas superiores da sociedade e ter relativamente pouco impacto sobre as camadas inferiores, como parece ter sido o caso do renascimento da dinastia buáiida no Irã e talvez até da Europa renascentista, embora as cerimônias e as peças fossem dirigidas a um público mais amplo. Isso levanta a questão política, porque a mudança de regime podia trazer em si um salto para a frente, como aconteceu nas revoluções francesa e inglesa?

Portanto, há dois aspectos gerais que quero vincular aos renascimentos: em primeiro lugar, o letramento, que permite um olhar retrospectivo; em segundo lugar, a prosperidade comercial e econômica, que proporciona vagar para realizá-lo. Na maioria desses vários períodos a que me referi, houve uma expansão dos meios de comunicação, como no desenvolvimento original da escrita, da imprensa, do papel ou em avanços similares. Além disso, houve certa liberação do intelecto, em que o peso do rígido apelo religioso ao conhecimento cedeu diante de um apelo secular mais flexível – ao menos em alguns

---

13 Elvin, *The Pattern of the Chinese Past.*
14 Jardine, *Worldly Goods: A New History of the Renaissance.*

setores. E houve também certo sucesso comercial, que foi importante para gerar contatos com o mundo exterior e riqueza suficiente para manter essa atividade de "lazer" tão necessária à busca das artes e das ciências. De início, os renascimentos foram para os ricos, mas houve gotejamentos. Portanto, são esses os fatores gerais que estão por trás de todas essas florescências.

Vinculei essa "revitalização" ao letramento, mas é evidente que outros objetos materiais, além dos livros, podiam ser copiados pelos povos posteriores sem a ajuda da escrita, como as cerâmicas, os objetos de metal, as construções etc. Assim, teoricamente poderíamos encontrar um renascimento na arquitetura romana (como na arquitetura românica), resultante da presença contínua de construções romanas. Não há dúvida de que essa renovação ocorreu, talvez na forma de um gosto deliberado pelas antiguidades. Mas é improvável que esse processo tenha sido importante antes da invenção da escrita. Seja como for, encerraria apenas um renascimento parcial de determinada cultura, uma revitalização parcial, do tipo daquela que Toynbee estudou.[15]

Uma característica de importância fundamental em todas essas renascenças é um aumento no fluxo de informações, em especial na escrita. Isso não vale para todos os casos de olhar retrospectivo, já que os escritos transcendentais tiveram um impacto mais conservador. Houve, porém, acúmulo de conhecimento secular. Vital a qualquer olhar retrospectivo é a questão do letramento e a importância da palavra escrita. Mas tão importante quanto a existência da palavra escrita é o seu grau de circulação, sobretudo se passamos de uma minoria que possua certa habilidade para ler e escrever para outra mais "democrática", em que a maioria possa fazer o mesmo. Uma maior circulação de informações pode depender da impressão, como foi o caso dos renascimentos italiano e bengali, assim como na China durante as dinastias Tang e Song. Mas isso variou conforme o material utilizado: por exemplo, o papel adotado não apenas na China no século I, mas também no Islã no século VIII e posteriormente na Europa. Esse material mais barato significava que o livro estava muito mais disponível, já que era feito de material vegetal ou restos, em vez dos caros pergaminhos e papiros usados na Europa. Outro fator importante, é claro, é o que era escrito e sobretudo a língua empregada. Em muitas regiões onde o árabe não era falado, o letramento foi prejudicado porque era obrigatório escrever nessa língua. O mesmo vale para o período medieval na Europa, em que as pessoas ilustradas estavam mais preocupadas em aprender o latim que o vernáculo. Essa preferência por outra língua estava

---

15 Toynbee, *A Study of History*.

As renascenças foram apenas europeias?

claramente associada à religião (como no Islã, com relação ao árabe), que dava lugar especial às línguas do Livro ou ao serviço da Igreja. Por consequência, até o início do Renascimento, o letramento na Europa estava sobretudo nas mãos do clero (*clerici*). Na Inglaterra, antes do século XIII, uma pequena elite letrada estava entranhada numa grande população analfabeta. As línguas de uso cotidiano nem sempre eram escritas e a aquisição da habilidade de ler e escrever envolvia aprender a língua da elite, com frequência morta.[16] No mundo literário, essa língua da elite abriu caminho pouco a pouco para o vernáculo, que sempre prevaleceu na fala usual, mas para os humanistas e muitos intelectuais do Renascimento o latim ainda era a língua dos homens "ilustrados" (poucas mulheres o aprendiam). Mesmo hoje, a Universidade de Cambridge (que até 1947 não graduava mulheres) apresenta suas recomendações para diplomas honorários e recita seus agradecimentos à faculdade em latim, não com a palavra falada, mas com a palavra escrita. Havia antes um hiato entre o latim e o vernáculo, em que um era o escrito e o outro o falado, mas isso foi abandonado em grande parte. O mesmo vale para o árabe clássico, no caso de muitos muçulmanos, e para o hebraico, no caso da maioria dos judeus (mas não na Israel reconstruída). Nos tempos antigos, para os "ilustrados", a língua escrita tinha precedência sobre a oral. O Renascimento mudou isso; na verdade, a vernaculização da escrita ocorreu antes: Dante escreveu em italiano e Chaucer em inglês (e, muito antes deles, houve os poetas anglo-saxões). No chinês, esse problema nunca existiu, porque a escrita não era fonética e podia representar qualquer língua de maneira inalterada, e até uma língua modificada; na linguagem escrita, não havia divisão entre o clássico e o vernáculo.

A discussão aqui é que a natureza do próprio letramento, a conservação no tempo da fala invisível na escrita, ou antes o desenvolvimento da "fala transformada", significa que sempre pode ocorrer um olhar retrospectivo, quer nas artes (para Homero ou Shakespeare), quer nas ciências (para Aristóteles ou Darwin) ou na religião (para o Livro). A palavra torna-se um objeto material. Nas ciências, voltamos ao passado em parte para desenvolver uma obra anterior, mas, nas artes, fazemos isso para celebrar e apresentar o que foi alcançado. No contexto religioso, em que as obras são sagradas, olhamos com frequência para períodos ainda mais distantes, não tanto para reconstruí-los, mas para conservá-los, assim como para buscar orientação na vida cotidiana.

---

16 Niezen, Hot Literacy in Cold Societies: A Comparative Study of the Sacred Value of Writing, *Comparative Studies in Society and History*, v.33, n.2, p.230.

Mas embora possa conduzir a reformas religiosas, esse olhar retrospectivo é essencialmente um processo que se concentra na reabilitação da palavra eterna de Deus. É claro que com frequência as sociedades letradas olharam para o passado a fim de preservar as coisas como eram ou deveriam ser. Esse conservadorismo ocorreu em particular no campo religioso, até mesmo no caso da Reforma na Europa Ocidental, que envolveu um olhar retrospectivo para a verdadeira religião do Livro; mais uma vez, a Reforma foi um evento único do ponto de vista histórico, mas não do sociológico. O judaísmo, o islamismo e o budismo também sofreram reformas que retornaram ao Livro.

Entretanto, esse olhar ocorreu não só com o transcendental, mas também, no caso da China, com o confucionismo, que era mais ou menos secular. Durante séculos, os escritos de Confúcio serviram de guia para a moral e o governo. Além de revivida, sua obra foi retomada, em especial pelo neoconfucionismo, para reformar o modo de agir. Esse olhar retrospectivo diferiu do Renascimento no Ocidente porque não envolveu um retorno a uma cultura que rejeitou o que agora se tornou o centro das atenções. No caso do Iluminismo judaico, que foi muito influenciado pela atividade e pelas consequências do Renascimento italiano ou, na Espanha, pelo Islã andaluz, houve mais um olhar para o lado que para trás. E o mesmo aconteceu com os muçulmanos no Oriente Médio – a prática da pintura em miniatura derivou fundamentalmente da arte chinesa – e até com as "ciências estrangeiras", que eles traduziram do grego e do sânscrito. Tanto na China quanto na Índia, esse olhar retrospectivo implicou mais continuidade que na Europa, a qual experimentou uma "regressão catastrófica". Isso significou um desaparecimento e, mais tarde, uma revivificação de aspectos de uma cultura que de certo modo foi proibida, uma revitalização do conhecimento clássico e de uma arte que representava a natureza como tal, e não uma simples paisagem religiosa. A China teve poucos problemas desse tipo porque, após a invasão dos nômades do norte, que se "chinesizaram" e, em alguns casos, tornaram-se mais Han que os próprios Han, houve certa continuidade cultural tanto nas ciências quanto nas artes e um olhar retrospectivo contínuo, que não sofreu uma interrupção drástica.

Aconteceu algo similar na Índia, onde as escrituras védicas, menos facilmente datáveis que textos chineses importantes, formaram uma base de referência contínua com a ajuda da persistência da língua sânscrita.[17] A Índia

---

17 Ver Pollock, *The Language of the Gods in the World of Men: Sanskrit, Culture, and Power in Premodern India.*

tradicional olhou para o passado de muitas maneiras e mesmo o Movimento de Independência olhou tanto para trás quanto para a frente, para um tempo em que a Índia seria independente e hindu. A conquista dos muçulmanos mudou isso, é claro, em especial do ponto de vista político. Na arte, o domínio do Islã significou uma ausência de obras representativas ou figurativas, embora tanto as tradições muçulmanas quanto as hindus tenham sofrido certa reformulação, que resultou da influência dos mogóis (oriundos originalmente da China) e conduziu a um novo "florescimento" da pintura em miniatura. Na poesia e na ciência, o novo Islã do Norte fez sua contribuição. Houve altos e baixos tanto nas realizações indianas quanto nas chinesas, períodos de florescência nas artes e nas ciências, mas não houve atrasos similares ao que ocorreu na Europa Ocidental quando surgiu o cristianismo, uma religião abraâmica monoteísta que se colocou não só contra a ciência e o conhecimento clássico em geral, como também condenou a representação figurativa (exceto mais tarde, em contexto religioso). A Índia hindu nunca viveu um período de negação desse tipo, embora de certa forma o advento do budismo e as invasões muçulmana e britânica tenham causado problemas para a continuidade do desenvolvimento cultural e, ao mesmo tempo, dado algum estímulo.

Ainda que olhasse para trás, a China olhava sobretudo para o confucionismo, que era secular em grande parte, pelo menos para os letrados. Needham achava que essa doutrina era antipática à ciência, mas outros autores discordaram dele.[18] A ciência continuou a se desenvolver, e, nas artes, não havia nada que restringisse o tema da pintura naturalista, apesar de alguns letrados preferirem trabalhar com tinta preta, em vez de colorida. A sociedade chinesa retornou com frequência aos clássicos, mesmo quando foi conquistada pelos nômades do norte (por exemplo, os mongóis), seus clássicos eram basicamente seculares e não havia uma ideologia religiosa dominante (exceto no caso de alguns indivíduos) para conter o avanço da ciência, que necessitava de uma estrutura ao menos parcialmente secular para evoluir. Uma visão rígida do mundo como a religiosa só teria sido prejudicial. O budismo pode ter feito isso na China quando chegou da Índia no século I d.C., mas até ser controlado pela dinastia Song nunca teve um *status* dominante na sociedade; nesse momento, ele foi parcialmente trocado por um neoconfucionismo secular, que promoveu uma investigação livre em muitos campos.

---

18 Needham, *Science and Civilization in China: History of Scientific Thought.*

Ao considerar esses outros períodos de revitalização, ou mesmo de humanismo, devemos levar em conta um aspecto do Renascimento que foi enfatizado por Jardine, ou seja, o econômico.[19] No prólogo de seu estudo, ela escreve: "É esse espírito de empreendimento que seguirei nos próximos capítulos para sustentar minha afirmação de que as sementes de nosso próprio multiculturalismo exuberante e consumismo espetacular foram plantadas no Renascimento europeu".[20] Em outras palavras, em grande medida, suas realizações se originaram na atividade mercantil. Essa visão está decerto muito distante da afirmação de Burckhardt de que foi a combinação entre a revitalização da Antiguidade e o espírito italiano "que constituíram a base do Renascimento".[21] Esse tipo de "essencialismo" não é mais aceitável academicamente, embora ainda seja usado com frequência em escala até mais ampla (mais para o "espírito" ou "gênio" europeu que para o italiano). Mas mesmo a abordagem de Jardine mostra-se um tanto etnocêntrica ao ver o Renascimento europeu como a base de nosso "multiculturalismo exuberante" e "consumismo espetacular". O multiculturalismo foi característico de todos os impérios, políticos ou comerciais, e estes abrangiam uma pluralidade de povos, alguns mais inclinados que outros a "missões civilizadoras". A segunda característica, isto é, uma forma inicial de consumismo, marcou o florescimento do comércio e da manufatura no Oriente e no Ocidente; como deduz Jardine, o consumismo foi uma característica do capitalismo no Ocidente, mas certamente a Europa não é o único exemplo. É verdade que no século XIX as duas características eram encontradas ali de forma mais ampla, em grande parte como resultado da Revolução Industrial. Mas se nos concentrarmos na Europa, o que os nativos são quase obrigados a fazer, devemos evitar a assunção de que essas características se referem apenas a esse continente. A atividade mercantil era intercontinental. A China já mostrava certo multiculturalismo e, com o comércio, o consumismo vinha se desenvolvendo desde a Idade do Bronze. Jardine dá nova ênfase a isso, mas ainda vê o Renascimento europeu como o propagador das sementes da modernidade. Para "nossa própria" modernidade, isso é seguramente verdade, mas implica que a modernização em geral dependia desse desenvolvimento. E isso não está tão claro.

---

19 Jardine, *Worldly Goods: A New History of the Renaissance*.

20 Ibid., p.34.

21 Burckhardt, *The Civilization of the Renaissance in Italy*; Burke, *The European Renaissance: Centres and Peripheries*, p.2.

Ao enfatizar os aspectos empresariais e comerciais, Jardine chama a atenção para o fato de que o Renascimento italiano se deu numa cultura de produção e troca, num contexto econômico que manifestou uma prosperidade crescente e foi uma contribuição importante para o comércio com o Oriente (e com o sul), portanto para fora da Europa. Isso seguramente é parte do significado do bazar renascentista, que, segundo Brotton e Jardine, envolvia não só a importação de tapetes e tapeçarias da Turquia (que decoram tantas pinturas europeias da época), mas também a exportação temporária de pintores, como, por exemplo, de Gentile Bellini, que fez um retrato de Mehemet (1481) que hoje está exposto na National Gallery, em Londres, e foi vendido por um sucessor por considerá-lo idolátrico.[22] A introdução da arte representativa num país muçulmano e a história do retrato de Bellini, vendido num mercado de Istambul e resgatado por comerciantes ingleses, é um exemplo extremo do que acontecia nesse bazar. As cortes reais com frequência consideravam-se desobrigadas até das restrições religiosas, com uma lei própria, mas esse encontro se revelava frágil quando havia outros envolvidos. E era um encontro baseado no intercâmbio comercial.

Citar a contribuição turca para o Renascimento italiano é trazer à mente um aspecto relacionado: a importância da revitalização do comércio veneziano (e italiano, mais geral) com o resto do Mediterrâneo. É essencial lembrar que, apesar do grave revés que o comércio com o Oriente sofreu nos tempos pós-romanos, o Oriente Médio continuou a exibir a cultura urbana que tanto decaiu na Europa – não nas cidades romanas de Palmira e Apameia, mas em Alexandria, Alepo e Constantinopla. Além disso, manteve um comércio ativo com a Índia e a China durante todo esse tempo. No século IX, dizia-se que havia mais de 100 mil comerciantes muçulmanos em Cantão.[23] Também havia muitos em busca de especiarias e artigos de luxo no sul da Índia, o que levou a fundação de colônias permanentes em Cochin muito antes da chegada dos portugueses.

O comércio internacional foi fundamental para o Renascimento europeu, como foi em muitas outras ocasiões de florescência; essa atividade mercantil produziu troca de informações. No entanto, a ênfase essencialista no crescimento interno pode obscurecer o papel de colaboradores externos nesses períodos de maior atividade cultural. Tais períodos foram possibilitados em

---

22 Brotton; Jardine, *Global Interests: Rennaisance art between East and West*.
23 Irwin, The Emergence of the Islamic World System 1000-1500. In: Robinson (ed.), *The Cambridge Illustrated History of the Islamic World*, p.53.

parte pelo desenvolvimento do comércio e da manufatura. Não foram só os tecidos de seda e algodão que foram levados em grande escala para a Europa, a lã também foi muito exportada (e usada localmente), permitindo aos ricos construir as belas igrejas da Ânglia Oriental, para acolher e desenvolver o Renascimento entre os tecelões de Bruges (que fazia parte da Borgonha), Flandres e Antuérpia, e para o tipo de atividade comercial que se concentrava em Prato, Florença e outras cidades italianas, como Veneza e Gênova. Como no caso dos Medici, esse comércio foi essencial para o patronato não da alta burguesia, mas também da corte e da Igreja; mais tarde, surgiu uma demanda de artes visuais entre um número ainda maior de pessoas, quando o consumismo e a secularização assumiram o controle (a literatura, que podia ser lida em voz alta, e o teatro, que podia ser assistido em público, eram mais democráticos).

Para os europeus, é óbvio que o Renascimento foi intrínseco à modernização. Argumentam que a Idade Média em si não teria levado à "modernização" sem um rompimento com a tradição (uma "transição"), que de maneira geral era criativa. A mudança envolveu também o secular e o confinamento da religião a âmbitos mais estreitos, deixando espaço para os desenvolvimentos nas ciências e nas artes e estimulando a produção e a troca de "bens materiais" em que essa atividade tanto se baseava. Visto em detalhes, esse rompimento com a tradição implicou a revitalização da cultura clássica, mas essa revitalização pouco fez pela expansão da Europa, pelo comércio estimulado por essa expansão ou pelo desenvolvimento da produção em massa na Revolução Industrial. Apesar disso, o "início da Europa moderna" é caracterizado por todos esses três aspectos, embora não de maneira exclusiva para cada um que ocorreu em outros lugares. No comércio, isso é óbvio, porque era recíproco. O desejo de expandir e explorar novos mundos já estava presente, em especial nos impérios grego e romano, mas também nas civilizações asiáticas, na extraordinária propagação do Islã com rede econômica e domínio político-religioso que se estendia da Andaluzia até a distante fronteira com a Mongólia; na expansão chinesa para o centro e o sudeste da Ásia, sobretudo sob o imperador Kubilai Khan, sem falar das fantásticas viagens de Zheng He; no movimento hindu para o sul da Índia, para a Indonésia e, mais uma vez, para o sudeste da Ásia. Quanto ao desenvolvimento da produção em massa, seu clímax foi nas fábricas europeias, mas encontramos elementos dele na manufatura de porcelana na China e na tecelagem do algodão na Índia; ambas foram produto de exportação em massa para a Europa e outros lugares e, na Revolução Industrial, foram consideradas indústrias avançadas, e claramente associadas a tecnologias. Entretanto, nessa época as sociedades no Oriente praticavam um consumismo que era de início muito maior que o do Ocidente e se encontra exemplificado no gosto pelas obras de arte,[24] na preparação dos alimentos e no cultivo e uso das flores.[25] Depois da Revolução Industrial, a Europa tornou-se mais desenvolvida que o Oriente do ponto de vista econômico e outros, mas muitos ocidentais acreditam que essa vantagem já existia havia muito tempo, manifestando assim uma visão fortemente teleológica em relação ao passado. Na verdade, em termos comparativos, o continente europeu regrediu economicamente – e em outros campos – depois dos romanos, e só retomou o vigor no período que levou ao Renascimento e ao restabelecimento do comércio com o Oriente.

Mas há algo particular no Renascimento europeu, uma característica que tem a ver com outros lugares e pode ser expressa em termos reais. Essa característica que distingue o Renascimento europeu é que, ao olhar para o passado, ele recuperou textos do período clássico que, sem dúvida, não eram nem da tradição cristã nem da abraâmica, mas em geral mais seculares, pagãos, alguns até especificamente ateístas, materialistas, como Epicuro, sobre o qual o jovem Marx escreveu uma tese. Em outras palavras, ao olhar para o passado, eles não estavam conservando a cultura medieval, mas transpondo as restrições impostas por um credo religioso para alcançar outra com ênfases muito diferentes. Isso foi importante para o pensamento em geral, mas sobretudo para as artes, já que as religiões abraâmicas haviam proibido a representação – embora o cristianismo posterior tenha permitido representações na esfera do sagrado, na pintura, na escultura e no drama. O judaísmo e o islamismo fizeram o mesmo em determinadas circunstâncias, mas a iconofobia estava sempre presente.

Há outra questão. Todas as religiões abraâmicas (o judaísmo, o islamismo e também o cristianismo) tiveram problemas no início porque os credos monoteístas inibiam não apenas as artes (por meio da iconofobia), mas também as ciências (porque o Deus único era onisciente). Antes que qualquer florescência cultural pudesse se manifestar em cada uma dessas esferas, era necessário que houvesse um desligamento, uma secularização parcial. Por outro lado, nem o islamismo nem o judaísmo tinham um passado clássico que pudessem reviver como a Europa, mesmo que o Islã tenha olhado para

---

24 Clunas, *Superfluous Things: Material Culture and Social Status in Early Modern China*.
25 Goody, *Food and Love*; id., *The Culture of Flowers*.

o passado no movimento de traduções e na ligação que tinha com outras civilizações antigas, como a persa.

Até pouco tempo atrás, as comunidades judaicas eram amplamente iconofóbicas, até o momento em que dominaram a representação figurativa e os meios de comunicação em várias partes do mundo. Não podemos dizer que esse desenvolvimento foi uma "renascença" porque há poucas evidências de retorno explícito a períodos anteriores, quando essas formas de representação eram incentivadas em seu próprio interesse (apesar do Bezerro de Ouro). Os judeus também olharam para a Grécia e Roma, mas como pagãs, não para revivê-las – como fizeram, na verdade, os primeiros cristãos. A Emancipação significou, é claro, um florescimento da "cultura", mas um florescimento que devia mais à comunidade em que estavam inseridos que a uma revitalização de seu passado.

No Islã, a situação é mais ou menos similar. Mas, embora não tenham feito nada parecido com um retorno declarado e programático a uma tradição iconográfica anterior à tradição iconofóbica do *Alcorão*, os muçulmanos adotaram modelos alternativos segundo as terras que ocuparam: arte clássica na costa jônica, na Síria, na Península Árabe e em outros lugares; arte assíria na terra entre rios; arte chinesa ao longo da Rota da Seda (influenciando a Pérsia e, acima de tudo, os turcos); e arte iraniana no Planalto. A representação foi praticada algumas vezes, em especial em contextos palacianos, como os retratos dos governantes mogóis (por influência persa, afegã e chinesa, mas em geral mais miniaturas que representações em tamanho natural). Nas ciências e no conhecimento secular, eles se voltaram para as "ciências dos antigos", revivendo-as e desenvolvendo-as de um modo que mais tarde beneficiou o Renascimento europeu. Fizeram avanços por conta própria na medicina, em particular, e, mais em geral, nas comunicações, na tecnologia (em especial no controle da água), na astronomia e na matemática.

Como explicou Joseph Needham e outros, o olhar retrospectivo e a revivificação eram necessários nas ciências porque os estudiosos precisavam de liberdade para pesquisar. Os cientistas não podiam ser transcendentalistas em seu trabalho, tinham de investigar a natureza tal como ela é. Em outras palavras, deviam se tornar "naturalistas" e afastar a divindade para o mais longe possível de seu espaço até ser, talvez, uma causa primeira, ao invés de uma presença onipotente. Diante dessa situação, a Igreja assumiu uma atitude reacionária – na verdade, como ainda assume. Mas afinal, apesar da condenação das teorias heliocêntricas por parte da Igreja, Copérnico e Galileu se impuseram – e, mais recentemente, o darwinismo, que venceu o "criacionismo" de lavada. O naturalismo, e talvez o agnosticismo, foi fundamental para a atividade científica. Na Europa, essa tendência cresceu com o olhar retrospectivo que se lançou para os escritos do período clássico, quando a filosofia era independente de fato da religião. A ciência e a tecnologia, que levaram a um avanço definitivo no conhecimento humano, exigiam liberdade, e isso só aconteceu com o distanciamento da versão atual da religião.

Um fator importante na comparação das renascenças e de seus efeitos é o retorno a fases anteriores da cultura. Na Europa, esse retorno envolveu a Antiguidade pagã – esse mundo era secular ou pagão no contexto do cristianismo, embora tivesse vários deuses – e, portanto, teve o efeito de afrouxar os vínculos com a religião hegemônica. Esse processo de afrouxamento pode ter sido influenciado pelas culturas adjacentes, como aconteceu com o Iluminismo judaico na Europa ou, antes disso, com a relação desse grupo com a Espanha islâmica. Embora fosse dominante em termos religiosos, o Islã também teve períodos em que desenvolveu formas próprias de humanismo, retornando tanto à "razão" quanto à fé (ou, em alguns casos, a uma e não à outra, embora ambas raramente fossem exclusivas). Em certas ocasiões, o retorno foi acompanhado de um salto para a frente associado a ele. Na verdade, logo no início, um aspecto significativo da vida intelectual dos árabes era o desejo da corte abássida – e depois, de alguns comerciantes e intelectuais – de colecionar e traduzir manuscritos gregos (seculares e científicos, mas não literários ou religiosos) e obras indianas (cujo conhecimento vinha até da China, como o próprio Profeta reconheceu). Na Europa, um dos resultados do encontro entre as duas religiões hegemônicas foi uma forma de secularização parcial, ou ao menos um questionamento das bases da própria fé (como talvez em Toledo, após a reconquista, quando o clero cristão entrou em contato com os textos muçulmanos e os tradutores judeus). Outro resultado desse encontro foi o fortalecimento da crença numa reafirmação seguinte a uma dissonância cognitiva.[26] Mais tarde, o encontro do Islã com a cultura ocidental (na Turquia, por exemplo) fez muitos reconhecerem que a sociedade islâmica precisava "modernizar-se", ou seja, adaptar-se, embora em muitos casos se tentasse manter a identidade muçulmana (não Ataturk, que insistia na secularização). Nessa época, a autoridade do *ulama*, da *Sharia*, foi rudemente desafiada e houve certa secularização. Tanto no Iraque quanto na Síria, o partido Baath – termo que significa "ressurreição" – era claramente secular e adepto de um nacionalismo radical. Um ponto comum no novo

---

26 Ver Festinger, *A Theory of Cognitive Dissonance*.

nacionalismo árabe modernizante era a ideia de que se estava ressuscitando uma identidade pré-islâmica, ainda com Deus, mas sem o autoritarismo do monoteísmo.

Evidentemente, a revitalização da Antiguidade foi fundamental para o Renascimento italiano e, como vimos, tem sido relacionada à diferença entre o Japão e a Europa. Apesar da herança comum do "feudalismo", Anderson[27] afirma que essa diferença reside na "herança duradoura da Antiguidade clássica", que existiu na Europa, mas não no Oriente. O mundo antigo era incapaz de realizar a transição para o capitalismo e foi seguido de uma "regressão catastrófica", sem paralelos na história da civilização. Entretanto, da "*concatenação* da Antiguidade com o feudalismo", das contradições internas do regime anterior, surgiu o capitalismo, lentamente gestado durante a era medieval. Em outras palavras, o retorno ao clássico contribuiu para a produção dessa maior mudança. Mas Anderson argumenta que não existe evolução gradual de um modo para outro; o processo só pode ser entendido "pelo rompimento com qualquer noção puramente linear do tempo histórico como um todo".[28] Devemos pensar em termos de "renascença" ou "concatenação", porque a "vantagem" da Europa sobre o Japão "está em sua antecedência clássica"; nesse processo, o olhar retrospectivo para a Antiguidade era essencial. "O Renascimento continua sendo – apesar da crítica fácil e da revisão – o ponto crucial da história europeia como um todo: o duplo movimento de uma expansão única do espaço e a recuperação do tempo."[29] Ou seja, "a redescoberta do mundo antigo e a descoberta do Novo Mundo", esses dois aspectos foram essenciais para o Renascimento e para o desenvolvimento do "capitalismo".

Por esse motivo, o Renascimento italiano não foi simplesmente uma revitalização histórica, mas um passo essencial entre a Antiguidade europeia e o capitalismo europeu. Em muitas versões da história apresentadas no século XIX, a Europa foi a única a descobrir (ou alcançar) o "capitalismo". Por isso, o Renascimento e a Antiguidade foram sociologicamente únicos. Mas o sinólogo Elvin compara com frequência a China com a Roma da época do Império, ou seja, na Antiguidade. Se essa comparação é válida, então a China não pode ter se afastado muito do curso principal do desenvolvimento social, não tanto quanto pressupõe a noção de excepcionalismo asiático ou europeu. Para outros, essa divergência inicial não existiu nem ocorreu logo

---

27 Anderson, *Passages from Antiquity to Feudalism*, p.420.
28 Ibid., p.421. (Itálico do original.)
29 Ibid., p.422.

As renascenças foram apenas europeias?

depois. Como observa Elvin, o Oriente seguiu um percurso "quase paralelo" ao do Ocidente por "mais de um milênio",[30] um percurso em que houve avanços, assim como estagnação. O argumento dos europeanistas é que, antes da Antiguidade, os sistemas do Oriente e do Ocidente divergiam tanto política quanto economicamente. A China permaneceu um Império único; a Europa formou "redes" competitivas. Os dois regimes desenvolveram sistemas feudais, mas na China a defesa era controlada pelo Estado unitário, enquanto na Europa essa tarefa era deixada a cargo de diferentes senhores feudais.[31] Sobre a modernização subsequente e o desenvolvimento do capitalismo, Elvin observa que "há tanta evidência [...] dos tempos intensos de atividade econômica no fim do século XVI que somos obrigados a perguntar: 'Por que a China não avançou em direção ao crescimento econômico moderno mais ou menos ao mesmo tempo que a Europa?'".[32] É claro que a data é muito posterior à "revolução da dinastia Song", ao período do chamado Renascimento chinês, mas é consequência dele. Assim, Elvin é levado a se perguntar por que "de um domínio tão disseminado das artes mecânicas pré-modernas parece estranho não ter ocorrido nenhum progresso tecnológico".[33]

A resposta não está no passado da China porque o país era tão empreendedor quanto qualquer outro e tinha todos os requisitos culturais para um crescimento continuado. Tanto no Oriente quanto no Ocidente houve períodos em que uma região teve vantagem sobre outra. Mas, para a maioria dos europeus, o Renascimento foi fundamental no caminho rumo ao "capitalismo". Na verdade, esse período de retrospecto e mudança foi essencial para a vida moderna como um todo. Mas outras culturas eurasianas importantes também tiveram períodos de reflexão e renascimento – talvez não tão radicais em virtude do "atraso" do Ocidente no período medieval – que foram cruciais para a modernização delas e, em alguns casos, também para a nossa. A importância dessas outras experiências de Renascimento é mostrar que não havia apenas um caminho para a "modernidade", ou seja, por intermédio da cristandade, mas havia outros, que foram seguidos pelas sociedades de que tratamos aqui. Esses períodos, em que se rejeitou a compartimentação das crenças transcendentais, implicaram o reconhecimento de que "o homem faz a si mesmo", para usarmos o título de um livro do historiador da pré-história

---

30 Elvin, *The Pattern of the Chinese Past*, p.69.
31 Ibid.
32 Ibid., p.284.
33 Ibid., p.286.

303

Gordon Childe.[34] Referimo-nos à invenção da imprensa, do papel, da pólvora e da bússola, talvez da matemática e dos algarismos na Índia, assim como da cerâmica e da tecelagem da seda na China e do aço indiano. As mudanças nos meios de produção, nos próprios sistemas de comunicação, destruição, transporte e conhecimento, mudaram o curso da cultura humana. Isso é mais claro na ciência que nas artes por razões óbvias, mas também houve mudanças substanciais na pintura, na escultura, no romance e no teatro que, de certo modo, podem ser vistas como desenvolvimentos. Como dissemos, o que distinguiu o Renascimento italiano foi a reversão em algumas esferas, e a alteração em outras, do domínio de uma religião hegemônica e de seu Deus monoteísta, com sua resistência à representação nas artes visuais (salvo temas cristãos) e sua relutância inicial em buscar linhas de investigação do mundo na ciência (no caso de Galileu, por exemplo), embora a tecnologia fosse em geral mais livre. O Renascimento italiano provocou mudanças drásticas nessa situação ao retornar a um passado pagão ou secular, em muitos aspectos bastante distinto do presente, e mover-se para a frente em seguida, em vez de continuar seu próprio passado, como aconteceu com frequência na China e na Índia. O Islã mostrou algo semelhante em seus primeiros esforços para restabelecer a ciência grega, mas isso pouco afetou as artes ou a influência da religião abraâmica ao longo do tempo.

Ninguém poderia repetir essa redescoberta da Antiguidade porque ninguém perdeu seu passado dessa maneira. Do ponto de vista abraâmico, a maioria dos judeus, assim como a maioria dos cristãos e, às vezes, dos muçulmanos, rejeita o conhecimento grego por considerá-lo pagão, mas a Índia e a China, como vimos, conservaram uma fé intermitente nas realizações do passado que se acumulou lentamente e não exigia uma recuperação apressada do tempo perdido, como aconteceu no Renascimento italiano, no Iluminismo judaico e, até certo ponto, nos períodos de humanismo árabe. No caso europeu, grande parte da tradição advinda de Roma foi relegada pelo surgimento do cristianismo e pelo que chamamos de Idade das Trevas. Mas o judaísmo e o islamismo estabeleceram uma relação muito diferente com o período clássico, que era inimigo do primeiro e, em grande parte, estranho ao segundo. É verdade que essas sociedades se adaptaram à tradição legal do Oriente Médio, semelhante ao Direito Romano, enquanto a Europa teve de levar em conta os códigos germânicos. Esse período "feudal" foi seguido de renascimentos distintos: o Renascimento assistiu de início a determina-

---

34 Childe, *Man Makes Himself*.

da revivificação do Direito Romano. Alguns consideram que esse processo é intrínseco à mudança econômica. Tomemos o exemplo dos conceitos de propriedade privada que, para Marx e outros, prepararam o caminho para o capitalismo. O Direito Romano foi alterado para incorporar a mudança da propriedade privada "condicional" para "absoluta", que se acreditava intrínseca ao desenvolvimento do capitalismo (ou da "modernidade") e, portanto, específica à Europa Ocidental. Mas o argumento não deu peso suficiente à noção de sir Henry Maine de uma hierarquia de direitos, ou seja, não uma oposição absoluta entre as duas formas de propriedade, "moderna" e "primitiva", mas diferenças de grau baseadas numa hierarquia. Que sociedade não tem uma noção de "propriedade mais ou menos absoluta" para certos objetos e outra mais qualificada para outros? Mas a crença de que o Direito Romano era singular nesse sentido fez que sua revitalização fosse considerada essencial para o desenvolvimento do capitalismo e da modernidade, e isso só poderia acontecer aqui. Esse argumento se baseia numa análise simplista do sistema legal, porque já existiam em essência conceitos similares no Oriente Médio e em outros lugares.

Para o historiador Perry Anderson, a revitalização do Direito Romano e suas supostas mudanças foram acompanhadas da apropriação de toda a herança cultural da Antiguidade, isto é, "seu pensamento filosófico, histórico, político e científico – sem falar de sua literatura ou arquitetura – adquiriram de repente uma nova autoridade", em que "os componentes críticos e racionais" transpuseram a grande "divisão religiosa"; "ele sempre conservou um contexto antagônico e corrosivo como um universo não cristão".[35] Como vimos, esse foi um fator muito importante: o clássico suplementou (e, em algumas esferas, descartou) o universo (sagrado) cristão e promoveu a secularização. O resultado foi "uma revolução intelectual e criativa", "porque o clássico dominou o medieval. As culturas cada vez mais analíticas e seculares que se desenvolveram aos poucos, ainda com muitos bloqueios teológicos e reversões", escolheram a Europa.[36] Em muitos campos, a religião hegemônica dos tempos medievais desapareceu. Mas em regiões da Eurásia que não possuíam uma religião autoritária não ocorreram bloqueios desse tipo; o pensamento secular e analítico não era reprimido da mesma maneira absoluta.

Com a queda do Império Romano, a economia europeia entrou em colapso, e esse processo afetou todo o continente. Culturalmente, porém, o

---

35 Anderson, *Passages from Antiquity to Feudalism*, p.426.
36 Ibid.

problema surgiu com o advento do cristianismo e das religiões abraâmicas. O Deus de Abraão não só era o único Deus (ao contrário da multiplicidade de deuses nos sistemas sobrenaturais do sul e do centro da Ásia), como também era onipotente e onisciente. Seus escritos (ou as obras que Ele inspirou) continham toda a verdade e não havia razão para buscar outras respostas. As ciências, que haviam florescido no mundo antigo, não eram mais necessárias sob a hegemonia religiosa do monoteísmo, embora em vários campos, como a agricultura, a guerra e a medicina, a tecnologia continuasse a avançar. Ela se manteve de forma sub-reptícia, como a alquimia e a magia. Evidentemente, essa libertação cultural pode ocorrer sem retorno ao passado, como aconteceu no Iluminismo judaico, discutido no Capítulo 5, que foi resultado da influência das culturas adjacentes. No entanto, assim como a renascença europeia do século XII ou os movimentos "humanistas" no Islã, esse momento foi de restrição temporária de uma religião abraâmica, que, do contrário, teria contido o avanço da "sociedade da informação", na ciência e nas artes.

Qual é a importância para a história mundial ou para a sociologia de mostrar os paralelos entre o Renascimento italiano e períodos similares em outras sociedades eurasianas? O Renascimento na Europa tem sido considerado fundamental para o desenvolvimento do mundo moderno e para a dominação subsequente do continente nas questões mundiais. De certa maneira, ele foi, mas no importante sentido de que nos séculos anteriores ele foi relativamente "atrasado" no campo intelectual e comercial. Needham mostrou, por exemplo, que na botânica a China tinha mais conhecimento das plantas que a Europa no período medieval, ao contrário do que aconteceu no século V a.C. Esse é apenas um aspecto menor. O peso hegemônico da religião abraâmica fez uma enorme diferença na acumulação de conhecimento sobre o universo, porque estabeleceu uma versão própria e definitiva dos eventos. Nesse contexto, era importante que o Renascimento representasse uma recuperação das realizações das potências orientais, que, pelo fato de não terem vivido os mesmos problemas de onisciência divina, recorriam aos tempos antigos com um espírito diferente.

Podemos considerar que o Renascimento italiano compensou o atraso que resultou das antigas restrições, mas também construiu a partir daí e deu um salto súbito para a frente, superando algumas das restrições da religião abraâmica e seguindo rumo à "modernização", à produção industrial e ao "capitalismo". Esses vários processos já haviam sido iniciados pelos chineses não só com o conhecimento – em especial a ciência –, mas também com a economia, a manufatura, a exportação de cerâmicas e, de certa maneira, a seda e o papel. Nesse novo ambiente, a Europa levou adiante esses processos industriais, nessas e em outras esferas, utilizando algumas técnicas e conhecimentos oriundos do Oriente (como a energia hidráulica para enrolar fios). Mas de início essa incorporação não foi completa. A China continuou sendo a maior economia exportadora durante todo o século XVIII. Foi superada pelo Ocidente na Revolução Industrial do século XIX, mas ainda continuou a produzir econômica e intelectualmente, embora de maneira menos intensa. Essa dominação econômica e cultural levou os europeus a adotar uma explicação etnocêntrica e teleológica do mundo. Mas não foi surpresa ver a China se tornar mais uma vez tão importante na economia mundial nos últimos anos. Esse é um fato que a tese dominante no Ocidente não permite, já que segue na direção essencialista tomada por Toynbee, que vê no Renascimento "a expressão natural do espírito ocidental".[37] Esse é o tipo mais cruel de essencialismo.

O Renascimento na Europa limpou o ar e permitiu um avanço na ciência, nas artes e no conhecimento em geral. Quase por definição, isso levou ao desenvolvimento do mundo moderno, que, por causa de nossas instituições de ensino e formação, era autossuficiente. Mas esse não foi o surgimento do capitalismo *per se*, pois este já existia em outros lugares na forma de atividade mercantil e produção para troca, inclusive certa produção industrial e mecanizada. Sem dúvida, houve desenvolvimentos importantes na Europa no fim do século XVIII e no século XIX, mas estes logo foram transferidos para o Oriente, assim como o Oriente havia transferido muitos para o Ocidente. Essas transferências caíram em solo fértil; antes do fim do século XIX a Índia começou a exportar mais que importar roupas de algodão feitas à máquina para a Inglaterra. O Japão e a China fizeram o mesmo com outros produtos industriais. Não era a noção de capitalismo que era exportada, mas a produção fabril; já havia certa atividade mercantil e industrial e estas estavam prontas para se expandir. O capitalismo ocidental não é tão único quanto se pensava no Ocidente. Não é apenas o Japão, mas a China, a Índia e o resto do Sudeste Asiático que estão invadindo a economia mundial. Mas isso não é resultado apenas da exportação do capitalismo "ocidental" para essas regiões: de certa maneira, elas já haviam industrializado ou mecanizado partes do processo de produção para criar mais mercadorias. Não só a China era o maior exportador do mundo até o início do século XIX, como a Índia também tinha um balanço positivo com a exportação de produtos de algodão e artigos de luxo.

---

37 Toynbee, *A Study of History*, p.84.

O Renascimento italiano é fundamental não apenas para a história da Europa, mas para a história mundial. Mas ele é o único desse tipo? Ao falar do Japão em seu importante estudo sobre a emergência do "capitalismo" na Europa, Anderson afirma que "nada remotamente comparável ao Renascimento tocou suas costas".[38] Diz que a educação japonesa era atrasada, "não havia crescimento na ciência, pouco desenvolvimento no Direito, raras teorias filosóficas, políticas ou econômicas, e uma ausência quase completa de história crítica". Mas no Ocidente a florescência desses campos não foi primordial ou contínua, uma característica da "cultura" ao longo do tempo. Tudo existia na Antiguidade, mas o que é notável é sua relativa ausência subsequente até ressurgir no início da renascença – que, como vimos no Capítulo 2, aconteceu no início do contato com seu passado e também com o Islã. Para a sociedade europeia emergir desse "atraso", a renascença tinha de redescobrir a sociedade e a cultura dos clássicos e, com isso, redescobrir o secularismo. Além disso, o Japão não estava totalmente de fora dos campos mencionados por Anderson: em todas essas áreas, ele teve acesso e dependeu das realizações chinesas, assim como de suas próprias. Mas só há pouco tempo abriu-se espaço para a China na discussão da modernidade. O Japão recebeu certa atenção, em parte por seu desempenho na indústria e na "modernização" – estimulado pelo ataque norte-americano comandado pelo comodoro Perry. Mas "teoricamente", acreditava-se que fosse outra sociedade que, como a Europa, surgiu do "feudalismo", um regime que a China supostamente não teve (embora alguns estudiosos, como Needham, afirmem que houve um "feudalismo burocrático" no país).

Assim, para muitos escritores ocidentais, a importância do feudalismo japonês reside no fato de sua história ser similar à ocidental. Para Anderson, o paralelismo é confirmado de maneira mais veemente "no destino posterior de cada região. O feudalismo europeu [...] revelou ser a porta de entrada para o capitalismo".[39] Fora da Europa, somente o Japão chegou a "um capitalismo industrial avançado". "As precondições socioeconômicas [...] estão profundamente incorporadas no feudalismo nipônico, que tanto impressionou Marx."[40] Portanto, as semelhanças são teleologicamente determinadas. A sociedade japonesa tinha de se assemelhar à antiga Europa porque depois aderiu ao

---

38 Anderson, *Lineages of the Absolutist State*, p.416. Para uma correspondência automática entre a Europa "feudal" e o Japão (ambos tinham uma "classe ociosa"), ver também Veblen, *The Theory of the Leisure Class: An Economic Study in the Evolution of Institutions*, p.1.

39 Anderson, op. cit., p.414.

40 Ibid., p.415.

capitalismo. Na verdade, o curso de sua história foi muito mais próximo do da China; ela também teve seu "Iluminismo", mas este, assim como o Haskala judaico e o Nahda islâmico, baseava-se na imitação deliberada do Ocidente.[41] Mas Anderson afirma que não houve nada "comparável ao Renascimento". Como parecem datados os argumentos sobre o "feudalismo" do Japão e o desenvolvimento do capitalismo, depois do crescimento extraordinário da China, dos Tigres Asiáticos e da Índia! Na verdade, os japoneses entraram na produção industrial relativamente antes. Mas, à parte as realizações que fizeram na produção industrial e mecânica, a China e a Índia não ficaram para trás no tempo global, apesar da afirmação de que eles não tiveram um amplo "feudalismo".

Isso conduz a outro aspecto particular do problema, com paralelos com outros renascimentos. Como vimos, tanto no islamismo quanto no judaísmo, houve períodos de "humanismo". Além do movimento de tradução, o Oriente islâmico teve os humanistas da era buáiida no Iraque.[42] A era dourada da cultura hispano-magrebina no Ocidente teve os escritos de Averróis e Maimônides, um muçulmano e um judeu, ambos de Córdoba, na Andaluzia. A obra dos dois, por sua vez, influenciou a "renascença" europeia do século XII, sobretudo a de Averróis, já que o sultão confiou a ele a missão de investigar a obra de Aristóteles, numa época em que a corte e outros estavam abertos ao conhecimento secular. É claro que tanto os judeus quanto os muçulmanos também estavam interessados em promover suas próprias tradições religiosas, mas nesse momento eles deram ênfase à filosofia, à medicina, à matemática, à astronomia e a uma série de ciências "secundárias", ditas especulativas; com isso, seguiram novas linhas de pensamento e contribuíram para um dos períodos "humanistas" alternativos a que me referi.

Na Europa, alguns elementos de visão secular também sempre estiveram presentes, mesmo sob a religião hegemônica, mas nunca houve predominância de uma visão agnóstica, já que a ideologia dominante estava sujeita a um forte controle eclesiástico. Por exemplo, no século XIII, em Béziers, não longe de Montpellier, onde se desenvolveu uma das primeiras escolas de medicina da Europa, podia ser encontrado um elemento de tolerância e laicidade. Este desapareceu em 1209, quando a cidade foi invadida pela Cruzada Albigense e a maioria de seus habitantes foi massacrada. Intelectualmente, Béziers tornou-se diferente por causa do maior controle eclesiástico. Hoje, é difícil imaginar suas

---

41 Blacker, *The Japanese Enlightenment: A Study of the Writing of Fukazawa Yukichi*.

42 Kraemer, *Philosophy in the Renaissance of Islam: Abū Sulaymān Al-sijistānī and his Circle*.

consequências, mas ele era muito amplo na sociedade europeia. Sobre a educação na Universidade de Cambridge num período muito posterior, já se disse:

> na época em que a principal função de Cambridge era formar ministros para a Igreja da Inglaterra e os clérigos renunciaram ao casamento, não havia laboratórios nem carreiras científicas formais. Os grandes cientistas necessitavam de recursos independentes para tentar alcançar seus objetivos.[43]

Ou seja, mesmo no século XIX, a religião e a ciência não se entendiam bem, ainda que em muitos contextos uma tivesse de se adaptar à outra. Mas o que era intrínseco à maioria dos avanços no conhecimento do mundo, assim como à criatividade nas artes, era o elemento de secularidade ou, pelo menos, a compartimentação da religião. Era difícil em geral chegar a essa posição nas religiões tradicionais, sobretudo porque as religiões monoteístas não abriam mão com tanta facilidade da pretensão de ter todas as respostas.

Entretanto, houve uma mudança importante na Europa durante o Renascimento. Mas o que provocou essa mudança? Em certo nível, a economia – em particular na Itália e no Mediterrâneo – e o comércio com o Oriente. Esse avanço foi crucial para muitas atividades culturais, das ciências às artes. Mas foi talvez o olhar retrospectivo que, como numa explosão, libertou o continente de pelo menos parte da hegemonia religiosa e permitiu a adoção de uma abordagem mais investigativa e secular. Essa libertação não poderia ocorrer da mesma maneira dramática em culturas que não possuíam uma religião tão dominante. Nem poderia ocorrer na ausência de instituições seculares nos campos do ensino e da formação. Sobre o surgimento da secularidade, seja nas ciências, seja nas artes, Anderson e outros talvez não tenham pesquisado o suficiente.

Abordagens mais seculares do mundo não se restringiam à Europa. Mas o problema das religiões hegemônicas, especialmente as monoteístas, é que elas atribuem o poder e o conhecimento supremos a Deus. Tudo o que homens e mulheres precisam saber está nas Escrituras. Esse sistema de crença desencoraja a interferência nas coisas de Deus, e a ciência precisa de certa liberdade para experimentar e investigar. Além do mais, os religiosos desenvolveram formas de misticismo que conferiram um papel extraordinário ao sobrenatural, como o sufismo, a Cabala e equivalentes cristãos. O céu sabe tudo, pode fazer tudo, está acima de tudo. Em casos extremos, não há necessidade de outro conhecimento além do que está contido no Livro ou na seita mística.

---

43 Emsley, Unweaving the Rainbow, *Cambridge Alumni Magazine*, v.49, p.14-6.

As renascenças foram apenas europeias?

Podemos nos perder na prática e no pensamento místicos; podemos dançar e cantar a saída de qualquer outra coisa que esteja acontecendo.

É claro que esse tipo de atitude tinha de mudar para que pudesse haver mudança tanto nas ciências quanto nas artes. Nestas últimas, o aniconismo semítico foi abolido aos poucos. No cristianismo, a liberdade na pintura começou com os retratos de pessoas santas, como as que o evangelista Lucas fez supostamente do próprio Cristo, mostrando mais sua natureza humana que divina.[44] Este foi o foco da arte bizantina: o ícone, o retrato sagrado, sem fundo figurativo. A arte bizantina teve grande influência na Europa Ocidental. Mas o Ocidente criou a ideia de fundo, em especial no início do Renascimento, quando a perspectiva foi desenvolvida (ou "redesenvolvida"). O fundo em si já era um fator secularizador, porque, além do interesse pelas pessoas santas, gerava interesse pela paisagem, mesmo que em contexto religioso. Por fim, o Renascimento italiano foi além das "pessoas santas" e incluiu a realeza, os clérigos e outros patronos – e os temas clássicos, como o famoso *Nascimento de Vênus*, de Botticelli. Pintores como Poussin (1594-1665) deram cada vez mais ênfase à natureza, mas suas obras permaneceram "clássicas" – ainda eram cheias de estátuas romanas e pessoas distantes. Mais tarde, as pessoas desapareceram e deram lugar à concentração romântica na natureza, culminando talvez com a obra de Paul Cézanne (1839-1906), que queria dar cores verdadeiras a essas pinturas e "*faire du Poussin sur nature*",[45] isto é, pintar com cores "naturais" e sem figuras. Na verdade, as últimas obras de Cézanne estavam fortemente vinculadas ao início da pintura abstrata e à ausência de representação na França, na Rússia e em outros lugares.

Não é fácil avaliar nesse desenvolvimento da arte quão central era a religião na vida antiga e quão diferente ela foi do mundo pós-Renascimento e pós--Iluminismo no Ocidente. Isso aconteceu em todas as esferas de atividade. Ao falar do casamento nas comunidades judaicas do Marrocos, Zafrani descreve-o como "uma instituição da lei religiosa",[46] santificado por uma bênção nupcial e composto de uma série de rituais expressos em termos religiosos; o mesmo acontecia (e, de certo modo, ainda acontece) no cristianismo e no islamismo. Se o casamento envolvia uma cerimônia religiosa, é óbvio que a escolha do cônjuge não podia ser deixada a critério apenas dos noivos e a educação dos

---

44 Como diz Toynbee, o cristianismo traiu os princípios judaicos do aniconismo e do mono-teísmo (*A Study of History*, p.86).

45 Coulange, *Cézanne*, p.71. [Do francês: fazer Poussin a partir da natureza – N. E.]

46 Zafrani, *Juifs d'Andalusia et du Maghreb*, p.119.

filhos devia ser orientada pelo credo dominante, mais para fins próprios que para a aquisição de conhecimento secular. O casamento significava endogamia religiosa: as pessoas casavam dentro da religião, o amor fora dela era desaprovado e os meninos aprendiam a ler e a escrever sobretudo por causa dos cultos. O conhecimento secular tinha de ser adquirido com frequência em contextos diferentes, fora das escolas das religiões abraâmicas – em geral em casa ou de maneira informal, se é que era adquirido. O menino seguia o pai e aprendia o negócio em casa. A educação era para a socialização religiosa e não para oferecer novos horizontes ou oportunidades diferentes. Por isso o Renascimento foi um progresso tão grande nas comunidades cristãs da Europa, buscando inspiração em fontes pagãs e reduzindo o campo de ação das religiões, que foram tão dominantes até então em parte por serem monoteístas. E assim continuaram para muitas pessoas e em muitos contextos. O que o Renascimento não fez foi libertar totalmente o mundo ocidental da religião, mas impôs limites a sua influência, sobretudo na esfera artística e científica.

Como disse, no Ocidente, hoje, é difícil para as pessoas compreenderem totalmente essa dominância, seja a que ramo das religiões abraâmicas elas pertençam. Por exemplo, a história indiana vista pelo Ocidente foi muito influenciada pelo Iluminismo, um movimento que levou o pensamento secular a um estágio além do Renascimento. Isso fez que os historiadores europeus "ficassem desconcertados diante de uma religião que não era [...] monoteísta, não tinha um fundador histórico ou um texto sagrado, dogma ou organização eclesiástica".[47] Em minha opinião, a religião indiana não foi hegemônica e não inibiu a diferença cultural ou intelectual, porque "diversas e múltiplas religiões eram praticadas".[48] Mas os historiadores europeus pós-Iluminismo não conseguiram atribuir um peso apropriado nem mesmo a esse credo consagrado; a influência da religião não podia ser avaliada de maneira adequada. Por outro lado, o estudo das culturas orientais trouxe para o Ocidente a promessa de outro renascimento, diferente daquela revitalização racionalista dos gregos, pelo qual o Oriente "espiritual" compensaria a disciplina, a racionalidade e o materialismo da Europa, uma ideia inserida no Romantismo alemão (e até certo ponto no inglês).[49] Esse outro renascimento seguiu uma direção totalmente diferente daquele primeiro que aconteceu no Ocidente e foi uma reação ao seu tom secularizador.

---

47 Thapar, *The Penguin History of Early India, from the Origins to AD 1300*, p.3.
48 Ibid.
49 Ibid., p.4.

As renascenças foram apenas europeias?

No entanto, a incompreensão do historiador "moderno" em relação à Índia foi resultado em parte do vínculo residual com um credo monoteísta e uma religião de conversão, fundada na escrita. Nas sociedades orais, o mundo sobrenatural é mais eclético – e as religiões politeístas também, como o hinduísmo, que absorveu totalmente o budismo na Índia. A explicação que davam para o mundo ainda pertencia ao sobrenatural, ao transcendental; mas, ainda assim, houve períodos de efervescência cultural nessas sociedades, quando mais formas seculares de raciocínio vieram à tona, pelo menos em alguns setores de atividade. Na China, que tinha toda uma cota de crenças em deuses entre a maioria da população, foi o confucionismo da elite que estabeleceu o cânone ancestral (além do budista) a que os literatos voltavam com frequência. Nesse nível, o confucionismo foi um credo secular que deu mais rédea à investigação que as doutrinas transcendentais. Houve um desenvolvimento relativamente contínuo da ciência, como Joseph Needham mostrou, por exemplo, em relação ao conhecimento das plantas e dos animais. Houve períodos de efervescência, mas também houve altos e baixos, determinados pela situação política e econômica e por fatores ideológicos.

Existe uma possibilidade teórica de que esses vários períodos de florescência em toda a Eurásia não sejam totalmente independentes uns dos outros. Já falamos do impacto do cristianismo sobre a Emancipação judaica e do Islã sobre o Renascimento cristão. Mas refiro-me a influências ainda mais amplas. Afinal, no século XVI – e, em alguns casos, muito antes – as principais sociedades da Eurásia já estavam em contato umas com as outras, direta ou indiretamente, havia muito tempo, sobretudo por meio do comércio ou outras formas de intercâmbio, como as conquistas, em especial a dos "hunos" e dos mongóis na Europa. O comércio, porém, dependia da produção, mesmo no caso das matérias-primas (ouro, prata e outros metais), cujo intercâmbio exigia produção prévia, mas não manufatura. Em todos esses casos, a troca estava envolvida e podia levar a transferências "culturais" do tipo daquela que encontramos no surgimento de novos bens e técnicas: em uma direção, o papel, a impressão, a bússola e a pólvora; em outra, a perspectiva e o relógio. Relações hostis ou amigáveis se desenvolveram. Mas o comércio e o deslocamento dos comerciantes continuaram: os turcos tinham seus *fondacio* (hospedarias), com mesquita e *hamman* (casa de banho), espalhados ao longo das rotas comerciais do Oriente e do Ocidente (por exemplo, em Veneza), e onde a justiça era administrada, como em Istambul. Todos estavam em constante comunicação, como os banqueiros e os comerciantes italianos na Lombard Street, em Londres, e nas cidades hanseáticas do norte da Alemanha.

Esse comércio compreendia muitos tipos de mercadorias, mas, como vemos pela lã em Florença (os Medici comerciavam roupas), pela seda em Lucca e na China, pelo linho no Egito e pelo algodão na Índia, os têxteis eram parte essencial desse comércio, cujos lucros alimentaram várias renascenças. O historiador Goitein, que estuda o Cairo judeu, afirma que "a principal indústria do período medieval na região mediterrânea" eram os têxteis que seriam usados nesse intercâmbio;[50] no início, a produção de linho era a mais importante no Egito e tornou-se a base da prosperidade econômica da era dourada no período dos tulúnidas (868-903) e depois no dos fatímidas. O linho era cultivado por grandes donos de terras, que reinvestiam na indústria e produziam o tecido em "fábricas" privadas ou do Estado (como em Tinnis); este era em seguida amplamente usado para troca, inclusive em exportações. Isso também aconteceu na Europa. "O papel da indústria têxtil no crescimento e no desenvolvimento econômico das cidades medievais e renascentistas na Itália, nos Países Baixos e na Inglaterra, foi [...] fundamental para o estudo da história econômica da Europa medieval."[51]

Esse intercâmbio conduziu ao estabelecimento de comunidades comerciantes e fabricantes em toda parte. No Oriente Médio, Goitein fala de uma revolução burguesa nos séculos VIII e IX;[52] essa revolução foi importante em particular para os comerciantes, mas entre os ricos também deu origem a homens ilustrados, como a família do filósofo Maimônides, que comerciava pedras preciosas com a Índia. Como vimos, existiam comunidades similares no Extremo Oriente, tanto na China como na Índia, e com ideologias muito semelhantes. Esse regime comercial era mais importante nessas partes do mundo do que se imaginava.

> Os ideais da Índia antiga, embora talvez não fossem os mesmos do Ocidente, não excluíam o ganho de dinheiro. A Índia tinha não só uma classe de diletantes que amava o luxo e o prazer, mas também uma classe de comerciantes e artesãos prósperos que buscava a riqueza e que, apesar de menos respeitados que os brâmanes e os guerreiros, tinham um lugar respeitável na sociedade.[53]

---

50 Goitein, *A Mediterranean Society: The Jewish Communities of the Arab World as Portrayed in the Documents of the Cairo Geniza*, p.101.

51 Frantz-Murphy, A New Interpretation of the Economic History of Medieval Egypt, *Journal of the Economic and Social History of the Orient*, v.24, p.280.

52 Goiten, op. cit.

53 Basham, *The Wonder that Was India: A Survey of the History and Culture of the Indian Sub--Continent before the Coming of the Muslims*, p.218.

Isso vale também para a China e o Japão, onde os comerciantes desenvolveram uma rica cultura urbana, ainda que ocasionalmente fossem discriminados.

Nessas condições mercantis, a produção baseava-se não apenas na atividade familiar, mas também em outras instituições. O Estado mauriano possuía oficinas de fiação e tecelagem e fábricas de armas e outros suprimentos militares, empregando artesãos assalariados para esse propósito. As grandes minas também eram administradas pelo Estado. Entretanto, havia espaço para produtores individuais, e alguns produziam em larga escala para um vasto mercado (portanto, eram "individualistas"). Uma forma de organização industrial que envolvia uma divisão elaborada do trabalho consistia em cooperativas de trabalhadores da construção civil e outros setores. Esse trabalho era regulado com frequência por associações (*shreni*), que desempenhavam um papel econômico importante em muitas cidades – e também político, já que algumas tinham milícias próprias, pelo menos no início da era budista (a partir do século V a.C.).

Esse comércio extensivo foi claramente facilitado pelo uso de meios de troca aceitáveis, entre eles o papel-moeda, que se baseava na confiança e no letramento. O metal cunhado pode ter sido introduzido na Índia pelo Oriente Médio, mas já existiam formas equivalentes de dinheiro, como os búzios. Emprestar dinheiro a juros também era uma prática comum tanto no islamismo quanto no judaísmo, apesar das restrições à usura; os banqueiros (*shresthin*) eram numerosos e com frequência faziam parte de associações que os representavam no conselho local, portanto eles participavam das decisões políticas. As companhias comerciais, que em geral consistiam em associações temporárias do tipo das *commendas*, reuniam-se em expedições marítimas e comercializavam extensivamente com o Ocidente e com o sudeste da Ásia. Embaixadas eram enviadas a Roma e outros lugares, e os comerciantes visitavam regularmente o Oriente Médio – tanto que fundaram uma grande colônia indiana na ilha de Socotra. Para o Oriente Médio iam roupas e vários artigos de luxo, inclusive açúcar e arroz, além de cartomantes e prostitutas. Em troca, a Índia queria ouro, embora Arikamedu, no sudeste, importasse cerâmica romana (*sigillata*), vinho, ouro e escravas, todos itens de luxo. Quando e onde houvesse um comércio extenso como esse, é óbvio que o letramento desempenhava um papel importante nas contas, em especial no comércio de longa distância, pois uma de suas vantagens era possibilitar a comunicação interpessoal, sem a necessidade da interação face a face.

Já discuti o surgimento generalizado da atividade mercantil, cuja extensão foi facilitada pela inovação da escrita. De fato, sugeriu-se que o intercâmbio teve importância vital para a elaboração do sistema de escrita inicial da Mesopotâmia, em que objetos físicos eram representados por marcas escritas (símbolos) do lado de fora dos envelopes de argila que os continham.[54] É claro que o intercâmbio existia havia muito tempo, mas a escrita encorajou formas de crédito mais complexas, sobretudo o papel-moeda. Há muitas evidências da maneira como o "letramento funcional" foi importante para as transações comerciais elaboradas.[55] Por isso, apesar de termos afirmado que a escrita foi significativa para os assuntos políticos e religiosos – em especial nas religiões abraâmicas, em que o ensino da leitura e da escrita era quase monopólio da Igreja e, portanto, as escolas pendiam fortemente para o letramento com fins religiosos –, os comerciantes, assim como os pais dos alunos, também exerceram influência em favor de um ensino prático para seus próprios objetivos. Nas principais sociedades letradas, as escolas nunca foram apenas religiosas, porque parte das crianças sempre se dedicaria ao comércio e seu trabalho exigia habilidade para ler e escrever. Por isso, elas aprendiam cálculo e redação de cartas, enquanto outras necessitavam da escrita para a administração de Estados complexos e para a burocracia, sobretudo na China.

A tendência para um letramento secular entre os comerciantes foi particularmente forte na China, mas também ocorreu na Índia, onde, é claro, o sistema de contabilidade usado no comércio era baseado na escrita. Essa habilidade também foi importante para o Islã, não só na religião, nas traduções, no comércio, na administração e na ciência, mas também num contexto totalmente diferente, em que, como mostra Rodinson, permitiu que os comerciantes criassem uma série de receitas e assim elaborassem uma cozinha própria, assim como uma cultura de modo mais geral.[56] Obviamente, isso aconteceu também na Europa, onde Nicholas mostrou a importância do ensino para os filhos dos comerciantes flamengos, que estavam entre aqueles que abriram caminho para a recuperação econômica no norte.[57] Na Inglaterra, no período elisabetano, quando a Reforma acabou com o monopólio da Igreja Católica, escolas de gramática foram fundadas por concessão real e mantidas por filhos de comerciantes, cujas atividades futuras inevitavelmente tiveram forte influência sobre o currículo, embora o ensino ainda fosse predominan-

---

54 Schmandt-Besserat, *How Writing Came About*.
55 Sobre esse uso da escrita árabe, ver Goody, *The Logic of Writing and the Organization of Society*.
56 Rodinson, *Islam and Capitalism*.
57 Nicholas, *Trade, Urbanisation and the Family: Studies in the History of Medieval Flanders*.

As renascenças foram apenas europeias?

temente eclesiástico em muitos aspectos. Por isso, houve um aspecto cada vez mais secular na educação, mesmo que essa faceta sempre tenha existido.

Temos dado importância fundamental ao letramento e ao modo de comunicação nesse processo de renascimento. Mas, como vimos, o letramento podia ser muito restrito. Referimo-nos a uma forma de escrita que era utilizada na Pérsia apenas para inscrições reais.[58] Referimo-nos também à escrita na Mesopotâmia, que pode ter sido elaborada por comerciantes para comerciantes. Referimo-nos ainda aos usos da escrita no início do cristianismo, do judaísmo e do islamismo, que tinham sobretudo fins religiosos. Mas, quando foi empregada pela burguesia, a escrita transformou realmente a cultura em geral e conduziu a uma florescência. É claro que sua presença fez diferença para os sistemas político-legais, econômicos e religiosos, como tentei mostrar em outro lugar,[59] mas, para ser efetiva no amplo sentido cultural que discutimos aqui, ela tinha de estar mais extensamente disponível. Em qualquer renascimento, o que importa é que se olhe para trás. É claro que, em alguns escritos monumentais, há apenas inscrições públicas para examinar (embora existissem outras formas de escrita na Pérsia). Recuperar os conteúdos dessa escrita não levaria a uma florescência cultural. Tudo depende dos usos que são feitos da escrita: ela deve cobrir um amplo espectro da vida social. O uso transcendental por si só não faz isso, exceto para reformar o conhecimento religioso. É claro que o olhar retrospectivo na literatura pode beirar a simples imitação, como as tentativas de muitos estudiosos de reproduzir o verso grego ou latino, ou os esforços de intelectuais bizantinos para compor textos semelhantes aos da Grécia Antiga. Esse processo se aproxima da falsificação, mas, de todo modo, representa uma forma extrema de conservação ou reprodução.[60]

Neste estudo, enfatizei o papel do comércio por razões óbvias. Em primeiro lugar, parece-me que têm importância fundamental no Renascimento europeu – em especial após a renovação das trocas na Europa e no Mediterrâneo – o fim do controle árabe sobre este último, o comércio crescente de Veneza e outras cidades italianas com o Oriente Médio e deste com a Pérsia, a Índia e a China. Em segundo lugar, a história do Oriente tende a enfatizar os aspectos políticos, ou então as economias internas, em detrimento da comunicação externa. Como disse Thapar a respeito de seus colegas, "as histórias da Índia no

---

58 Herrenschmidt, *Les Trois Écritures: langue, nombre, code.*
59 Goody, *The Logic of Writing and the Organization of Society.*
60 Toynbee, *A Study of History*, p.59.

passado basearam-se essencialmente na terra, e o comércio marítimo assumiu um papel marginal".[61] Esse viés precisa ser superado quando se considera a história mais ampla do intercâmbio e das renascenças. Na Índia, houve um comércio muito ativo pelo Mar Vermelho com o Golfo Pérsico, a Arábia, o Egito e a Turquia, com a costa sudeste da Etiópia e da África. Algumas das mercadorias comercializadas seguiam por terra para o norte da África, para o sul do Saara e para a Europa. Uma série de intercâmbios foram estimulados e tiveram importância fundamental para o Renascimento italiano, já que o comércio significava que produtos intelectuais também estavam envolvidos.

Mas temos poucas razões para acreditar que todos os campos deram juntos um salto adiante nas artes e nas ciências. Tenho afirmado que, para investigar o mundo natural que nos cerca e expandir as artes a partir de um contexto religioso, era essencial que houvesse certa secularização nessas áreas, mesmo que as crenças transcendentais continuassem presentes em outras esferas restritas. As artes eram muito diferentes e a religião simplesmente se tornou um tema entre outros. A singularidade do Renascimento italiano está em seu contexto histórico e no fato de que, ao olhar para trás, ele rememorou uma cultura "pagã" e evitou as muitas restrições que o cristianismo havia imposto às atividades científicas e artísticas. Também houve um afrouxamento das relações no comércio e no intercâmbio intelectual com as culturas do Oriente, que eram infiéis. Esse afrouxamento dos vínculos ocorreu também no islamismo e no judaísmo, assim como na dinastia Song, na China; na Índia, houve uma maior continuidade cultural. No entanto, no árabe, no chinês e no sânscrito, encontramos um importante elemento de continuidade, em que o olhar retrospectivo implicou, linguisticamente, uma constante reaproximação entre o passado e o presente, ao passo que na Europa (e no início do Islã) esse olhar retrospectivo dependeu de traduções de outras línguas e, às vezes, para outras línguas (como o latim), o que, é claro, não era acessível à maioria. Esse processo nativo foi muito diferente daquele que ocorreu em sociedades cuja renascença era de uma cultura que se expressava em outra língua. Nesse caso, ainda que a revitalização esteja associada à tradução de uma língua, o progresso do Renascimento reside no deslocamento do conhecimento e da atividade criativa para as línguas locais, em outras palavras, na vernaculização. Essa é a base para esse salto mais permanente para a "modernização", certamente com a ampla participação de outras pessoas, sobretudo tecnólogos e artesãos. O conhecimento, como

---

61 Thapar, *The Penguin History of Early India, from the Origins to AD 1300*, p.xxvii.

diz Bolgar, tornou-se familiar a todos que sabiam ler, e não apenas aos que só sabiam ler as línguas clássicas.[62]

Foi instituindo e institucionalizando a possibilidade de uma abordagem secular das artes e em especial das ciências que o Renascimento italiano ajudou a mudar o mundo.

Essa institucionalização resultou em parte do fato de que o conhecimento não transcendental foi preservado nas universidades e nas academias. Teve a ver também com as mudanças na economia interna, que apoiava essas faculdades, e os meios de comunicação. Sem dúvida, a imprensa teve um papel crucial, tornando a humanidade capaz de refletir sobre aquilo que havia aprendido. "Na verdade, o humanismo pode dever a sobrevivência fundamental de suas ideias à descoberta de Gutenberg." Senão, poderia ter sido "transmutado por um novo escolasticismo", como a renascença do século XII. Ela não criou o Renascimento, diz Bolgar, mas "ajudou a manter vivas as ideias revolucionárias".[63]

A economia externa também foi importante, já que se expandiu com a descoberta da América e a colonização de outras partes do mundo, permitindo um enorme crescimento da produção e da atividade comercial. Com o controle da energia e a organização do trabalho necessário para operar as máquinas, esse mercado expandido significou o desenvolvimento de indústrias de grande escala.

Minha tese é, portanto, que todas as sociedades dotadas de escrita – habilidade que foi importante para comerciantes, administradores, intelectuais e clérigos – olharam retrospectivamente para o que foi realizado em períodos anteriores, e esse olhar foi seguido algumas vezes de um salto para a frente. Entretanto, o retorno ao passado foi importante sobretudo no domínio religioso, em que o progresso e a mudança raramente são bem-vindos. Todas as religiões ilustradas olharam para trás: as abraâmicas, para a *Bíblia* judaica e para os desenvolvimentos posteriores; os hindus politeístas, para a escritura védica; e os budistas e os jainistas para seus respectivos cânones. Mas isso aconteceu também em sociedades mais seculares, como a China, onde as pessoas se remeteram a Confúcio e a outros intelectuais desse período, citados constantemente como autoridades. Todas as sociedades letradas olharam para trás, quer para textos religiosos, quer não. Esse processo nem sempre conduziu a um renascimento; ocasionalmente pode ter envolvido conser-

---

62 Bolgar, *The Classical Heritage and its Beneficiaries*, p.302.
63 Ibid., p.280.

vação e continuidade, ainda que a referência aos escritos passados tenham estimulado uma nova atividade cultural ou até propiciado um avanço. Estímulos mais significativos ocorreram quando o olhar retrospectivo implicou a revivificação de uma cultura que tinha uma ideologia diferente, como na Europa, quando o mundo não cristão dos clássicos pôde ser evocado e incentivou abordagens mais seculares de muitos aspectos da vida. O declínio do Império Romano provocou o colapso da economia urbana do Ocidente. As cidades tornaram-se menos importantes e o comércio entre elas sofreu. O Mediterrâneo perdeu o *status* de centro da atividade econômica até o comércio ser retomado com o Oriente e com o sul, onde continuou a existir uma cultura urbana e mercantil que se estendia à Pérsia, à Índia, à China e a todo o continente eurasiano. Essas regiões não experimentaram o mesmo retrocesso pelo qual a Europa Ocidental havia passado; a Índia e a China tiveram um desenvolvimento mais contínuo, apesar de intermitente. E, com exceção do Islã, eram mais pluralistas. O contato com essas culturas orientais estimulou as mudanças que conduziram ao Renascimento italiano, ou seja, a retomada do comércio, a recuperação de uma abordagem mais ampla e a renovação dos contatos culturais com o passado e com o presente. Mas cada uma dessas sociedades letradas teve seu período de olhar retrospectivo, sua florescência cultural, sua renascença, quando as explicações sobrenaturais foram desafiadas e um humanismo mais secular floresceu. De um ponto de vista sociológico, as renascenças foram múltiplas e não estavam confinadas nem ao "capitalismo" nem ao Ocidente. A Europa não estava sozinha, tampouco foi uma ilha cultural.

Apêndice 1
Cronologias do Islã, da Índia e da China

Dinastias do Islã

Egito e Síria	Arábia e Mesopotâmia	Pérsia e Ásia Central	Espanha e Magrebe	Turquia	Afeganistão e Índia
Domínio bizantino e persa	Hijras (622) Morte de Maomé (632)	Domínio dos sassânidas	Reinos cristãos na Espanha		
Primeiro califado (632-61)					Incursões muçulmanas em Sindh (711)
Conquista dos árabes (646)				Anatólia sob domínio cristão	
Califado Omíada (661-750)			Conquistas no norte da África		
Dinastia abássida (750-1258)			Omíadas espanhóis (756-1031)		
Tulúnidas (868-905)		Emires samânidas (819-999)			
Abássidas de novo no Egito (905-35)					
Ikhshidids (935-69)		Emires karakhanids (999-1211)	Reinos *taifas* (meados do séc. XI – início do séc. XII)		
Dinastia dos fatímidas (910-1171)					Dinastia Gaznávida (975-1187)
Dinastia dos seljúcidas (1068-1141)			Dinastia dos almorávidas (1073-1147)	Seljúcidas de Rum (1077-1307)	

Apêndices

Primeira Cruzada (1095)			Dinastia Almohad (1147-1269)		Dinastia Ghurid (1148-1215)
Dinastia aiúbida (1169-1271)	Ilkhans mongóis (1256-1335)				Dinastias muçulmanas menores (Escravos, Khilji, Tughlaq, Sayyid, Lodhi)
Dinastia dos mamelucos (1250-1517)					
Império Otomano (1453-1918)		Dinastia dos safávidas (1502-1722)	Queda de Granada (1492)	Império Otomano (1453-1918)	Império Mogol (1504-1707)
Invasão napoleônica (1798)		Dinastia Qajar (1781-1925)		Incursões pela Rússia, Áustria, França etc.	Invasão dos persas / Incursões britânicas / Domínio britânico efetivo (a partir da década de 1770)
Protetorado britânico (1882-1922)				Derrota na I Guerra Mundial (1918)	
Síria (protetorado francês 1920-1946)	Revolta árabe na I Guerra Mundial (1916-1918)	Dinastia Palavi (1925-1979)		Revolução sob o comando de Ataturk (1920)	
Independência (1922)	Realeza saudita (1932)	Revolução de Khomeini (1979)			Independência (1947)

Jack Goody

Eventos da história islâmica, 622-1334

622	*Hijra* de Maomé para Medina
632	Morte de Maomé (o Islã domina a maior parte da Península Árabe)
632-661	Primeiro califado (Abu Bakr, Umar, Uthman, Ali), seguido dos califados dinásticos
	Abu Bakr, companheiro de Maomé
	Umar, companheiro de Maomé
	Uthman, primeiro convertido, conquista o Irã, Chipre, o Cáucaso e a maior parte do norte da África
	Ali, primeiro imã da seita xiita (656-661)
661-750	Califado omíada (de Damasco)
	(expansão do Islã na direção do Atlântico e das fronteiras indiana e chinesa)
	O primeiro omíada assassina Ali num golpe e conquista o Egito
750-1258	Califado abássida (de Bagdá)
	Taíridas, safáridas, samânidas (Pérsia); Ásia Central a partir de ca.850
	Califado sob controle efetivo do exército turco (iraniano)
	Renascimento buáiida nos séculos IX e X
756-1031	Omíadas espanhóis (de Córdoba)
909-1171	Dinastia fatímida dos califas xiitas ismailitas do Magrebe (os únicos califas xiitas)
972	Os fatímidas conquistam o Egito, fundam o Cairo, avançam na direção da Síria, da Sicília e do sul da Itália; dinastias independentes no Marrocos, na Tunísia e no Egito
1050-?	Sultanato turco (inclusive Índia e Ásia Central)
1064-1071	Os seljúcidas turcos anexam a Armênia, a Geórgia e a Anatólia; o território fatímida recua para o Egito sob pressão dos seljúcidas e dos sunitas magrebinos
1072-1092	O grande Malikshah seljúcida domina a Síria e a fronteira chinesa; vizir em Bagdá
1087	Malikshah governa de Isfahan e é proclamado sultão do leste e do oeste
1090-1272	Seita assassina, sobretudo contra seljúcidas e outros muçulmanos

Apêndices

1092	Morte de Malikshah; o sultanato divide-se em Estados dinásticos guerreiros
1095	A Primeira Cruzada toma a Terra Santa dos seljúcidas e dos fatímidas
1099	Estados cruzados em todo o Levante
	Era dourada cultural na Pérsia nos séculos XI e XII
1171	Saladino (aiúbida curdo) derruba o último califa fatímida
	A dinastia de califas aiúbida (curda) domina o oeste da Arábia, a Síria e o Egito
1182	Surge a dinastia badlis dos *khans* do Curdistão; governa até 1847
1187	Jerusalém sucumbe a Saladino
1193	Tratado entre Saladino e Ricardo I que restaura a faixa de Ascalão a Antioquia; Saladino morre
1201	Os mamelucos põem fim aos reinos cristãos no Levante
1206	O general mameluco (escravo) Qutb-uddin Aibak fundo o sultanato de Délhi (até 1290)
1250	Último sultão aiúbida do Egito é derrubado pelo general escravo Aibak; sultões mamelucos do Egito até 1517; a dinastia "bahri" é batizada com o nome de seu regimento ("marítimo"); o sultanato mameluco (bahri) começa logo após o assassinato de Aibak
1260-1263	Últimos vestígios do sultanato aiúbida de Damasco; o emirado de Homs cai; os últimos aiúbidas resistem no emirado de Hama até 1334

Períodos da história indiana

Mehrgarh e sítios relacionados:

> Primeira era de produção de alimentos (ca.7000-5500 a.C.), seguida de uma fase de regionalização ou período do "primeiro harappeano" (5500-2600 a.C.)

ca.2600-1700 a.C. Civilização do Indo (cultura de Harappa e Mohenjo-Daro)

> Fase urbana, o chamado período harappeano "maduro" e/ou "era da integração" (2600-1900 a.C.)

> Fase harappeana "final" ou "era da localização" (1900-1300 a.C.)

1500-700 a.C. A chamada era védica

Idade do Ferro, enterros megalíticos no sul da Índia, cerâmica cinza pintada nas planícies do Alto Ganges. Primeiras dinastias em Magadha (Bihar, Orissa, Bengala) a partir de ca.1200 a.C.

700-320 a.C. A era clássica

Os Mahajanapadas e a dinastia de Bimbisara, em Magadha, a partir do século VI a.C., quando aparece a cerâmica negra polida do norte (700-200 a.C.)

600-300 a.C. Urbanização, surgimento de cidades nas principais rotas de comércio (por exemplo, Kausambi, Sravasti, Vatsa, Champa, Anga, Ahicchatra, Rajghat, Vaishali, Ujjaini no Ganges e em seus afluentes, e Taxila, Hathial e Pushkalavati no noroeste)

Gana sanghas ("cidades-Estado") e reinos; ascensão de um Estado em Magadha, onde o governo dos Nanda é mencionado pelos Puranas

486 a.C. Mahaparinirvana de Buda ("nirvana grande e completo" da morte)

Invasões no Noroeste:

519 a.C. Ciro, governante aquemênida da Pérsia

326-327 a.C. Alexandre da Macedônia cruza o Indo

321-185 a.C. Dinastia mauriana e surgimento do império em Magadha, estendendo-se a todo o norte da Índia

Clãs no sul: cheras, cholas, pandias, satiputras, mencionados nos pilares de Ashoka e na literatura Sangam

185 a.C. - ca.300 d.C. Reino dos shungas (Magadha), kharavela (Kalinga) e existência de oligarquias, como kunindas, sibhis, yaudheyas, malavas e abhiras no norte da Índia.

ca. 230 a.C. Ascensão do poder satavahana no Decã

ca.50 a.C. - ca.50 d.C. Auge do comércio romano com a Índia

No noroeste:

180-165 a.C. Indo-gregos em Hazra, Swat e Punjab

ca.150-135 a.C. Rei Menandro

século I a.C. (ca.80 a.C.) Sakas e o rei Maues

Os pártias e Gondophernes (†46 d.C.)

século I d.C. Dinastia Kusana

Data controvertida do reinado de Kanishka (ca.78 d.C. ou 122-140 d.C.)

No oeste (Gujerat e Decã):

século I d.C. Dinastia Saka Ksatrapa e Rudradaman (ca.150 d.C.)

século I d.C. – meados do século III d.C. Satavahanas, seguidos dos abihras e dos traikutakas

300-700 d.C. Norte da Índia: Magadha como base do império

319-ca.455 d.C. Dinastia Gupta

405-411 d.C. Visita do viajante chinês Fa-Hsien

606-647 d.C. Império de Harshavardhana (norte da Índia)

630-643 d.C. O viajante chinês Xuanxang na Índia

Índia Ocidental:

ca. século IV-V d.C. Dinastia Vakataka

meados do século VI d.C. Chalukyas de Badami, Pulakesin I (543-566 d.C.)

712 d.C. Conquista árabe do Sindh

século VII d.C. – século IX d.C. Rashtrakutas

século X-XI d.C. Silaharas

século XII d.C. Yadavas de Devagiri

1347-1538 d.C. Bahamani

No sul da Índia:

ca.574-731 d.C. Dinastia Pallava de Kanchi

Guerra contínua entre os pallavas, chalukyas e pandias

ca.900 d.C. – século XIII d.C. Dinastia Chola em Tamil Nadu

985-1070 Apogeu do imperialismo chola

1110 d.C. Ascensão ao poder dos hoysalas sob Vishnuvardhana

(Hoysalas de Dwarasmaudra, ca. séc. XII-XIII d.C.)

século XIII d.C. Pandias

século XVI d.C. em diante – Nayakas

1336-1565 d.C. Vijayanagar

No leste:

Palas, senas

Ainda no norte:

Gurjara-Pratihara, Parmara, Chauhans, Chahamanas, isto é, os chamados reinos Rajput

1000-1026 d.C. Invasão de Ghazni por Mahmud

1206-1526 Sultanato de Délhi

1526-1757 Império Mogol

Poder compartilhado a partir do início do século XVIII tanto no sul quanto no norte entre vários nababos; após as campanhas de Clive, na década de

1750, o poder e a independência dos mogóis entraram em decadência; último mogol exilado em 1858

1739 Nadir Shah invade Délhi
Estados regionais do século XVIII
1674-1818 Império Marata
1716-1799 Confederação sikh no Noroeste da Índia, Oudh, Hyderabad, nababos do Carnático, Misore, Bengala, jats, rohillas
1757 Início do domínio e da expansão europeias após a batalha de Plassey
1757-1857 Companhia Raj
1857-1947 Índia britânica: após a rebelião de 1857, a Companhia das Índias Orientais perde formalmente o poder
1877 Hegemonia formal do Império Britânico
1947 Estados modernos, após a independência

Dinastias chinesas

1700-1045 a.C. Dinastia Shang
1045-221 a.C. Dinastia Zhou

> Zhou ocidental (1045-771 a.C.)
> Zhou oriental (770-221 a.C.)
> Primavera e Outono (770-476 a.C.)
> Estados Guerreiros (475-221 a.C.)

221-207 a.C. Dinastia Qin
206 a.C.-220 d.C. Dinastia Han

> Han ocidental (206 a.C.-23 d.C.)
> Han oriental (25-220)

220-280 Três Reinos

> Wei (220-265)
> Shu Han (221-263)
> Wu (222-280)

265-420 Dinastia Jin

> Jin ocidental (265-316)
> Jin oriental (317-420)

Apêndices

386-589 Dinastias do norte e do sul
386-581 Dinastias do norte

Wei do norte (386-534)
Wei oriental (534-550)
Qi do norte (550-577)
Wei ocidental (535-556)
Zhou do norte (557-581)

430-589 Dinastias do sul

Song (420-479)
Qi (479-502)
Liang (502-557)
Chen (557-589)

581-618 Dinastia Sui
618-907 Dinastia Tang
907-960 Cinco Dinastias

Liang posterior (907-923)
Tang posterior (923-936)
Jin posterior (936-946)
Han posterior (947-950)
Zhou posterior (951-960)

960-1279 Dinastia Song

Song do norte (960-1127)
Song do sul (1127-1279)

916-1125 Dinastia Liao
1115-1234 Dinastia Jin
1232-1368 Dinastia Yuan
1368-1644 Dinastia Ming
1644-1911 Dinastia Qing
1912 República

Apêndice 2
Quatro homens sábios

Um breve exame da biografia de quatro homens letrados – dois de origem islâmica e dois dos grandes nomes da teologia e da filosofia europeia – mostrará o clima geral de troca e interação intelectual em que os avanços subsequentes na medicina e no conhecimento devem ser situados de modo geral. O primeiro também era médico e todos estavam engajados na luta entre fé (religião) e razão (racionalidade ou mesmo "ciência"), numa tentativa de conciliá-las.

Avicena (981-1037) saiu da Pérsia para trabalhar em Bagdá, na grande biblioteca dos samânidas, que mais tarde foi destruída na invasão dos mongóis. Foi ele quem escreveu *O livro da cura*, traduzido para o latim no século XII, e também *O curso de Medicina*, uma enciclopédia baseada em fontes gregas e árabes e em seu próprio trabalho. Ensinou o quadrívio e aprendeu com Aristóteles e o neoplatonismo; influenciou, por sua vez, Tomás de Aquino e os Escolásticos.

Averróis (Ibn Rushd) nasceu em Córdoba, em 1126, e morreu em Marrakesh, em 1198. Tentou integrar os pensamentos árabe e grego. Embora aceitasse a autoridade do *Alcorão*, dizia que a integração da fé e da razão não podia ser feita pelos argumentos dialéticos dos teólogos e exigia a comprovação dos filósofos, que eram capazes de explicar o verdadeiro significado da religião. Baseou sua filosofia em Aristóteles e Platão; escreveu comentários e resumos da maioria das obras do primeiro e algumas são hoje as únicas versões existentes. Seus argumentos o colocaram contra o clero e, em 1195, foi exilado temporariamente por seu patrono e governante de Córdoba, Abu Yusuf (Yaqub al-Mansur), na época da guerra santa contra a Espanha cristã.

Alberto Magno (ca.1200-1280) ensinou em Paris e foi profundamente influenciado pela obra de Averróis sobre Aristóteles. Um de seus pupilos foi Tomás de Aquino. Ele distinguia o caminho do conhecimento por meio da revelação e da fé daquele por meio da filosofia e da ciência. Este acompanhou as autoridades do passado segundo a competência de cada uma, mas também fez uso da observação e avançou até o mais alto grau de abstração por meio da razão e do intelecto. Mas essas abordagens não eram consideradas opostas e deviam seguir em harmonia.

Tomás de Aquino (1225-1274) iniciou seus estudos na Universidade de Nápoles, onde foi apresentado às traduções científicas e filosóficas que estavam sendo feitas do grego e do árabe. A partir de 1245, estudou com Alberto Magno em Paris e, como ele, transferiu-se para Colônia em 1248, retornando vinte anos depois a Paris como professor. Foi influenciado tanto por Aristóteles quanto por Averróis, mas amenizou o dualismo entre fé e razão deste último. Em sua *Summa Theologica* (ca.1265-1273), afirma que a razão é capaz de seguir suas próprias leis dentro da fé. A natureza é determinada por estruturas que podem ser apreendidas pela razão e o conhecimento baseia-se na experiência dos sentidos, conduzindo a uma apreciação reflexiva da Providência. Estudar as leis da natureza era estudar a perfeição do poder criativo de Deus.

Apêndice 3
O Bagre

O Bagre tem duas partes: o Branco, que fala dos rituais, e o mais esotérico Preto, que trata do mito que está por trás das cerimônias. Analisando o Bagre comparativamente, não vejo o Ngmangbili Bagre (o terceiro Bagre)[1] como uma versão do Preto, mas sim do Branco, pois está ligado às cerimônias envolvidas nas representações da Sociedade Bagre. Essas cerimônias (que se iniciam em 1125) foram extensamente discutidas, embora tenham sido relacionadas como Preto.[2] Por outro lado, ele começa com a construção de uma casa, como na versão de Gomble e Biro (Preto).[3]

Nenhuma das versões posteriores do Preto (exceto a primeira) manteve a visita ao Céu (onde o homem foi criado ou nasceu), um incidente que parecia muito importante em minha versão original. O fato de que algo que eu entendia como fundamental para a estrutura pôde desaparecer levou-me a reconsiderar o problema da memória em sociedades puramente orais, assim como a estrutura do mito. No início da primeira versão,[4] dois homens cruzam um rio, encontram um velho e aprendem com os "seres da floresta"

---

1 Goody; Gandah, *The Third Bagre: A Myth Revisited*, p.139.
2 Id., *Une récitation du Bagre*, p.46.
3 Id., op. cit., p.5, 101.
4 Goody, *The Myth of the Bagre*.

como comer milho-da-guiné (sorgo), fundir ferro e fazer fogo. Então, o mais jovem dos homens sobe ao Céu com a ajuda de uma aranha e lá conhece Deus (outro "velho"). Ele encontra uma garota magra e, diante deles, Deus cria uma criança (de maneira simbólica, de certo ponto de vista) cuja posse eles disputam.

A segunda versão do Bagre (1980) começa com um homem e sua esposa construindo uma casa. Eles preparam cerveja para os ajudantes e fundem ferro para fabricar uma flecha. Matam um animal e dividem-no. Ninguém os ajuda, exceto os vizinhos. De fato, Deus e os seres da floresta têm um papel muito pequeno aqui. É o deus Bagre que surge durante as cerimônias, e todas são explicadas por esse Bagre Preto. Mas a recitação é muito "aqui e agora" e dá atenção excessiva aos presentes, em especial às relações (paterna e materna) de Gandaa, o novo chefe, em cujos recintos foi realizada a recitação. Nesse segundo Bagre, o homem cruza um rio e depara com seres de cabelos vermelhos e um homem (*daba*, 1.1803), que não é "um velho" (Deus). Entretanto, o incidente com os animais voadores (1.1829) pode ser um corte sério na visita ao Céu; se é assim, só a minha primeira versão pode esclarecer. A criança aprende a envenenar suas flechas da maneira apropriada, o que ela não conseguia fazer. Mas não há disputa entre os pais por sua posse. O menino atira, sua irmã é extirpada. Ainda há disputa por uma criança, mas essa dificuldade é muito mais clara nas versões 3 e 4 de Gomble e Biro (que são muito próximas).[5] Deus ajuda o homem e a mulher a construir uma casa. Eles têm relações sexuais e uma criança nasce. A mãe e o pai brigam pela prole. O menino vai caçar. O filho enfrenta problemas e eles têm de representar o Bagre.

---

5 Goody; Gandah, *The Third Bagre: A Myth Revisited*.

Referências bibliográficas

ABULAFIA, D. *The Two Italies*: Economic Relations Between the Norman Kingdom of Sicily and the Northern Communes. Cambridge: Cambridge University, 1977.

ACHEBE, I. *Religion and Politics in Igboland from the 18th century to 1930*: Earth, God, and Power. Unpublished PhD dissertation. Cambridge: Cambridge University, 2001.

ACHOUR, M. L'invention dans les arts. In: CHEVALIER, D.; MIQUEL, A. (Eds.). *Les Arabes du message à l'histoire*. Paris: Fayard, 1995.

ADAMS, R. M. *The Evolution of Urban Society*: Early Mesopotamia and Pre-hispanic Mexico. Chicago: Aldine, 1966.

ALMAQQARI 855-61. *Analectes sur l'histoire et la littérature des Arabes d'Espagne*, Trad. R. P. A. Dozy. Leiden: Brill, s.d.

AMADO, C. De la cité visigothique à la ville mediévale (de la XIIe siècle). In: SAGNES, J. (Ed.). *Histoire de Béziers*. Toulouse: Privat, 1986.

ANDERSON, P. *Lineages of the Absolutist State*. London: Verso, 1974.

_____. *Passages from Antiquity to Feudalism*. London: Verso, 1974.

ASSMAN, J. *The Search for God in Ancient Egypt*. Trad. D. Lorton. Ithaca: Cornell University, 2001.

ATIL, E. *Art of the Arab World*. Washington: Smithsonian Institution, 1975.

_____. *Rennaissance of Islam*: Art of the Mamluks. Washington: Smithsonian Institution, 1981.

AUGUSTINE, St. *The City of God*. Trad. J. Healey (1610). London: Dent, 1945. v.1.

AUGUSTINE, St. *Confessions*. Trad. H. Chadwick. Oxford: Oxford University, 1991.

BAKHLE, J. Music as the Sound of the Secular. *Comparative Studies in Society and History*, n.50, p.256-84, 2008.

BALAZS, E. *Chinese Civilisation and Bureaucracy*. New Haven: Yale University, 1964.

BARNHART, R. M. The Five Dynasties (907-960) and the Song Period (960-1279). In: _____. et al. *Three Thousand Years of Chinese Painting*. New Haven: Yale University, 1997.

BARON, H. *The Crisis of the Early Italian Renaissance*: Civic Humanism and Republican Liberty in an Age of Classicism and Tyranny. Princeton: Princeton University, 1966.

BASHAM, A. L. *The Wonder that Was India*: A Survey of the History and Culture of the Indian Sub-continent Before the Coming of the Muslims. London: Fontana, 1967.

BASHAR. *Baššar et son experience courtoise*. Trad. A. Roman. Beirut: Dar El-Machreq, 1972.

BATHIA, S. L. *Medical Science in Ancient India*. Bangalore: Bangalore University, 1972.

BAYLE, P. *Dictionnaire historique et critique*. Rotterdam: R. Leers, 1697.

BECK, J. H. *Italian Renaissance Painting*. Cologne: Konemann, 1999.

BELL, J. *Mirror of the World*: A New History of Art. London: Thames & Hudson, 2007.

BELTING, H. *Florenz und Bagdad*: eine westölstliche Geschichte des Blicks. Munich: Verlag C. H. Beck, 2008.

BENN, C. *China's Golden Age*: Everyday Life in the Tang Dynasty. Oxford: Oxford University, 2004.

BERENSON, B. *Aesthetics and History*. London: Constable, 1950.

_____. *Italian Painters of the Renaissance*. London: Phaidon, 1952.

BERNAL, J. D. *Science in History*. London: Watts, 1954.

BERNAL, M. *Black Athena*: The Afroasiatic Roots of Classical Civilization. London: Free Association Books, 1987. v.1.

_____. India in the Making of Europe. *Journal of the Asiatic Society*, n.46, p.37-66, 2005.

BLACKER, C. *The Japanese Enlightenment*: A Study of the Writing of Fukazawa Yukichi. Cambridge: Cambridge University, 1964.

BLAZY, G. (Ed.). *Guide des collections*: musée des tissus de Lyons. Lyons: Éditions Lyonnaises d'Art et d'Histoire, 2001.

BOLGAR, R. R. *The Classical Heritage and its Beneficiaries*. Cambridge: Cambridge University, 1954.

BONNET, H. *La Faculté de Médecine de Montpellier*: huit siècles d'histoire et d'éclat. Montpellier: Sauramps, 1992.

BOORSTIN, D. The Realms of Pride and Awe. In: LEVENSON, J. A. (Ed.). *Circa 1492*: Art in the Age of Exploration. New Haven: Yale University, 1991.

BOSE, D. M. et al. (Ed.). *A Concise History of Science in India*. New Delhi: Indian National Science Academy, 1971.

BOURAIN, M. Le massacre de 1209. In: SAGNES, J. (Ed.). *Histoire de Béziers*. Toulouse: Privat, 1986.

Referências bibliográficas

BOUSMA, W. J. *The Waning of the Renaissance, 1550-1640*. New Haven: Yale University, 2002.

BRAUDEL, F. *Civilisation and Capitalism, 15th-18th Century*. London: Phoenix, 1981-1984. 3v.

BRAY, F. *Technology and Society in Ming China (1368-1644)*. Washington: American Historical Society, 2000.

BRINKER, H. The Rebirth of Zen Images and Ideas in Medieval Japan. In: ROUSMANIERE, N. C. (Ed.). *Births and Rebirths in Japanese Art*. Leiden: Hotei Publishing, 2001.

BROOK, T. The Merchant Network in 16th Century China: A Discussion and Translation of Zhang Han's "On Merchants". *Journal of Social and Economic History of the Orient*, n.24, p.165-214, 1981.

BROTONS, R. *L'Histoire de Lunel, de ses Juifs et de as Grande École*: du 1er ao XIVème siècles. Montpellier: Arceaux, 1997. v.1.

_____. *L'Histoire de Lunel, de ses Juifs et de sa Grande École*: du 1er ao XIVème siècles. Nîmes: Thierry, 1997. v.2.

BROTTON, J.; JARDINE, L. *Global Interests*: Rennaisance Art Between East and West. Ithaca: Cornell University, 2000.

BRUNET, G.; TREMBLAY, A.; PARE, P. *La Rénaissance du XIIe siècle*: lês Écoles et l'enseignement. Paris: J. Vrin, 1933.

BRUNSCHVIG, R.; VON GRUNEBAUM, G. E. (Eds.). *Classicisme et déclin culturel dans l'histoire de l'Islam*. Actes du symposium international d'histoire de la civilisation musulmane (Bordeaux, juin 1956). Paris: Besson Chantemerle, 1957.

BURCKHARDT, J. *The Civilization of the Renaissance in Italy*. New York: Penguin, 1990.

BURKE, P. *The European Renaissance*: Centres and Peripheries. Oxford: Blackwell, 1998.

BURNS, R. I. The Paper Revolution in Europe. Valencia's Paper Industry: A Technological and Behavioural Breakthrough. *Pacific Historical Review*, n.50, p.1-30, 1981.

BURY, J. B. *The Idea of Progress*. London: Macmillan, 1924.

CARBONI, S. Moments of Vision: Venice and the Islamic World, 828-1797. In: _____. (Ed.). *Venice and the Islamic World, 828-1797*. New Haven: Yale University, 2007.

CASKEY, J. *Art as Patronage in the Medieval Mediterranean*: Merchant Customs in The Region of Amalfi. Cambridge: Cambridge University, 2004.

CHADWICK, H. M.; CHADWICK, N. K. *The Growth of Literature*: The Ancient Literatures of Europe. Cambridge: Cambridge University, 1932. v.1.

CHAKRABARTI, D. K. *The External Trade of the Indus Civilization*. New Delhi: Munshiram Manoharlal, 1990.

_____. *The Oxford Companion to Indian Archaeology*: The Archaeological Foundations of Ancient India. New Delhi: Oxford University, 2006.

CHALIAND, G. *Nomadic Empires*: From Mongolia to the Danube. Trad. A. M. Berrett. New Brunswick: Transaction Publishers, 2004.

CHAMBERS, E. K. *The Medieval Stage*. Oxford: Clarendon, 1903.

CHARBONNAT, P. *Histoire des philosophies materialists*. Paris: Syllepse, 2007.

CHARDIN, J. *Travels in Persia 1673-1713*. London: Constable, 1988.

CHATTOPADHYAYA, B. *The Making of Early Medieval India*. Delhi: Oxford University, 1994.

CHATTOPADHYAYA, D. *Lokāyata*: A Study in Ancient Indian Materialism. Delhi: People's Publishing House, 1959.

CHAUDHURI, S. *Renaissance and Renaissances*: Europe and Bengal. Cambridge: Centre of South Asian Studies, 2004. (Occasional Paper).

_____. Humanism and Orientalism. In: _____. *Renaissance Reborn*: In Search of a Historical Paradigm. New Delhi: Chronicle Books, 2010. p.76-92.

CHILDE, V. G. *What Happened in History*. Harmondsworth: Penguin, 1942.

_____. *Man Makes Himself*. London: Watts & Co, 1956.

_____. Retrospect. *Antiquity*, n.32, p.69-74, 1958.

CLOT, A. *L'Espagne musulmane*. Paris: Perrin, 1999.

CLUNAS, C. *Superfluous Things*: Material Culture and Social Status in Early Modern China. Cambridge: Polity, 1991.

_____. *Art in China*. Oxford: Oxford University, 1997.

COHEN, G. D. Rabbinic Judaism (2nd-18th centuries). *Encyclopaedia Britannica*, n.22, p.393-9. Chicago: Encyclopaedia Britannica, 1997.

COLEBROOK, H. T. *Algebra, with Arithmetic and Mensuration, from the Sanskrit of Brahmagupta and Bhaskara*. London: J. Murray, 1817.

COLLCUTT, M. Art in Japan 1450-1550. In: LEVENSON, J. A. (Ed.). *Circa 1492*: Art in the Age of Exploration. New Haven: Yale University, 1991.

COOPER, A. R. V. *Li Po and Tu Fu*. Harmondsworth: Penguin, 1973.

COULANGE, A. *Cézanne*. Paris: Le Monde, 2006.

CRONE, P. The Rise of Islam in the World. In: ROBINSON, F. (Ed.). *The Cambridge Illustrated History of the Islamic World*. Cambridge: Cambridge University, 1996.

CROUZET-PAVAN, E. *Renaissances Italiennes 1380-1500*. Paris: Albin Michel, 2007.

DALE, S. F. The Islamic World in the Age of European Expansion 1500-1800. In: ROBINSON, F. (Ed.). *The Cambridge Illustrated History of the Islamic World*. Cambridge: Cambridge University, 1996.

DATTA, B.; SINGH, A. N. *History of Hindu Mathematics*: A Source Book. Bombay: Asia Publishing House, 1962.

DEMIÉVILLE, P. *Anthologie de la poésie chinoise classique*. Paris: Gallimard, 1962.

DHARAMPAL. *Indian Science and Technology in the Eighteenth Century*. Delhi: Impex India, 1971.

DIDEROT, D. (Ed.). *Encyclopédie, ou dictionnaire raisonée des sciences, des arts et des métiers, par une société de gens de lettres*. Geneva, 1772. 17v.

DIXIN, X.; CHENGMING, W. *Chinese Capitalism, 1522-1840*. Basingstoke: Macmillan, 2000.

DJEBBAR, A. *L'Âge d'or des sciences arabes*. Paris: Le Pommier, 2005.

DOLS, M. W. *The Black Death in the Middle East*. Princeton: Princeton University, 1977.

Referências bibliográficas

DOUTTÉ, E. *Magie et religion en Afrique du Nord*. Alger: Adolphe Jourdan, 1908.

DUDLEY, D. R. *A History of Cynicism*: From Diogenes to the 6th Century AD. London: Methuen, 1937.

DUMONT, L. *Essais sur l'individualisme*: une perspective anthropologique sur l'idéologie moderne. Paris: Le Seuil, 1963.

DUPONT, A. L. L'Islam dans une nouvelle réflexion historique arabe. In: CHEVALIER, D.; MIQUEL, A. (Eds.). *Les Arabes du message à l'histoire*. Paris: Fayard, 1995.

DURKHEIM, E.; MAUSS, M. *Primitive Classification*. Trad. R. Needham. Chicago: University of Chicago, 1967.

ECKSTEIN, N. Study of Italian Rennaissance Society in Australia: The State of Play. *Bulletin of the Society for Renaissance Studies*, n.22, p.2, 2005.

ECO, U. *The Name of the Rose*. London: Mandarin, 1992.

EISENSTEIN, E. L. *The Printing Press as an Agent of Change*. Cambridge: Cambridge University, 1970. 2v.

_____. An Unacknowledged Revolution Revisited. *American Historical Review*, n.107, p.87-105, 2002.

EL-ROUAYHEB, K. Opening the Gate of Verification: The Forgotten Arabic-Islamic Florescence of the 17th Century. *International Journal of Middle East Studies*, n.38, p.263-81, 2005.

ELGOOD, C. *A Medical History of Persia and the Eastern Caliphate from the Earliest Times until the Year AD 1932*. Cambridge: Cambridge University, 1951.

ELIAS, N. *The Civilizing Process*. Oxford: Blackwell, 1994.

ELMAN, B. A.; WOODSIDE, A. *Education and Society in Late Imperial China, 1600-1900*. Berkeley: University of California, 1994.

ELSNER, J. *Imperial Rome and Christian Triumph*: The Art of the Roman Empire AD 100-450. Oxford: Oxford University, 1998.

ELVIN, M. *The Pattern of the Chinese Past*. London: Eyre Methuen, 1973.

_____. Ave atque vale. In: NEEDHAM, J. *Science and Civilization in China*. Cambridge: Cambridge University, 2004. part 2, v.7.

EMSLEY, J. Unweaving the Rainbow. *CAM, Cambridge Alumni Magazine*, n.49, p.14-6, 2006.

ERDOSY, G. (Ed.). *The Indo-Aryans of Ancient South Asia*. Berlin: Walter de Gruyter, 1995.

ETIENNE, R. (Ed.). *Histoire de Bourdeaux*. Toulouse: Privat, 1990.

ETTINGHAUSEN, R. The Flowering of Seljuq Art. *Metropolitan Museum Journal*, n.3, p.113-31, 1970.

EVANS-PRITCHARD, E. E. *The Nuer*. Oxford: Clarendon, 1940.

EZRA, Moseh Ibn. *Antologia Poetica*. Trad. R. Castillo. Madrid: Hiperion, 1993.

FAHMY, A. M. *Muslim Seapower in the Eastern Mediterranean from the Seventh to the Tenth Century AD*. Cairo: National Publication and Print House, 1966.

FALK, T. (Ed.). *Treasures os Islam*. London: Sotheby's, 1985.

FELLIOZAT, J. *La doctrine classique de la médecine indienne*: ses origines et ses parallèles grecs. Paris: Imprimerie Nationale, 1949.

FENNELL, S. Asian Literature as a Tool for Cultural Identity Creation in Europe: Goethe's Hafiz. *Asia Europe Journal*, n.3, p.229-46, 2005.

FESTINGER, L. *A Theory of Cognitive Dissonance*. Stanford: Stanford University, 1957.

FINLEY, M. I. Introduction to Thucydides. In: THUCYDIDES. *History of the Pelopennesian War*. Harmondsworth: Penguin, 1972.

_____. *The Ancient Economy*. London: Chatto & Windus, 1973.

_____. *Democracy Ancient and Modern*. London: Hogarth, 1985.

FONTENELLE, B. Une digression sur les ancients et les moderns. In: *Poësies pastorals, avec un traité sur la nature de l'eclogue et une digression sur les ancients et les moderns*. 4.ed. Amsterdam: Etienne Roger, 1716 [1688].

FRANTZ-MURPHY, G. A New Interpretation of the Economic History of Medieval Egypt. *Journal of the Economic and Social History of the Orient*, n.24, p.274-97, 1981.

FRÈCHES, J. *Il était une fois la Chine, 4500 ans d'histoire*. Paris: XO Éditions, 2005.

FREER GALLERY OF ART. *From Context to Concept*: Approaches to Asian and Islamic Calligraphy. Washington: Smithsonian Institution, 1986.

FRENCH, R. *Medicine Before Science*: The Business of Medicine from the Middle Ages to the Enlightenment. Cambridge: Cambridge University, 2003.

FRYE, R. N. The New Persian Renaissance in Western Iran. In: MAKDISI, G. (Ed.). *Arabic and Islamic Studies in Honour of Hamilton A. R. Gibb*. Cambridge: Harvard University, 1965.

FURET, F.; OZOUF, J. *Lire et écrire*: l' lphabétisation des français de Calvin à Jules Ferry. Paris: Éditions de Minuit, 1977.

GALLAGHER, N. E. Islamic and Indian Medicine. In: KIPLE, K. F. (Ed.). *The Cambridge World History of Human Disease*. Cambridge: Cambridge University, 1993.

GATHERCOLE, P. Childe in History. *Bulletin of the Institute of British Archaeology*, n.31, p.25-52, 1994.

GAZAGNADOU, D. *La Poste à relais*. Paris: Kimé, 1994.

GERNET, J. *A History of Chinese Civilization*. 2.ed. Trad. J. R. Foster and C. Hartman. Cambridge: Cambridge University, 2002.

GHOSH, A. *In an Antique Land*. New York: Vintage Books, 1992.

GIBB, H. A.r. *Islamic Society and the West*. London: Oxford University, 1950.

GILLI, P. Les forms de l'anticléricalisme humaniste: antimonarchisme, antipontificalisme ou antichristianisme? In: _____. (Ed.). *Humanisme et église em Italie et em France méridionale (XV siècle – milieu du XVIe siècle)*. Rome: École Française, 2004.

GILSON, E. *La Philosophie au moyen âge*: des origins patristiques à la fin du XIVeme siècle. Paris: Payot, 1944.

GINZBURG, C. *The Cheese and the Worms*. Hardmonsdsworth: Penguin, 1992.

GOEPPER, R. Precursors and Early Stages of the Chinese Script. In: RAWSON, J. (Ed.). *Mysteries of Ancient China*: New Discoveries from the Early Dynasties. London: British Museum, 1995.

GOITEIN, S. D. Letters and Documents on the India Trade in Medieval Times. *Islamic Culture*, n.37, p.96, 1963.

Referências bibliográficas

GOITEIN, S. D. *A Mediterranean Society*: The Jewish Communities of the Arab World as Portrayed in the Documents of the Cairo Geniza. Berkeley: University of California, 1967. v.1.

_____. Sicily and Southern Italy in the Cairo Geniza Documents. *Archivio Storico per la Sicilia Orientale*, n.67, p.9-93, 1971.

GOLDSTEIN, D. *The Jewish Poets of Spain*. Harmondsworth: Penguin, 1965.

GOODY, J.; WATT, I. P. The Consequences of Literacy. *Comparative Studies in Society and History*, n.5, p.304-45, 1963.

_____. *The Social Organisation of the LoWiili*. 2.ed. Oxford: Oxford University, 1967.

_____. (Ed.). *Introduction to Literacy in Traditional Societies*. Cambridge: Cambridge University, 1968.

_____. *The Myth of the Bagre*. Oxford: Clarendon, 1972.

_____. *Production and Reproduction*. Cambridge: Cambridge University, 1976.

_____. *The Domestication of the Savage Mind*. Cambridge: Cambridge University, 1977.

_____; GANDAH, S. W. D. K. *Une recitation du Bagre*. Paris: Colin, 1980.

_____. *Cooking, Class and Cuisine*. Cambridge: Cambridge University, 1982.

_____. *The Development of Marriage and the Family in Europe*. Cambridge: Cambridge University, 1983.

_____. *The Logic of Writing and the Organization of Society*. Cambridge: Cambridge University, 1986.

_____. *The Interface Between the Written and the Oral*. Cambridge: Cambridge University, 1987.

_____. *The Culture of Flowers*. Cambridge: Cambridge University, 1993.

_____. *Representations and Contradictions*. Oxford: Blackwell, 1997.

_____. A Kernel of Doubt: Agnosticism in Cross-cultural Perspective. The Huxley Lecture. *Journal of the Royal Anthropological Institute*, n.2, p.667-81, 1997b. Reprinted in *Food and Love*, 1998.

_____. *Food and Love*. London: Verso, 1998.

_____; GANDAH, S. W. D. K. *The Third Bagre*: A Myth Revisited. Durham: Carolina Academic, 2002.

_____. *Capitalism and Modernity*. Cambridge: Polity, 2004.

_____. *The Theft of History*. Cambridge: Cambridge University, 2006.

_____. *The Eurasian Miracle*. Cambridge: Polity, 2009.

_____. *Towards a Knowledge Society: Something Old, Something New*. Berne.

GOPAL, S. Social Set-up of Science and Technology in Mughal India. *Indian Journal of the History of Science*, n.4, p.52-58, 1969.

GRABAR, O. The Visual Arts, 1050-1350. *The Cambridge History of Islam*: The Seljuq and Mongol Periods. Cambridge: Cambridge University, 1968. v.5.

GRENDLER, P. F. *Schooling in Renaissance Italy*: Literacy and Learning 1300-1600. Baltimore: John Hopkins University, 1989.

_____. *The Universities of the Italian Renaissance*. Baltimore: John Hopkins University, 2004.

GRUNEBAUM, G. E. von *Medieval Islam*: A Study in Cultural Orientation. Chicago: University of Chicago, 1953.

GUHA, S. Negotiating Evidence: History, Archaeology and the Indus Civilization. *Modern Asian Studies*, n.39, p.399-426, 2005.

GUTAS, D. *Greek Thought, Arabic Culture*: The Graeco-Arabic Translation Movement in Baghdad and Early 'Abbasid Society (2nd-4th/8th-10th Centuries). London: Routledge, 1998.

HABIB, I. Potentialities of Capitalistic Development in the Economy of Mughal India. *Journal of Economic History*, n.29, p.32-78, 1969.

_____. Pursuing the History of Indian Technology: Pre-modern Modes of Transmission of Power. *Social Scientist*, n.20, p.1-22, 1992.

HAJNAL, J. European Marriage Patterns in Perspective. In: GLASS, D. V.; EVERSLEY, D. E. C. (Ed.). *Population in History*. London: Aldine, 1965.

HARIZ, J. *La Part de la médecine árabe dans l'évolution de la médecine française*. Paris: Geuthner, 1992.

HAVELOCK, E. A. *Preface to Plato*. Oxford: Blackwell, 1963.

HERRENSCHMIDT, C. *Les Trois Écritures*: langue, nombre, code. Paris: Gallimard, 2007.

HOBSBAWM, E. Benefits of Diaspora. *London Review of Books*, p.16-9, 20th October 2005.

HODGSON, M. G. S. *The Venture of Islam*: Conscience and History in a World Civilization. Chicago: University of Chicago, 1974. 3v.

HOWARD, D. *Venice and the East*: The Impact of the Islamic World on European Architecture 1100-1500. New Haven: Yale University, 2000.

_____. Venice and the Mamluks. In: CARBONI, S. (Ed.). *Venice and the Islamic World, 828-1797*. New Haven: Yale University, 2007.

I-TSING. *A Record of the Buddhist Religion as Practised in India and the Malay Archipelago (AD 671-695)*. Trad. J. Takakusu. Oxford: Clarendon, 1896.

IANCU, D.; IANCU, C. *Les Juifs Du Midi*: une histoire millénaire. Avignon: Barthélemy, 1995.

IBN KHALDUN. *Al-Ta'rīf bi Ibn Khaldūn wa Rihlatuhu Gharbān wa Sharqān*. Cairo: Muhammad ibn-Tāwīt at-Tanjī, 1951.

_____. *The Muqaddimah*. Princeton: Princeton University, 1967.

INALCIK, H. Capital Formation in the Ottoman Empire. *Journal of Economic History*, n.29, p.97-140, 1969.

INNIS, H. A. *The Bias of Communication*. Toronto: University of Toronto, 1951.

IRWIN, R. The Emergence of the Islamic World System 1000-1500. In: ROBINSON, F. (Ed.). *The Cambridge Illustrated History of the Islamic World*. Cambridge: Cambridge University, 1996.

ISAKHAN, B. Engaging "Primitive Democracy": Mideast Roots of Collective Governance. *Middle East Policy*, v.14, n.3, p.97-117, 2007.

JACQUART, D. *L'Épopée de la science árabe*. Paris: Gallimard, 2005.

Referências bibliográficas

JARDINE, L. *Worldly Goods*: A New History of the Renaissance. London: Macmillan, 1996.

JAYYUSI, S. K. (Ed.). *Modern Arabic Poetry*: **An** Anthology. Oxford: Columbia University, 1987.

_____. (Ed.). *The Legacy of Muslim Spain*. Leiden: Brill, 1992.

JOHNS, A. How to Acknowledge a Revolution. *American Historical Review*, n.107, p.106-25, 2002.

JOSEPHUS, F. *Works*. Trad. W. Whiston. London: G. Auld, 1848. 3v.

JULIUS, A. *Idolizing Pictures*: Idolatry, Iconoclasm and Jewish Art. London: Thames & Hudson, 2000.

JURDJEVICH, M. Hedgehogs and Foxes: The Present and Future of Italian Renaissance Intellectual History. *Past and Present*, n.195, p.197-239, 2007.

KAYE, G. R. *Hindu Astronomy*. Calcutta: Central Publication Branch, 1924.

KEITH, A. B. *A History of Sanskrit Literature*. Oxford: Clarendon, 1928.

KENNEDY, K. A. R. Have Aryans been Identified in the Prehistoric Skeletal Record from South Asia?: Biological Anthropology and Concepts of Ancient Races. In: ERDOSY, G. (Ed.). *The Indo-Aryans of Ancient South Asia*: Language, Material Culture and Ethnicity. Berlin: Walter de Gruyter, 1995.

KENOYER, J. M. *Ancient Cities of the Indus Valley Civilization*. Oxford: Oxford University, 1998.

KETTLE, B. The Flowering of Seljuq Art. *Metropolitan Museum Journal*, n.3, p.113-31, 1970.

KHAIRALLAH, A. A. *Outline of Arabic Contributions to Medicine*. Beirut: American, 1946.

KHALIDI, M. A. *Medieval Islamic Philosophical Writings*. Cambridge: Cambridge University, 2005.

KHAN, I. A. Early Use of Canon and Musket in India: AD 1442-1526. *Journal of Social and Economic History of the Orient*, n.24, p.146-64, 1981.

KRAEMER, J. L. *Philosophy in the Renaissance of Islam*: Abū Sulaymān Al-sijistānī and His Circle. Leiden: Brill, 1986.

_____. *Humanism in the Renaissance of Islam*: The Cultural Revival During the Buyid Age. Leiden: Brill, 1992.

KRAYE, J. *The Cambridge Companion to Renaissance Humanism*. Cambridge: Cambridge University, 1996.

KRISTELLER, P. O. *Renaissance Thought and the Arts*: Collected Essays. Princeton: Princeton University, 1990.

_____. *Studies in Renaissance Thought and Letters*. Rome: Edizioni di Storia e Letteratura, 1956-1996. 4v.

LABIB, S. Y. Capitalism in Medieval Islam. *Journal of Economic History*, n.29, p.79-96, 1969.

LABOUYSSE, G. *Les Wisigoths*. Porter-sur-Garonne: Loubatières, 2005.

LAERTIUS, D. *Lives of Eminent Philophers*. Loeb edn. Trad. R. D. Hicks. London: Heinemann, 1925. 2v.

LAL, B. B. *The Earliest Civilisation in South Asia*. New Delhi: Aryan Books International, 1997.

LAMBTON, A. K. S. The Merchant in Medieval Islam. In: HENNING, W. B.; YARSHATER, E. (Eds.). *A Locust's Leg*: Studies in Honour of S. H. Taqizadeh. London: Percy Lund Humphries, 1962.

LANDAU, J. M. [Islâmic] Dance and Theatre. *Encychopædia Britannica*, n.22, p.68-74. Chicago: Encyclopædia Britannica, 1997.

LASLETT, P.; WALLS, R. (Eds.). *Household and Family in Past Times*. Cambridge: Cambridge University, 1972.

LE LIVRE de Kalila et Dimna. Trad. André Miquel. Paris: Klincksieck, 1957.

LECLERC, L. *Histoire de la médecine arabe*. Paris: E. Leroux, 1876. 2v.

LEDDEROSE, L. Module and Mass Production. In: *International Colloquium on Chinese Art History, 1991, Proceedings*: Paintings, Part 2. Taipei: National Palace Museum, 1983.

LEE, J. Z.; WANG, F. *One Quarter of Humanity*: Malthusian Mythology and Chinese Realities 1700-2000. Cambridge: Harvard University, 1999.

LEE, S. E. China in the Age of Columbus. In: LEVENSON, J. A. (Ed.). *Circa 1492*: Art in the Age of Exploration. New Haven: Yale University, 1991.

LEMERLE, P. *Byzantine Humanism*: The First Phase, Notes and Remarks on Education and Culture in Byzantium from its Origins to the 10th Century. Trad. H. Lindsay and A. Moffatt. Canberra: Australian Association for Byzantine Studies, 1986.

LEVENSON, J. A. (Ed.). *Circa 1492*: Art in the Age of Exploration. New Haven: Yale University, 1991.

LÉVI-STRAUSS, C. *Les Structures élémentaires de la parenté*. Paris: PUF, 1949.

LEWIS, B. (Ed.). *The World of Islam*: Faith, People, Culture. London: Thames & Hudson, 1976.

_____. *What Went Wrong?*: Western Impact and Middle Eastern Response. London: Orion House, 2002.

LOPEZ, R. S. Still Another Renaissance? *American Historical Review*, n.57, p.1-21, 1951.

_____. Hard Times and Investment in Culture. In: FERGUSON, W. K. (Ed.). *The Renaissance*: Six Essays. New York: Harper & Row, 1962.

MACDONELL, A. A. *A Vedic Reader for Students*. Oxford: Oxford University, 1993.

MADHAVA, A. *Sarva-Darṣana-Saṃgraha*. Trad. E. B. Cowell and A. E. Gough. London: Kegan Paul, 1914.

MAIMON, S. *The Autobiography of Solomon Maimon*. Trad. J. C. Murray. London: The East and West Library, 1954.

MAJUMDAR, R. C. Medicine. In: BOSE, D. M. et al. (Eds.). *A Concise History of Science in India*. New Delhi: Indian National Science Academy, 1971.

MAKDISI, G. *The Rise of Humanism*: Classical Islam and the Christian West. Edinburgh: Edinburgh University, 1990.

MÂLES, E. Les influences arabes dans l'art roman. *Revue des Deux Mondes*, n.18, p.311-43, 1933.

Referências bibliográficas

MALINOWSKI, B. *Coral Gardens and their Magic*: A Study of the Methods of Tilling the Soil and of Agricultural Rites in the Trobriand Islands. London: Allen & Unwin, 1935.

MALTHUS, T. T. *An Essay on the Principle of Population*. London: Dent, 1958.

MARTINDALE, A. *Man and the Renaissance*. London: Hamlyn, 1966.

MCDERMOTT, J. P. *A Social History of the Chinese Book*: Books and Literati Culture in Late Imperial China. Hong Kong: Hong Kong University, 2006.

MCLUHAN, M. *The Gutenberg Galaxy*: The Making of Typographic Man. Toronto: University of Toronto, 1962.

MEZ, A. *The Renaissance of Islam*. Trad. S. K. Mukhsh and D. S. Margoliouth. London: Luzac and Co, 1937.

MIKAMI, Y. *The Development of Mathematics in China and Japan*. Leipzig: Teubner, 1913.

MILLER, A. *The Earl of Petticoat Lane*. Heinemann: London, 2006.

MILLER, E. *The Portrait of a College*. Cambridge: Cambridge University, 1961.

MIQUEL, A. De la foi au pouvoir. In: _____; CHEVALIER, D. (Eds.). *Les Arabes du message à l'histoire*. Paris: Fayard, 1995.

MIR-HOSSEINI, Z.; TAPPER, R. *Islam and Democracy in Iran*: Eshkevari and the Quest for Reform. London: Tauris, 2006.

MITTER, P. *Indian Art*. Oxford: Oxford University, 2001.

MODENA, R. L. *Historia de gli riti hebraici: dove si há breve, e total relatione di tutta la vita, costumi, riti, et osservanze, de gl'Hebrei di questi tempi*. Paris, 1637.

MOOKERJI, R. K. *Ancient Indian Education (Brahmanical and Buddhist)*. London: Macmillan, 1951.

MOTE, F. W. Yan and Ming. In: CHANG, K. C. (Ed.). *Food in Chinese Culture*: Anthropological and Historical Perspectives. New Haven: Yale University, 1977.

_____. Art in China: 1450-1550. In: LEVENSON, J. A. (Ed.). *Circa 1492*: Art in the Age of Exploration. New Haven: Yale University, 1991.

_____. *Imperial China*: 900-1800. Cambridge: Harvard University, 1999.

MUBĀRAK, Abu'l Fazi ibn. *The Â 'īn-I Akbarī*. Trad. H. Blochmann and H. S. Jarrett, corrected by Sir Judanath Sarkar. 2.ed., revised and edited by D. C. Phillott. New Delhi: Oriental Books Reprint Corporation. v.3.

MUKHOPADHYAYA, G. *History of Indian Medicine*. Cambridge: Cambridge University, 1993.

MUSALLAM, B. The Ordering of Muslim Societies. In: ROBINSON, F. (Ed.). *The Cambridge Illustrated History of the Islamic World*. Cambridge: Cambridge University, 1996.

NEEDHAM, J. (Ed.). *Science and Civilisation in China*. Cambridge: Cambridge University, 1954.

_____. *Science and Civilisation in China*: History of Scientific Thought. Cambridge: Cambridge University, 1956. v.2.

_____. *The Grand Titration*: Science and Society in East and West. London: Allen & Unwin, 1969.

NEEDHAM, J. *Science in Traditional China*: A Comparative Perspective. Hong Kong: Chinese University, 1981.

_____. *Science and Civilisation in China*: Biology and Biological Technology – Botany. Cambridge: Cambridge University, 1986. v.6.

NICHOLAS, D. *Trade, Urbanisation and the Family*: Studies in the History of Medieval Flanders. Alershot: Variorum, 1996.

NIEZEN, R. W. Hot Literacy in Cold Societies: A Comparative Study of the Sacred Value of Writing. *Comparative Studies in Society and History*, v.33, n.2, p.225-54, 1991.

NORTH, D. C. *Understanding the Process of Economic Change*. New York: Academic, 2005.

NÚÑEZ GUARDE, J. A. (Ed.). *Ver y comprender La Alhambra y El Generalife*. Granada: Edilux, 1989.

OLMSTEAD, A. T. *A History of the Persian Empire*. Chicago: Chicago University, 1958.

ONG, W. *Ramus*: Method and the Decay of Dialogue. New York: Octagon Books, 1974.

OPPENHEIM, A. L. *Ancient Mesopotamia*. Chicago: Chicago University, 1964.

PAMUK, O. *My Name is Red*. Trad. E. M. Göknar. London: Faber & Faber, 2001.

PANOFSKY, E. *Renaissance and Renascences in Western Art*. New York: Icon Editions, 1972.

PARPOLA, A. *Deciphering the Indus Script*. Cambridge: Cambridge University, 1994.

PELLAT, C. Jewellers with Words. In: LEWIS, B. (Ed.). *The World of Islam*: Faith, People, Culture. London: Thames & Hudson, 1976.

PERCIVAL SPEAR, T. G. India and European Expansion, *c*. 1500-1858. *Encyclopædia Britannica*, v.21, p.82-98. Chicago: Encyclopædia Brittanica, 1997.

PETERS, R. F. *Aristotle and the Arabs*: The Aristotelian Tradition in Islam. New York: New York University, 1968.

PINGREE, D. *Census of the Exact Sciences in Sanskrit*. Philadelphia: American Philosophical Society, 1970-1982. 4v.

POKORNY, R. The Arabs got There First. *The Art Newspaper*, n.201, p.51, 2009.

POLLOCK, S. *The Language of the Gods in the World of Men*: Sanskrit, Culture, and Power in Premodern India. Berkeley: University of California, 2006.

POMERANZ, K. *The Great Divergence*: China, Europe and the Making of the Modern World Economy. Princeton: Princeton University, 2000.

PORTER, R. *The Greatest Benefit to Mankind*: A Medical History of Humanity. London: Harper Collins, 1997.

QUINET, E. *Du Génie des religions*. Paris: Charpentier, 1842.

RAHMAN, A. (Ed.). *History of Indian Science, Technology, and Culture, AD 1000-1800*. New Delhi: Oxford University, 1999.

RAISKI, E. S. *Education and Popular Literacy in Ch'ing China*. Ann Arbor: University of Michigan, 1979.

RAJU, C. K. Cultural Foundations of Mathematics: The Nature of Mathematical Proof, the Transmission of the Calculus from India to Europe in the 16th Century

Referências bibliográficas

CE. In: CHATTOPADHYAYA, D. P. (Ed.). *The History of Science, Philosophy and Culture in Indian Civilisation*. New Delhi: Pearson Longman, 2007. v.10.

RASHID al-Din. *Histoire universelle de Răsīd al-Dīn Faḍl Allāh Abul-Khair*. Trad. K. Jahn. Leiden: Brill, 1951. 5v.

RAWSON, J. (Ed.). *Mysteries of Ancient China*: New Discoveries from the Early Dynasties. London: British Museum, 1995.

RAWSON, J. (Ed.). *The British Museum Book of Chinese Art*. London: British Museum, 1992.

RAY, P. C. *A History of Hindu Chemistry*: From the Earliest Times to the Middle of the Sixteenth Century, AD. London: Williams & Norgate, 1909. 2v.

RENAN, E. *Averroès et l'averroïsme*. Rennes: Ennoia, 2003.

REYNOLDS, L. D.; WILSON, N. G. *Scribes and Scholars*. London: Oxford University, 1968.

RIQUER, M. de. *Los trovadores*: historia literaria y textos. Barcelona: Ariel, 1975. v.1.

ROBINSON, F. Knowledge: Its Transmission and the Making of Muslim Societies. In: _____. (Ed.). *The Cambridge Illustrated History of the Islamic World*. Cambridge: Cambridge University, 1996.

RODINSON, M. *Islam and Capitalism*. Trad. B. Pearce. London: Allen Lane, 1974.

ROSENTHAL, F. *The Technique and Approach to Muslim Scholarship*. Roma: Pontificum Institutum Biblicum, 1947.

_____. *The Classical Heritage in Islam*. Trad. E. Marmorstein and J. Marmorstein. London: Routledge & Kegan Paul, 1975.

ROSTOW, W. W. The Stages of Economic Growth. *Economic History Review*, n.1, p.1-16, 1959.

ROWLAND, B. *The Art and Architecture of India*: Hindu, Buddhist, Jain. Harmondsworth: Penguin, 1953.

ROY, T. The Guild in Modern South Asia. *International Review of Social History*, n.53, p.95-120, 2008.

RUBIÉS, J. P. *Travel and Ethnology in the Renaissance*: South India through European Eyes, 1250-1265. Cambridge: Cambridge University, 2000.

RUBLACK, U. *Reformation Europe*. Cambridge: Cambridge University, 2005.

SABRA, A. I. Situating Arabic Science: Locality Versus Essence. *Isis*, n.87, p.654-70, 1996.

SAGNES, J. (Ed.). *Histoire de Béziers*. Toulouse: Privat, 1986.

SAHLINS, M. *Apologies to Thucydides*: Understanding History as Culture and Vice Versa. Chicago: Chicago University, 2004.

SALIBA, G. *Islamic Science and the Making of the European Renaissance*. Cambridge: MIT, 2007.

SARTON, G. *Introduction to the History of Science*. Baltimore: Williams & Wilkins, 1927. v.1.

SASTRI, N. *A History of South India*: From Prehistoric Times to the Fall of Vijayanagar. Delhi: Oxford University, 1975.

SAYLI, A. *The Observatory in Islam and its Place in the General History of the Observatory.* Ankara: Turk Tarih Kurumu, 1960.

SCHIMMEL, A. Islâmic Literature. *Encyclopædia Britannica*, n.22, p.35-53. Chicago: Encyclopædia Brittanica, 1997.

SCHMANDT-BESSERAT, D. *How Writing Came About.* Austin: University of Texas, 1996.

SCHWAB, R. *The Oriental Renaissance*: Europe's Rediscovery of India and the East, 1680-1880. New York: Columbia University, 1984.

SEN, S. N. The Transmission of Scientific Ideas Between India and Foreign Countries in Ancient and Medieval Times. *Bulletin N. I. Science in India*, n.21, p.8-30, 1963.

_____. An Estimate of Indian Science in Ancient and Medieval Times. *Scientia*, March/April 1966.

_____. Indian Elements in European Renaissance. *Organon*, n.4, p.55-59, 1967.

SEN, S. N. A Survey of Source Materials. In: BOSE, D. M. et al. (Eds.). *A Concise History of Science in India.* New Delhi: Indian National Science Academy, 1971.

SERJEANT, R. B. Material for the History of Islamic Textiles up to the Mongol Conquest. *Ars Islamica*, v.13, n.25, p.75-117, 1948.

SHARMA, J. P. *Republics in Ancient India c. 1500 BC-500 BC.* Leiden: Brill, 1968.

SHASTRI, D. *A Short History of Indian Materialism, Sensationalism and Hedonism.* Calcutta: The Book Company, 1930.

SHIH, Hu. *The Chinese Renaissance*: The Haskell Lectures, 1933. Chicago: Chicago University, 1934.

SHÔNIG, H. *Das Sendschreiben des Abdalhamid B. Yahya (gest. 132/750) an den Kronprinzen Abdallah B. Marwan II.* Stuttgart: Steiner Verlag, 1985.

SHUKLA, H. L. *Renaissance in Modern Sanskrit Literature.* Raipur: Yugadharma, 1969.

SIBAN, S. Jews and the Arts. In: GRENDLER, P. F. (Ed.). *The Encyclopedia of the Renaissance*, n.3, p.338-42. New York: Scribner, 1999.

SIDDIQI, M. Z. *Studies in Arabic and Persian Medical Literature.* Calcutta: Calcutta University, 1959.

SILBERGELD, J. The Yüan, or Mongol, Dynasty: The Arts. *Encyclopædia Brittannica*, n.16, p.110-1. Chicago: Encyclopædia Brittanica, 1997.

SISAM, K. (Ed.). *Fourteenth Century Verse and Prose.* Oxford: Clarendon, 1953.

SKINNER, Q. *The Foundations of Modern Political Thought*: The Renaissance. Cambridge: Cambridge University, 1978. v.1.

SMITH, D. E.; KARPINSKI, L. C. *The Hindu-Arabic Numerals.* Boston: Ginn, 1911.

SOMBART, W. *The Jews and Modern Capitalism.* Trad. M. Epstein. London: T. Fischer Unwin, 1913.

_____. *The Making of the Middle Ages.* New York: Hutchinson's Library, 1953.

SOUTHERN, R. W. *Medieval Humanism and Other Studies.* Oxford: Blackwell, 1970.

SPUFFORD, P. *Power and Profit*: The Merchant in Medieval Europe. London: Thames & Hudson, 2002.

STEIN, B. *Vijayanagara*. Cambridge: Cambridge University, 1989.

STRONG, R. (Ed.). *Indian Heritage*: Court Life and Arts Under Mughal Rule. London: Victoria and Albert Museum, 1982.

SUBBARAYAPPA, B. V. Arts, Chemical Practices and Alchemy. The Physical World: Vies and Concepts. Résumé. In: BOSE, D. M. et al. (Eds.). *A Concise History of Science in India*. New Delhi: Indian National Science Academy, 1971.

SWANN, P. C. *Chinese Painting*. Paris: Pierre Tisne, 1958.

SWIFT, J. *A Tale of a Tub*: Written for the Universal Improvement of Mankind. To Which is Added, an Account of a Battle Between the Ancient and Modern Books in St. James's Library. 3.ed. London: J. Nutt, 1704.

THAPAR, R. *A History of India*. Harmondsworth: Penguin, 1968. 2v.

_____. The Development of Indian Civilization from c. 1500 BC to c. AD 1200. *Encyclopædia Brittannica*, n.21, p.36-54. Chicago: Encyclopædia Brittannica, 1997.

_____. *The Penguin History of Early India*: From the Origins to AD 1300. New Delhi: Penguin, 2002.

THROWER, J. *The Alternative Tradition*: Religion and the Rejection of Religion in the Ancient World. The Hague: Mouton, 1980.

TOAFF, A. *Mangiare alla Giudia*: la cucina ebraica in Italia dal Rinascimento. Bologna: Il Mulino, 2000.

TOYNBEE, A. J. *A Study of History*. London: Oxford University, 1954. v.9.

TRINKAUS, C. Themes for a Renaissance Anthropology. In: CHASTEL, A. et al. (Eds.). *The Renaissance*: Essays in Interpretation. New York: Methuen, 1982.

TROUPEAU, G. *Études sur le christianisme arabe au Moyen Âge*. Aldershot: Variorum, 1995.

TWITCHETT, D. C. The Sui Dynasty. The T'ang Dynasty. *Encyclopædia Brittanica*, n.16, p.85-95. Chicago: Encyclopædia Britannica, 1997.

UDOVITCH, A. L. *Partnership and Profit in Medieval Islam*. Princeton: Princeton University, 1970.

_____. The 'Law Merchant' of the Medieval Islamic World. In: GRUNEBAUM, G. E. von (Ed.). *Logic in Classical Islamic Culture*. Wiewbaden: O. Harrassowitz, 1970.

ULLMAN, W. *Medieval Foundations of Renaissance Humanism*. Ithaca: Cornell University, 1977.

VAN GENNEP, A. *The Rites of Passage*. London: Routledge & Kegan Paul, 1960.

VARADPANDE, M. L. *Ancient Indian and Indo-Greek Theatre*. New Delhi: Abhinav Publications, 1981.

VEBLEN, T. *The Theory of the Leisure Class*: An Economic Study in the Evolution of Institutions. London: Allen & Unwin, 1925.

VERNANT, J-P. *Religions, histoires, raisons*. Paris: La Decouverte, 2006.

WALDMAN, M. R. The Islâmic World. *Encyclopædia Brittanica*, n.22, p.103-33. Chicago: Encyclopædia Brittanica, 1997.

WALKER, P. E. *Early Philosophical Shiism*: The Ismaili Neoplatonism of Abu Yaqub al-Sijistani. Cambridge: Cambridge University, 1993.

WALZER, R. *Greek into Arabic*. Cambridge: Harvard University, 1962.

WASHBROOK, D. From Comparative Sociology to Global History: Britain and India in the Pre-history of Modernity. *Journal of the Economic and Social History of the Orient*, n.40, p.401-43, 1997.

WASHBROOK, D. South Asia, World System, and World Capitalism. *Journal of Asian Studies*, n.49, p.479-508, 1990.

WATTERS, T. *On Yuan Chwang's Travels in India, 629-645 AD*. T. W. Davids and S. W. Bushell (Eds.). London: Royal Asiatic Society, 1904.

WEBER, M. *The City*. Trad. D. Martindale and G. Neuwirth. New York: Free, 1966.

WELCH, A. The Arts of the Book. In: FALK, T. (Ed.). *Treasures of Islam*. London: Sotheby's, 1985.

WHIPPLE, A. O. The Role of the Nestorians as the Connecting Link Between Greek and Arabic Medicine. *Annals of Medicine*, n.8 (NS), p.313-23, 1036.

WIET, G. *Grandeur d'Islam*: de Mahomet à François Ier. Paris: Table Ronde, 1961.

WILSON, N. G. *Scholars of Byzantium*. London: Duckworth, 1983.

WINTERNITZ, M. *A History of Indian Literature*. Trad. V. S. Sarma. New Delhi: Motilal Banarsidass, 1981. 3v.

WITT, R. G. *In the Footsteps of the Ancients*: The Origins of Humanism from Lovato to Bruni. Boston: Brill, 2000.

WITZEL, M. (Ed.). *Inside the Texts, Beyond the Texts*: New Approaches to the Study of the Vedas. Cambridge: Harvard University, 1997. (Harvard Oriental Series: Opera Minora, v.2).

WOLPERT, S. A. British Imperial Power: 1858-1947. *Encyclopædia Brittannica*, n.21, p.98-116. Chicago: Encyclopædia Brittannica, 1997.

WORSLEY, P. *Knowledges*: What Different Peoples Make of the World. London: Profile, 1997.

WOTTON, W. *Reflections upon Ancient and Modern Learning*. London, 1694.

WROE, A. *A Fool and His Money Are Soon Parted*. London: Cape, 1995.

ZAFRANI, H. *Juifs d'Andalusia et Du Maghreb*. Paris: Maisonneuve Larose, 1996.

ZAFRANI, H. Les Juifs. In: CHEVALIER, D.; MIQUEL, A. (Eds.). *Les Arabes du message à l'histoire*. Paris: Fayard, 1995.

ZEEVI, D. *Producing Desire*: Changing Sexual Discourse in the Ottoman Middle East 1500-1900. Berkeley: University of California, 2006.

ZHANG, W. *Heidegger, Rorty and the Eastern Thinkers*: A Hermeneutics of Cross-cultural Understanding. Albany: State University of Albany, 2006.

ZUCKERMAN, A. J. *Jewish Princedom in Feudal France, 768-900*. New York: Columbia University, 1972.

ZURNDORFER, H. Regimes of Scientific Military knowledge: A Revisionist Perspective. Paper presented at Global Economic History Network (GEHN) Conference 9: Taiwan, May 2006. Online. 2006. Retrieved 20 July 2007. Disponível em: http://www.lse.ac.uk/collections/economicHistory/GEHN/GEHNPDF/GEHN9Zurndorfer.pdf.

Índice remissivo

A

Abas I, 160

Abássidas, 9, 44, 95, 100, 112, 113, 114, 115, 117, 119, 120, 121, 122, 125, 126, 134n.69, 137, 138, 144, 146, 147, 150, 158, 166, 288, 322

Abelardo, 149

Abulcassis, 59, 63, 67, 68, 95

Aburguesamento, 20

Academias, 40, 66, 67, 109, 130, 164, 168, 271, 299, 319

Aço, 231
   indiano, 231, 304

Açúcar, 37, 166, 202, 315

Adelardo de Bath, 149

Adivinhação, 207

Administração, 78, 114, 123, 168, 195, 208, 224, 226, 247, 248, 249, 250, 253, 254, 270, 279, 316

Afonso de Castela, 133n.67, 148

África, 5, 8, 48, 55, 57, 59, 62, 89, 112, 113, 116, 119, 138, 141, 142, 160, 168, 181, 272, 318, 322, 324

Agnosticismo, 79, 82, 102, 301

Agostinho, santo, 16, 17, 25, 42, 76, 92, 95, 100

Agricultura, 5, 112, 180, 203, 218, 256, 268, 275, 278, 306
   China, 242, 243, 260, 264, 265
   irrigada, 6, 166, 288n.10

Água, 29, 49, 85, 89, 180, 189, 201, 249, 260, 261, 273n.102, 300
   agricultura controlada, 166, 180
   canais, 224, 245
   energia, 307
   moinhos, 249
   relógio, 249
   rodas, 242, 249, 287
   transporte, 229, 260

Ahimsa, 201, 230

Aiúbidas, 151, 152, 153, 158, 325

Aiurvédica, medicina, 199, 205

Ajanta, 217, 220

Ajivikas, 198

Akbar, 162, 198n.46, 225

Al-Arabi, 119, 161

Al-Azhar, 40, 146

Al-Baytar, 241

Alberto Magno, 332

Al-Biruni, 126, 130, 131, 132, 217

Alcázar (Córdoba), 41, 147

Álcool, 248

Alcorão, 26, 33, 42, 101, 115, 116, 117, 118, 122, 125, 127, 137, 138, 140, 141, 148, 161, 179, 183, 192, 193, 288, 289, 300, 331

Alcuíno de York, 14

Al-Din, Rashid, 152, 210

Alemanha, 70, 106, 147, 174, 175, 313

Alepo, 27, 146, 151, 297

Alexandre, 59, 112, 122, 125, 186, 194, 203, 231, 326

Alexandria, 25, 36, 39, 40, 42, 48, 57, 58, 71, 72, 95, 122, 125, 148, 297

Alexandrinos, 25, 95

Alfabeto, 4, 30, 39, 47, 72, 178, 194, 237, 242

    consonantal, 30, 47, 72, 194, 201

    escrito, 191, 198, 224

    fenício, 30, 47, 84

    fonético, 4

    Siddham, 166

Al-Fida, Abu, 156

Alfonso, Pedro, 149

Álgebra, 124, 262

Al-Ghazzali, 132

Algodão, 37, 189, 202, 221, 228, 230, 231, 298, 307

    produtos de, 37, 46, 307

Al-Hakam, 40, 119

Alhambra, 9, 150, 161, 211

Ali, morte de, 179

Al-Idrisi, 95, 150

Al-Jazari, 152

Al-Khwarizmi, 127, 131, 206, 218

Al-Mahdi, 113, 115, 126

Al-Mamun, 40, 66, 71, 95, 115, 116, 123, 125, 128n.48, 140, 141, 170, 290

Almanaques, 30, 255, 262

Al-Mansur, 113, 114, 115, 116, 121, 137, 322

Almóadas, 116, 138, 149, 161, 168, 172

Almorávidas, 116, 148, 149, 161, 322

Al-Mulk, Nizam, 117

Al-Muqaffa, 114, 115, 137, 157

Alquimia, 131, 200, 201, 218, 240, 241, 306

Al-Radi, 125

Al-Rahman, Abd, 133, 146, 147

Al-Razi, 56, 58, 59, 68, 69, 71, 95, 129, 131, 218

Al-Safadi, 157

Al-Shafi, 115

Al-Shatir, 128, 131, 157

Alta culinária, 5, 51, 160

Altdorfer, Abrecht, 19

Alternância, 64, 102, 106, 127, 132, 133, 159, 163, 164, 172, 173, 180, 287

Altos-fornos, 243

Alvars, 196

Al-Wahhab, 119

Amalfi, costa, 35

Ambedkar, 197

Américas, 37, 162, 279

Amor, 44, 93, 104, 129, 134, 136, 178, 219, 287, 312

Anarquismo, 82

Anatomia, 67, 68, 115, 150, 199, 200

Anaxágoras, 84

Anaxímenes, 84

Ancestrais, 163, 236n.2, 238, 242, 264

Andaluzia, 38, 56, 58, 77, 106, 111, 119, 127, 133, 134, 147, 148, 161, 167, 169, 170, 171, 172, 225, 298, 309

Anderson, Perry, 7, 302, 305, 308, 309, 310

Ânglia Oriental, 298

Antiguidade Clássica, 24, 34, 70, 255, 302

Antiguidade, 6, 7, 11, 15, 20, 45, 46, 47, 54, 69, 72, 92, 103, 117, 118, 129, 141, 149, 235, 274, 275, 286, 301, 302, 303, 304, 305, 308

    clássica, 24, 34, 70, 255, 302

    retorno à, 258

    revitalização da, 296

    revivificação da, 43

Índice remissivo

Antiguidades, 262, 274, 292

Antístenes, 82

Anyang, 237

Aprendizado, 54, 78n.12, 236n.3, 264

Aqueduto, 156

Aquemênida, império, 187, 194, 202

Aquino, Tomás de, 101, 263, 331, 332

Árabes, 8, 18, 28, 32, 33, 39, 40, 42, 45, 48, 54, 55, 56, 59, 60, 61, 62, 63, 64, 65, 66, 68, 69, 70, 71, 100, 101, 108, 111, 117, 120, 121, 122, 123, 124, 128, 131, 132, 133, 135, 136, 137, 142, 143, 149, 150, 157, 159, 164, 165, 166n.148, 168, 169, 181, 182, 206, 218, 223, 257, 263, 286, 301, 322, 331

Arado, 5, 34, 189

Arcebispo Parker, 42

Argyropoulos, 26

Arikamedu, 49, 204, 315

Aristocracia, 20, 90, 145, 219, 241, 254, 274

Aristóteles, 17, 27, 28, 45, 46n.84, 58, 66, 69, 71, 95, 97, 100, 101, 121, 125, 147, 149, 163, 263, 284, 288, 293, 309, 331, 332

Aritmética, 38, 124, 206

Armadilha do equilíbrio de alto nível, 269

Armas de fogo, 224

Armas, 224, 231, 241, 246, 249, 250, 261, 267, 315

Arqueologia, 262, 266

Arquitetura, 14, 18, 21, 44, 91, 107, 114, 126, 137, 151, 155, 158, 159, 163n.144, 165, 189, 200, 219, 220, 221, 225, 255, 292, 305

castelos, 90, 91

das catedrais cristãs, 152

palácios, 34, 91, 124n.33, 138, 151, 180, 220, 241, 249, 267, 268

Arquivo, 243, 250

Arroz, 189, 204, 227, 242, 260, 267, 268, 315

Champa, 267

Arte, 5, 14n.10, 16, 18, 19, 20, 21, 29, 36, 38, 44, 59, 90, 91, 92, 93, 128, 130, 131, 135, 137, 138, 139, 144, 154, 155, 156, 178, 182, 186, 187, 197, 200, 203, 205, 217, 219, 220, 223, 228, 230, 231, 232, 233, 238, 248, 250, 251, 252, 257, 259, 261, 265, 267, 268, 271, 273, 274, 275, 279, 280, 283, 284, 285, 291, 294, 295, 297, 299, 300, 311

naturalismo de Roma, 92

natureza-morta, 91, 311

óleos holandeses, 16

pintura budista, 20, 251, 274

pintura de gênero, 20

patronato, 19, 20, 36, 59, 124, 125, 128, 140, 151, 156, 159, 187, 197, 203, 217, 219, 257, 298

pintura de retrato, 20

pintura renascentista, 9, 15-6, 25-6, 39-40, 120-1, 220, 242, 311

pintura secular, 21, 91, 92, 223

realismo, 21, 243

status do pintor, 19

Artes, as dezoito, 207

Artesãos, 34, 38, 158, 189, 204, 248, 256, 257, 266, 268, 314, 315, 318

Arya Samaj, 229

Aryabhata, 217, 218

Ascetismo, 239

Ashoka, 194, 203, 208, 326

Asiático

comércio, 48

despotismo, 6, 81, 175

excepcionalismo, 107, 302

Asquenazes, 167, 169, 170, 172, 176

Associações, 102, 129, 202, 217, 229, 269, 272, 275, 315

Astrologia, 121, 126, 131

Astronomia, 50, 85, 86, 96, 118, 122, 123, 125, 126, 128, 130, 131, 146, 172, 180, 188, 202, 204, 206, 217, 218, 223, 228,

229n.107, 231, 241, 251, 261, 262, 265, 268, 271, 290, 300, 309
dados astronômicos, 32
Instituto de Astronomia Mulçumana, 271
Ataturk, Kemal, 162, 201, 323
Ateísmo, 24, 82, 87, 99, 104, 140, 197
Atenas, 42, 47, 65, 72, 82, 84, 85, 95, 100, 123
Atraso, 46, 259, 287, 295, 306, 308
asiático, 7
ocidental, 7, 53, 263, 303
Aurangzeb, 225
Autobiografia, 20, 153n.121, 174, 176
Averróis (Ibn Rushd), 69
averroísmo, 87
Avesta, 122, 194
Avicena (Ibn Sina), 27, 56, 129, 130, 132, 147, 149, 331
Avignon, 77, 87

B
Baath, partido, 301
Babilônia, 85, 167, 168, 202, 287
matemáticos, 86, 128n.47, 217, 218
Babur, 162, 225, 285
Bacon, Roger, 86, 120, 149
Bactriana, 113, 206
gregos da, 219n.77
Bagdá, 27, 28, 40, 42, 48, 49, 60, 66, 67, 71, 100, 112, 113, 114, 119, 120, 121, 122, 123, 124, 125, 128, 129, 130, 132, 135, 136, 138, 142, 143, 146, 147, 150, 158, 290, 324, 331
Bagre, mito do, 22-3, 79, 192, 195, 199
Céu, 22, 23, 75, 200, 244, 276, 310, 333, 334
nascimento de uma criança, 89, 199
seres da floresta, 23, 333, 334
sexo, 16, 19
versão autorizada, 23
Bahris, 158
Baibars, 155, 245
Balazs, E., 245, 251, 275, 276

Bamiyan, 116
Banho, 313
grande banho público de Mohenjo-Daro, 189
Bar Mitzvah, 177
Bárbaros, 237, 241, 242, 252, 267, 272
Barmécidas, 113, 114
Basham, A. L., 193, 202n.58
Basílicas cristãs, 159
Batalha de Talas, 114
Beda de Jarrow, 14
Beleza, 14, 222, 239, 266
Bellini, Gentile, 297
Belting, Hans, 120
Benares, 159, 204
Bengala, 223, 226, 227, 229, 326, 328
Benjamin de Tudela, 58, 61, 122
Benjamin Rowland, 220
Bens inalienáveis, 256
Berberes, 116, 148, 149, 160, 161, 172
Berenson, Bernard, 14n.10, 18, 19, 106, 168
Berke Khan, 152
Berlim, 157, 174, 175
Bernal, J. D., 32
Bernal, Martin, 47, 57, 63
Besant, Anne, 230
Bezerro de Ouro, 300
Béziers, 60, 61, 309
Bhakti, 196, 201, 221
Bharata, 204
Bhasa, 204
Bhatta, Jayarashi, 198
Bhela Samhita, 205
Biblioteca, 9, 17, 27, 28, 40, 41, 48, 70, 71, 76, 100, 118, 119, 123, 124, 126, 129, 138, 139, 147, 148, 149, 166, 180, 207, 237, 246, 247n.27, 250, 255, 262, 288, 289, 331
alexandrina, 67
chinesa, 289
de Bagdá, 42
de Córdoba, 9
monástica, 27, 41

Índice remissivo

Biografia, 331

Bizâncio, 15, 25, 26, 28, 65, 77, 95, 112, 121, 147, 159, 253, 284, 285
    helenismo eclesiástico, 26
    idade das trevas, 12, 13, 16, 73, 77, 92, 127, 159, 186, 191, 232, 240, 241, 255, 287, 304
    intelectuais, 317
    literatura secular, 289
    perseguições, 122, 256
    Renascimento Paleólogo, 26, 77, 284
    revitalização nacionalista, 26

Blasfêmia, 99, 102, 134, 136, 140

Blavatsky, Helena, 229, 230

Bolgar, R. R., 14, 25, 26, 319

Bolonha, 15, 35, 40, 63, 78, 94, 127n.46, 261, 284, 285
    Direito em, 101
    Universidade de, 67, 78, 97

Botânica, 96, 281, 306

Botticelli, Sandro, 16, 311

Brahmagupta, 127, 218

Brahmi, 191, 194, 204, 231

Brâmanes, 88, 192, 193, 195, 196, 204, 207, 219, 221, 222, 253, 314

Braudel, Fernand, 6, 48, 57

Bray, Francesca, 46

Brihaspati Sutra, 198

Britânicos, 279

Bronze, 5, 38, 48, 49, 241, 242, 243, 265, 266

Brotton, Jerry, 50, 107, 297

Bruges, 36, 298

Bruno, 97, 98

Buáiidas, 113, 118, 125, 128, 129, 130, 138, 150, 166

Budismo, 101, 152, 186, 187, 191, 193, 196, 197, 198, 201, 202, 208, 221, 231, 233, 235, 236, 238, 239, 250, 251, 252, 256, 258, 261, 263, 264, 270, 274, 277, 280, 288, 290, 294, 295, 313
    Mahayana, 208, 221
    mosteiros, 14, 27, 61, 76, 94, 117, 127, 138n.78, 181, 201, 204, 205, 206, 208, 217, 251, 253, 256, 262
    supressão do, 236n.2, 238
    tibetano, 152, 208
    viharas, 205, 206

Burckhardt, Jacob, 20, 296

Burji, 156

Burke, Peter, 1, 25, 77

Burocracia, 150, 158, 203, 242, 244, 245, 248, 253, 267, 270, 316
    celeste, 244

Bursa, 160

Bússolas, 260, 268

Búzios, 315

C

Cabo da Boa Esperança, 37, 96

Caça, 207, 242

Café, 37

Cálculo, 36, 70, 72, 84, 120, 123, 124, 127, 218, 316

Calcutá, 226

Calendário, 241, 255, 271, 290

Califa Omar, 42, 99

Califado, 66, 111, 114, 115, 128, 134, 138, 142, 145, 148, 153, 168, 287, 322, 324
    sunita, 87, 89

Caligrafia, 29, 238, 259, 266, 274, 281

Calvinismo, 7n.13

Camboja, 208, 277

Cambridge, Universidade de, 41, 288, 293, 310
    cátedra lucasiana, 41
    Corpus Christi, 42
    St John's College, 1, 109, 288

Campos equitativos, 253

Canaã, 49

Canais, 72, 224, 245, 252, 254, 260, 261

Cangam, literatura, 204

Cânone, 29, 42, 58, 116, 182, 191, 262, 289, 313, 319

Canonização, 266

Cantão, 50, 142, 253, 297

Cântico dos Cânticos, 182

Capitalismo

advento do, 11

brotos do, 275

financeiro, 6

industrial, 70, 269, 308

mercantil, 6

Caraítas, 182

Caridade, 76n.1, 104, 224

Carlos Magno, 14, 49, 113

Cartago, 47, 55, 62, 84, 147, 181

Casamento de crianças, 226

Casamento, 89, 90, 108, 170, 174, 186, 226, 227, 273, 310, 311, 312

companheirismo, 235

contrato, 170, 174

endogâmico, 312

Cascas de bétula, 224

Cassiodoro, 76

Cassitas, 194

Casta, 153, 193, 221n.89

Catalunha, 28, 70, 164

Catarina, mosteiro cristão de Santa, 117

Cátaros, 23, 38, 61, 64, 102

Categorização, 194

Catolicismo, 56, 58, 90, 96, 159, 187n.5

Cáucaso, 152, 242, 324

Causa primeira, 300

Cavalo, 161, 191, 250, 267, 276

Celeiros, 189

Cemitério, 91

Censos, 253

Cerâmica, 4, 48, 56, 57, 155n.126, 186, 189, 194, 204, 236, 241, 243, 304, 315, 326

Ceticismo, 39, 80, 81, 102, 129, 175, 198, 201

Cézanne, Paul, 311

Chagall, Marc, 175

Chambers, E. K., 22

Champagne, 35

Chandragupta Maurya, 203

Chang'na, 248, 251

Charbonnat, Pascal, 83, 99

Chartres, 70, 86, 94

Chattopadhyaya, D., 200

Chaucer, Geoffrey, 19, 28, 93, 289, 293

Chengdu, 250

Cheques, 112

Childe, Gordon, 4, 189, 287, 304

China

ciência, 3, 32, 46, 199, 235-6, 238-9, 240-1, 258-9, 260, 270-1, 277-8, 291-3, 296, 314

enciclopédias, 80, 247, 262, 263, 266

escrita logográfica, 4, 30, 191, 194, 236, 237, 242, 247

exame para o serviço civil, 29, 235-6, 238-9, 240-1, 253-6, 265, 268, 277, 291

expertise na, 50

exportações, 37, 202, 314

Idade Média, 250

mercado interno, 4

primitivismo, 3

Chola, império, 220, 224

Chora, 284

Chretien de Troyes, 134n.69

Cid, El, 148

Cidadania, 178

Cidades hanseáticas, 313

Cidades, 25, 34, 35, 38, 40, 44, 48, 49, 55, 57, 61, 72, 78, 84, 90, 93, 96, 97, 98, 100, 117, 130, 138, 140, 141, 143, 146, 157, 169, 177, 186n.1, 189, 191, 201, 221, 224, 236, 241, 242, 243, 246, 247, 248, 251, 253, 256, 259, 260, 263, 264, 268, 269, 272, 275, 278, 280n.115, 284, 287, 289, 297, 298, 313, 314, 315, 317, 320

Cidades, crescimento das, 34, 201, 243

Cidades-Estado, 84, 97, 284, 326

Ciência militar, 207

Ciência, 54, 62, 70, 72, 84, 86, 96, 97, 99, 100, 101, 102, 104, 107, 108, 116, 118, 119, 120, 121, 122, 123, 126, 144, 158, 164, 166, 174, 176, 186, 187, 199, 202, 208,

217, 218, 228, 235, 238, 239, 240, 241, 261, 264, 266, 269, 271, 276, 277n.111, 279, 281, 284, 291, 295, 301, 304, 306, 307, 308, 310, 313, 316, 331, 332

chinesa, 3, 32, 46, 199, 235-6, 238-9, 240-1, 258-9, 260, 270-1, 277-8, 291-3, 296, 314

ciências estrangeiras, 40, 71, 101, 113, 114, 117, 163, 189, 294

indiana, 186, 187, 218

Islã, 71, 120, 123, 228

judaica, 149, 151-3, 156-7, 160, 264

moderna, 6, 9, 31, 32, 41, 54, 70, 276

Revolução Científica, 14, 32, 33, 133, 164, 201, 218

Cinábrio, 200

Cinco Clássicos (*Wu jing*), 243

Cinco Dinastias, 257, 258, 329

Cinco elementos, 249

Cinema, 165, 175, 179, 230, 280

Cinismo, 82

Ciro, 194, 326

Cirurgia, 59, 63, 67, 132, 150, 180, 199, 205, 264

Civilização

clássica, 16, 31, 108

Grande Divergência, 46

judaico-cristã, 46, 47, 105, 173

Classes, diferenciação das, 296

Classicismo, 233, 273

Clássico da História (*Shu jing*), 243

Clássico da Poesia (*Shi jing*), 243

Clemente de Alexandria, 25

Clerici, 76, 293

Cochin, 50, 297

Código de Manu, 219, 231

Códigos germânicos, 304

Colônias, 36, 39, 49, 57, 84, 142, 183, 242, 297

Colonização, 36, 84, 96, 108, 162, 179, 319

Comenda, 50, 112, 315

Comerciantes, 34, 36, 37, 38, 49, 50, 51, 64, 71, 72, 84, 113, 126, 130, 134, 142, 154,

155, 174, 186, 194, 201, 225, 242, 244, 246, 248, 250, 252, 254, 256, 267, 268, 271, 272, 278, 284, 289, 297, 301, 313, 314, 315, 316, 317, 319

cultura mercantil, 83

estilo de vida, 250

religião, 72

Comércio, 33, 34, 35, 36, 37, 38, 39, 46, 48, 49, 55, 56n.2, 57, 78, 84, 96, 107, 108, 109, 112, 117, 126, 130, 140, 141, 142, 144, 146, 147, 148, 152, 154, 155, 156, 158, 160, 164, 166, 183, 188, 190, 191, 203, 204, 219, 224, 225, 226, 231, 232, 242, 243, 244, 250, 251, 252, 253, 259, 260, 263, 268269, 270, 272, 276, 284, 288n.10, 291, 296, 297, 298, 310, 313, 314, 315, 316, 317, 318, 320

Comida, 5

Comodoro Perry, 308

Companhia das Índias Orientais, 230, 328

Compêndios médicos, 204, 205

Cômputo do tempo, 32, 75

Comunicação interpessoal, 315

Comunicação, modos de, 69

Conches, Guilherme de, 86

Confúcio, 24, 183, 236, 237, 244, 248, 258, 267, 277, 278, 294, 319

confucionismo, 236, 238, 239, 240, 244n.20, 250, 251, 254, 256, 270, 271, 274, 281, 290, 294, 295, 313

princípios confucianos, 278

Conhecimento

aquisição no Islã, 117, 128

circulação do, 29, 31, 71, 83, 120, 166, 264, 265, 292

sistemas de, 42, 43, 106

Conques, 21

Conquista, 15, 89, 93, 103, 106, 108, 123, 133, 135, 162, 194, 223, 258, 285, 295, 322, 324, 327

Conselho local, 315

Conservadorismo, 26, 79, 133, 137, 164, 177, 256, 294

Constantino, 62, 63, 71, 81, 89, 132, 181

Constantinopla, 28, 36, 41, 48, 100, 121, 124, 127, 147, 284, 285, 297

    Universidade de, 25

Consumismo, 296, 298, 299

Contagem, 32

Continuidade cultural, 185-233, 294, 318

Conversão, 56, 69, 70, 81, 99, 173, 174, 186, 238, 313

Copérnico, 96, 97, 128, 131, 300

Coptas, 151

Córdoba, 9, 27, 40, 41, 71, 100, 134, 138, 146, 147, 173, 288, 309, 324, 331, 332

Coreia, 252, 254, 260

Cortes

    administrativas, 115

    circulantes, 34

    imperiais, 248

    permanentes, 34

    reais, 242, 297

Crédito, instrumentos de, 275

Crescimento autossustentado, 42, 43, 67

Criação, 7n.13, 25, 34, 40, 56, 76n.1, 79, 86, 101, 102, 106, 108, 115, 134, 198, 201, 262, 276, 289, 291

Criacionismo, 86, 87, 96, 97

Cristianismo, 7, 13, 16, 17. 18, 19, 22, 23, 26, 28, 32, 33, 42, 44, 54, 60, 75, 78, 79, 85, 86, 89, 90, 91, 92, 94, 95, 97, 101, 104, 105, 108, 109, 116, 127, 128n.48, 132, 134, 141, 148, 161, 171, 174, 176, 177, 179, 181, 186, 187, 225, 232, 236, 238, 240, 250, 251, 278, 280, 284, 290, 295, 299, 301, 304, 306, 311, 313, 317, 318

    bispos, 34, 61, 133

    monofisistas, 50

    Pais da Igreja, 25, 33, 100, 121

Crítica literária, 219, 252, 273

Crônica, históricas, 237

Crônicas Anglo-Saxônicas, 93

Cruzada Albigense, 309

Cruzada(s), 117, 133n.64, 151

    Quarta, 48, 284

Cultivo duplo, 260

Cultura de elite, 51, 233

D

Dai Zhen, 277

Dalits (intocáveis), 186, 169, 230

Damasco, 60, 66, 114, 121, 128, 131, 151, 154. 158, 246, 324, 325

Dança clássica, 144, 230

Dante, 21, 32, 44, 77, 293

Darwinismo, 102, 300

Declínio, 16, 28, 33, 35, 36, 41, 44, 56, 66, 99, 107, 111, 125, 128, 129, 130, 133n.64, 137, 143, 156, 158, 191, 235, 236n.2, 252, 256, 257, 320

Deísmo, 87, 253

Délhi, 1, 142, 153, 159, 223, 224, 232, 325, 327, 328

Democracia, 30, 47, 72, 81, 88, 90, 104, 207, 276

Demócrito, 85, 86, 99

Desenvolvimento econômico, 11, 43, 314

Desenvolvimento paralelo, 6, 68

Desidério, bispo, 15

Despotismo, 6, 81, 175

Destruição, 4, 42, 54, 90, 138n.80, 143, 222, 304

Deus Supremo, 23, 134, 186, 242

Deuses clássicos, 16, 75, 76

Dhimma, 168

Dicionário, 249, 255, 262, 278

Diderot, 13n.8, 98

Dieta, 132, 205

Dinastia Pallava, 196

Dinastia Yuan, 155n.125, 270, 274

Dinheiro, 36, 83, 140, 244, 245, 260, 275, 314, 315

    barras de ouro, 35

    metal, 244

    papel, 173, 315

Diógenes, 82

Índice remissivo

Direitos, 5, 17, 44, 67, 78, 87, 97, 98, 101, 104, 115, 124, 141, 151, 173, 207, 209, 226, 284, 285, 304, 305, 308
    eclesiástico, 92
    justiça do rei, 36
    romano, 67, 78, 97, 284, 304, 305
Dissecação, 59, 63, 67, 68, 97, 128, 132, 150, 205, 264
Dissonância cognitiva, 301
Djebbar, A., 124, 128, 133, 164
Dolet, Étienne, 97
Dominicanos, 101
Dominici, 77
Dong Yuan, 257
Dong Zhongshu, 248
Donne, John, 32
Drávida, 190, 220
Dumont, Louis, 3
Dunhuang, cavernas, 251, 262
Dürer, Albert, 19
Durkheim, Emile, 3
Dúvida, 11, 21, 43, 50, 54, 58, 65, 72, 78, 79, 86, 91, 93, 107, 123n.30, 127, 135, 138, 153, 159, 178, 190n.11, 195, 201, 203, 227, 245, 288n.10, 290, 292, 299, 307, 319

E

Eco, Umberto, 41
Educação, 7, 17, 23, 25, 31, 37-8, 40-1, 45, 47, 60, 81, 93, 94, 103, 103-4, 117, 120, 141, 166, 172, 175, 176, 177, 178, 181, 187, 192-3, 203, 206-7, 221, 225-7, 231-2, 244, 247, 256, 258, 263-4, 281, 285, 289, 290, 308, 310, 311, 312, 317
    e a imprensa, 166
    japonesa, 308
    Liceu, 40
    Royal Society, 103
    secular, 37, 45
    superior, 7, 40, 41, 103, 166, 187, 206, 207, 217, 225, 231, 232
Éfeso, 49, 65

Efrém, santo, 100
Egito, 4, 47, 48, 49, 80, 84, 85, 86, 105, 109, 111, 112, 118, 119, 123, 133, 138, 151, 153, 154, 155, 157, 158, 162, 164, 165, 168, 171, 173, 201, 202, 287, 288, 314, 318, 322, 324, 325
Egito, antigo, 4, 80, 109, 201
Einstein, Albert, 175
Eisenstein, Elizabeth, 31, 165, 265
El Greco, 220
Elias, Norbert, 6, 105, 106, 108
Elisabetano, período, 316
Elvin, Mark, 41
Embaixadas, 49, 250, 253, 315
Enciclopédias, 80, 247, 262, 263, 266
Endogamia, 312
Energia hidráulica, 249, 307
Engenharia, 250, 254, 278
    militar, 271
Ensaio das oito seções, 271
Envelopes de argila, 316
Épicos, 92, 185, 192, 193, 195, 204, 220, 221
Epicuro, 86, 87, 99, 199, 299
Epifânio, 92
Era Axial, 141, 173
Era dourada
    Andaluzia, 38, 56, 58, 77, 106, 111, 119, 127, 133, 134, 147, 148, 161, 167, 169, 170, 171, 172, 225, 298, 309
    Magrebe, 55, 106, 138, 161, 174, 178, 324
    omíada, 114
    período Gupta, 41, 206, 217, 219, 220, 231, 232, 233
    Song, 29, 263
    Tang, 29
Escolas, 22, 27, 33, 40, 45, 46, 54, 58, 60, 61, 62, 63, 66, 67, 69, 75, 78, 81, 87, 100, 101, 103, 109, 115, 117, 124, 127, 129, 133, 140, 147, 151, 177, 178, 181, 196, 197, 200, 207, 208, 222, 225, 247, 251, 253, 256, 262, 264, 267, 271, 278, 288, 289, 309, 312, 316

catedral, 100, 161

governo, 253

gramática, 75, 316

hindus, 222

judaicas, 58, 177

monásticas, 40, 42

muçulmanas, 101

profissão do ensino, 37

Escolasticismo, 319

Escolha binária, 78

Escravas, 157, 169, 315

Escravidão, 84, 269

Escrita, 4, 5, 11, 12, 13, 22, 23, 25, 27, 29, 30, 32, 33, 36, 42, 46, 50, 55, 65, 68, 69, 71, 72, 76, 78, 79, 80, 83, 84, 90, 92, 101, 103, 115, 136, 137, 144, 159, 160, 162, 165n.147, 172, 180, 181, 190, 191, 194, 195, 197, 198, 201, 202, 205, 219, 222, 228, 230, 231, 236, 237, 238, 243, 245, 246, 247, 248, 249, 251, 273n.102, 287, 288, 291, 292, 293, 315, 316n.55, 317

formas de, 4, 30, 32, 317

hieroglífica, 32

Escrituras, preocupação com as, 106

Escultura 16, 18, 20, 21, 91, 92, 126, 134, 170, 175, 186, 187, 200, 203, 212, 217, 220, 223, 280, 299, 304

Espanha, 28, 29, 32, 44, 46, 49, 50, 55, 56, 58, 59, 60, 61, 62, 70, 71, 84, 94, 105, 113, 116, 122, 133, 134, 135, 138, 141, 147, 148, 149, 160, 161, 168, 169, 172, 174, 176, 178, 182, 211, 285, 294, 301, 322, 332

Esparta, 84

Especialistas em fundição, 242

Especiarias, 35, 37, 49, 50, 112, 201, 297

Essencialismo, 164, 296, 307

Ester, rainha, 170, 179

Estilo antigo, movimento de, 235

Estoicos, 125

Estradas, 33, 142, 203, 223, 245, 254, 260, 279

chinesas 275

rotas da seda, 112, 202

Estreito de Málaca, 224

Estupas, 187, 256

Euclides, 58, 70, 71, 86, 121, 125, 146, 149, 223

Eunucos, 248

Europa

atraso pós-romano, 53

dominação global, 79

europeanista, 6, 47, 53, 303,

excepcionalismo, 107, 302

singularidade, 7, 12, 51, 73, 107, 318

superioridade, 47, 65,

Evangélicos, 225

Evangelista Lucas, 311

Evans-Pritchard, E., 21

Excomunhão, 61, 169

Exército, 55, 81, 89, 114, 153, 203, 205, 222, 243, 268, 276, 324

Exorcismo, 264

Experimento, 261

F

Fábricas, 113, 298, 314, 315

Fábulas, 66, 219

Família Liu, 246

Fan Kuan, 265

Farabi, 149

Farmácia, 131, 240, 241

Farmacopeia, 67, 132, 205, 264

Fatímidas, 133, 138, 151, 314, 322, 324, 325

Fé, 20, 21, 22, 24, 62, 86, 88, 91, 105, 109, 115, 116, 119n.16, 151, 163, 165, 169, 172, 173, 174, 175, 178, 179, 180, 182, 186, 225, 230, 240, 263, 280, 301, 304, 331, 332

Fenícios, 47, 49, 57, 72, 84

Fergusson College, 229

Ferro, 5, 68, 99, 107, 191, 231, 243, 244, 248, 249, 250, 256, 260, 261, 267, 334

Feudalismo, 6, 7, 45, 69, 244, 302, 308, 309

burocrático, 308

Fibonacci, Leonardo, 36, 37

Índice remissivo

Ficção, 18, 44, 53, 92, 120, 135, 179, 182, 255, 273, 285
  romances, 92, 238, 259, 271, 273, 277
  sagas, 93, 193
  narração de histórias, 44, 146
Filodemo, 86
Fílon de Alexandria, 125
Filosofia, 13, 24, 40, 42, 45, 56, 58, 59, 81, 82, 83, 84, 86, 87, 88, 94, 95, 97, 98, 99, 100, 108, 118, 122, 123, 126, 129, 147, 150, 163, 165, 169, 171, 172, 174, 175, 176, 179, 181, 202, 219, 230, 235, 238, 239, 240, 244, 252, 256, 258, 261, 301, 309, 331, 332
Finley, Moses, 72, 80
Física, 70, 101, 128, 130, 217
Flandres, 35, 298
Florença, 15, 20, 26, 35, 36, 37, 106, 120, 170, 255, 284, 298, 314
Flores, 108, 155, 176, 258, 299
  cultivo de, 5, 51
Florescências culturais, 8, 188, 288
  conhecimento grego, 45, 90, 112, 120, 121, 124, 128, 131, 166, 178, 228, 284, 304
  Gupta, 231
  judaica, 96, 167, 283
  letramento funcional, 316
  mulheres, 154
  poesia, 159
Fluxo de informações, 292
Focas, 25
Fócio, 84
Fogo, 85, 139, 224, 245, 334
Foguetes, 241
Foles das forjas, 249
Fondacio, 313
Forjas, 249, 261
Fragmentação, 125, 134, 142, 203, 225, 243, 252, 255
Freud, Sigmund, 175
Frutas, 79, 112, 166

Fundamentalismo, 23, 108
Funduqs, 113
Fustat, 157
Fuzuli, 159

G

Gabinete de curiosidades, 266
Gado zebu, 189
Galeno, 54, 58, 59, 66, 67, 68, 69, 71, 73, 95, 100, 122, 123, 125, 132, 149
Galícia, 99, 169, 174, 175, 177, 178
Galileu, 97, 300, 304
Gandhara, 194, 231, 290
Gandhi, Mahatma, 228, 230
Ganges, 186n.1, 190, 191, 194, 326
Gaons, 168
Gengis Khan, 142n.96, 143, 152, 270
Geniza, 49
Genocídio, 106
Gênova, 29n.49, 35, 36, 37, 298
Gentoo Code, 226
Geoffroy Vallé, 98
Geografia, 75, 150, 217, 240, 262
Geometria, 70, 124, 151, 155, 206, 217
Gerardo de Cremona, 59, 71, 133, 149
Gernet, Jacques, 235, 261
Ghosh, Amitav, 49
Gibelinos, 63, 109
Giotto, 77, 220
Globalização, 104, 165
Goitein, S. D., 314
Gondeshapur, 55, 65, 100, 122, 123, 206
Gótico, 14, 19, 60, 92, 163n.144
  tardio, 36
Granada, 138, 150, 157, 161, 211, 241, 323
Granadas, 241
Grande Canal, 252, 254
Grande Muralha, 241, 245, 276
Grécia, 7, 18, 15, 28, 47, 48, 49, 55, 64, 72, 81, 86, 95, 113, 122, 124, 163
Grécia, antiga, 4, 26, 30, 65, 80, 244, 280, 300, 317

alfabetização, 36, 42, 47, 76, 192, 272
arte, 186, 203, 220
exército, 205
jônicos, 81
literatura, 25, 32
medicina, 66, 132, 205, 218
Greco-romano, 16
Gregório, São, 15
Grosseteste, Roberto, 149
Guanxiu, 257
Guelfos, 63, 78, 109
Gueto, 24, 179
Guilherme de Aquitânia, 134n.69
Guilherme de Moerbeke, 100
Guo Shoujing, 271
Guo Zi, 216, 266
Gupta, dinastia, 327

H

Hadith, 49, 137, 139n.84
Hafiz, 119, 143, 144
Hagia Sophia, 159
Hamurábi, 287
Hangzhou, 259, 267, 270
Harappa, 190, 325
Harran, 114
Harun al-Rashid, 113, 115, 136, 147
Haskala, movimento, 174
Hastings, Warren, 226
Heftalitas, 207
Helenismo, 26, 121
Heliocentrismo, 96
Henry Maine, 305
Heráclito, 85
Herbário, 205
Heresia, 38, 50n.87, 115, 119, 140, 148
Heterodoxia, 87, 197
Hierarquia de direitos, 305
Hinduísmo, 101, 134, 186, 187, 188, 191, 196,
197, 198, 219, 221, 222, 223, 224, 225,
229, 230, 231, 232, 313

Hipócrates, 58, 64, 66, 69, 73, 95, 100, 132,
149, 264
Hishom, 147
História
chinesa, 249, 252, 265
do mundo, 4, 51
Hititas, 194
Hobsbawm, Eric, 39, 176, 178, 181
Holanda, 21, 36, 96
Holandeses, 16, 272n.97
Holbach, barão de, 98
Hollywood, 175, 179
Homero, 25, 293
Horda
Azul, 152
Dourada, 156
Hospitais, 41, 54, 60, 65, 67, 68, 117, 118,
123n.30, 131, 132, 180, 181, 256
maristans, 60, 180
Howard, Deborah, 107
Hüber, Wolf, 19
Huguenotes, 29
Huizong, imperador, 265, 266, 267
Hulagu, 143, 152
Humanismo, 15, 24, 27, 73, 77, 78, 87, 88,
93, 97, 100, 101, 102, 103, 105, 127,
129, 171, 172, 173, 181, 203, 245,
284, 296, 301, 304, 309, 319, 320
Confuciano, 245
Humayun, 225
Humores, 205
Hunayn, 66, 71, 123
Hunos, 313
Hyderabad, 186, 328

I

Ibn al-Haitham (Alhazen), 120
Ibn al-Nafis, 128, 150
Ibn Battutah, 157, 161
Ibn Gumay, 95
Ibn Hazm, 134, 136, 146
Ibn Jubayr, 131, 157

Índice remissivo

Ibn Kalada, 122

Ibn Khaldun, 45, 143, 150, 153, 156, 157, 161

Ibn Taymiyyah, 154

Ibn Tumart, 161, 173

Ícone, 18, 190n.11, 311

Iconoclasmo, 170
    aniconismo, 23, 90, 91, 187, 283, 311
    iconofobia, 18, 39, 91, 175, 299

Idade das Trevas, 12, 13, 16, 73, 77, 92, 127, 159, 186, 191, 232, 240, 241, 255, 287, 304
    chinesa, 255

Idade do Bronze, 4, 5, 6, 11, 23, 25, 34, 47, 53, 103, 189, 196, 202, 231, 236, 241, 243, 287, 296

Idade do Ferro, 5, 47, 243, 326

Ideologia, 17, 19, 45, 79, 80, 90, 238, 248, 259, 263, 275, 282, 295, 309, 320

Idolatria, 230

Igreja Mórmon, 23

Igrejas, 28, 34, 65, 88, 90, 151, 258, 298

Ilíada, 193

Ilkhan, dinastia, 143, 152

Iluminismo, 13, 24, 88, 98, 99, 169, 174, 272, 294, 301, 304, 306, 309, 311

Imitação, 176, 178, 309, 317

Imortalidade, 97, 200, 239

Imperador Brilhante (Xuanzong), 254

Imperador de Jade, 244

Imperador Han Wudi, 248

Imperador Juliano, 82

Imperador Taizong, 253

Imperador Taizy, 253

Imperador Wuzongr, 256

Impostos, 105, 141, 143, 148, 162, 67, 203, 242, 244, 248, 253, 254, 256, 267, 271, 290

Imprensa, 3, 29, 30, 31, 32, 39, 68, 72, 77, 96, 119, 165, 166, 180, 235, 246, 264, 291, 304, 319
    blocos de madeira, 4, 29, 68, 262
    prensa, 4, 29, 31, 69, 72, 165n.147, 262

    privada, 264
    tipo móvel, 4, 261, 262

Índia
    Congresso Nacional, 228, 229, 230
    imutável, 188
    independência, 228
    madeira, 204
    matemática, 124, 217
    revolta, 228

Individualismo, 20, 129, 273

Indo-europeus, povos, 194

Indo-grega, arte, 186, 231

Indo-iraniana, fronteira, 189

Indo-persa, escola, 135

Industrialização, 3, 269

Infanticídio, 226

Informação moderna, 166

Inglaterra, 21, 27, 28, 29, 35, 42, 59, 81, 93, 96, 98, 109, 144, 149, 165n.147, 261, 293, 307, 310, 314, 316

Inquisição, 17n.19, 98, 102

Inscrições, 155, 157, 158, 191, 201, 204, 237, 241, 243, 265, 266, 287, 317

Intelectuais 31, 40, 47, 48, 61, 69, 73, 77, 79, 85, 95, 96, 97, 98, 99, 113, 115, 117, 118, 119, 123, 129, 130, 133, 143, 144, 147, 149, 150, 152, 153, 157, 159, 161, 162, 164, 166, 178, 181, 196, 207, 217, 225, 237, 245, 248, 257, 275, 276, 277, 278, 281, 284, 286, 293, 301, 317

Intercâmbio, 35, 67, 68, 72, 73, 96, 112, 115, 202, 204, 232, 250, 269, 291, 297, 313, 314, 315, 316, 318

Intolerância, 105, 162, 173

Inventários, 262

Investigação livre, 81, 84, 295

Irã, 9, 22, 40, 49, 81, 89n.30, 117, 118, 130, 313, 145, 153, 160, 203, 258, 324

Iraque, 49, 56, 65, 81, 112, 116, 122, 123, 128, 159, 291, 301, 309

Irmandade Muçulmana, 162

Irrigação, 203, 228, 242, 248, 288n.10

363

Ishraqi (escola Iluminista), 160
Isidoro de Sevilha, 94
Isnad, 119
Istambul, 29, 39, 158, 159, 297, 313
Itsing, 208
Iznik, 160

J
Jade, 265
Jahan, 225
Jahangir, 195, 213n.7, 225
Jainismo, 186, 196, 197, 198, 201, 221, 231
    mathas, 206
Jami, 119, 143, 152n.118, 210
Janízaros, 158
Japão, 5, 50, 106, 108, 165, 206, 251, 254,
    260, 271, 274, 276, 277, 288, 302, 307,
    308, 309, 315
Jardine, Lisa, 291
Jaspers, Karl, 173
Jerônimo, São, 76
Jia Sidao, 268
João de Salisbury, 285
Jones, William, 226
Jornais, 69, 165, 229
Judaísmo
    diáspora, 24, 39n.76, 60n.11, 84, 99n.50,
    105, 153, 174, 176n.26, 177n.29,
    178n.33, 181n.37
    em Bagdá, 27, 28, 40, 42, 48, 49, 60, 66,
    67, 71, 100, 112, 113, 114
    emancipação judaica, 7, 183, 313
    misticismo 171, 239, 310
    poesia, 75, 94, 101, 106, 108, 134,
    134n.69, 135, 136, 137, 144, 147, 159,
    167, 168, 169, 170, 172, 174, 178, 182
    sinagoga, 60, 61, 89, 91, 170, 176, 177
Judeus sefarditas, 167
Justiniano, 40, 42, 65, 100

K
Kaifeng, 262, 267
Kalidasa, 50, 219, 231

Kalila wa Dimna, 121
Kangxi, 278
Karnataka, 186n.1, 225
Kautilya, 203, 207
Khajuraho, 221
Khans, 139, 152, 153, 155, 156, 323, 325
Khayyam, Omar, 86, 131
Khilji, 153, 223, 323
Khorasan, 113, 117, 133, 136, 142, 150
Krishna, 195, 221, 222, 224
Krishnadeva Raya, 222, 224
Kubilai Khan, 298
Kucha, 206
Kumaragupta, 208

L
Laboratório, 201, 310
Lahore, 225
Lazer, 83, 169, 183, 259, 291, 292
Legalistas, 245
Leonardo da Vinci, 32
Letramento
    crédit bancaire, 36
    restrito, 27
    fala visível, 2
    sociedades letradas, 4, 7, 8, 17, 27, 73,
    108, 180, 283, 287, 288, 294, 316, 319,
    320
Letras de câmbio, 224
Levante, 33, 42, 48, 122, 151, 158, 165, 275,
    291, 325
Lévi-Strauss, Claude, 3
Li Cheng, 265
Li Po, 254
Liberdade social, 273
Liga dos Letrados, 247
Lingam, 190
Línguas
    aramaico, 33, 172, 194
    canarês, 221, 222
    grego, 4, 15, 17, 18, 19, 22, 25, 23, 28,
    33, 40, 45, 46, 48, 49, 56, 64, 65, 66, 67,

70, 72, 74, 84, 85, 92, 94, 95, 97, 99, 100, 101, 106, 111, 112, 113, 114, 117, 120, 121, 122, 123, 124, 125, 126, 127, 128, 131, 149, 159, 166, 168, 169, 170, 171, 172, 173, 178, 181, 183, 194, 202, 203, 204, 205, 217, 219, 228, 231, 284, 288, 289, 290, 294, 298, 301, 304, 312, 317, 326, 331, 332

hebraico, 33, 56, 58, 59, 62, 66, 167, 168, 182, 293

iídiche 33, 172, 174, 179

ladino, 33

latim, 14, 15, 22, 28, 32, 33, 54, 58, 62, 66, 70, 71, 75, 76, 93, 120, 127, 149, 218, 292, 293, 318, 331

malaiala, 221

pálavi, 121n.24, 123, 135

persa, 57, 65, 68, 69, 84, 85, 113, 114, 115, 118, 121, 123, 129, 131, 133, 136, 139, 143, 152, 153, 159, 161, 163, 203, 205, 208, 218, 223, 224, 225, 226, 232, 287, 288, 300, 322

prácrito, 194, 201, 233

sagradas, 66, 109, 142, 146, 293

sânscrito, 115, 121, 123, 185, 186, 188, 194, 196, 197, 201, 204, 207, 217, 219, 220, 222, 223, 225, 226, 227, 231, 232, 233, 251, 256, 294, 318

semítico, 47, 49, 55, 56, 57, 72, 90, 311

siríaco, 65, 66, 100, 114, 122, 123

tâmil, 194, 196, 197, 204, 222, 225, 327

telugo, 221, 224, 225, 233

Linho, 29, 314

Literatos, 158, 245, 247, 259, 262, 274, 280, 313

Literatura, 12, 13, 15, 17, 19, 25, 32, 33, 44, 63, 75, 76, 77, 78, 92, 93, 103, 113, 118, 123, 124, 126, 133, 135, 136, 143, 146, 157, 159, 164, 168, 170, 172, 178, 191, 193, 194, 201, 202, 203, 204, 219, 220, 221, 224, 225, 231, 243, 251, 252, 255,

257, 259, 266, 273, 275, 278, 284, 285, 287, 288, 289, 298, 305, 317, 326

entretenimento, 170

literatura popular, 255, 259

viagem, 204

Livro das mutações (*Yi jing*), 243-244

Livro das odes (*Shi jing*), 237, 273

Livro do ritual (*Li ji*), 244

Livros

censura, 42, 98, 99

comércio de, 126

cultura literária, 115

ilustrações, 1, 8, 121, 130, 138, 140, 153, 174

publicação, 5, 127, 218, 227, 271, 275

queima de, 42, 96, 250

religiões do, 238

sagrados, 105

Lokayata, 83, 198, 47, 199, 200n.55, 201, 219

Londres, 36, 98, 157, 177, 209, 213, 297, 313

Lorenzetti, 91

Lothal, 190

Lucca, 37, 38, 63, 157, 261, 314

Lucknow, 186

Lucrécio, 86

Luoyang, 250, 251, 252, 254

Luxo, 34, 35n.61, 36, 38, 50, 82, 112, 113, 138, 148, 152, 156, 197, 214, 219, 231, 242, 243, 256, 268, 292, 297, 307, 314, 315

consumo, 34

produtos, 34, 36

rejeição do, 82

M

Madhavacharya, 198

Madraçais, 40, 101, 106, 117, 121, 119, 126, 128, 131, 150-1, 155-6, 158, 166, 180, 181

Madurai, 222

Mágicas, 44, 200

Mahabalipuram, 197

Mahabharata, 192, 193, 195, 219, 221

Mahavira, 208

Maimon, 99, 174, 175, 175n.22, 176

Maimônides, 45, 56, 58, 100, 161, 168, 169, 173, 175, 176, 181, 309, 314

Mal, problema do, 173

Malinowski, Bronislaw, 82

Mamelucos, 138, 151, 152, 154, 155, 156, 157, 158, 166, 223, 325

Manchus, 276, 278

Maniqueísmo, 253

Manufatura, 33, 35, 37, 107, 221, 246, 279, 296, 298, 306, 313

Manuscritos, 15, 23, 30, 66, 76, 118, 124, 126, 139, 147, 159, 170, 206, 246, 265, 285, 301

Mão de obra, 253

    trabalhadores especializados, 34

Mao Tsé-tung, 279, 281

Mapas, 95, 268

Maqamat, 156

Mar Cáspio, 125

Mar Negro, costa, 35

Maratas, 225, 229

Maratha Shuinji, 223

Marinha, 91, 268

Marrocos, 148, 161, 169, 177, 311

Marselha, 56, 57, 60, 84

Martelo, Carlos, 60, 257

Marx, 5, 7, 14, 99, 175, 275, 299, 305, 308

Masdeísmo, 253

Masdeístas, 22

Matemática, 37, 40, 41, 46, 70, 71, 85, 101, 115, 120, 122, 123, 124, 125, 126, 127, 131, 146, 171, 172, 180, 202, 206, 217, 218, 223, 229, 231, 237, 249, 251, 261, 262, 264, 265, 266, 271, 278, 290, 300, 304, 309

Materialismo, 82, 83, 87, 238, 240, 312

Mathura, 159, 220

Mausoléu, 151, 158

Mauss, Marcel, 3

McLuhan, Marshall, 31n.55

McDermott, Joseph, 1

Meca, 137, 142, 161, 168

Mecanismo de relógio, 262

    relógio com escapo, 235

    relógio mecânico, 268

Mecanização, 72, 114, 180, 228, 232

Medici, 35, 36, 129, 298, 314

Medicina, 8, 17, 40, 41, 45, 53, 54, 55, 56, 57, 58, 59, 60, 61, 62, 63, 64, 65, 66, 67, 68, 69, 70, 71, 73, 85, 95, 96, 97, 99, 101, 107, 117, 118, 121, 122, 123, 124, 131, 132, 147, 149, 150, 163, 167, 172, 176, 180, 181, 188, 199, 202, 204, 205, 206, 207, 218, 228, 231, 250, 251, 261, 262, 264, 265, 266, 271, 275, 284, 288n.10, 290, 300, 306, 309, 331

Medina, 147, 154, 168

Mediterrâneo, 28, 35, 36, 37, 40, 47, 48, 49, 55, 56, 57, 60, 63, 84, 96, 108, 133, 146, 147, 154, 164, 170, 171, 183, 191, 202, 284, 286, 288, 297, 310, 317, 320

    comércio com o Oriente, 33, 160, 188, 297, 299, 310

Mehemet, 297

Mehrgarh, 189

Mellah, 169

Menandro, 204

Mêncio, 244, 258, 277n.112

Mendelssohn, Moses, 174

Mercado, 4, 20, 35, 73, 141, 221n.89, 237, 242, 244, 260, 269, 273, 275, 279, 297, 315, 319

Mercadorias, 48, 49, 50, 71, 72, 112, 113, 142, 155, 226, 251, 257, 267, 307, 314, 318

Mercator, 95

Mercúrio, 200, 217

Meritocracia, 254

Mesopotâmia, 4, 68, 100, 103n.57, 111, 122, 144, 147, 151, 153, 158, 189, 190, 238, 287, 316, 317, 322

Metais, 34, 35, 49, 57, 84, 131, 200, 242, 313

Mevlevi, 119, 145

Michelangelo, 92

Milagres, 16, 97

Índice remissivo

Ming, 30, 155, 236n.2, 261n.59, 269, 271, 272, 273, 274, 275, 276, 278, 280n.114
Mir-Hosseini, 81n.16, 89n.30
Missionários cristãos, 228
Missões civilizadoras, 296
Misticismo, 171, 239, 310
Mitanis, 194
Moagem, 260
Modernismo, 13, 16, 20, 21, 88, 173, 273
Modernização, 6, 16, 47, 72, 104, 106, 165, 173, 228, 230, 246, 269, 270, 278, 282, 285, 288, 289, 296, 298, 303, 306, 308, 318
Modo de produção, 4, 242
Moedas de cobre 269
Moedas, 112, 202, 204, 258, 269
Mogóis, 9, 138, 166, 224, 225, 233, 295, 300
Mohammed II, 148
Mongóis, 42, 66, 128, 133n.64, 138, 143, 150, 152, 153, 155, 157, 159, 223, 224, 246, 264, 268, 270, 280, 295, 313, 323, 331
Monoteísmo, 17, 18, 57, 88, 89, 163, 171, 173, 196, 221, 302, 306, 311n.44
Mosteiros, 14, 27, 61, 76, 94, 117, 127, 138, 181, 201, 204, 205, 206, 208, 217, 251, 253, 256, 262
Mote, 239, 244n.19, 259n.50, 265n.76, 266, 267, 269n.86 e 88, 271n.95, 272, 274, 275, 275n.107, 277n.110, 281
Movimento dos jovens de bengala, 226
Mozi 244
Mulheres, 40, 134n.69, 154, 176, 178, 199, 227, 245, 259, 272, 273, 293, 310
Müller, Max, 188, 197, 228n.106
Multiculturalismo, 159, 296
Musaris, 49, 204
Mussato, 31n.31, 179
Mutazilitas, 98

N

Nacionalismo, 229, 282, 301, 302
Nagarjuna, 208
Nagarjunakonda, 208
Nagasena, 204
Nahda, 111, 164, 165, 166, 166n.148, 288, 309
Nakshastra, 202
Nanjing, 250, 251, 257
Napoleão, 165, 171, 288
Nayanars, 196
Needham, Joseph, 3, 31, 46, 54, 300, 313
Nehru, 230
Neobudistas, 197, 230
Neoconfucionismo, 236n.239, 241, 256, 258, 263, 277, 290, 294, 295
Neoplatônicos, 125
Nestorianos, 50n.87, 54, 65, 66, 122, 123, 253
Newton, Isaac, 41
Nicholas, 316, 316n.57
Nômades, 42, 150, 207, 294, 295
Noria, 260
Nueres, 21
Numerais
    indo-arábicos, 70
    zero, 50, 206, 218, 262
Nuwas, Abu, 134, 136, 143

O

Obras públicas, 189, 246, 250
Observação, 96, 229n.108, 266, 282n.120, 332
Occam, 101
Odantapuri, 208
Olhar retrospectivo, 11, 33, 101, 106, 112
Omíadas, 111, 112, 114, 134, 138, 150
Onamasticon, 80
Ong, Walter, 31
Oribásio, 95
Orientação para a condução, 290
Oriente espiritual, 312
Orléans, 101, 285
Ortodoxia, 65, 81, 86, 96, 98, 115, 122, 159, 197, 201
Ouro, 35, 38, 55, 142n.96, 204, 214, 300, 313, 315
Oxford, 40, 41, 92, 101, 127n.46, 230

P

Pacioli, 37

Pádua, 40, 62, 67, 68, 77, 78, 97, 98, 127n.46, 284

Pagode, 256

Palácios, 34, 91, 124n.33, 138, 151, 156, 180, 220, 241, 249, 267, 268

Palestina, 56, 57, 152, 153, 167, 170, 171, 178

Palladio, 126

Pamuk, 138, 139n.82, 140n.86, 160n.140

Panini, 194, 207

Pan-Islã, 162

Panofsky, 284, 285n.1 e 2

Panteísmo, 87, 100, 119

Papel, 4, 7, 17, 18, 19, 23, 28, 29, 33, 34, 35, 37, 39, 45, 48, 50, 62, 64, 69, 70, 71, 72, 73, 92, 112, 114, 124, 126, 144, 148, 163, 165, 166, 167, 170, 176, 177, 180, 181, 182, 185, 186, 195, 202, 209, 213, 224, 225, 226, 229, 230, 231, 232, 237, 246, 249, 254, 257, 258, 260, 261, 264, 265, 269, 270, 274, 275, 280, 281, 291, 292, 297, 304, 307, 310, 313, 314, 315, 316, 317, 318, 319, 334

pergomena graeca, 28

Papiro, 4, 28, 114, 292

Paquistão, 143, 207, 230, 231

Paris, 27, 40, 63, 68, 87, 94, 96, 98, 100, 101, 127n.46, 149, 175, 285, 332

Patna, 206

Patronato, 19, 20, 36, 59, 124, 125, 128, 140, 151, 156, 159, 187, 197, 203, 217, 219, 257, 298

Paulo de Égina, 59, 95

Peregrinação, 48, 161

Pergaminho, 4, 28, 29, 292

Péricles, 84, 85

Período Mauriano, 187, 204, 289

Período medieval, 22, 35, 54, 82, 91, 92, 128n.48, 131, 138, 292, 303, 306, 314

Perspectiva, 8, 41, 77, 78, 80, 120, 132, 140, 165, 200, 283, 284, 311, 313

Pesos e medidas, 245

Pesquisa empírica, 277

Peste Negra, 133n.64, 143, 156

Petrarca, 12n.1, 31, 77

Pimenta, 36, 50

Pintura abstrata, 311

Pintura

chinesa, 9, 19

e naturezas mortas, 91

Pisano, 218

Pitagóricos, 129

Piyyut, 170, 178

Platão, 17, 24, 45, 66, 69, 86, 125, 149, 160, 172, 243, 288, 331

Academia, 284

Platonismo, 125

Pléton, 26

Poesia, 18, 21, 32, 33, 40, 44, 75, 76, 93, 94, 101, 106, 108, 134n.69, 135, 136, 137, 144, 147, 159, 167, 168, 169, 170, 172, 174, 178, 182, 196, 197, 204, 222, 243, 248, 252, 254, 255, 265, 266, 273 n102, 277, 281, 284, 285, 295

aliteração, 93

chansons de geste, 134n.69

chinesa, 254, 255

judaica, 174

islâmica, 28, 33, 38, 44, 49, 62, 65, 71, 72, 87, 106, 113, 114, 115, 116, 117, 118, 120, 123, 124, 126, 128n.48, 129, 130, 131, 133, 137, 140, 141, 144, 150, 151, 155, 161, 162, 163, 165, 166, 171, 173, 178, 181, 210, 223, 228, 288, 289, 301, 302

Poliginia, 23

Politeísmo, 17, 78, 173, 221

Polo, Marco, 84

Pólvora, 50, 224, 241, 268, 304, 313

Pomeranz, Kenneth, 46n.85

Pompeia, 19, 57, 91

Pomponazzi, Pietro, 97

Pontes, 254, 267

de pedra, 33

Índice remissivo

Porcelana, 35, 50, 112, 155, 269, 279, 298
Portugal, 174
Poussin, 311
Povos altaicos, 150
Povos marinheiros, 48, 49
    selos de Harappa, 190
Praga, 176
Prata, 34, 35, 214, 276, 279, 313
Prato, 298
Prayer Society, 229
Pré-socráticos, 160
Primavera e Outono, 328
Primeiro Império, 112, 241
Produção em massa, 270, 298
Produção fabril, 307
Produtores individuais, 315
Progresso, 7, 12, 18, 106, 163, 164, 186, 187, 228, 239, 250, 254, 262, 264, 275, 281, 284, 289, 303, 312, 318, 319
Projéteis incendiários, 241
Propriedade, 34, 90, 236n.2, 251, 268, 305
    proprietários de terras, 34
    privada, 305
Prostitutas, 315
Protestantismo, 23
Ptolomeu, 58, 71, 95, 121, 125, 131, 149, 240
    Almagesto, 58, 71, 121, 149
Pune, 228, 229
Puranas, 190n.11, 201
Puritanismo, 119, 172, 273
    confuciano, 273
    Inglaterra, 81
    Islã, 100, 105, 106, 109, 111, 112, 115, 116, 117, 118, 119, 120, 121, 123, 124, 133, 137, 138, 140, 142, 146, 148, 150, 152, 159, 160

Q

Qasida, 136, 164
Qian, Sima, 249
Qianlong, 277, 278,

Qin, 235, 237, 244, 245, 247, 251, 251, 269, 254, 276, 277, 278
Qing, 155n.126, 269, 274, 276, 277, 278
Química, 131, 200, 201, 205, 217, 218
Quran, 156
Qutb, 253

R

Rabino Leon de Módena, 174
Racionalidade, 5, 62, 83, 85, 179, 312, 331
Radanitas, 122
Ramayana, 193, 219, 220
Ramus, 31n.56, 96
Rebeldes Taiping, 279
Receitas, 316
Reflexão, 80, 83, 133, 263, 277, 303
Reformas, 26, 108, 109, 117, 182, 197, 247, 258, 268, 294
Regressão catastrófica, 294, 302
Reis das facções, 134, 148, 161
Religião xamânica, 270
Religião
    abraâmica, 7, 9, 14, 16, 18, 20, 21, 43, 44, 48, 54, 63, 69, 85, 86, 87, 89, 99, 105, 109, 116, 134, 163, 164, 167, 168, 180, 186, 196, 197, 198, 238, 248, 285, 289, 295, 299, 304, 306, 312, 316, 319
    anticlericalismo, 24, 61
    autoritarismo, 81, 82, 302
    Cultos novos 78
    hegemônica, 7, 12, 13, 16, 24, 39, 62, 69, 75, 79, 81, 85, 86, 87, 88, 89, 90, 95, 100, 102, 109, 141, 166, 179, 183, 185, 198, 231, 236, 238, 240, 280, 301, 304, 305, 309, 310, 312
Renascenças
    bengali, 292
    buáiidas, 113, 118, 125, 128, 138, 150, 166
    carolíngia, 76, 106, 284
    matemático hindu, 218

Song, 8, 13, 29, 41, 80, 235, 236n.2, 239, 241, 257, 258, 259, 260, 261n.59, 262, 263, 264

Renascimento italiano
atividade comercial 13, 35, 37, 57, 197 260, 291, 298, 319
e a modernidade 3, 11, 40, 72, 164, 296, 303, 308
primeiras luzes, 11
revitalização econômica 33, 160

Representações, 7, 9, 19, 21, 90, 91, 134, 186, 190, 280, 290, 300, 333
figurativas, 9, 90n.33, 134

Revolução comercial, 35, 260

Revolução Cultural, 279

Revolução Francesa, 90, 98, 99, 176, 178
adoração da razão, 90, 99, 176

Revolução Industrial, 6, 46, 296, 298, 299, 307

Revolução Urbana, 4, 25, 103, 236

Rio Amarelo, 243

Rituais familiares, 259, 281

Roca, 224

Rodez, 90

Rodinson, 316n.56

Rodovias, 228

Rogério da Sicília, 150

Roma, 15, 25, 40, 41, 47, 55, 77, 92, 96, 97, 98, 107, 113, 132, 163, 186, 190n.11, 202, 253, 280, 300

Romances, 92, 238, 259, 271, 273, 277
chineses, 49, 65, 72, 108, 114, 139, 153, 157, 158n.135, 218, 236, 237, 241, 247, 248, 252, 256, 257, 258, 260, 261, 264, 266, 268, 270, 272

Romantismo, 312

Rostow, 42,n.79

Rotação, 217

Roupas, 35, 37, 38, 202, 228, 230, 231, 307, 314, 315

Rumi, 119, 144, 145

Rússia, 98, 99, 311

S

Saadya Gaon, 169, 173

Sacrifício, 198, 200, 204

Sacro Império Romano, 88

Safávidas, 145, 160

Sal, 248, 250, 267

Saladino, 95, 113, 131, 151, 152, 157

Salafistas, 162n.143

Salafiyah, 163

Salerno, 40, 45, 53, 55, 62, 63, 67, 68, 69, 73, 117, 131, 132, 164, 167, 285

Sanhadja, 160

Santa Fé, 21

Santos, 90, 92, 119, 135

Sassânida, 65, 112, 113, 114, 121, 122, 123n.30, 123, 129

Sati, 226n.100, 227

Satyagraha, 230

Secular
compartimentação, 90, 303, 310
declínio da mágica, 44
desmistificação, 44, 104
secularização, 13, 21, 24, 39, 43, 56, 62, 67, 75, 80, 90, 92, 104, 105, 109, 126, 138, 162, 171, 178, 179, 183, 187, 199, 228, 238, 247, 286, 288, 298, 299, 301, 305, 318

Seda, 4, 35, 37, 38, 49, 50, 63, 65, 112, 166, 202, 246, 248
máquinas de bobinar, 261

Seljúcidas, 118, 130, 143, 150, 151

Sergius de Resh Ain, 122

Servidores públicos, 244

Sexo, 16, 19

Shang, 236, 241, 242, 257

Sharia, 115, 119, 144, 154, 161, 301

Shastri, 199n.52, 200

Shen Gua, 267

Shen Zhou, 274

Shiva, 186, 190n.11, 221

Shtetl, 169, 175, 177

Índice remissivo

Shudraka, 219

Sichuan, 257

Sicília, 38, 44, 55, 62, 63, 64, 84, 113, 117, 146, 150, 285

Siddhantas, 217

Siger de Brabante, 86, 87

Sigillata, 57, 315

Sindh, 142, 223, 322

Singularidade europeia, 7, 73

Sinos, 258

Sistema de contabilidade, 316

Sistema decimal, 127, 206, 217

Sociedade Asiática, 223, 226, 227

Sociedade Teosófica, 229

Socotra, 315

Sócrates, 85, 86

Soja, 242

Spinoza, 96, 175

Spufford, Peter, 35, 36

Suástica, 190

Sufistas, 119, 151, 223

Suhrawardi, 160

Sui, 252, 253, 255, 278

Sukhot, 179

Suleyman, 160

Sultanato de Qutuz, 155

Sultanato, 145, 151, 153, 155, 224

Sumatra, 221, 252

Sun Tzu, 243

   Arte da guerra, 243

Sun Yat-sem, 279

Superstição, 13, 175

Swadeshi, 228, 229, 230

Swami Vivekananda, 229

T

Tabiques, 260

Taj Mahal, 162

Tales, 81, 82, 84, 85

Talmude, 61, 175

Tamil Nadu, 194

Tang Xianzia, 273

Tang, 29, 235, 236, 237, 240, 251, 252, 253, 254, 255, 256, 257, 258, 261, 264, 267, 270, 273, 290, 291, 292

Taoismo, 199, 200, 201, 238, 239, 240, 250, 251, 256, 264, 270, 274, 280

Tapper, 81n.16, 89n.30

Taxila, 202, 203, 204, 207

Teatro de sombras, 145, 259

Teatro, 16, 18, 21, 22, 31, 33, 39, 50, 53, 67, 75, 91, 92, 93, 108, 109, 144, 145, 146, 170, 179, 204, 219n.77, 220, 259, 271, 275, 280n.115, 298, 304

   elisabetano, 119, 316

   judaico, 46

   kabuki, 50, 108

   pantomima, 22

   peças de mistério, 22, 72, 179

   sânscrito, 115, 121n.24, 123, 185, 186n.1, 188, 194, 196, 197, 201, 204, 207, 217, 219, 220, 222, 223, 225, 226, 227, 231, 232, 233, 251, 256, 294, 318

Tecnologia do intelecto 196

Tecnologia, 38, 42, 42, 54, 96, 107, 118, 160, 163, 180, 196, 217, 218, 231, 235, 236, 239, 241, 242, 243, 252, 256, 260, 261, 262, 264, 266, 267, 269, 276, 277, 291, 300, 301, 304, 306

Telescópios, 124

Templários, 155

Teologia, 45, 62, 78, 81, 82, 85, 87, 100, 101, 103, 115, 122, 124, 147, 240, 331

Teoria atômica, 85, 217

Terêncio, 22, 75

Terra Santa, 48, 325

Terra, plana, 217

Terras de pousio, 241

Têxteis, 36, 37, 113, 157, 269, 279, 314

Thanjavur, 221, 225

Thapar, Romila, 8, 188, 192, 232

Theft of History, The, 84 n 26, 160n.138

Thomas, Keith, 44

Tilak, 228, 229

Timbuctu, 161

Timur, 65, 142n.96, 143, 150, 223

Tiro, 47, 49, 57

Tobriandeses, 82

Toledo, 56, 57, 58, 59, 60n.11, 64, 71, 133, 148, 149, 164, 171, 172, 285, 301

Tomás, Santo, 50

Topkapi Saray, 160

Torá, 138n.79, 177, 179

Tortura dos pensadores, 87

Toulouse, 98, 100, 127n.46

Toynbee, 12n.2, 13n.4, 5, 6, 7 e 8, 28n.47, 197n.41, 292n.15, 307n.37, 311n.44, 317n.60

Tradicionalismo, 132, 133, 228

Tradução, 71, 99, 103, 114, 120, 121, 122, 123, 124, 127, 133, 137, 149, 169, 181, 309, 318

   da Bíblia, 125

   do árabe, 58

   do grego, 40, 67, 92, 121, 123, 127, 168, 181, 223, 294

   textos médicos, 29, 67

Transferências culturais, 313

Transmissão oral, 192

Três Reinos, 250, 255, 274

Trigo, 189, 242, 260

Tu Fu, 254n.39

Tucídides, 80

Tulúnidas, 314

Tunísia, 49, 146

Turbantes Amarelos, 249

Turco, 36, 65, 117, 143, 145, 153, 159, 160, 223, 223, 257

Turquia, 39, 49, 59, 60, 102, 105, 111, 118n.12, 159, 160, 162, 223, 297, 301, 318

   Otomana, 111, 118n.11, 145, 159, 165

U

Ugarit, 49, 194

Ulama, 114, 115, 118, 119, 140, 148, 158, 160, 162, 301

Universidade de Montpellier, 8

Universidade, 8, 25, 26, 41, 64, 67, 68, 78, 97, 100, 161, 207, 208, 237, 271, 288, 293, 310

   e medicina, 58, 64, 73

Universidades de Nalanda, 41

Upanixade, 229

Usura, 315

V

Vacinação, 159

Vale do Indo, 189, 194

Vale do Yangtzé, 252

Valência, 28, 29n.49, 161

Vallabhi, 208

Vanini, Giulio Cesare, 98

Vatsyayara, 200

Vedas, 190n.11, 191, 202n.58, 201, 218, 229n.107

   Atharvavelo, 194

   Samaj, 229

   Yajurveda, 194

Veleiros chineses, 268

Veneza, 15, 20, 35, 36, 37, 44, 48, 68, 72, 96, 97, 131, 139, 155, 157, 174, 298, 313, 317

Vernant, 17

Verulamium, 92

Vessálio, 68, 69, 97

Viena, 177

Vietnã, 250

Vijayanagar, 222n.91, 253n.57

Vinho, 136, 169, 315

Visigodos, 55, 56

Vivaro, 76

W

Wahhabis, 116, 161n.142, 162

Wang Anshi, 267

Watt, Ian, 30

Weber, Max, 5, 6, 44, 106

Wendi, imperador, 252

Wilkins, Charles, 227

Winternitz, 191n.18 e 20, 195n.35

X

Xá, 139, 223, 225
Xiismo, 145, 150
Xuanzang, 256

Y

Yavana, 203
Yehiel, Asher Ben, 171
Yeshiva, 177, 180, 181
Yin e *yang*, 248, 254

Z

Zafrani, 44, 100, 127, 168n.3, 169n.5 e 8, 171n.11, 172, 176n.28, 177n.31 e 34, 182n.38, 311n.46
Zen, 236n.2, 268, 274, 290n.12
Zheng He, 272, 298
Zhou, 242, 243, 244, 274, 275
Zhu Xi, 258, 259, 270, 271
Zodíaco, 202

SOBRE O LIVRO

Formato: 16 x 23 cm
Mancha: 27,1 x 43,1 paicas
Tipologia: Iowan Old Style BT 10/14 pt
Papel: Off-white 80g/m² (miolo)
Cartão Supremo 250 g/m² (capa)
1ª edição: 2011

EQUIPE DE REALIZAÇÃO

Edição de Texto
Frederico Tell (Copidesque)
Artur Gomes (Preparação de original)
Frederico Ventura (Revisão)

Capa
Estúdio Bogari

Editoração Eletrônica
Eduardo Seiji Seki (Diagramação)

Assistência Editorial
Alberto Bononi

Impressão e Acabamento